昭通扶贫

昭通市脱贫攻坚大决战实录

综合卷

政协昭通市委员会 组编

中国文史出版社
CHINA CULTURAL AND HISTORICAL PRESS

图书在版编目（CIP）数据

昭通市脱贫攻坚大决战实录 . 综合卷 / 政协昭通市委员会组编 . -- 北京 : 中国文史出版社 , 2021.12

ISBN 978-7-5205-3176-4

Ⅰ . ①昭… Ⅱ . ①政… Ⅲ . ①扶贫—工作概况—昭通 Ⅳ . ① F127.743

中国版本图书馆 CIP 数据核字 (2021) 第 187204 号

责任编辑：窦忠如　秦千里　方云虎
特约编辑：窦广利　张幼平　邓文华

出版发行：中国文史出版社
社　　址：北京市海淀区西八里庄路 69 号院　邮编：100142
电　　话：010－81136606　81136602　81136603（发行部）
传　　真：010－81136655
印　　装：廊坊市海涛印刷有限公司
经　　销：全国新华书店
开　　本：787 毫米 × 1092 毫米　1/16
印　　张：27.5
字　　数：378 千字
版　　次：2021 年 12 月北京第 1 版
印　　次：2021 年 12 月第 1 次印刷
定　　价：1980.00 元（全 19 册）

《昭通市脱贫攻坚大决战实录》丛书

编　委　会

《综　合　卷》

总　序

成联远

贫困是人类社会的顽疾，消除贫困是人类梦寐以求的理想，人类发展史就是与贫困不懈斗争的历史。

中国共产党从成立之日起，始终高度重视解决贫困问题，持续向贫困宣战。党的十八大以来，以习近平同志为核心的党中央，把脱贫攻坚摆在治国理政的突出位置，团结带领全党全国各族人民打响了人类历史上规模最大、力度最强、惠及人口最多的脱贫攻坚战。经过8年持续奋斗，如期完成了新时代脱贫攻坚目标任务，现行标准下近1亿农村贫困人口全部脱贫，贫困县全部摘帽，消除了绝对贫困和区域性整体贫困，脱贫地区处处呈现山乡巨变、山河锦绣的时代画卷！这是中国共产党团结带领全国各族人民艰苦奋斗所创造的又一个彪炳史册的人间奇迹，生动展示了中华民族摆脱贫困、走向复兴的强大力量。

昭通地处云、贵、川三省接合部的乌蒙山区腹地，是集革命老区、地震灾区、散居民族地区、生态敏感脆弱地区为一体的深度贫困地区，是全国贫困人口最多、贫困程度最深、脱贫任务最重、攻坚压力最大的地级市。全市11个县（市、区）中有国家级贫困县10个，1379个村（社区）中有贫困村1235个，629万人口中有贫困人口185.07万人，正可谓全国脱贫看云南、云南脱贫看昭通。

历史的洪流浩浩荡荡，精彩的答卷壮阔恢宏。近年来，特别是习近平总书记于2015年视察昭通以来，市委、市政府始终铭记习近平总书记的殷殷嘱托，感恩党中央的亲切关怀，始终把脱贫攻坚作为最大的政治任务，全面落实精准扶贫、精准脱贫方略，团结带领全市各族干部群众，攻坚克难、感恩奋进，发扬钉钉子精神，敢于啃硬骨头，奋力夺取了脱贫攻坚大决战全面胜利。全市现行标准下185.07万农村贫困人口、1235个贫困村、10个贫困县全部退出贫困序列，贫困群众人均收入由2015年的2703元增加到9899元，昭通千百年来的绝对贫困问题历史性地画上句号，全面建成小康社会取得历史性成就。昭通的奋力崛起、华丽转身，是云南乃至全国扶贫开发事业的一个缩影。

荆棘载途，玉汝于成。一切向前走，都不能忘记走过的路。在脱贫攻坚工作中，数万名扶贫干部倾力奉献、苦干实干，将最美的年华无私奉献给了脱贫事业，涌现出许多感人肺腑、可歌可泣的先进事迹。"感动南网"的彝良县牛街镇水田村第一书记吴长碧，用柔弱肩膀扛起扶贫重任；把病情报告单"藏"起来去扶贫的女干部金碧琼，一直坚守在扶贫第一线；特别是即将结婚却没有等到婚礼那一刻的"90后"扶贫干部王秋婷、积劳成疾牺牲在扶贫一线的驻村工作队队长李永春等25名扶贫干部，更是用生命诠释了共产党人的初心使命；还有216对"父子兵"、1284对"夫妻档"，572名干部"轻伤不下火线"，他们用身影、心血和汗水，交出了让党和人民满意的答卷。为全面记录新时代昭通艰苦卓绝、波澜壮阔的脱贫攻坚历史进程，客观反映乌蒙大地发生的翻天覆地历史性巨变，真实记录各级干部群众在脱贫攻坚中的感人故事，经市委同意，我们组织相关县市区、部门、专家对2015年至2020年我市开展脱贫攻坚的重大事件、典型故事进行搜集整理，编写《昭通市脱贫攻坚大决战实录》，旨在通过回望昭通脱贫攻坚的壮阔历程，探索总结蕴含其中的宝贵经验和深刻启示，赓续传承伟大的脱贫攻坚精神，从历史回望中照见未来，以更坚定的信心、更昂扬的斗志，继续走好新时代的长征路，奋力谱写昭通高质量跨越发展新篇章。

以昭通脱贫攻坚的壮阔历程资鉴后世。回望昭通脱贫攻坚的壮阔历程，市委、市政府团结带领全市各族人民披荆斩棘、栉风沐雨，攻克了一个又一个贫中之贫、坚中之坚，脱贫攻坚取得了重大历史性成就。昭通脱贫攻坚任务之艰前所未有，全市基础条件薄弱、致贫原因复杂、发展滞后明显，贫困面积大、贫困人口多、贫困程度深，贫困发生率高达 34.8%，“大山大水大峡谷、天寒地冻不出种、人多地少矛盾多”是昭通最大的市情。昭通脱贫攻坚规模之大前所未有，全市 11 个县市区中有国家级贫困县 10 个，其中深度贫困县 7 个；1235 个贫困村中，有深度贫困村 691 个；农村贫困人口高达 185.07 万人，占全省贫困人口的 1/5 以上，平均每天脱贫人数达到 1000 人以上。昭通脱贫攻坚成效之巨前所未有，全市累计投资 1658 亿元，规划的 12 条高速公路全部落地建设，打通了 11 个“出滇入川进黔”大通道，通车里程达 750 公里；累计新建或改造农村住房 55.89 万户；215.4 万人饮水安全得到巩固提升，自来水普及率达 94%；累计硬化农村公路 1.86 万公里，建成公路安全生命防护工程 1.05 万公里；因地制宜规划建设集中安置区 23 个，35.47 万名搬迁群众全部搬入新居；全市生产总值 5 年连跨 5 个百亿级台阶，年均增长 8%，达 1289 亿元。脱贫地区经济社会发展大踏步赶上来，整体面貌发生历史性巨变，极大增强了人民群众的获得感、幸福感、安全感。我们通过收集广大奋战在一线同志的真实故事，以“当事人”的亲身经历，将昭通脱贫攻坚艰苦卓绝、成效卓著的壮阔历程系统完整地记载下来，形成档案性的历史资料，以资后人，以鉴后世。

探索总结昭通打赢脱贫攻坚大决战的深层逻辑。习近平总书记强调：“办好中国的事情，关键在党。”有了党的坚强领导，脱贫攻坚就有了坐镇中军帐的“帅”，亿万人民就有了众志成城的“主心骨”。面对夺取脱贫攻坚大决战全面胜利的历史重任，市委、市政府始终坚持把党的领导贯穿各项工作全过程，坚持以脱贫攻坚统领经济社会发展全局、以党的建设统领推动各项工作落实“双统领”，强化铁的纪律和硬的作风“双保障”，努力实现党的建设和脱贫攻坚“双推进”。始终坚持以人民为中心的发展思想，提出“坚持以人民为中心、以群众工作为主线，抓住精准、统筹、务实三个关键，实现思想、工作和情感三个认同”的“133”工作思路，让人民群众真正成为脱贫攻坚这棵参天大树的主干。始终坚持精准扶贫、精准脱贫方略，围绕“扶持谁”“怎么扶”“怎么退”“退出后怎么办”四个重点，着力扣好精准识别、精准施策、精准退出、巩固提升“四粒扣子”，构建了一整套行之有效的政策体系、工作体系、制度体系，用发展的办法消除贫困根源。始终深入贯彻落实“五级书记抓扶贫”“党政同责促攻坚”的要求，坚持“一把手”负总责，切实强化市县抓落实机制，着力构建各级领导干部责任上肩、挂甲上任的组织体系。始终坚持集中精锐力量投向脱贫攻坚主战场，累计选派 4592 名驻村工作队队员、823 名驻村督导员、6.37 万名各级帮扶干部充实到扶贫一线，鲜红的党旗始终在脱贫攻坚主战场上高高飘扬。这些宝贵经验、深刻启示，我们通过编撰实录的形式如实记录，推动脱贫攻坚的认识和实践实现一个新的飞跃，为以后的改革发展提供重要的历史借鉴和方法指导。

赓续传承新时代脱贫攻坚昭通精神。伟大事业孕育伟大精神，伟大精神引领伟大事业。脱贫攻坚伟大斗争，锻造形成了“上下同心、尽锐出战、精准务实、开拓创新、攻坚克难、不负人民”的脱贫攻坚精神，这是中国精神、中国价值、中国力量的充分彰显。回望昭通脱贫攻坚大决战的壮阔历程，市委、市政府团结带领全市各族人民风雨同舟、携手与共、砥砺奋斗，努力闯出了一条以脱贫攻坚统领经济社会发展全局，倒逼产业形态、基础设施、城乡建设、生态文明等各个领域创新突破的“昭通路径”，奋力跑出了争先进位、赶超跨越的“昭通速度”，锻造锤炼了为民务实、实干求真的“昭通作风”，树立展示了“文明友善、开放包容”的“昭通形象”，淬炼形成了敢打善拼、坚韧求成、再硬的骨头也要嚼碎的脱贫攻坚“昭通精神”，这是一笔昭通当代脱贫攻坚人留给后世的宝贵精神财富。我们着力做好时代的忠实记录者，发挥文史资料“存史、资政、团结、育人”功能，赓续传承、大力弘扬新时代脱贫攻坚昭通精神，激励全市 600 多万名各族儿女在新征程上再鼓干劲、再聚合力、再立新功。

引领我们不断从胜利走向新的更大胜利。春江浩荡暂徘徊，又踏层峰望眼开。脱贫摘帽不是终点，而是新生活、新奋斗的起点。我们如期完成新时代脱贫攻坚目标任务，为实现两个百年奋斗目标以坚定信心、强劲动力，必将激励我们不断从胜利走向新的更大胜利。站在新的历史交汇点上，推动滇东北开发提速和崛起的奋斗史诗正在书写，我们必须从决战决胜脱贫攻坚的实践中汲取智慧和力量，进一步增强“四个意识”、坚定“四个自信”、做到“两个维护”，不断提升政治判断力、政治领悟力、政治执行力，在以习近平同志为核心的党中央的坚强领导下，永远保持慎终如始、戒骄戒躁的清醒头脑，永远保持不畏艰险、锐意进取的奋斗韧劲，永远保持永不懈怠、一往无前的精神状态，真抓实干、埋头苦干，脚踏实地、久久为功，在推动昭通高质量跨越发展的新征程上奋勇前进！

（作者时任中共昭通市政协党组书记、政协昭通市委员会主席）

目　录

第一编　本卷概述

第二编　决策部署

第三编　勇毅笃行

第四编　四粒扣子

第一编　本卷概述

乌蒙山传（节选）

李从军　罗宇凡　陈聪　骆飞

古代中国，有着充满传奇色彩的历史；

当代中国，正在发生无数奇幻瑰丽、摄人心魄的故事。

乌蒙山传奇，就是一个缩影。

乌蒙山麓，壁立千仞，林峰苍莽，注定是发生传奇的所在——

80 多年前的那个春天，一支红色铁流在这里与彝族兄弟歃血为盟。粗糙的大手，将盛满鸡血酒的大碗高高举起，洪亮的誓言响彻天际："结为兄弟，愿同生死！"穿越乌蒙，长征路上化险为夷，红军开启了新的征程。

长征的引路人毛泽东，在红军越过岷山后回首征程，一句"乌蒙磅礴走泥丸"，回响在天宇之间。

脱贫攻坚战役的统率者习近平，放眼告别千年贫穷，迈上全面建成小康社会的新征程，一声"13 亿多中国人，一个都不能少"，激荡在神州大地之上。

乌山赤水间，历史的交响在这里回荡……

从川南泸州进入黔西毕节，再到滇东北昭通，从仲夏到隆冬，大山深处，仿佛巨人的声音还在回响。我们抚摸历史，礼赞传奇，体会着一种不灭的精神、一种无穷的力量……

大山的渴望

在乌蒙山彝族地区，流传着一个动人的传说：喜鹊姑娘为了追求幸福，不畏强暴，纵身投火，霎时火光冲天，这火成为乌蒙山子民与命运抗争的图腾，火把节由此而来——千百年来，贫瘠的阴影一直在人们头上徘徊，然而，那支点燃希望和光明的火把从未熄灭。

贫穷，这是老天爷留下的一道难题——

乌蒙山区，横跨云、贵、川三省，大山连大山，深谷接深谷，十年九灾难，三年两不收，长满石头的旱地坡地生长的只能是贫困。

贫穷，这是历史留下的一道难题——

接近原始的生产方式，星散的居民分布，几乎从零开始的基础设施建设，全国最深度贫困地区之一，千百年积下的历史欠账怎样才能还清？

难道乌蒙山人注定要在石头缝里刨食吃？难道乌蒙山人注定就走不出这大山？

小小马儿修雄鬃，
心想带妹路不通。
哪天哪日路通了，
把妹带着耍昭通

云南昭通，大山包红旗梁子。

山坡上，呷一口酒，耿召富撕扯着嗓子唱情歌。

嘴一咧，他露出被烟草熏得发黑的牙。

年近六十的耿召富，做梦都想带着自己的堂客到昭通去“耍”，但他一直就在山坡上放羊，种洋芋和苦荞，除了年轻放羊时甩着情歌找到了堂客，“穷”就是这个山里汉子最长的记忆。

“吃得咋样？”

“吃得‘好’啊，一天三只‘箕’——三顿饭都是拿粪箕在地里刨点土豆吃。”苦涩中不乏幽默。

土豆、洋芋、马铃薯，一样东西三个叫法，却被乌蒙山老百姓戏称为他们的“三件宝”。

贫瘠的高原承载着当地百姓苦甲天下的无奈，可又是他们唯一的希望。

在川西南，赤水河畔许多石头坡地上，哪怕碗口大的土地，他们都会撒下一粒种子，种上一颗豌豆。

在云南昭通的大山上，2000多米的平均海拔，其他经济作物很难生长，但土豆、荞麦却疯长着，顽强而渴望。

乌蒙山人的性格像仙人掌。贵州遵义习水县隆兴镇滨江村，满山满眼的石头，只长仙人掌。滨江村村主任程明勇带着农户，靠种植仙人掌户均增收2200元。“我们就是要像这些仙人掌一样，从石头缝里挤出来，长上去。”

靠山吃山，有人靠的是仙人掌，有人靠的是花椒树。云南鲁甸县龙头山镇谢佳的父母，守着山上的几亩花椒树、坡上的几亩旱浇地，培养自己的3个儿女。谢佳以昭通市第二名的成绩考入重点中学昭通一中。

她的梦想还很大，她说：一定要考上清华大学。“生来的贫困无法选择，自己的命运却在自己手中。我相信，梦想可以覆盖一切苦难。”

“再大的苦难，人，活着总得有个尊严。”老耿说，他终于要实现自己的梦想，走出大山，到山下开农家乐了。说到高兴处，他又甩起了“情歌”……

大山包来好地头，
洋芋烧在火塘头。
荞粑放在石坎上，
欢乐日子在后头

欢乐的日子在后头，这，就是大山的渴望！

大山的召唤

支格阿鲁，乌蒙神话传说中的英雄。他弯弓射下数个太阳，消灭妖魔鬼怪，征服毒蛇猛兽，驯服雷公闪电，让百姓过上了幸福生活。

英雄支格阿鲁只是留在远古神话传说中，一直没有回来。这里的百姓崇尚英雄，勇做英雄，一直有着寻找支格阿鲁的冲动。

大山的脊梁

乌蒙山地区，造地之神斯日月祖打造 9 把铜斧和铁斧，他挥舞斧头，日夜造地，挥汗如雨，吼声如雷。他先造出高山用来放羊，再造出平坝用来养牯牛，造出水田用来种稻谷，造出坡地用来撒荞麦，造出山冈用来练兵，造出山谷让河水流，造出院坝让人居住……

在乌蒙山，我们听到这样的传说。这便是乌蒙山的来由。

扶贫大军中，走在前列的还有王文贵。他 38 岁的生命永远定格在脱贫攻坚的路上。

“想，都是问题；干，才是答案。”这句话常挂在王文贵嘴边。王文贵挂钩的云南昭通蜘蛛湾片区老街村，地处高寒边远山区，精准扶贫任务极其繁重。挂钩扶贫两年多，王文贵跋山涉水走村入户，访遍了 26 个村民小组，帮群众出点子、找路子……

2018 年 6 月 29 日下午，玉碗镇人大主席王文贵带领镇村干部核查扶贫茶产业、烤烟长势及走访群众，在返程途中发生交通事故，坠下数百米山坡。7 月 5 日，告别仪式上，他 4 岁的女儿哭喊着一句让所有在场的人潸然泪下的话：“躺在那儿的不是我爸爸，是假爸爸，我的爸爸下乡扶贫去了……”

在云、贵、川采访的日日夜夜，我们辗转于乌山赤水之间，面对着红色遗址，面对着落成的新村，面对着脱贫致富的人家，面对着一心扑在扶贫上的党员干部，不禁心潮澎湃，思绪万千。

在这崇山峻岭中，在这红色的大地上，我们仿佛看到昔日的长征队伍，为了劳苦大众的解放艰难跋涉，一如在彝族传说中改天换地的斯日月祖。

而今，在这崇山峻岭中，在这红色的大地上，一支新的长征队伍在爬坡过坎、勇往直前，将拔去这里千百年遗留的穷根——他们是大山的脊梁。

大山的希望

公元前 130 年，汉朝使节唐蒙逢山开路、遇水架桥，意欲修建西南夷道而“不成”。夷道艰险，难于登天，那是一道道绝壁，那是一道道天堑。

2000 多年过去了，岁月流逝，山川依旧。绝壁悬崖是老天爷留给这里人们的一份永久不变的遗产。

云南鲁甸龙头山镇，2014 年那场大地震让这里本不富裕的乡民陷入了绝望。

2015 年新年伊始，习近平总书记来到这里，查看灾情，看望受灾群众。他要求当地干部行动起来，灾后恢复重建和扶贫开发一起抓，重建家园步伐要加快……

村民们心头温暖，充满希望。

贫困面大、贫困程度深、基础设施薄弱、产业发展滞后、脱贫攻坚任务艰巨……重压之下，鲁甸开始涅槃过后的艰难重生——

“安居房”建起来了，学校、医院等公共服务设施建起来了；昔日的山边小道被高质量公路取代，高速公路贯通灾区；新建的混凝土砖房和钢构抗震房鳞次栉比。

用4年时间，龙头山整体跨越了二三十年。

一座脱胎换骨的新城镇——这是我们今天看到的龙头山镇。

走进村民高文富家，几只椒林鸡正在花椒林下咕咕作鸣，院里的大管箩里晒着满满的花椒。

地震发生时，高文富在外跑运输，家人在山上采花椒，全家躲过一劫。保住了命，却保不住一家人栖息的屋顶。

靠着种花椒和养椒林鸡，老高一家脱了贫，盖起了新房。

院子里，端上一碗花椒和酸菜炖好的汤，老高热情地招呼着我们尝一尝，脸上露出历经苦难后的笑容。

花椒，是废墟里的“救命椒”。苦里伴着麻，麻里藏着香，山崩地裂压不死花椒的根茎，仍在废墟中生长！一如在这大山里长大的老高们。

在乌蒙山人的心中，这是一个仍在被续写着的讲不尽的传奇故事，有如今天续写的长征，每个乌蒙山人都是这个故事里的主角，每个乌蒙山人都在这传奇故事里寻找着力量和希望。

正如龙头山镇龙泉中学159班的学生张乾英在作文里写道：“用你的笑容可以去改变明天的一切。”

（原文载于2019年2月1日《人民日报》，收入本书时，根据地域主题作了节选）

昭通市脱贫攻坚大决战概述

桂世军

昭通位于云南省东北部、金沙江下游右岸，处于昆明、成都、重庆、贵阳四座城市的物理交会中心，古称“朱提”（读音 shū shí）、“乌蒙”，素有“咽喉西蜀、锁钥南滇”“云南北大门”之称，是“南方古丝绸之路”的要冲。1935 年 2 月，中央红军长征经过云南时，中共中央在昭通市威信县召开了具有重要历史意义的“扎西会议”，毛泽东、周恩来、朱德、张闻天等老一辈无产阶级革命家曾在此留下光辉足迹。2020 年 1 月，习近平总书记在云南考察时指出，“扎西会议”改组党中央的领导特别是军事领导，推动中国革命走向胜利新阶段。大山大水大峡谷是昭通最为显著的地形地貌特征，2.3 万平方公里的国土面积，山区、半山区占 96.4%，海拔 2000 米以上的高寒冷凉地区占 30%，25° 以上陡坡耕地占耕地总面积的 35.6%，人均耕地面积仅为 1.12 亩（全国人均 1.43 亩），且多数贫瘠薄收，人口密度每平方公里达 273 人（是云南省的 2.23 倍、全国的 1.91 倍），11 个县市区中有国家级贫困县 10 个（深度贫困县 7 个）、1379 个村（社区）中有贫困村 1235 个（深度贫困村 691 个）、629 万人口中有贫困人口 185.07 万，是全国全省脱贫攻坚的主战场，全国贫困人口最多的地级市和云南省脱贫攻坚最难啃下的“硬骨头”。

一、坚决扛起政治责任，奋力夺取了脱贫攻坚大决战全面胜利

2015年1月19日，习近平总书记首次离京到昭通视察调研时要求：“要以更加明确的目标、更加有力的举措、更加有效的行动抓好脱贫攻坚，确保扶到点上、根上，让贫困群众真正得到实惠。”面对这个集革命老区、地震灾区、散居民族地区、生态脆弱地区为一体的深度贫困地区，昭通市各族干部群众铭记总书记的殷殷嘱托，坚持以习近平新时代中国特色社会主义思想为指引，认真贯彻落实习近平总书记考察云南和视察昭通重要指示精神，始终把打赢脱贫攻坚硬仗作为树牢“四个意识”、坚定“四个自信”、做到“两个维护”的具体体现和生动实践，作为昭通最大的政治任务、最大的民生工程、最大的历史挑战、最大的发展机遇，精准扣好精准识别、精准施策、精准退出、巩固提升“四粒扣子”，全力打好各类问题清零战、易地搬迁巩固战、劳动力稳定就业攻坚战、高原特色产业发展突破战、农村人居环境整治提升人海战“五大战役”，以“敢打善拼、坚韧求成、再硬的骨头也要嚼碎”的脱贫攻坚精神，经过1000多个日日夜夜的攻坚冲刺，以平均每天脱贫1000多人的进度，坚决夺取了脱贫攻坚大决战全面胜利，努力闯出了一条以脱贫攻坚统领经济社会发展的“昭通路径”。通过脱贫攻坚普查汇总数据分析，昭通市10个贫困县区、1235个贫困村、185.07万人建档立卡户已全面达到“两不愁、三保障”标准，“五个一批”精准帮扶措施全面落实到位，贫困地区生产生活方式发生根本性转变，建档立卡贫困群众收入水平明显提高、生活条件明显改善、思想观念和精神面貌明显转变，实现了高质量稳定脱贫。昭通千百年来的绝对贫困问题变成历史记忆，数百万昭通各族人民梦寐以求的小康生活成为美好现实。

二、举全市之力全面打赢脱贫攻坚战，如期向党和人民交出了高质量的“昭通答卷”

5 年来，昭通市坚持以脱贫攻坚统领经济社会发展全局、以党的建设统领推动各项工作落实“双统领”，强化铁的纪律和硬的作风“双保障”，实现党的建设和脱贫攻坚“双推进”，成功探索实践“133”工作思路，精准扣好脱贫攻坚“四粒扣子”，全面打赢“五大战役”，高质量交出脱贫攻坚昭通答卷。

——探索实践“133”工作思路。昭通市立足实际探索实践“坚持以人民为中心、以群众工作为主线，抓住精准、统筹、务实三个关键，实现思想、工作和情感三个认同”的“133”脱贫攻坚工作思路，将以人民为中心、为人民谋福祉作为根本要求和以人民群众高不高兴、答不答应、满不满意作为全部工作的出发点和落脚点贯穿脱贫攻坚始终，组织 6.37 万名干部结对帮扶 42.29 万户贫困户、选派 4591 名驻村工作队队员、823 名驻村督导员、208 名作战员到脱贫攻坚第一线开展帮扶工作，以深入细致的群众工作来全力推进精准扶贫精准脱贫各项政策措施的落实并取得实实在在的成效，让人民群众得到更多的实惠，不断增强获得感、幸福感，不断提升认可度、满意度，实现思想、工作和情感的认同，最大限度地汇聚起了脱贫攻坚的强大合力。

——精准扣好脱贫攻坚“四粒扣子”。5 年来，昭通市始终坚持精准扶贫精准脱贫方略，充分把握“精准”要义，围绕“扶持谁”“怎么扶”“怎么退”“退出后怎么办”，精准把控每一个环节和细节，精准扣好精准识别、精准施策、精准退出、巩固提升“四粒扣子”。扣好精准识别“第一粒扣子”。2017 年，昭通市以全国建档立卡贫困人口动态管理为契机，坚持从头再来但不是推倒重来、全面调查但各有侧重、稳中求进动态管理的要求，以县区为主体、村民小组为基本单元、农户为基本对象，组织 2.36 万名干部深入全市 146 个乡镇（街道）1251 个村（社区）25856 个村（居）民小组，用近4个月的时间，对全市129.73万户529.03万农村人口进行全面摸底排查和深入细致的走访，全面精准地锁定未脱贫对象27.5万户113.37万人，系统全面建立起全市农村户籍、住房、教育、卫生、低保等各方面的信息台账。扣好精准施策“第二粒扣子”。2018年，昭通市以开展“村村清、户户清”行动为抓手，整合人员力量盯到村、抵到户，通过全覆盖、无遗漏的梳理排查分析，明确了到村到户的目标任务，按照“缺什么补什么”的原则，科学制定村级施工图、乡级路线图和县级项目库，近3年累计投入财政扶贫资金470.36亿元，实施库内项目11284个。在此基础上，坚持对所有刚性需求项目实施清单化管理、项目化推进、责任化落实，精准把控项目实施中的每一个环节和细节，以到人到户的精准帮扶确保户脱贫、村出列，以高质量的村村清、户户清确保县摘帽。扣好精准退出“第三粒扣子”。按照贫困退出机制，严格执行贫困退出标准和程序，以脱贫实效为依据，以群众认可为标准，坚决防止错退，全市10个县区全部通过省级第三方考核评估，1235个村社区、185.07万建档立卡贫困人口都做到了精准退出，并确保脱贫成效经得住历史和人民的检验。扣好巩固提升“第四粒扣子”。严格落实“四个不摘”和脱贫成果巩固20条要求，对已退出贫困人口继续保持政策稳定性和工作连续性，强化防贫返贫监测预警、分析评估和精准帮扶措施落实，建立健全稳定脱贫长效机制，巩固强化脱贫成果，坚决防止出现返贫。

——坚决有力打好打赢“五大战役”。5年来，昭通市聚焦“两不愁、三保障”目标，围绕做好易地扶贫搬迁、产业培育、劳动力转移就业、基础设施改善“四篇文章”，瞄准短板弱项，精准落实帮扶措施，坚决有力打好打赢“五大战役”。坚决有力打赢“两不愁、三保障”突出问题歼灭战。聚焦“两不愁、三保障”目标和贫困退出“571”标准，按照“以房找人、以户找房，危房不住人、住人不危房”的要求，累计新建和改造农村住房55.89万户，拆除危旧房34.36万间，农村群众实现住房安全有保障；坚持水利工程建设与构建长效管护机制并重，210.3万人饮水安全得到巩固提升，自来水普及率达92%，农村饮水安全保障实现全面达标；加快补齐农村交通设施短板，累计硬化农村公路1.76万公里，建成公路安全生命防护工程9063公里，实现所有行政村和社区通硬化路、通客运、网购物流全覆盖；大力推进教育扶贫，创新“两查四对”控辍保学机制和“四步走”工作法，建档立卡贫困家庭学生无因贫辍学失学，11个县市区义务教育实现基本均衡发展，14.35万名“两后生”通过就读职业教育学校掌握一技之长、实现充分就业；全面落实健康扶贫各项政策，符合条件的建档立卡贫困人口100%参加基本医疗保险、大病保险，乡镇卫生院和村社区卫生室标准化建设实现全覆盖。坚决有力打赢易地搬迁“搬得出、稳得住”攻坚战。坚持把易地搬迁作为啃下脱贫攻坚最硬骨头的“铁齿铜牙”，按照“能搬则搬、应搬尽搬、整村搬迁”原则，探索创新“进城、入镇、进厂、上楼”安置模式，23个集中安置区中万人以上规模达9个；聚焦“一配套两支撑强服务”，高质量开展“五清”行动和动态管控，做实迁出地和迁入地“两篇文章”，构建科学有效的社会管理机制，35.47万名群众一步实现由贫困山区到现代城镇、由传统农民到城镇市民的直过式跨越，真正“让人搬到人该待的地方、让树长到树该长的地方”，实现城乡人口分布格局重构、产业发展结构重组、山区自然生态环境重塑“三位一体”整体推进。坚决有力打赢产业培育高质量发展突击战。坚持把产业发展作为打赢脱贫攻坚战的重要支撑，以高度组织化为根本，以网格化管理为抓手，以单点突破带全局，按照“三个全覆盖”和“三个有”的要求，“6个百亿元”高原特色产业取得突破性进展。截至目前，全市苹果种植规模突破75万亩，海升集团10万亩高标准苹果产业示范园成为引领现代农业发展的标杆和方向，“昭阳红”品牌成为展示昭通苹果优良品质的一张靓丽名片，实现了“此苹果非彼苹果”的蝶变；竹产业规模达450万亩；马铃薯规范化种植规模达297万亩、优质种薯基地突破30万亩，正朝着“昭通大洋芋、世界马铃薯、扶贫大产业”的目标迈进。坚决有力打赢劳动力稳定有序就业提升战。坚持把劳动力稳定有序就业作为打赢脱贫攻坚战的有效途径，按照“近抓外出就业为主、远抓产业培育支撑”的思路，千方百计推动劳动力有计划、有层次、有保障地就业。截至目前，全市104.55万名建档立卡劳动力转移就业 90.70 万人，务工收入占贫困群众年人均可支配收入的 77.28%，贫困劳动力、易迁劳动力转移就业率分别达 86.75%、90.25%，“零就业”家庭全部实现动态清零。坚决有力打赢农村人居环境整治提升人海战。坚持把农村人居环境整治提升作为提振群众精神面貌的有力抓手，在全市发动了一场领导示范、干部带头、全面发动、全民动手的人居环境整治提升人民战争，推动改变“有新房无新村、有新村无新貌”的状况，广大农村群众既摘掉了“穷帽子”更提振了精气神。凝聚各方力量、汇集脱贫攻坚工作合力。坚持把汇集各方力量作为打赢脱贫攻坚战的重要保障，广东省东莞市、中山市、深圳市以及国家多个部委、省级多家单位、众多企业倾情帮扶昭通，共同铺就了昭通的扶贫之路、希望之路、崛起之路。深入开展“践初心、摘穷帽，奔小康、感党恩”教育，充分激发贫困群众自强不息、感恩奋进的内生动力，汇聚起了万众一心齐攻坚的磅礴力量。

三、立足实际积极探索实践，
促成了弥足珍贵的脱贫攻坚“昭通经验”

回首 5 年来的脱贫攻坚历程，深感昭通成就来之不易，经验启示弥足珍贵，必须倍加珍惜、长期坚持。

——始终坚持以习近平新时代中国特色社会主义思想为指引，昭通闯出了一条易地搬迁为主的脱贫攻坚“昭通路径”。5 年来，昭通坚持把习近平新时代中国特色社会主义思想作为破解难题、推动发展最有力的思想武器，深刻领会习近平总书记“扶到点上、扶到根上”的重要指示精神，把易地搬迁作为啃下昭通脱贫攻坚“最硬骨头”的铁齿铜牙，作为打赢脱贫攻坚战最根本、最有效的手段，在工作中努力克服思想统一难、资金筹措难、组织实施难、配套支撑难等系列问题，闯出了一条以易地搬迁为主的风险最高、难度最大、过程最艰辛但成效最明显、群众最满意的深度贫困地区脱贫攻坚“昭通路径”。

——始终坚持以党建引领脱贫攻坚，在脱贫攻坚中奋力跑出了争先进位、赶超跨越的“昭通速度”。面对脱贫攻坚这个千年困局，昭通之所以能够在脱贫攻坚战役中夺取一个又一个的胜利，靠的是各级党组织的坚强领导，靠的是各级领导干部的亲力亲为，靠的是全市 18.37 万名党员的先锋带动，坚持做到基层工作推进到哪里、党支部就建到哪里、党员服务就延伸到哪里，确保党的组织无处不在、作用无处不发挥，让每一个贫困村都有一个坚强的战斗堡垒、每一户贫困群众背后都站着一名坚定的共产党员。5 年来，昭通市坚持以党建强引领促攻坚，以从严的战时纪律和过硬作风，激励全体党员干部在新时代百舸争流的发展大潮中担当作为、拼搏实干、开拓奋进，用短短一年左右的时间，建成了 9 个万人以上安置区，以平均每天脱贫 1000 多人的进度，夺取了脱贫攻坚大决战（全面）决定性胜利，在脱贫攻坚中跑出了争先进位、赶超跨越“昭通速度”。

——始终坚持以人民为中心的发展思想，在实践“133”工作思路中锤炼出了为民务实、实干求真的“昭通作风”。昭通各级 6.37 万名帮扶大军认真践行“133”工作思路，走深走实群众路线，扎实做好群众的组织、发动、宣传、教育、引导工作，从收集民情、了解民意、把握实情入手，面对面把账算清楚、把政策讲明白、把思路统一起来、把群众积极性调动起来，用干部的辛苦指数换取群众的幸福指数、用干部的“脱皮”换取群众的脱贫，通过全过程、全环节的精准把控，大幅度提升了群众的认可度、满意度，深入细致的群众工作真正成为支撑起脱贫攻坚这棵参天大树的主干，更锤炼出了乌蒙铁军为民务实、实干求真的“昭通作风”。

——始终坚持扶贫扶志扶智、实现精神脱贫，在脱贫攻坚中塑立展示了“文明友善、开放包容”的“昭通形象”。聚焦“人的改变”这一根本，昭通市坚持把广大群众生产方式转变与生活方式转变相结合、提升养殖水平与改善人居环境相结合、改善环境面貌与改变人的精神面貌相结合，全面发动了一场领导示范、干部带头、全民动手的农村人居环境整治提升人民战争，彻底改变“有新房无新村、有新村无新貌”状况，广大农村群众既摘掉了“穷帽子”更提振了精气神，有力推动了全民素质的提升和良好风尚的形成。深入开展“自强、诚信、感恩”主题实践活动，坚持扶贫与扶智、扶志相结合，教育引导群众感党恩、听党话、跟党走，形成了凝心聚力战脱贫的浓厚氛围，在脱贫攻坚中塑立展示了“文明友善、开放包容”的“昭通形象”。

——始终坚持把“四个敢不敢、善不善”作为重要标尺，在闯关夺隘、攻城拔寨中淬炼形成了敢打善拼、坚韧求成、再硬的骨头也要嚼碎的脱贫攻坚“昭通精神”。面对贫中之贫、困中之困、坚中之坚的深度贫困堡垒，昭通市以“苦不苦，想想红军长征二万五；难不难，想想当年红军来到扎西有多难”来激励和鞭策，以“四个敢不敢、善不善”教育引导广大党员干部在急难险重任务中担当作为，扭转了过去总想为不作为找理由，而不是为成功找方法的不良习气，在脱贫攻坚急难险重任务中，敢想敢干敢担当、越是艰险越向前，6.37 万名干部挂钩帮扶、5203 名驻村队员和督导员一线攻坚，仅 2016 年以来就有 25 名干部的生命定格在脱贫攻坚一线。广大党员干部用心血汗水甚至生命锻造出了“敢打善拼、坚韧求成、再硬的骨头也要嚼碎”的脱贫攻坚“昭通精神”。

历尽天华成此景，人间万事出艰辛。习近平总书记强调“脱贫摘帽不是终点，而是新生活、新奋斗的起点”。当前，昭通市脱贫攻坚已圆满收官，629 万名昭通儿女阔步迈入小康社会，这不仅是中国特色社会主义制度优势的一个生动缩影，更是深入学习贯彻习近平新时代中国特色社会主义思想的一个具体实践。站在“两个一百年”奋斗目标的历史交汇点，昭通市要更加紧密地团结在以习近平同志为核心的党中央周围，不忘初心、牢记使命，只争朝夕、不负韶华，在开启促进“滇东北崛起”的新征程中接续乡村振兴，全力巩固脱贫成果。

（作者系昭通市扶贫办综合科干部）

第二编　决策部署

概　述

2015年11月，中共中央、国务院印发《关于打赢脱贫攻坚战的决定》，全面部署“十三五”脱贫攻坚工作，明确“到2020年，稳定实现农村贫困人口不愁吃、不愁穿，义务教育、基本医疗和住房安全有保障。实现贫困地区农民人均可支配收入增长幅度高于全国平均水平，基本公共服务主要领域指标接近全国平均水平”，从而实现农村贫困人口全部脱贫、贫困县全部摘帽的目标任务。2016年3月，十二届全国人大四次会议审议通过“十三五”规划，“全力实施脱贫攻坚”以专篇的形式被纳入其中。由此，中央脱贫攻坚决策部署通过法定程序成为国家意志。

脱贫攻坚作为“十三五”时期第一民生工程，打赢脱贫攻坚战是实现全面建成小康社会目标的重大任务。但是，像我国这样幅员辽阔、区域发展不平衡、贫困人口众多、国情极端复杂的大国，脱贫涉及凝聚共识、顶层设计、考核评估等一系列环节，是一个综合、动态、复杂的系统工程。位于乌蒙山腹地脱贫攻坚主战场的昭通，如何在脱贫攻坚这场战役中厘清思路、探索路径、找对方法、付诸实践，是其能否如期实现全面脱贫、全面小康目标的关键。昭通市委、市政府围绕中共中央、中共云南省委系列决策部署的贯彻落实，在深度调研的基础上，结合昭通精准扶贫的市情现状，创新理念顶层设计，制定出台了脱贫攻坚“133”工作思路，建立机制，形成合力，全面推动脱贫攻坚进程，并紧紧围绕落实脱贫攻坚决策部署，建立脱贫攻坚责任、政策、投入、动员、监督、考核等六大政策支撑体系，为打赢脱贫攻坚战提供制度保障。

脱贫攻坚的相关政策，既对6年来的脱贫攻坚工作具有重要的指导意义，同时也是脱贫攻坚工作的一个侧面缩影，因而有必要择要汇编，以便读者能从中管窥脱贫工作之一隅。但由于考虑从中央、省至市三级相关政策数量庞大，为了避免重复罗列，本丛书在收录相关文件时确定两项原则：其一，以昭通本地政策性文件为主，略收中央与省级政策文件；其二，为了呈现自2015年到2020年昭通的脱贫历程，在收录相关文件时倾向每一年度的数量均衡，酌情优选具有年度代表性文件。

基于这样的考虑，收入本丛书的文件包括：中央层级文件《中共中央、国务院关于打赢脱贫攻坚战的决定》等3份，省级文件《关于进一步完善贫困退出机制的通知》1份，市级文件《关于建立扶贫攻坚“挂包帮”“转走访”长效机制的实施方案》等14份，基本涵盖：总论、精准识别、社会事业、政策支撑、社会动员、政治保障等各个方面。栏目最后附录《扶贫相关政策文件名录选》，以供有兴趣的读者进一步查阅检索。

国务院扶贫办关于印发《扶贫开发建档立卡工作方案》的通知

国开办发〔2014〕24号

各省、自治区、直辖市扶贫办（农委），新疆生产建设兵团扶贫办：

根据《中共中央办公厅　国务院办公厅印发〈关于创新机制扎实推进农村扶贫开发工作的意见〉的通知》（中办发〔2013〕25号）精神，按照全国扶贫工作座谈会和国务院扶贫开发领导小组第二次全体会议要求，我办起草了《扶贫开发建档立卡工作方案》，现印发给你们，请结合本地实际，加强组织领导，强化统筹协调，确保按时、高质量完成建档立卡工作。相关指标体系和解释将另行印发。

各省组织实施中的重要情况和问题，请及时沟通反映。

国务院扶贫办

2014年4月2日

扶贫开发建档立卡工作方案

根据《中共中央办公厅　国务院办公厅印发〈关于创新机制扎实推进农村扶贫开发工作的意见〉的通知》（中办发〔2013〕25 号）精神，按照全国扶贫工作座谈会和国务院扶贫开发领导小组第二次全体会议关于建档立卡工作要求，特制定本方案。

一、工作目标

建档立卡对象包括贫困户、贫困村、贫困县和连片特困地区。通过建档立卡，对贫困户和贫困村进行精准识别，了解贫困状况，分析致贫原因，摸清帮扶需求，明确帮扶主体，落实帮扶措施，开展考核问效，实施动态管理。对贫困县和连片特困地区进行监测和评估，分析掌握扶贫开发工作情况，为扶贫开发决策和考核提供依据。2014 年年底前，在全国范围内建立贫困户、贫困村、贫困县和连片特困地区电子信息档案，并向贫困户发放《扶贫手册》。以此为基础，构建全国扶贫信息网络系统，为精准扶贫工作奠定基础。

二、贫困户建档立卡方法和步骤

（一）工作方法

1. 标准。以 2013 年农民人均纯收入 2736 元（相当于 2010 年 2300 元不变价）的国家农村扶贫标准为识别标准。各省、自治区、直辖市（以下简称各省）在确保完成国家农村扶贫标准识别任务的基础上，可结合本地实际，按本省标准开展贫困户识别工作，纳入全国扶贫信息网络系统统一管理。

2. 规模。原则上以国家统计局发布的 2013 年底全国农村贫困人口规模 8249 万人为基数。省级统计数大于国家发布数的，可在国家发布数基础上上浮 10% 左右；个别省级统计数与国家发布数差距较大的，上浮比例可适当提高；具体识别规模经省级扶贫开发领导小组研究确定后，由省扶贫办报国务院扶贫办核定。

3. 做法。采取规模控制，各省将贫困人口识别规模逐级分解到行政村。贫困户识别要以农户收入为基本依据，综合考虑住房、教育、健康等情况，通过农户申请、民主评议、公示公告和逐级审核的方式，整户识别。

4. 登记内容。《扶贫手册》包括家庭基本情况、致贫原因、帮扶责任人、帮扶计划、帮扶措施和帮扶成效等六个方面内容。登记的标准时点为 2013 年 12 月 31 日，标准时期为 2013 年 1 月 1 日—12 月 31 日。

（二）工作步骤和时间安排

第一步：规模分解。按照《贫困人口规模分解参考方法》，各省将报国务院扶贫办核定后的贫困人口识别规模逐级分解到行政村。

第二步：初选对象。在县扶贫办和乡镇人民政府指导下，按照分解到村的贫困人口规模，农户自愿申请，各行政村召开村民代表大会进行民主评议，形成初选名单，由村委会和驻村工作队核实后进行第一次公示，经公示无异议后报乡镇人民政府审核。

第三步：公示公告。乡镇人民政府对各村上报的初选名单进行审核，确定全乡（镇）贫困户名单，在各行政村进行第二次公示，经公示无异议后报县扶贫办复审，复审结束后在各行政村公告。以上工作在 2014 年 5 月底前完成。

第四步：结对帮扶。在省级人民政府指导下，各县应统筹安排有关帮扶资源，研究提出对贫困户结对帮扶方案，明确结对帮扶关系和帮扶责任人。

第五步：制订计划。在乡镇人民政府指导下，由村委会、驻村工作队和帮扶责任人结合贫困户需求和实际，制订帮扶计划。以上工作在 2014 年 7 月底前完成。

第六步：填写手册。在县扶贫办指导下，由乡镇人民政府组织村委会、驻村工作队和大学生志愿者对已确定的贫困户填写《扶贫手册》。

第七步：数据录入。在县扶贫办指导下，乡镇人民政府组织村委会、驻村工作队和大学生志愿者等将《扶贫手册》录入全国扶贫信息网络系统，并进行数据审核。《扶贫手册》由国务院扶贫办统一监制，各县负责制发，贫困户、村委会各执一册。以上工作在 2014 年 8 月底前完成。

第八步：联网运行。由各省扶贫办负责，将录入数据在本省内试运行，并在 2014 年 10 月底前完成。

第九步：数据更新。贫困户信息要及时更新，并录入全国扶贫信息网络系统，实现贫困户动态调整。此工作在县扶贫办指导下，由乡镇人民政府组织村委会和驻村工作队在次年 1 月底前完成。

三、贫困村建档立卡方法和步骤

（一）工作方法

1. 标准。贫困村识别原则上按照“一高一低一无”的标准进行。即行政村贫困发生率比全省贫困发生率高 1 倍以上，行政村 2013 年全村农民人均纯收入低于全省平均水平60%，行政村无集体经济收入。

2. 规模。按照“省负总责”的要求，由省级扶贫开发领导小组研究确定本省贫困村规模，并由省扶贫办报国务院扶贫办核定。北京、天津、辽宁、上海、江苏、浙江、福建、山东、广东等东部9省（市）贫困村识别规模原则上控制在行政村总数的15%左右；河北、山西、吉林、黑龙江、安徽、江西、河南、湖北、湖南、海南等中部10省原则上控制在20%左右；内蒙古、广西、重庆、四川、贵州、云南、西藏、陕西、甘肃、青海、宁夏、新疆等西部12省（区、市）原则上控制在30%左右。

3. 做法。采取规模控制，各省将贫困村识别规模逐级分解到乡镇。按照贫困村识别标准，符合条件的行政村采取“村委会自愿申请、乡镇人民政府审核、县扶贫开发领导小组审定”的流程进行。

4. 登记内容。《贫困村登记表》包括基本情况、发展水平、基础设施状况、生产生活条件、公共服务情况、帮扶情况和帮扶成效等七个方面内容。登记的标准时点为2013年12月31日，标准时期为2013年1月1日—12月31日。

（二）工作步骤和时间安排

第一步：规模分解。各省将该省确定的贫困村规模分解到县，各县将规模分解到乡镇。

第二步：初选对象。乡镇人民政府向各村宣传贫困村申请条件和工作流程。各村在广泛征求群众意见和村级组织充分讨论基础上，自愿提出申请，报乡镇人民政府审核，形成贫困村初选名单。

第三步：公示公告。乡镇人民政府对贫困村初选名单进行公示，经公示无异议后报县扶贫办，经县扶贫开发领导小组审定后进行公告。以上工作在2014年6月底前完成。

第四步：结对帮扶。在省级人民政府指导下，各县应统筹安排有关帮扶资源，研究提出对贫困村的结对帮扶方案，落实结对帮扶单位。

第五步：制订计划。在乡镇人民政府指导下，由村委会、驻村工作队和帮扶单位结合贫困村需求和实际，制订帮扶计划。以上工作在 2014 年 7 月底前完成。

第六步：填写登记表。在县扶贫办指导下，由乡镇人民政府组织村委会、驻村工作队和帮扶单位对已确定的贫困村填写《贫困村登记表》。

第七步：数据录入。在县扶贫办指导下，乡镇人民政府组织有关人员将《贫困村登记表》录入全国扶贫信息网络系统，并进行数据审核。以上工作在 2014 年 8 月底前完成。

第八步：网络运行。各省网络运行在 2014 年 10 月底前完成，全国网络运行在 2014 年年底前完成。

第九步：数据更新。贫困村信息要及时更新，并录入全国扶贫信息网络系统，实现贫困村信息动态管理。此工作在县扶贫办指导下，由乡镇人民政府组织帮扶单位、村委会和驻村工作队在次年 1 月底前完成。

四、贫困县和连片特困地区建档立卡方法

国家已确定贫困县和连片特困地区，不再进行识别。建档立卡工作主要用于扶贫开发工作考核、资金绩效管理考核、片区规划实施监测和评估，并为扶贫开发决策提供依据。

（一）工作范围。包括 832 个贫困县（含 680 个连片特困地区县和 592 个国家扶贫开发工作重点县）。省级贫困县和省定连片特困地区可结合本省实际，纳入全国扶贫信息网络系统统一管理。

（二）监测内容。《贫困县监测表》包括基本情况、发展现状、基础设施、公共服务、帮扶情况和扶贫成效等六个方面内容。监测的标准时点为 2013 年 12 月 31 日，标准时期为 2013 年 1 月 1 日—12 月 31 日。

（三）数据监测及录入。县扶贫办每年负责填写《贫困县监测表》，录

入全国扶贫信息网络系统，并进行数据审核。2013 年数据应于 2014 年 10 月底前完成录入并试运行，此后每年数据于次年 2 月底前完成更新。

五、工作要求

坚持扶贫措施与贫困识别结果相衔接，资金分配与扶贫瞄准及成效相挂钩，按照“县为单位、规模控制、分级负责、精准识别、动态管理”的原则，对贫困户、贫困村进行识别并建档立卡，并将其作为扶贫开发工作考核的重要内容。

（一）加强组织领导。国务院扶贫办统一组织开展扶贫开发建档立卡工作，成立建档立卡和信息化建设工作领导小组，下设办公室。各级扶贫部门可设立相应机构，主要负责人亲自抓，精心组织部署，加强指导协调，抽调专业水平高、责任心强的人员从事此工作。

（二）强化宣传培训。各省按照国家统一部署，加大宣传培训力度。要把建档立卡工作的目的和要求、识别标准、识别程序等相关政策宣传到每个农户和每个行政村，确保群众的知情权和参与权。要认真组织各类业务培训，确保建档立卡工作规范有序。

（三）明确责任分工。国务院扶贫办负责建档立卡和信息化建设的总体方案设计、系统开发、省级相关人员培训、督促检查、考核评估等工作。各省负责省级规模分解、建立驻村工作队制度、市县两级工作人员培训、专项督查等工作。地市级负责协调服务和对县级相关工作的督促检查。县级负责贫困户、贫困村的确定并组织乡（镇）、村两级做好建档立卡工作。

（四）规范操作程序。贫困户和贫困村的识别工作要严格按照工作流程进行，贫困户识别要做到“两公示一公告”，贫困村识别要做到“一公示一公告”，要有相关记录和档案资料，要全程公开，接受监督，确保结果公正。严禁优亲厚友，严禁提供虚假信息，严禁拆户、分户和空挂户，杜绝平均分配。

（五）保障工作条件。各级人民政府安排必要工作经费，用于开展扶贫开发建档立卡工作必需的宣传培训、材料印制、数据录入及信息化建设等方面的支出，并提供必要的工作条件。全国扶贫开发信息网络系统由国务院扶贫办统一开发，提供各省使用，硬件由各省负责。

（六）严格督查考核。各地要按照“省抽查、县核查”的方法，开展专项督查，考核工作进度和工作质量。国务院扶贫办将对建档立卡工作进行组织核查，核查情况特别是准确率将列入 2014 年扶贫工作考核的重要内容，并与奖励资金分配挂钩。

中共中央　国务院关于打赢脱贫攻坚战的决定

（2015 年 11 月 29 日）

确保到 2020 年农村贫困人口实现脱贫，是全面建成小康社会最艰巨的任务。现就打赢脱贫攻坚战作出如下决定。

一、增强打赢脱贫攻坚战的使命感、紧迫感

消除贫困、改善民生、逐步实现共同富裕，是社会主义的本质要求，是我们党的重要使命。改革开放以来，我们实施大规模扶贫开发，使 7 亿农村贫困人口摆脱贫困，取得了举世瞩目的伟大成就，谱写了人类反贫困历史上的辉煌篇章。党的十八大以来，我们把扶贫开发工作纳入“四个全面”战略布局，作为实现第一个百年奋斗目标的重点工作，摆在更加突出的位置，大力实施精准扶贫，不断丰富和拓展中国特色扶贫开发道路，不断开创扶贫开发事业新局面。

我国扶贫开发已进入啃硬骨头、攻坚拔寨的冲刺期。中西部一些省（自治区、直辖市）贫困人口规模依然较大，剩下的贫困人口贫困程度较深，减贫成本更高，脱贫难度更大。实现到 2020 年让 7000 多万农村贫困人口

摆脱贫困的既定目标，时间十分紧迫、任务相当繁重。必须在现有基础上不断创新扶贫开发思路和办法，坚决打赢这场攻坚战。

扶贫开发事关全面建成小康社会，事关人民福祉，事关巩固党的执政基础，事关国家长治久安，事关我国国际形象。打赢脱贫攻坚战，是促进全体人民共享改革发展成果、实现共同富裕的重大举措，是体现中国特色社会主义制度优越性的重要标志，也是经济发展新常态下扩大国内需求、促进经济增长的重要途径。各级党委和政府必须把扶贫开发工作作为重大政治任务来抓，切实增强责任感、使命感和紧迫感，切实解决好思想认识不到位、体制机制不健全、工作措施不落实等突出问题，不辱使命、勇于担当，只争朝夕、真抓实干，加快补齐全面建成小康社会中的这块突出短板，决不让一个地区、一个民族掉队，实现《中共中央关于制定国民经济和社会发展第十三个五年规划的建议》确定的脱贫攻坚目标。

二、打赢脱贫攻坚战的总体要求

（一）指导思想

全面贯彻落实党的十八大和十八届二中、三中、四中、五中全会精神，以邓小平理论、“三个代表”重要思想、科学发展观为指导，深入贯彻习近平总书记系列重要讲话精神，围绕“四个全面”战略布局，牢固树立并切实贯彻创新、协调、绿色、开放、共享的发展理念，充分发挥政治优势和制度优势，把精准扶贫、精准脱贫作为基本方略，坚持扶贫开发与经济社会发展相互促进，坚持精准帮扶与集中连片特殊困难地区开发紧密结合，坚持扶贫开发与生态保护并重，坚持扶贫开发与社会保障有效衔接，咬定青山不放松，采取超常规举措，拿出过硬办法，举全党全社会之力，坚决打赢脱贫攻坚战。

（二）总体目标

到 2020 年，稳定实现农村贫困人口不愁吃、不愁穿，义务教育、基本医疗和住房安全有保障。实现贫困地区农民人均可支配收入增长幅度高于全国平均水平，基本公共服务主要领域指标接近全国平均水平。确保我国现行标准下农村贫困人口实现脱贫，贫困县全部摘帽，解决区域性整体贫困。

（三）基本原则

——坚持党的领导，夯实组织基础。充分发挥各级党委总揽全局、协调各方的领导核心作用，严格执行脱贫攻坚一把手负责制，省市县乡村五级书记一起抓。切实加强贫困地区农村基层党组织建设，使其成为带领群众脱贫致富的坚强战斗堡垒。

——坚持政府主导，增强社会合力。强化政府责任，引领市场、社会协同发力，鼓励先富帮后富，构建专项扶贫、行业扶贫、社会扶贫互为补充的大扶贫格局。

——坚持精准扶贫，提高扶贫成效。扶贫开发贵在精准，重在精准，必须解决好扶持谁、谁来扶、怎么扶的问题，做到扶真贫、真扶贫、真脱贫，切实提高扶贫成果可持续性，让贫困人口有更多的获得感。

——坚持保护生态，实现绿色发展。牢固树立绿水青山就是金山银山的理念，把生态保护放在优先位置，扶贫开发不能以牺牲生态为代价，探索生态脱贫新路子，让贫困人口从生态建设与修复中得到更多实惠。

——坚持群众主体，激发内生动力。继续推进开发式扶贫，处理好国家、社会帮扶和自身努力的关系，发扬自力更生、艰苦奋斗、勤劳致富精神，充分调动贫困地区干部群众积极性和创造性，注重扶贫先扶智，增强贫困人口自我发展能力。

——坚持因地制宜，创新体制机制。突出问题导向，创新扶贫开发路径，由“大水漫灌”向“精准滴灌”转变；创新扶贫资源使用方式，由多头分散向统筹集中转变；创新扶贫开发模式，由偏重“输血”向注重“造血”转变；创新扶贫考评体系，由侧重考核地区生产总值向主要考核脱贫成效转变。

三、实施精准扶贫方略，加快贫困人口精准脱贫

（四）健全精准扶贫工作机制。抓好精准识别、建档立卡这个关键环节，为打赢脱贫攻坚战打好基础，为推进城乡发展一体化、逐步实现基本公共服务均等化创造条件。按照扶持对象精准、项目安排精准、资金使用精准、措施到户精准、因村派人精准、脱贫成效精准的要求，使建档立卡贫困人口中有5000万人左右通过产业扶持、转移就业、易地搬迁、教育支持、医疗救助等措施实现脱贫，其余完全或部分丧失劳动能力的贫困人口实行社保政策兜底脱贫。对建档立卡贫困村、贫困户和贫困人口定期进行全面核查，建立精准扶贫台账，实行有进有出的动态管理。根据致贫原因和脱贫需求，对贫困人口实行分类扶持。建立贫困户脱贫认定机制，对已经脱贫的农户，在一定时期内让其继续享受扶贫相关政策，避免出现边脱贫、边返贫现象，切实做到应进则进、应扶则扶。抓紧制定严格、规范、透明的国家扶贫开发工作重点县退出标准、程序、核查办法。重点县退出，由县提出申请，市（地）初审，省级审定，报国务院扶贫开发领导小组备案。重点县退出后，在攻坚期内国家原有扶贫政策保持不变，抓紧制定攻坚期后国家帮扶政策。加强对扶贫工作绩效的社会监督，开展贫困地区群众扶贫满意度调查，建立对扶贫政策落实情况和扶贫成效的第三方评估机制。评价精准扶贫成效，既要看减贫数量，更要看脱贫质量，不提不切实际的指标，对弄虚作假搞“数字脱贫”的，要严肃追究责任。

（五）发展特色产业脱贫。制定贫困地区特色产业发展规划。出台专项政策，统筹使用涉农资金，重点支持贫困村、贫困户因地制宜发展种养业和传统手工业等。实施贫困村“一村一品”产业推进行动，扶持建设一批贫困人口参与度高的特色农业基地。加强贫困地区农民合作社和龙头企业培育，发挥其对贫困人口的组织和带动作用，强化其与贫困户的利益联结机制。支持贫困地区发展农产品加工业，加快一二三产业融合发展，让

贫困户更多分享农业全产业链和价值链增值收益。加大对贫困地区农产品品牌推介营销支持力度。依托贫困地区特有的自然人文资源，深入实施乡村旅游扶贫工程。科学合理有序开发贫困地区水电、煤炭、油气等资源，调整完善资源开发收益分配政策。探索水电利益共享机制，将从发电中提取的资金优先用于水库移民和库区后续发展。引导中央企业、民营企业分别设立贫困地区产业投资基金，采取市场化运作方式，主要用于吸引企业到贫困地区从事资源开发、产业园区建设、新型城镇化发展等。

（六）引导劳务输出脱贫。加大劳务输出培训投入，统筹使用各类培训资源，以就业为导向，提高培训的针对性和有效性。加大职业技能提升计划和贫困户教育培训工程实施力度，引导企业扶贫与职业教育相结合，鼓励职业院校和技工学校招收贫困家庭子女，确保贫困家庭劳动力至少掌握一门致富技能，实现靠技能脱贫。进一步加大就业专项资金向贫困地区转移支付力度。支持贫困地区建设县乡基层劳动就业和社会保障服务平台，引导和支持用人企业在贫困地区建立劳务培训基地，开展好订单定向培训，建立和完善输出地与输入地劳务对接机制。鼓励地方对跨省务工的农村贫困人口给予交通补助。大力支持家政服务、物流配送、养老服务等产业发展，拓展贫困地区劳动力外出就业空间。加大对贫困地区农民工返乡创业政策扶持力度。对在城镇工作生活一年以上的农村贫困人口，输入地政府要承担相应的帮扶责任，并优先提供基本公共服务，促进有能力在城镇稳定就业和生活的农村贫困人口有序实现市民化。

（七）实施易地搬迁脱贫。对居住在生存条件恶劣、生态环境脆弱、自然灾害频发等地区的农村贫困人口，加快实施易地扶贫搬迁工程。坚持群众自愿、积极稳妥的原则，因地制宜选择搬迁安置方式，合理确定住房建设标准，完善搬迁后续扶持政策，确保搬迁对象有业可就、稳定脱贫，做到搬得出、稳得住、能致富。要紧密结合推进新型城镇化，编制实施易地扶贫搬迁规划，支持有条件的地方依托小城镇、工业园区安置搬迁群众，帮助其尽快实现转移就业，享有与当地群众同等的基本公共服务。加大中央预算内投资和地方各级政府投入力度，创新投融资机制，拓宽资金来源渠道，提高补助标准。积极整合交通建设、农田水利、土地整治、地质灾害防治、林业生态等支农资金和社会资金，支持安置区配套公共设施建设和迁出区生态修复。利用城乡建设用地增减挂钩政策支持易地扶贫搬迁。为符合条件的搬迁户提供建房、生产、创业贴息贷款支持。支持搬迁安置点发展物业经济，增加搬迁户财产性收入。探索利用农民进城落户后自愿有偿退出的农村空置房屋和土地安置易地搬迁农户。

（八）结合生态保护脱贫。国家实施的退耕还林还草、天然林保护、防护林建设、石漠化治理、防沙治沙、湿地保护与恢复、坡耕地综合整治、退牧还草、水生态治理等重大生态工程，在项目和资金安排上进一步向贫困地区倾斜，提高贫困人口参与度和受益水平。加大贫困地区生态保护修复力度，增加重点生态功能区转移支付。结合建立国家公园体制，创新生态资金使用方式，利用生态补偿和生态保护工程资金使当地有劳动能力的部分贫困人口转为护林员等生态保护人员。合理调整贫困地区基本农田保有指标，加大贫困地区新一轮退耕还林还草力度。开展贫困地区生态综合补偿试点，健全公益林补偿标准动态调整机制，完善草原生态保护补助奖励政策，推动地区间建立横向生态补偿制度。

（九）着力加强教育脱贫。加快实施教育扶贫工程，让贫困家庭子女都能接受公平有质量的教育，阻断贫困代际传递。国家教育经费向贫困地区、基础教育倾斜。健全学前教育资助制度，帮助农村贫困家庭幼儿接受学前教育。稳步推进贫困地区农村义务教育阶段学生营养改善计划。加大对乡村教师队伍建设的支持力度，特岗计划、国培计划向贫困地区基层倾斜，为贫困地区乡村学校定向培养留得下、稳得住的一专多能教师，制定符合基层实际的教师招聘引进办法，建立省级统筹乡村教师补充机制，推动城乡教师合理流动和对口支援。全面落实连片特困地区乡村教师生活补助政策，建立乡村教师荣誉制度。合理布局贫困地区农村中小学校，改善基本办学条件，加快标准化建设，加强寄宿制学校建设，提高义务教育巩固率。普及高中阶段教育，率先从建档立卡的家庭经济困难学生实施普通高中免除学杂费、中等职业教育免除学杂费，让未升入普通高中的初中毕业生都能接受中等职业教育。加强有专业特色并适应市场需求的中等职业学校建设，提高中等职业教育国家助学金资助标准。努力办好贫困地区特殊教育和远程教育。建立保障农村和贫困地区学生上重点高校的长效机制，加大对贫困家庭大学生的救助力度。对贫困家庭离校未就业的高校毕业生提供就业支持。实施教育扶贫结对帮扶行动计划。

（十）开展医疗保险和医疗救助脱贫。实施健康扶贫工程，保障贫困人口享有基本医疗卫生服务，努力防止因病致贫、因病返贫。对贫困人口参加新型农村合作医疗个人缴费部分由财政给予补贴。新型农村合作医疗和大病保险制度对贫困人口实行政策倾斜，门诊统筹率先覆盖所有贫困地区，降低贫困人口大病费用实际支出，对新型农村合作医疗和大病保险支付后自负费用仍有困难的，加大医疗救助、临时救助、慈善救助等帮扶力度，将贫困人口全部纳入重特大疾病救助范围，使贫困人口大病医治得到有效保障。加大农村贫困残疾人康复服务和医疗救助力度，扩大纳入基本医疗保险范围的残疾人医疗康复项目。建立贫困人口健康卡。对贫困人口大病实行分类救治和先诊疗后付费的结算机制。建立全国三级医院（含军队和武警部队医院）与连片特困地区县和国家扶贫开发工作重点县县级医院稳定持续的一对一帮扶关系。完成贫困地区县乡村三级医疗卫生服务网络标准化建设，积极促进远程医疗诊治和保健咨询服务向贫困地区延伸。为贫困地区县乡医疗卫生机构订单定向免费培养医学类本专科学生，支持贫困地区实施全科医生和专科医生特设岗位计划，制定符合基层实际的人才招聘引进办法。支持和引导符合条件的贫困地区乡村医生按规定参加城镇职工基本养老保险。采取针对性措施，加强贫困地区传染病、地方病、慢性病等防治工作。全面实施贫困地区儿童营养改善、新生儿疾病免费筛查、妇女“两癌”免费筛查、孕前优生健康免费检查等重大公共卫生项目。加强贫困地区计划生育服务管理工作。

（十一）实行农村最低生活保障制度兜底脱贫。完善农村最低生活保障制度，对无法依靠产业扶持和就业帮助脱贫的家庭实行政策性保障兜底。加大农村低保省级统筹力度，低保标准较低的地区要逐步达到国家扶贫标准。尽快制定农村最低生活保障制度与扶贫开发政策有效衔接的实施方案。进一步加强农村低保申请家庭经济状况核查工作，将所有符合条件的贫困家庭纳入低保范围，做到应保尽保。加大临时救助制度在贫困地区落实力度。提高农村特困人员供养水平，改善供养条件。抓紧建立农村低保和扶贫开发的数据互通、资源共享信息平台，实现动态监测管理、工作机制有效衔接。加快完善城乡居民基本养老保险制度，适时提高基础养老金标准，引导农村贫困人口积极参保续保，逐步提高保障水平。有条件、有需求地区可以实施“以粮济贫”。

（十二）探索资产收益扶贫。在不改变用途的情况下，财政专项扶贫资金和其他涉农资金投入设施农业、养殖、光伏、水电、乡村旅游等项目形成的资产，具备条件的可折股量化给贫困村和贫困户，尤其是丧失劳动能力的贫困户。资产可由村集体、合作社或其他经营主体统一经营。要强化监督管理，明确资产运营方对财政资金形成资产的保值增值责任，建立健全收益分配机制，确保资产收益及时回馈持股贫困户。支持农民合作社和其他经营主体通过土地托管、牲畜托养和吸收农民土地经营权入股等方式，带动贫困户增收。贫困地区水电、矿产等资源开发，赋予土地被占用的村集体股权，让贫困人口分享资源开发收益。

（十三）健全留守儿童、留守妇女、留守老人和残疾人关爱服务体系。对农村“三留守”人员和残疾人进行全面摸底排查，建立翔实完备、动态更新的信息管理系统。加强儿童福利院、救助保护机构、特困人员供养机构、残疾人康复托养机构、社区儿童之家等服务设施和队伍建设，不断提高管理服务水平。建立家庭、学校、基层组织、政府和社会力量相衔接的留守儿童关爱服务网络。加强对未成年人的监护。健全孤儿、事实无人抚养儿童、低收入家庭重病重残等困境儿童的福利保障体系。健全发现报告、应急处置、帮扶干预机制，帮助特殊贫困家庭解决实际困难。加大贫困残疾人康复工程、特殊教育、技能培训、托养服务实施力度。针对残疾人的特殊困难，全面建立困难残疾人生活补贴和重度残疾人护理补贴制度。对低保家庭中的老年人、未成年人、重度残疾人等重点救助对象，提高救助水平，确保基本生活。引导和鼓励社会力量参与特殊群体关爱服务工作。

四、加强贫困地区基础设施建设，加快破除发展瓶颈制约

（十四）加快交通、水利、电力建设。推动国家铁路网、国家高速公路网连接贫困地区的重大交通项目建设，提高国道省道技术标准，构建贫困地区外通内联的交通运输通道。大幅度增加中央投资投入中西部地区和贫困地区的铁路、公路建设，继续实施车购税对农村公路建设的专项转移政策，提高贫困地区农村公路建设补助标准，加快完成具备条件的乡镇和建制村通硬化路的建设任务，加强农村公路安全防护和危桥改造，推动一定人口规模的自然村通公路。加强贫困地区重大水利工程、病险水库水闸除险加固、灌区续建配套与节水改造等水利项目建设。实施农村饮水安全巩固提升工程，全面解决贫困人口饮水安全问题。小型农田水利、“五小水利”工程等建设向贫困村倾斜。对贫困地区农村公益性基础设施管理养护给予支持。加大对贫困地区抗旱水源建设、中小河流治理、水土流失综合治理力度。加强山洪和地质灾害防治体系建设。大力扶持贫困地区农村水电开发。加强贫困地区农村气象为农服务体系和灾害防御体系建设。加快推进贫困地区农网改造升级，全面提升农网供电能力和供电质量，制定贫困村通动力电规划，提升贫困地区电力普遍服务水平。增加贫困地区年度发电指标。提高贫困地区水电工程留存电量比例。加快推进光伏扶贫工程，支持光伏发电设施接入电网运行，发展光伏农业。

（十五）加大“互联网＋”扶贫力度。完善电信普遍服务补偿机制，加快推进宽带网络覆盖贫困村。实施电商扶贫工程。加快贫困地区物流配送体系建设，支持邮政、供销合作等系统在贫困乡村建立服务网点。支持电商企业拓展农村业务，加强贫困地区农产品网上销售平台建设。加强贫困地区农村电商人才培训。对贫困家庭开设网店给予网络资费补助、小额信贷等支持。开展互联网为农便民服务，提升贫困地区农村互联网金融服务水平，扩大信息进村入户覆盖面。

（十六）加快农村危房改造和人居环境整治。加快推进贫困地区农村危房改造，统筹开展农房抗震改造，把建档立卡贫困户放在优先位置，提高补助标准，探索采用贷款贴息、建设集体公租房等多种方式，切实保障贫困户基本住房安全。加大贫困村生活垃圾处理、污水治理、改厕和村庄绿化美化力度。加大贫困地区传统村落保护力度。继续推进贫困地区农村环境连片整治。加大贫困地区以工代赈投入力度，支持农村山水田林路建设和小流域综合治理。财政支持的微小型建设项目，涉及贫困村的，允许按照一事一议方式直接委托村级组织自建自管。以整村推进为平台，加快改善贫困村生产生活条件，扎实推进美丽宜居乡村建设。

（十七）重点支持革命老区、民族地区、边疆地区、连片特困地区脱贫攻坚。出台加大脱贫攻坚力度支持革命老区开发建设指导意见，加快实施重点贫困革命老区振兴发展规划，扩大革命老区财政转移支付规模。加快推进民族地区重大基础设施项目和民生工程建设，实施少数民族特困地区和特困群体综合扶贫工程，出台人口较少民族整体脱贫的特殊政策措施。改善边疆民族地区义务教育阶段基本办学条件，建立健全双语教学体系，加大教育对口支援力度，积极发展符合民族地区实际的职业教育，加强民族地区师资培训。加强少数民族特色村镇保护与发展。大力推进兴边富民行动，加大边境地区转移支付力度，完善边民补贴机制，充分考虑边境地区特殊需要，集中改善边民生产生活条件，扶持发展边境贸易和特色经济，使边民能够安心生产生活、安心守边固边。完善片区联系协调机制，加快实施集中连片特殊困难地区区域发展与脱贫攻坚规划。加大中央投入力度，采取特殊扶持政策，推进西藏、四省藏区和新疆南疆四地州脱贫攻坚。

五、强化政策保障，健全脱贫攻坚支撑体系

（十八）加大财政扶贫投入力度。发挥政府投入在扶贫开发中的主体和主导作用，积极开辟扶贫开发新的资金渠道，确保政府扶贫投入力度与脱贫攻坚任务相适应。中央财政继续加大对贫困地区的转移支付力度，中央财政专项扶贫资金规模实现较大幅度增长，一般性转移支付资金、各类涉及民生的专项转移支付资金和中央预算内投资进一步向贫困地区和贫困人口倾斜。加大中央集中彩票公益金对扶贫的支持力度。农业综合开发、农村综合改革转移支付等涉农资金要明确一定比例用于贫困村。各部门安排的各项惠民政策、项目和工程，要最大限度地向贫困地区、贫困村、贫困人口倾斜。各省（自治区、直辖市）要根据本地脱贫攻坚需要，积极调整省级财政支出结构，切实加大扶贫资金投入。从 2016 年起通过扩大中央和地方财政支出规模，增加对贫困地区水电路气网等基础设施建设和提高基本公共服务水平的投入。建立健全脱贫攻坚多规划衔接、多部门协调长效机制，整合目标相近、方向类同的涉农资金。按照权责一致原则，支持连片特困地区县和国家扶贫开发工作重点县围绕本县突出问题，以扶贫规划为引领，以重点扶贫项目为平台，把专项扶贫资金、相关涉农资金和社会帮扶资金捆绑集中使用。严格落实国家在贫困地区安排的公益性建设项目取消县级和西部连片特困地区地市级配套资金的政策，并加大中央和省级财政投资补助比重。在扶贫开发中推广政府与社会资本合作、政府购买服务等模式。加强财政监督检查和审计、稽查等工作，建立扶贫资金违规使用责任追究制度。纪检监察机关对扶贫领域虚报冒领、截留私分、贪污

挪用、挥霍浪费等违法违规问题，坚决从严惩处。推进扶贫开发领域反腐倡廉建设，集中整治和加强预防扶贫领域职务犯罪工作。贫困地区要建立扶贫公告公示制度，强化社会监督，保障资金在阳光下运行。

（十九）加大金融扶贫力度。鼓励和引导商业性、政策性、开发性、合作性等各类金融机构加大对扶贫开发的金融支持。运用多种货币政策工具，向金融机构提供长期、低成本的资金，用于支持扶贫开发。设立扶贫再贷款，实行比支农再贷款更优惠的利率，重点支持贫困地区发展特色产业和贫困人口就业创业。运用适当的政策安排，动用财政贴息资金及部分金融机构的富余资金，对接政策性、开发性金融机构的资金需求，拓宽扶贫资金来源渠道。由国家开发银行和中国农业发展银行发行政策性金融债，按照微利或保本的原则发放长期贷款，中央财政给予 90% 的贷款贴息，专项用于易地扶贫搬迁。国家开发银行、中国农业发展银行分别设立“扶贫金融事业部”，依法享受税收优惠。中国农业银行、邮政储蓄银行、农村信用社等金融机构要延伸服务网络，创新金融产品，增加贫困地区信贷投放。对有稳定还款来源的扶贫项目，允许采用过桥贷款方式，撬动信贷资金投入。按照省（自治区、直辖市）负总责的要求，建立和完善省级扶贫开发投融资主体。支持农村信用社、村镇银行等金融机构为贫困户提供免抵押、免担保扶贫小额信贷，由财政按基础利率贴息。加大创业担保贷款、助学贷款、妇女小额贷款、康复扶贫贷款实施力度。优先支持在贫困地区设立村镇银行、小额贷款公司等机构。支持贫困地区培育发展农民资金互助组织，开展农民合作社信用合作试点。支持贫困地区设立扶贫贷款风险补偿基金。支持贫困地区设立政府出资的融资担保机构，重点开展扶贫担保业务。积极发展扶贫小额贷款保证保险，对贫困户保证保险保费予以补助。扩大农业保险覆盖面，通过中央财政以奖代补等支持贫困地区特色农产品保险发展。加强贫困地区金融服务基础设施建设，优化金融生态环境。支持贫困地区开展特色农产品价格保险，有条件的地方可给予一定保费补贴。有效拓展贫困地区抵押物担保范围。

（二十）完善扶贫开发用地政策。支持贫困地区根据第二次全国土地调查及最新年度变更调查成果，调整完善土地利用总体规划。新增建设用地计划指标优先保障扶贫开发用地需要，专项安排国家扶贫开发工作重点县年度新增建设用地计划指标。中央和省级在安排土地整治工程和项目、分配下达高标准基本农田建设计划和补助资金时，要向贫困地区倾斜。在连片特困地区和国家扶贫开发工作重点县开展易地扶贫搬迁，允许将城乡建设用地增减挂钩指标在省域范围内使用。在有条件的贫困地区，优先安排国土资源管理制度改革试点，支持开展历史遗留工矿废弃地复垦利用、城镇低效用地再开发和低丘缓坡荒滩等未利用地开发利用试点。

（二十一）发挥科技、人才支撑作用。加大科技扶贫力度，解决贫困地区特色产业发展和生态建设中的关键技术问题。加大技术创新引导专项（基金）对科技扶贫的支持，加快先进适用技术成果在贫困地区的转化。深入推行科技特派员制度，支持科技特派员开展创业式扶贫服务。强化贫困地区基层农技推广体系建设，加强新型职业农民培训。加大政策激励力度，鼓励各类人才扎根贫困地区基层建功立业，对表现优秀的人员在职称评聘等方面给予倾斜。大力实施边远贫困地区、边疆民族地区和革命老区人才支持计划，贫困地区本土人才培养计划。积极推进贫困村创业致富带头人培训工程。

六、广泛动员全社会力量，合力推进脱贫攻坚

（二十二）健全东西部扶贫协作机制。加大东西部扶贫协作力度，建立精准对接机制，使帮扶资金主要用于贫困村、贫困户。东部地区要根据财力增长情况，逐步增加对口帮扶财政投入，并列入年度预算。强化以企业合作为载体的扶贫协作，鼓励东西部按照当地主体功能定位共建产业园

区，推动东部人才、资金、技术向贫困地区流动。启动实施经济强县（市）与国家扶贫开发工作重点县"携手奔小康"行动，东部各省（直辖市）在努力做好本区域内扶贫开发工作的同时，更多发挥县（市）作用，与扶贫协作省份的国家扶贫开发工作重点县开展结对帮扶。建立东西部扶贫协作考核评价机制。

（二十三）健全定点扶贫机制。进一步加强和改进定点扶贫工作，建立考核评价机制，确保各单位落实扶贫责任。深入推进中央企业定点帮扶贫困革命老区县"百县万村"活动。完善定点扶贫牵头联系机制，各牵头部门要按照分工督促指导各单位做好定点扶贫工作。

（二十四）健全社会力量参与机制。鼓励支持民营企业、社会组织、个人参与扶贫开发，实现社会帮扶资源和精准扶贫有效对接。引导社会扶贫重心下移，自愿包村包户，做到贫困户都有党员干部或爱心人士结对帮扶。吸纳农村贫困人口就业的企业，按规定享受税收优惠、职业培训补贴等就业支持政策。落实企业和个人公益扶贫捐赠所得税税前扣除政策。充分发挥各民主党派、无党派人士在人才和智力扶贫上的优势和作用。工商联系统组织民营企业开展"万企帮万村"精准扶贫行动。通过政府购买服务等方式，鼓励各类社会组织开展到村到户精准扶贫。完善扶贫龙头企业认定制度，增强企业辐射带动贫困户增收的能力。鼓励有条件的企业设立扶贫公益基金和开展扶贫公益信托。发挥好"10·17"全国扶贫日社会动员作用。实施扶贫志愿者行动计划和社会工作专业人才服务贫困地区计划。着力打造扶贫公益品牌，全面及时公开扶贫捐赠信息，提高社会扶贫公信力和美誉度。构建社会扶贫信息服务网络，探索发展公益众筹扶贫。

七、大力营造良好氛围，为脱贫攻坚提供强大精神动力

（二十五）创新中国特色扶贫开发理论。深刻领会习近平总书记关于新时期扶贫开发的重要战略思想，系统总结我们党和政府领导亿万人民摆脱贫困的历史经验，提炼升华精准扶贫的实践成果，不断丰富完善中国特色扶贫开发理论，为脱贫攻坚注入强大思想动力。

（二十六）加强贫困地区乡风文明建设。培育和践行社会主义核心价值观，大力弘扬中华民族自强不息、扶贫济困传统美德，振奋贫困地区广大干部群众精神，坚定改变贫困落后面貌的信心和决心，凝聚全党全社会扶贫开发强大合力。倡导现代文明理念和生活方式，改变落后风俗习惯，善于发挥乡规民约在扶贫济困中的积极作用，激发贫困群众奋发脱贫的热情。推动文化投入向贫困地区倾斜，集中实施一批文化惠民扶贫项目，普遍建立村级文化中心。深化贫困地区文明村镇和文明家庭创建。推动贫困地区县级公共文化体育设施达到国家标准。支持贫困地区挖掘保护和开发利用红色、民族、民间文化资源。鼓励文化单位、文艺工作者和其他社会力量为贫困地区提供文化产品和服务。

（二十七）扎实做好脱贫攻坚宣传工作。坚持正确舆论导向，全面宣传我国扶贫事业取得的重大成就，准确解读党和政府扶贫开发的决策部署、政策举措，生动报道各地区各部门精准扶贫、精准脱贫丰富实践和先进典型。建立国家扶贫荣誉制度，表彰对扶贫开发作出杰出贡献的组织和个人。加强对外宣传，讲好减贫的中国故事，传播好减贫的中国声音，阐述好减贫的中国理念。

（二十八）加强国际减贫领域交流合作。通过对外援助、项目合作、技术扩散、智库交流等多种形式，加强与发展中国家和国际机构在减贫领域的交流合作。积极借鉴国际先进减贫理念与经验。履行减贫国际责任，积极落实联合国2030年可持续发展议程，对全球减贫事业作出更大贡献。

八、切实加强党的领导，为脱贫攻坚提供坚强政治保障

（二十九）强化脱贫攻坚领导责任制。实行中央统筹、省（自治区、直辖市）负总责、市（地）县抓落实的工作机制，坚持片区为重点、精准到村到户。党中央、国务院主要负责统筹制定扶贫开发大政方针，出台重大政策举措，规划重大工程项目。省（自治区、直辖市）党委和政府对扶贫开发工作负总责，抓好目标确定、项目下达、资金投放、组织动员、监督考核等工作。市（地）党委和政府要做好上下衔接、域内协调、督促检查工作，把精力集中在贫困县如期摘帽上。县级党委和政府承担主体责任，书记和县长是第一责任人，做好进度安排、项目落地、资金使用、人力调配、推进实施等工作。要层层签订脱贫攻坚责任书，扶贫开发任务重的省（自治区、直辖市）党政主要领导要向中央签署脱贫责任书，每年要向中央作扶贫脱贫进展情况的报告。省（自治区、直辖市）党委和政府要向市（地）、县（市）、乡镇提出要求，层层落实责任制。中央和国家机关各部门要按照部门职责落实扶贫开发责任，实现部门专项规划与脱贫攻坚规划有效衔接，充分运用行业资源做好扶贫开发工作。军队和武警部队要发挥优势，积极参与地方扶贫开发。改进县级干部选拔任用机制，统筹省（自治区、直辖市）内优秀干部，选好配强扶贫任务重的县党政主要领导，把扶贫开发工作实绩作为选拔使用干部的重要依据。脱贫攻坚期内贫困县县级领导班子要保持稳定，对表现优秀、符合条件的可以就地提级。加大选派优秀年轻干部特别是后备干部到贫困地区工作的力度，有计划地安排省部级后备干部到贫困县挂职任职，各省（自治区、直辖市）党委和政府也要选派厅局级后备干部到贫困县挂职任职。各级领导干部要自觉践行党的群众路线，切实转变作风，把严的要求、实的作风贯穿于脱贫攻坚始终。

（三十）发挥基层党组织战斗堡垒作用。加强贫困乡镇领导班子建设，有针对性地选配政治素质高、工作能力强、熟悉“三农”工作的干部担任贫

困乡镇党政主要领导。抓好以村党组织为领导核心的村级组织配套建设，集中整顿软弱涣散村党组织，提高贫困村党组织的创造力、凝聚力、战斗力，发挥好工会、共青团、妇联等群团组织的作用。选好配强村级领导班子，突出抓好村党组织带头人队伍建设，充分发挥党员先锋模范作用。完善村级组织运转经费保障机制，将村干部报酬、村办公经费和其他必要支出作为保障重点。注重选派思想好、作风正、能力强的优秀年轻干部到贫困地区驻村，选聘高校毕业生到贫困村工作。根据贫困村的实际需求，精准选配第一书记，精准选派驻村工作队，提高县以上机关派出干部比例。加大驻村干部考核力度，不稳定脱贫不撤队伍。对在基层一线干出成绩、群众欢迎的驻村干部，要重点培养使用。加快推进贫困村村务监督委员会建设，继续落实好"四议两公开"、村务联席会等制度，健全党组织领导的村民自治机制。在有实际需要的地区，探索在村民小组或自然村开展村民自治，通过议事协商，组织群众自觉广泛参与扶贫开发。

（三十一）严格扶贫考核督查问责。抓紧出台中央对省（自治区、直辖市）党委和政府扶贫开发工作成效考核办法。建立年度扶贫开发工作逐级督查制度，选择重点部门、重点地区进行联合督查，对落实不力的部门和地区，国务院扶贫开发领导小组要向党中央、国务院报告并提出责任追究建议，对未完成年度减贫任务的省份要对党政主要领导进行约谈。各省（自治区、直辖市）党委和政府要加快出台对贫困县扶贫绩效考核办法，大幅度提高减贫指标在贫困县经济社会发展实绩考核指标中的权重，建立扶贫工作责任清单。加快落实对限制开发区域和生态脆弱的贫困县取消地区生产总值考核的要求。落实贫困县约束机制，严禁铺张浪费，厉行勤俭节约，严格控制"三公"经费，坚决刹住穷县"富衙""戴帽"炫富之风，杜绝不切实际的形象工程。建立重大涉贫事件的处置、反馈机制，在处置典型事件中发现问题，不断提高扶贫工作水平。加强农村贫困统计监测体系建设，提高监测能力和数据质量，实现数据共享。

（三十二）加强扶贫开发队伍建设。稳定和强化各级扶贫开发领导小组和工作机构。扶贫开发任务重的省（自治区、直辖市）、市（地）、县（市）扶贫开发领导小组组长由党政主要负责同志担任，强化各级扶贫开发领导小组决策部署、统筹协调、督促落实、检查考核的职能。加强与精准扶贫工作要求相适应的扶贫开发队伍和机构建设，完善各级扶贫开发机构的设置和职能，充实配强各级扶贫开发工作力度。扶贫任务重的乡镇要有专门干部负责扶贫开发工作。加强贫困地区县级领导干部和扶贫干部思想作风建设，加大培训力度，全面提升扶贫干部队伍能力水平。

（三十三）推进扶贫开发法治建设。各级党委和政府要切实履行责任，善于运用法治思维和法治方式推进扶贫开发工作，在规划编制、项目安排、资金使用、监督管理等方面，提高规范化、制度化、法治化水平。强化贫困地区社会治安防控体系建设和基层执法队伍建设。健全贫困地区公共法律服务制度，切实保障贫困人口合法权益。完善扶贫开发法律法规，抓紧制定扶贫开发条例。

让我们更加紧密地团结在以习近平同志为总书记的党中央周围，凝心聚力，精准发力，苦干实干，坚决打赢脱贫攻坚战，为全面建成小康社会、实现中华民族伟大复兴的中国梦而努力奋斗。

中共中央办公厅　国务院办公厅印发《关于建立贫困退出机制的意见》的通知

厅字〔2016〕16号

各省、自治区、直辖市党委和人民政府，中央和国家机关各部委，中央军委办公厅，各人民团体：

《关于建立贫困退出机制的意见》已经中央领导同志同意，现印发给你们，请结合实际认真贯彻执行。

中共中央办公厅

国务院办公厅

2016年4月23日

（此件公开发布）

关于建立贫困退出机制的意见

为贯彻落实《中共中央、国务院关于打赢脱贫攻坚战的决定》和中央扶贫开发工作会议精神，切实提高扶贫工作的针对性、有效性，现就建立贫困退出机制提出如下意见。

一、指导思想

全面贯彻党的十八大和十八届三中、四中、五中全会精神，深入贯彻习近平总书记系列重要讲话精神，紧紧围绕“五位一体”总体布局和“四个全面”战略布局，牢固树立创新、协调、绿色、开放、共享的发展理念，按照党中央、国务院决策部署，深入实施精准扶贫、精准脱贫，以脱贫实效为依据，以群众认可为标准，建立严格、规范、透明的贫困退出机制，促进贫困人口、贫困村、贫困县在2020年以前有序退出，确保如期实现脱贫攻坚目标。

二、基本原则

——坚持实事求是。对稳定达到脱贫标准的要及时退出，新增贫困人口或返贫人口要及时纳入扶贫范围。注重脱贫质量，坚决防止虚假脱贫，确保贫困退出反映客观实际、经得起检验。

——坚持分级负责。实行中央统筹、省（自治区、直辖市）负总责、市（地）县抓落实的工作机制。国务院扶贫开发领导小组制定统一的退出标准和程序，负责督促指导、抽查核查、评估考核、备案登记等工作。省（自治区、直辖市）制订本地脱贫规划、年度计划和实施办法，抓好组织实施和监督检查。市（地）县汇总数据，甄别情况，具体落实，确保贫困退出工作有序推进。

——坚持规范操作。严格执行退出标准、规范工作流程，切实做到程序公开、数据准确、档案完整、结果公正。贫困人口退出必须实行民主评议，贫困村、贫困县退出必须进行审核审查，退出结果公示公告，让群众参与评价，做到全程透明。强化监督检查，开展第三方评估，确保脱贫结果真实可信。

——坚持正向激励。贫困人口、贫困村、贫困县退出后，在一定时期内国家原有扶贫政策保持不变，支持力度不减，留出缓冲期，确保实现稳定脱贫。对提前退出的贫困县，各省（自治区、直辖市）可制定相应奖励政策，鼓励脱贫摘帽。

三、退出标准和程序

（一）贫困人口退出。贫困人口退出以户为单位，主要衡量标准是该户年人均纯收入稳定超过国家扶贫标准且吃穿不愁，义务教育、基本医疗、住房安全有保障。

贫困户退出，由村“两委”组织民主评议后提出，经村“两委”和驻村工作队核实、拟退出贫困户认可，在村内公示无异议后，公告退出，并在建档立卡贫困人口中销号。

（二）贫困村退出。贫困村退出以贫困发生率为主要衡量标准，统筹考虑村内基础设施、基本公共服务、产业发展、集体经济收入等综合因素。原则上贫困村贫困发生率降至2%以下（西部地区降至3%以下），在乡镇内公示无异议后，公告退出。

（三）贫困县退出。贫困县包括国家扶贫开发工作重点县和集中连片特困地区县。贫困县退出以贫困发生率为主要衡量标准。原则上贫困县贫困发生率降至2%以下（西部地区降至3%以下），由县级扶贫开发领导小组提出退出，市级扶贫开发领导小组初审，省级扶贫开发领导小组核查，确定退出名单后向社会公示征求意见。公示无异议的，由各省（自治区、直辖市）扶贫开发领导小组审定后向国务院扶贫开发领导小组报告。

国务院扶贫开发领导小组组织中央和国家机关有关部门及相关力量对地方退出情况进行专项评估检查。对不符合条件或未完整履行退出程序的，责成相关地方进行核查处理。对符合退出条件的贫困县，由省级政府正式批准退出。

四、工作要求

（一）切实加强领导。各省（自治区、直辖市）党委和政府要高度重视贫困退出工作，加强组织领导和统筹协调，认真履行职责。贫困退出年度任务完成情况纳入中央对省级党委和政府扶贫开发工作成效考核内容。

地方各级扶贫开发领导小组要层层抓落实，精心组织实施。地方各级扶贫部门要认真履职，当好党委和政府的参谋助手，协调有关方面做好调查核实、公示公告、备案管理、信息录入等工作。

（二）做好退出方案。各省（自治区、直辖市）要按照省（自治区、直辖市）负总责的要求，因地制宜，尽快制定贫困退出具体方案，明确实施办法和工作程序。退出方案要符合脱贫攻坚实际情况，防止片面追求脱贫进度。

（三）完善退出机制。贫困退出工作涉及面广、政策性强，要在实施过程中逐步完善。要做好跟踪研判，及时发现和解决退出机制实施过程中的苗头性、倾向性问题。要认真开展效果评估，确保贫困退出机制的正向激励作用。

（四）强化监督问责。国务院扶贫开发领导小组、各省（自治区、直辖市）党委和政府要组织开展扶贫巡查工作，分年度、分阶段定期或不定期进行督导和专项检查。对贫困退出工作中发生重大失误、造成严重后果的，对存在弄虚作假、违规操作等问题的，要依纪依法追究相关部门和人员责任。

中共云南省委办公厅　云南省人民政府办公厅《关于进一步完善贫困退出机制的通知》

云厅字〔2019〕31号

中共云南省委办公厅　云南省人民政府办公厅印发了《关于进一步完善贫困退出机制的通知》。全文如下：

根据《中共中央、国务院关于打赢脱贫攻坚战三年行动的指导意见》《中共中央办公厅、国务院办公厅印发〈关于建立贫困退出机制的意见〉的通知》精神及有关规定，省委、省政府决定对贫困退出标准和程序进行修订完善。现将有关事项通知如下。

一、贫困县退出标准和程序

（一）退出标准

贫困县退出严格执行国家退出标准。

主要指标：综合贫困发生率低于3%。

参考指标：脱贫人口错退率低于2%，贫困人口漏评率低于2%，原则上群众认可度达到90%。

（二）退出程序

按照“省负总责”的要求，贫困县退出程序为：县级申请、州（市）审核、省级核查和实地评估检查、公示审定、批准退出。国家将按当年退出县 20% 的比例进行抽查。贫困户、贫困村退出程序保持不变。

二、贫困村退出标准

（一）贫困发生率。贫困发生率低于 3%。

（二）交通。建制村到乡镇或县城通硬化路，且危险路段有必要的安全防护设施。

（三）电力。通动力电。

（四）广播电视。广播电视信号覆盖率达到 99% 以上。

（五）网络宽带。网络宽带覆盖到村委会、学校和卫生室。

（六）医疗设施。有标准化卫生室。

（七）活动场所。有公共服务和活动场所。

三、贫困人口退出标准

贫困人口退出以户为单位。

（一）人均纯收入。贫困户年人均纯收入稳定超过国家扶贫标准（按当年确定的标准），达到不愁吃、不愁穿。

（二）住房安全。住房遮风避雨，保证正常使用安全和基本使用功能。

（三）义务教育。义务教育阶段适龄儿童少年无因贫失学辍学。

（四）基本医疗。建档立卡贫困人口参加基本医疗保险、大病保险，符合条件的享受医疗救助。

（五）饮水安全。水量、水质、取水方便程度和供水保证率达到规定标准。

四、巩固要求

为巩固脱贫成果，提高脱贫质量，要严格落实中央各项要求，建立健全稳定脱贫长效机制，确保到 2020 年，实现农村贫困人口脱贫，贫困地区基本公共服务主要领域指标接近全国平均水平。

（一）贫困人口。到 2020 年，现行标准下建档立卡贫困人口实现脱贫，消除绝对贫困。

（二）人均可支配收入。实现贫困地区农民人均可支配收入增幅高于全国平均水平。

（三）饮水安全。加快实施贫困地区农村饮水安全巩固提升工程，稳定实现农村饮水安全有保障。

（四）住房安全。4 类重点对象 100% 完成危房改造，全面解决贫困人口住房安全问题。

（五）产业扶贫。完善新型农业经营主体与贫困户联动发展的利益联结机制，有劳动力、有产业发展意愿的贫困户至少与 1 个农业新型经营主体建立合作关系。

（六）就业扶贫。加强技能培训，加大转移就业力度，多种形式开发公益岗位，确保有意愿的贫困劳动力家庭至少有 1 人就业。

（七）教育扶贫。通过国家义务教育均衡发展评估验收，确保所有义务教育学校达到基本办学条件。健全覆盖各级各类教育资助政策体系，学生资助政策实现应助尽助。

（八）健康扶贫。加快推进贫困地区县、乡、村三级卫生服务标准化建设。

（九）生态扶贫。将有劳动能力的贫困人口优先选聘为生态护林员、草管员，加大贫困地区退耕还林还草力度，推进贫困地区低产低效林提质增效工程，深化贫困地区集体林权制度改革。

（十）交通扶贫。乡（镇）、建制村100%通硬化路，具备条件的建制村通客车。

（十一）电力扶贫。95%以上农户有生活用电，贫困村全部实现通动力电。实施贫困地区农网改造升级，加强电力基础设施建设，到2020年实现大电网延伸覆盖至全部县城。

（十二）网络扶贫。实现90%以上建制村通宽带网络。

（十三）公共设施。建制村建有党员活动中心、便民服务中心和必要的公共活动场所。

（十四）易地扶贫搬迁。全面完成易地扶贫搬迁任务。按照以岗定搬、以业定迁原则，做好后续产业发展和转移就业工作，确保进城入镇安置有劳动能力家庭至少1人实现稳定就业。

（十五）农村低保。完善农村低保制度，符合条件人口全部纳入低保范围，收入稳定超过脱贫标准。

（十六）养老保险。完善城乡居民养老保险制度，符合条件的贫困人口全部参加基本养老保险。

（十七）集体经济。鼓励具备条件的村集体，通过盘活集体资源、入股或参股、量化资产收益等渠道增加集体经济收入。

（十八）人居环境。村庄人居环境整治达到1档标准以上。

（十九）精准帮扶。实现扶贫政策、项目、资金对建档立卡户全覆盖，贫困户至少享有1项帮扶措施并取得实效。

（二十）守边固边。全面落实边民补助、住房保障等守边固边政策，改善抵边一线乡村交通、饮水等条件，启动实施抵边村寨电网升级改造攻坚计划，加快推进边境村镇宽带网络建设。

五、工作要求

（一）坚持目标标准。各级党委和政府要围绕年度脱贫目标任务，坚持贫困人口、贫困村、贫困县退出标准，确保脱贫质量，坚决防止数字脱贫、虚假脱贫，确保脱贫过程扎实、脱贫结果真实，使脱贫攻坚成效经得起实践和历史检验。

（二）层层压实责任。各级党委和政府要加强贫困退出组织领导和统筹协调，精心组织实施，分级负责，层层把关。乡（镇）党委书记、乡（镇）长对贫困人口退出的真实性、准确性负责；县（市、区）党委和政府主要领导对贫困村退出的真实性、准确性负责；州（市）党委和政府主要领导对贫困县脱贫退出的真实性、准确性负责。

（三）落实部门责任。各级行业扶贫部门要认真履行责任，在脱贫退出工作中，坚持标准，严格程序，分兵把口。贫困县退出时，省、州（市）、县（市、区）各级部门对本行业脱贫指标完成情况出具意见，报同级扶贫开发领导小组。

（四）强化监督问责。对贫困退出工作中发生重大失误、造成严重后果的，对存在弄虚作假、违规操作等问题的，依纪依法追究有关部门和人员责任。

六、其他事项

此前有关规定与本通知不一致的，以本通知为准。有关指标标准由省扶贫开发领导小组办公室负责解释。

附　件：

1. 贫困县退出评估指标及标准（略）；
2. 贫困村退出内容及标准（略）；
3. 贫困户脱贫内容及标准（略）。

中共昭通市委办公室　昭通市人民政府办公室印发《关于建立扶贫攻坚“挂包帮”“转走访”长效机制的实施方案》的通知

昭办通〔2015〕36号

各县区委、政府，市委和市级国家机关各部委办局，昭通学院，市直各人民团体和企事业单位，中央、省属驻昭单位：

《关于建立扶贫攻坚“挂包帮”“转走访”长效机制的实施方案》已经市委、市政府同意，现印发你们，请结合实际，认真抓好贯彻落实。

中共昭通市委办公室

昭通市人民政府办公室

2015年8月30日

关于建立扶贫攻坚“挂包帮”“转走访”长效机制的实施方案

按照《中共云南省委、云南省人民政府关于举全省之力打赢扶贫开发攻坚战的意见》（云发〔2015〕14号）、《中共云南省委办公厅、云南省人民政府办公厅关于建立扶贫攻坚“领导挂点、部门包村、干部帮户”长效机制扎实开展“转作风走基层遍访贫困村贫困户”工作的通知》（云办通〔2015〕38号）要求，市委、市政府决定建立扶贫攻坚“领导挂点、部门包村、干部帮户”（以下简称“挂包帮”）定点挂钩扶贫工作长效机制，扎实开展“转作风走基层遍访贫困村贫困户”（以下简称“转走访”）工作，结合全市工作实际，制定本实施方案。

一、提高思想认识

建立扶贫攻坚“挂包帮”长效机制，扎实开展“转走访”工作，是深入贯彻落实习近平总书记扶贫开发战略思想和考察云南重要讲话精神，进一步凝聚力量，推进精准扶贫、精准脱贫，确保2020年全市与全国全省同步全面建成小康社会的重要举措，是深化党的群众路线教育实践活动，开展“三严三实”和“忠诚干净担当”专题教育的重要内容，对坚决打赢扶贫开发攻坚战具有重要意义。全市各级各部门必须把思想和行动统一到省委、省政府和市委、市政府的决策部署上来，拿出人力，抽出精力，挤出财力，落实“挂包帮”，开展“转走访”，为打赢扶贫开发攻坚战作出新的更大贡献。

二、建立“挂包帮”长效机制

实行市、县区、乡镇三级干部整体联动，建立健全全市扶贫攻坚“挂包帮”定点挂钩扶贫工作长效机制。通过三级联动，确保 11 个县区都有领导联系，85 个贫困乡镇、825 个贫困村都有领导和部门挂钩包保，每个贫困村都有驻村工作队，44.7 万贫困户 133.7 万贫困人口都有干部结对帮扶，从 2015 年到 2020 年长期“挂包帮”，做到不脱贫不脱钩。

（一）市级领导“联县挂乡包村帮户”。市委、市人大、市政府、市政协领导班子成员分别联系 1 个县区、挂钩 1 个贫困乡镇、包保 1 个贫困村、帮扶贫困户。在联系县区的市级领导中确定 1 名领导为召集人，统筹好省、市、县帮扶力量，每年至少召开 2 次会议，研究解决工作中存在的问题。各县区委、人大、政府、政协领导班子成员也要开展“挂钩贫困乡镇、包保贫困村、帮扶贫困户”工作，并作出具体的安排部署。

（二）部门“挂乡包村帮户”。市、县级机关、人民团体、企事业单位及中央、省属驻地单位各挂钩 1 个贫困乡镇、包保不少于 1 个贫困村，班子成员挂包贫困村民小组，干部职工（一线教师、医生除外）结对帮扶贫困户。各县区要统筹好省、市、县帮扶力量，原则上省级领导与市级领导、省级部门与市级部门“挂包帮”不重合，做到结对帮扶相对均衡，确保贫困村、贫困户全覆盖。

（三）组建扶贫工作队。在贫困村，整合包村部门、帮扶干部和新农村建设指导员、大学生村官等力量，组建2—4人的驻村扶贫工作队，派任村党组织第一书记；在贫困乡镇，从市级牵头单位选派1名处级干部作为扶贫工作队队长，挂职乡镇党委副书记或副乡镇长（选派工作从2016年度开始，2015年乡镇扶贫工作队队长由新农村建设工作队队长兼任），专门负责挂钩乡镇的扶贫攻坚工作，组织协调挂钩扶贫单位和驻村工作队，整合资源力量，统筹推进扶贫开发工作。确保每个贫困乡镇都有扶贫工作队队长，每个贫困村都有驻村扶贫工作队、都有第一书记，每户贫困户都有帮扶责任人，推动精准扶贫精准脱贫各项措施落实。驻村扶贫工作队由县区委组织部、县区扶贫办和所在乡镇党委负责日常管理。乡镇扶贫工作队队长、村第一书记、驻村工作队队员原则上每年轮换1次。

（四）全面“挂包帮”不漏村不漏户。825个贫困村中，省、市“挂包帮”207个（省直部门挂钩42个贫困村，市直部门挂钩165个贫困村），剩余的618个贫困村及贫困户，由各县区安排领导及部门兜底开展“挂包帮”工作，确保不漏村不漏户。

三、落实“转走访”各项任务

在建立“挂包帮”长效机制基础上，全市统一组织开展“转走访”工作。

（一）参加“转走访”的干部。

市、县区委、人大、政府、政协领导班子成员，市、县区、乡镇机关、人民团体、企事业单位以及中央、省属驻地单位干部职工，村干部、新农村建设指导员、第一书记、大学生村干部等。

（二）“转走访”的对象。

对全市85个贫困乡镇、825个贫困村和44.7万贫困户，实现走访全覆盖。

（三）“转走访”的主要任务

1. 进村入户开展调查。各级各部门要认真组织干部职工切实转变工作作风，按照“五看”工作法的要求，深入挂包村，走访贫困户，认真填写《云南省遍访贫困村访谈问卷》《云南省遍访贫困户访谈问卷》《昭通市干部“转走访”统计表》和《昭通市遍访贫困户“六个一批”统计表》，做好转走访记录，掌握贫困状况。

2. 完善建档立卡资料。按照“六个一批”要求，认真核对贫困村贫困户信息，全面摸清贫困村贫困户基本情况，准确掌握导致贫困的原因和实际需要，细化完善建档立卡资料和精准扶贫信息动态管理，做到“一村一册、一户一卡”，确保数据真实可靠。由市扶贫办牵头建立全市扶贫信息数据库，搭建全市精准扶贫、精准脱贫动态管理数据平台，做到底数清、问题清、任务清、对策清、责任清，数据准确、管理规范。实行脱贫销号，加强政策衔接，将返贫人口及时列为扶贫对象，做到有进有出、动态管理。

3. 宣传扶贫相关政策。各级干部职工要广泛宣传党的路线方针政策、法律法规、省市委决策部署、各级支农惠农和扶贫开发政策，收集各项支农惠农和扶贫开发政策在实施过程中出现的新情况、新问题和农民群众的意见建议，及时向相关部门反馈。要充分发挥自身优势，为贫困村、贫困户发展提出意见建议，引导贫困群众转变观念，形成合理预期，摆脱意识贫困和思路贫困，增强脱贫致富的信心和决心。

4. 研究制定帮扶措施。根据走访了解的情况，协同当地党委、政府和有关部门制订贫困村经济社会发展规划和贫困户脱贫发展计划。同时，各包村部门、单位要制定本部门本单位到村到户帮扶方案，使帮扶工作有目标、有规划、有步骤、有措施。在“转走访”过程中，各级干部职工要想方设法把基层干部群众的积极性、主动性调动起来，推动各类帮扶项目落地实施。要跟踪了解帮扶项目实施情况和结对帮扶户发展情况，及时调整完善帮扶措施，协调解决帮扶项目实施过程中出现的新情况和贫困群众发展过程中遇到的新问题，确保帮扶工作见实效。

5. 收集村情民意，化解矛盾纠纷。广泛开展民情恳谈，接待群众来访，听取群众意见，记录民情日记，撰写民情报告，了解挂包村发展状况，发现存在问题，提出工作建议。深入细致做好群众工作，加强教育疏导，引导群众依法合理表达诉求，帮助化解矛盾纠纷，变群众上访为干部下访。

6. 推动基层党组织建设。指导乡村加强基层服务型党组织建设，加大扶贫开发与基层党建“双推进”力度，选优配强乡镇党委书记、村党组织书记和第一书记，培养壮大党员致富带头人队伍，帮助整顿软弱涣散基层党组织，加大乡村综合服务平台建设，打通联系服务群众“最后一公里”，把贫困地区基层党组织建设成为带领群众脱贫致富的坚强战斗堡垒。

四、及时开展“挂包帮”“转走访”工作

（一）时间安排。从 2015 年开始全面组织开展“挂包帮”“转走访”工作，2015 年 8 月底前完成“挂包帮”组织到位工作，10 月底以前完成第一轮“转走访”任务，以后每年不少于 1 次回访，形成制度。

（二）确定挂包点和联系户。市联席会议负责确定市级领导联系县区和挂包乡镇、贫困村以及市级各部门各单位挂包乡镇、贫困村；各县区联席会议负责确定县区领导和部门单位挂包乡镇、贫困村。各部门、各单位要及时与挂包乡镇联系对接，共同协商确定挂包特困村民小组，落实帮扶贫困户。各县区、乡镇、村要主动与挂包的领导和部门、单位沟通联系，做好相关衔接工作。各级领导及机关、企事业单位和中央、省属驻地单位的“挂包帮”对象名单，由各县区联席会议办公室汇总后于 8 月 30 日前报市联席会议办公室（联系人：李成，联系电话：0870－2135714）和市扶贫办（联系人：戴波，联系电话：0870－2125681），市级汇总后于 2015 年 8 月 31 日前分别报省联席会议办公室和省扶贫办。

（三）认真做好对接衔接。市、县区联席会议办公室要督促各部门各单位及时与挂包乡镇、挂包村联系衔接，确保所派驻村帮扶人员及时到位，建立起新的运行机制。同时，挂包乡镇、挂包村有调整的部门和单位，在原挂钩点确定的2015年支持的项目资金要继续落实到位，并做好与新挂联、挂包单位的沟通交接。各县区、各乡镇要主动与调整出的原挂钩单位对接，做好原确定项目的推进，并及时与新确定的挂联、挂包单位衔接，具体协商开展“挂包帮”“转走访”工作。

（四）领导带头开展“转走访”。市、县区领导要率先带头深入挂包村，进村入户开展遍访。各地区各部门各单位领导班子成员和干部职工要抽出时间和精力，深入挂包村入户走访，面对面了解情况。并将填写完毕的《云南省遍访贫困村访谈问卷》《云南省遍访贫困户访谈问卷》《昭通市干部“转走访”统计表》《昭通市遍访贫困户“六个一批”统计表》报县区联席会议办公室汇总，由县区联席会议办公室上报市联席会议办公室和市扶贫办备案。

（五）细化遍访操作办法。市扶贫办根据省出台的操作办法，结合昭通实际，制定遍访贫困村、贫困户具体的操作办法，明确遍访工作方式、流程、纪律，汇总、用好遍访成果，完善扶贫数据库。遍访中收集到的情况和问题，由县区扶贫办收集汇总并报送市扶贫办。

（六）强化工作考核。由市委组织部牵头制定“挂包帮”“转走访”考核办法，强化考核。各地区各部门各单位于每年12月底前将开展“挂包帮”“转走访”工作总结报同级联席会议办公室。“挂包帮”“转走访”工作情况纳入领导班子和领导干部综合考核内容进行考核，考核结果作为部门、单位和干部评先评优的重要依据。

五、切实加强组织领导

各地区各部门各单位要把“挂包帮”“转走访”工作摆在突出位置，与深入开展“三严三实”和“忠诚干净担当”专题教育、干部直接联系服务群众等工作结合起来，统筹安排、精心组织、全力推进，坚决防止走过场和流于形式。

（一）加强组织领导。各级党委（党组）主要负责人是“挂包帮”“转走访”工作的第一责任人，既要研究部署本地区本部门本单位的相关工作，又要亲自抓点示范。市委、市政府建立了“挂包帮”“转走访”工作联席会议，县、乡两级要分别建立“挂包帮”“转走访”工作联席会议，负责统筹协调和组织落实此项工作。各县区要及时召开联席会议，制定工作方案，迅速动员部署。以后要定期召开会议，研究解决问题，安排部署工作。

市联席会议办公室设在市委农办，负责日常工作。市委办公室负责协调好市级领导的相关工作。市委农办要会同市委组织部、市扶贫办督促各地区各部门各单位落实相关任务。市委常委会每年听取一次工作情况汇报，研究解决工作中存在的困难和问题；每年分片区至少召开一次全市“挂包帮”“转走访”现场观摩会，实行现场点评，推动工作落实。

（二）加强沟通联系。各级各部门要把“挂包帮”“转走访”作为全力推进贫困地区经济社会发展的重要平台，建立双向合作交流制度，提高定点挂钩帮扶的针对性、实效性和持续性。各部门各单位要加强与挂包乡镇、挂包村的沟通联系，在项目资金、人力物力支持等方面给予倾斜，配合做好发展规划和年度计划并协调抓好落实，及时跟踪掌握工作推进情况和各种帮扶项目落地实施情况。各县区、乡镇党委政府要主动加强与挂钩单位的沟通交流，做好协调服务工作，合力推进工作落实。

（三）强化督促检查。市、县区委、政府督查部门要把“挂包帮”“转走访”工作纳入督查范围，加强督促检查，市、县区联席会议办公室要开展经常性督查指导。市委督查室、市政府督查室每年要联合市委农办、市扶贫办等部门至少开展二次专项督查。市、县区联席会议办公室每半年通报一次工作进展情况，每年进行一次考核，每两年进行一次总结表彰。

（四）严明工作纪律。各级领导干部在“挂包帮”“转走访”工作中，要严格遵守中央八项规定、省委和市委实施办法等有关规定，认真践行“三严三实”和“忠诚干净担当”要求，轻车简从，真心扶贫，自觉维护党委、政府和干部形象。机关干部到农村蹲点调研、入户走访，要尽量避免安排在春耕春种、秋收秋播、元旦春节期间，注意减轻基层和群众负担。

（五）营造浓厚氛围。各地要充分发挥报刊、广播电视、网络媒体的作用，大力宣传“挂包帮”“转走访”工作的重要意义、措施办法、进展情况和工作成效。要积极宣传贫困地区广大干部群众自强不息、战胜贫困的典型经验和涌现出的先进人物，总结推广扶贫攻坚实践中探索出的成功经验，引导和鼓励社会各界更加关注、广泛参与扶贫开发事业，激发贫困地区干部群众脱贫致富的信心和活力，努力营造全社会共同关注、共同参与、共同监督的良好扶贫攻坚氛围。

本实施方案自下发之日起执行，《中共昭通市委办公室.昭通市人民政府办公室关于开展“千村帮扶行动计划”的实施意见》（昭办发〔2014〕31号）同时废止。

附　件：

1. 昭通市“领导挂点、部门包村、干部帮户”“转作风走基层遍访贫困村贫困户”工作联席会议成员名单；

2. 昭通市市级领导“挂包帮”名单；

3. 昭通市市级各部门各单位“挂包帮”名单；

4. 云南省遍访贫困村访谈问卷（略）；

5. 云南省遍访贫困户访谈问卷（略）；

6. 昭通市干部“转走访”统计表（略）；

7. 昭通市遍访贫困户“六个一批”统计表（略）。

附件 1

昭通市“领导挂点、部门包村、干部帮户”“转作风走基层遍访贫困村贫困户”工作联席会议成员名单

总召集人：纳云德　市委副书记

召 集 人：陈真永　市委常委、市委组织部部长

余扬举　副市长

郝流勇　市政府秘书长

成　　员：李　平　市委副秘书长、市委农办主任

苏世攀　市委副秘书长

傅再胜　市政府副秘书长、市政府办公室主任

铁云峰　市委组织部常务副部长

卢登富　市委组织部副部长、市人社局局长

朱大庆　市委宣传部常务副部长

王　斌　市委宣传部副部长、市广电局局长

曹内彬　市委统战部常务副部长

陈　群　市政府办公室副主任

田　渊　市发改委主任

王崇明　市工信委主任

周应斌　市教育局党委书记

杨　林　市民宗局局长

丁开路　市民政局局长

尹朝禹　市财政局局长

李其友　市国资委主任

周远胜　市住建局副局长

张朝东　市交通运输局局长

刘银盘　市农业局党组专职副书记

吕　磊　市林业局局长
方宗辉　市水利局局长
张　进　市卫生局局长
王华国　市扶贫办主任
白长早　市人力资源办主任
李　斌　市供销社主任
谭　林　昭通供电局局长

市联席会议办公室设在市委农办，办公室主任由李平同志兼任，办公室副主任由市委组织部部务委员吴洪香、市委市政府政研室副主任黄静、市扶贫办副主任刘强担任。

附件 2

昭通市市级领导“挂包帮”名单

县　区	联系领导	挂钩乡镇	包保特困村	召集人
昭阳区	范华平	靖安镇	大耆老村	范华平
	江先奎	洒渔镇	新海村	
	马晓红	靖安镇	百顺村	
	李　彪	田坝乡	酒房村	
鲁甸县	熊启怀	梭山镇	挖水村	熊启怀
	卢云峰	龙头山镇	西屏村	
	赵　卫	水磨镇	岩头村	
	赵洪乖	江底镇	箐脚村	
巧家县	郭大进	老店镇	尹武村	郭大进
	陈绍余	药山镇	团堡村	
	陶天蓉	小河镇	马鞍村	
	郎学超	红山乡	天星村	

（续 表）

县 区	联系领导	挂钩乡镇	包保特困村	召集人
镇雄县	张纪华	以古镇	岩洞脚村	张纪华
	军分区兼任市委常委的同志	塘房镇	杉树林村	
	李志平	罗坎镇	纸槽村	
	张永前	果珠乡	高坡村	
彝良县	纳云德	钟鸣镇	三河村	纳云德
	余 伟	龙街乡	卓基村	
	张华贵	牛街镇	甘家坝村	
威信县	陈真永	庙沟镇	马河村	陈真永
	晏祥莉	高田乡	凤阳村	
	侯峰忠	扎西镇	河口村	
盐津县	张绍雄	普洱镇	龙台村	张绍雄
	杨桂红	滩头乡	生基村	
大关县	龙 进	上高桥乡	大寨村	龙 进
	皮永宏	高桥镇	核桃村	
	普安银	吉利镇	龙坪村	
永善县	成联远	莲峰镇	和平村	成联远
	陆维智	茂林镇	新林村	
	郎学稼	桧溪镇	源胜村	
绥江县	周福昌	新滩镇	石龙村	周福昌
	余扬举	会仪镇	和平村	
水富县	赵海仙	太平镇	二溪村	赵海仙

附件3

昭通市市级各部门各单位“挂包帮”名单

序 号	县区名	挂钩乡镇	包保贫困村	包保单位
1	昭阳区	洒渔镇 ※	联合村	昭通渔洞水库管理局
2		青岗岭乡 ※	白沙村	市人社局
			新桥村	
3		苏甲乡 ※	苏甲村	市气象局
4		田坝乡 ※	酒房村	市公安局
			二坪村水屯村	
			水屯村	
5		炎山镇 ※	小田村	市直工委
6			炎山村	市人防办
7		守望乡 ※	卡子村	市委老干部局
8			刘家海子村	昭通消防支队市
9			葫芦坪村	社科联
10		大寨子乡 ※	窝凼村	市委党校
11			锅厂村	武警昭通支队
12		靖安镇 ※	小堡子村	团市委
13		布嘎乡 ※	新街村	市煤炭工业局
			白石村	
14			花鹿坪村	市文联
15		小龙洞乡 ※	中营村	市交投公司
16		盘河镇	冷家坪村	昭通银监局
17		永丰镇	青坪村	市城投公司
18		北闸镇	海子村	市农科院
19		大山包镇	合兴村	市粮食局
20	鲁甸县	龙头山镇 ※	西屏村	市委宣传部
			光明村	

（续 表）

序 号	县区名	挂钩乡镇	包保贫困村	包保单位
21	鲁甸县	水磨镇 ※	拖麻村	市供销社
22			水磨村	市广播电台
23		火德红镇 ※	机车村	市委编办
24		梭山镇 ※	挖水村	市政协办公室
			埂底村	
25			黑寨村	市水利勘测设计院
26		江底镇 ※	大水井村	市财政局
			水塘村	
			箐脚村	
27		桃源乡 ※	桃源社区	市文体新闻出版局
28		茨院乡 ※	茨院社区	市防震减灾局
29		乐红镇	乐红村	昭通公路管理总段
30		新街镇	酒房村	中石化昭通分公司
31	巧家县	药山镇 ※	大村	市食药监局
32		老店镇 ※	法土南村	建行昭通分行
33		崇溪镇 ※	背风村	移动昭通分公司
34		中寨乡 ※	岩脚村	市中级人民法院
			拖租村	
35		东坪镇 ※	威宁村	市教育局
			道角村	
36		红山乡 ※	黑铁村	市环保局
37			安邦村	侨通公司
38		新店镇 ※	火地村	中石油昭通分公司
39			牛角村	公路投资公司 昭通管理处
40		苞谷垴乡 ※	红石岩村	市烟草公司
41			燕麦沟	市国土收储中心

（续 表）

序号	县区名	挂钩乡镇	包保贫困村	包保单位
42	巧家县	炉房乡※	荒田村	市移民开发局
			炉房村	
43	镇雄县	芒部镇※	茶园村	市人民检察院
			关口村	
44		泼机镇※	大院子村	市信访局
45			摆洛村	市农村合作经济经营管理站
46		坪上镇※	老场村	市公安交警支队
47			河坝村	市人力资源办
48		牛场镇※	长河村	市公积金中心
49			向乐村	市农产品质量安全中心
50		罗坎镇※	纸槽村	市工商联
51			凤翥村	广电网络昭通公司
52		尖山乡※	长安村	市妇联
53		雨河镇※	新河村	市司法局
54			小洛脚村	邮政储蓄银行昭通分行
55		鱼洞乡※	银厂村	市水利局
			瓜坞村	
			青杠村	
56		母享镇※	平桥村	市科协
57			陇东村	昭通煤监分局
58		花朗乡※	林正村	市国土资源局
			仓上村	
59		大湾镇※	仕里村	昭交集团
60		以勒镇※	瓜果村	市住建局
			以堡村	
61		果珠乡※	鱼洞村	市委党史研究室

（续 表）

序 号	县区名	挂钩乡镇	包保贫困村	包保单位
62	镇雄县	盐源镇 ※	杉树坪村	市外侨办
63		碗厂镇 ※	官房村	财保昭通分公司
64		杉树乡 ※	细沙河村	市工商局
65		花山乡 ※	小米地村	市安监局
66		五德镇 ※	谷花村	市总工会
67		以古镇 ※	岩洞脚村	市政府办公室
			比道角村	
			老官房村	
68		黑树镇	苏木村	市农业机械化技术推广站
69		坡头镇	笔花村	市戒毒所
70			营上村	市就业局
71		场坝镇	罗汉村	富滇银行昭通分行
72		塘房镇	杉树林村	昭通军分区
73	彝良县	龙安镇 ※	三乐村	市档案局
74		柳溪乡 ※	茶坊村	市统计局
75		洛旺乡 ※	中厂村	电信昭通分公司
76		海子镇 ※	大坪村	市质监局
77			花园村	市国资委
78		荞山镇 ※	猴街村	市地税局
			和平村	
79		树林乡 ※	树林村	市残联
80			管坝村	中行昭通支行
81		钟鸣镇 ※	麻窝村	市农业局
			钟鸣村	
			庙林村	
82		龙海镇 ※	红岩村	市扶贫办
83			石笋村	市医保局

（续 表）

序 号	县区名	挂钩乡镇	包保贫困村	包保单位
84	彝良县	奎香乡 ※	坪地村	市红十字会
85		龙街乡 ※	银坪村	市烟办
86		小草坝镇	小雄村	市天麻特产局
87		双河乡 ※	天池村	市民宗局
88		庙沟镇 ※	马河村	市委组织部
			扎实沟村	
89	盐津县	长安镇 ※	瓦石村	市交通运输局
			安稳村	
			天坪村	
90		三桃乡 ※	环房村	市民政局
			新芬村	
91		旧城镇	文兴村	人行昭通中支
92		麟凤镇	龙塘村	市畜牧兽医技术推广站
93			金鸡村	市疾控中心
94		扎西镇	干河村	昭通调查队
95		豆沙镇 ※	银厂村	市旅发委
96		落雁乡 ※	保隆村	昭通供电局
97		滩头乡 ※	新田村	市审计局
98		普洱镇 ※	龙台村	市人大常委会办公室
			小洞村	
99			桐梓村	昭通卷烟厂
100		中和镇 ※	赵溪村	市开投公司
101		庙坝镇 ※	楠木村	市卫生局
			黄草村	
102			民政村	市人口计生委
103		兴隆乡	大田村	市电视台
104	大关县	玉碗镇 ※	石灰村	市广电局

（续 表）

序 号	县区名	挂钩乡镇	包保贫困村	包保单位
105	大关县	天星镇 ※	沿河村	市国税局
			南甸村	
106		寿山镇 ※	元坪村	市委市政府政研室
107			益珠村	市水文水资源局
108		吉利镇 ※	吉利村	市政务服务管理局
109		上高桥乡 ※	大寨村	市委办公室
			龙堡村	
			团结村	
110		高桥镇 ※	太华村	市发改委
			车来村	
			核桃村	
111			高桥村	农发行昭通分行
112		木杆镇	细沙村	市方志办
113			向阳村	市社保局
114	永善县	大兴镇 ※	河口村	联通昭通分公司
115		码口镇 ※	黑武村	人保昭通分公司
116			新营村	云南省邮政公司 昭通市分公司
117			玉马村	市邮政管理局
118		青胜乡 ※	玉盘村	市商务局
119			民胜村	市对外经济合作局
120		细沙乡 ※	凉水村	农行昭通分行
121		桧溪镇 ※	得胜村	昭通日报社
122		团结乡 ※	双河村	工行昭通分行
123		莲峰镇 ※	南林村	市工信委
			莲峰社区	
124		墨翰乡 ※	响水村	市科技局

（续 表）

序 号	县区名	挂钩乡镇	包保贫困村	包保单位
125	永善县	茂林镇 ※	新林村	市纪委监察局
			永安村	
			松林村	
126		务基镇	八角村	省农村信用社联合社昭通办事处
127	绥江县	新滩镇 ※	石龙村	市委政法委
			石溪村	
128		会仪镇 ※	和平村	市林业局
			会仪村	
			三渡村	
129	水富县	南岸镇 ※	南岸村	市法制办
130		太平镇 ※	二溪村	市委统战部
			太平村	
131		两碗镇 ※	两碗村	云天化股份有限公司
132		云富街道办事处	新安村	市海事局

注：※ 属85个建档立卡的贫困乡镇，挂钩联系贫困乡镇排序第一位的市直单位为该乡镇牵头单位。

中共昭通市委办公室　昭通市人民政府办公室关于印发《昭通市脱贫攻坚“找问题、补短板、促攻坚”专项行动实施方案》等三个方案的通知

昭办发〔2017〕4号

各县区委、政府，市委和市级国家机关各部委办局，昭通学院，市直各人民团体和企事业单位，中央、省属驻昭单位：

经市委、市政府同意，现将《昭通市脱贫攻坚“找问题、补短板、促攻坚”专项行动实施方案》《市级领导专项督导工作方案》《昭通市易地扶贫搬迁工作整改方案》印发你们，并提出以下工作要求，请一并抓好贯彻落实。

一、加强组织领导。各县区、市直有关单位要高度重视整改工作，强化思想认识，按照五级书记抓脱贫的要求，主要领导要亲自部署、亲自落实，形成党政抓总、部门协同、上下联动的工作机制，高标准、高质量推进工作。要以本次整改为契机，进一步规范程序和步骤，在解决好存在问题的同时，举一反三，建立长效机制，夯实整改基础。

二、强化工作责任。各县区委、政府是脱贫攻坚问题整改责任主体，主要领导要率先垂范、以身作则、带头落实，深入一线督促指导，协调推动工作落实。各级要压实责任，统筹“挂包帮”单位、驻村扶贫工作队、乡村干部等力量，全面开展自查自纠，确保各项整改工作落到实处。

三、细化整改方案。各县区要认真对照整改工作重点，完善和细化整改方案，进一步厘清整改思路，明确整改目标、整改任务和整改时限，整

改任务和措施要具体到项目、到点、到户、到人，确保整改方案具体化、项目化、责任化。

四、坚持边查边改。各县区、市直相关单位要坚持边查找、边整改、边落实的原则，全面制定问题清单、责任清单、时限清单，实行逐个整改、逐个销号管理。有明确要求的要立即整改、不得拖延，政策不明的要加强请示报告，主动沟通衔接，挂账整改、逐步推进，确保问题整改落实到位。特别是易地扶贫搬迁整改方案所列出的问题，相关数据来源于各县区自查上报，各县区要严格按照省、市整改工作要求，再梳理、再排查，核查清楚本县区存在的问题，据实抓好整改。要以户为单位，逐户逐项核查清理，针对每户存在问题，逐户落实整改措施，并分别建立对象不精准整改台账、不符合6类区域整改台账、原址原拆原建整改台账、面积超标整改台账、资金置换整改台账等。

五、严格督查问责。市委督查室、市政府督查室、市发改委、市扶贫办要会同市直相关单位，对各县区整改工作进行全程督促指导，确保全市整改工作严格按照整改方案要求落实到位，不跑偏、不走样。对整改工作中不敢担当、弄虚作假、敷衍搪塞、欺上瞒下等行为，以及工作不力、措施不力、作风不实的单位和个人，要依照相关规定严肃追究责任。

六、加强信息报送。各县区“找问题、补短板、促攻坚”专项行动问题清单于4月10日前经党委或政府主要领导审签后报市扶贫开发领导小组办公室，整改工作情况报告以扶贫开发领导小组正式文件于4月28日前报市扶贫开发领导小组办公室。对未整改完成的问题，以后每月随工作月报一同报送。各县区易地扶贫搬迁整改方案、阶段性整改情况以及每月工作推进情况，按照市政府相关通知要求执行。

中共昭通市委办公室

昭通市人民政府办公室

2017年4月1日

昭通市脱贫攻坚“找问题、补短板、促攻坚”专项行动实施方案

根据2017年3月23日全省脱贫攻坚工作推进会议精神，全省将开展为期一个月的“找问题、补短板、促攻坚”专项行动，分层分类找问题、查漏洞、抓整改、促落实。为推动我市专项行动深入开展、取得实效，特制定本方案。

一、思想认识方面

（一）政策要点

农村贫困人口如期脱贫、贫困县全部摘帽、解决区域性整体贫困，是全面建成小康社会的底线任务。要把握好脱贫方向，坚决做到“三个防止”（防止层层加码，防止形式主义，防止忽视贫困群众主体作用）。

（二）存在问题

1. 思想认识没有完全跟上，攻坚责任没有全面压实。对脱贫攻坚重要性、紧迫性、艰巨性认识还不深，对脱贫攻坚的目标、方针、政策理解不

透，甚至出现偏差，表态很响亮、行动不坚决、措施不得力、落实不到位，盲目乐观和悲观、急于求成、“等靠要”思想、政绩观出现偏差等问题不同程度存在。

2. 层层加码倾向抬头，形式主义有所表现。不同程度地存在“数字扶贫”“数字脱贫”“被脱贫”，层层加码、擅自提高标准。有的盲目提出提前实现脱贫目标，有的层层分解加码年度脱贫目标，年终脱贫销号“矮人堆里选高个”，一些贫困户建档立卡才一年就被要求摘帽；有的群众数字上“被增收”，报表上“被致富”；有的扶贫项目和贫困户脱贫需求严重脱节；有的“垒大户”“造盆景”。

3. 内生动力不足，“等靠要”思想严重。部分干部对脱贫攻坚工作的责任感、使命感和紧迫感认识不到位，思想解放不够，创新意识不强，精气神不足，思路办法不多，等待观望思想严重。部分群众中缺乏自力更生、艰苦奋斗的精神，靠穷吃穷，安于现状，依赖思想严重。有些地方还存在“干部干、群众看”现象，一些帮扶项目贫困群众参与度低。

（三）整改措施

1. 各县区要组织各级领导干部认真学习贯彻习近平总书记关于扶贫开发脱贫攻坚的战略思想以及在中央政治局第 39 次集体学习时的重要讲话精神，深刻领会中央和省、市关于脱贫攻坚决策部署的精神实质，吃透脱贫攻坚政策，提高思想认识，增强打赢脱贫攻坚战的政治意识、大局意识、核心意识和看齐意识。

2. 各县区要坚持实事求是、量力而行的原则，严格按照贫困退出标准，科学设定脱贫“时间表”，及时调整完善脱贫规划和年度计划，不能脱离实际随意提前“时间表”，不能搞突击性的临时“大输血”。要坚决防止形式主义，搞数字脱贫、弄虚作假等现象，坚决纠正畏难情绪以及“等靠要”“松拖慢”等思想。

3. 各县区要加强扶贫队伍的业务培训，开展交心谈心活动，引导领导干部树立正确的政绩观，树牢“脱贫攻坚必须以人为本”的观念，把“人民群众满意不满意”作为检验脱贫攻坚工作的标准，发扬吃苦耐劳精神，转变工作作风，提升工作热情，齐心协力推进脱贫攻坚。

4. 采取院坝会、村民小组会、村民代表会、入户走访等形式，加大脱贫攻坚政策宣传力度，做好群众思想引导和宣传发动工作，真正做到“三个认同”：一要讲清扶持政策、产业整体带动、发展成果共享，让群众在思想上认同；二要注重帮扶方式、发动群众参与、干部务实肯干，让群众在工作上认同；三要深入基层一线、深入贫困群众、真正把群众当亲人，让群众在情感上认同，不断提高贫困群众的满意度。

（整改责任主体：各县区党委、政府；督导责任部门：市委组织部、市委督查室、市政府督查室、市扶贫办等）

二、精准识别、精准帮扶、精准退出方面

（一）精准识别

1. 政策要点

一是实事求是，据实核查；二是整户识别以常住人口为单位，坚持“三评四定、五查五看”，坚持以群众为评议主体；三是对进退人员评议坚持据实、客观，说得清、道得明；四是评议过程全程拍照、签字，做好痕迹档案；五是所涉乡镇负责提供转移性收入、各项扶贫补助等基本信息；六是落实责任主体，坚持谁签字、谁负责。

2. 存在问题

（1）错评：部分地方存在条件较好不应纳入建档立卡的农户、举家外出多年未归的户籍人员被评为建档立卡贫困户等问题。

（2）漏评：部分地方存在“三评四定”走过场、群众不知情、识别不

精准、因灾因病等新增返贫群众未纳入等问题。

（3）错退：部分地方存在2014年、2015年未完全达到脱贫标准的群众被错退，数次“回头看”中因工作方法简单被错退，审计部门提供的有机动车、有公职等“四类人员”中实际生活困难符合贫困标准被错退等问题。

（4）漏退：部分县区存在通过扶持实际已达到脱贫标准但未退出，2016年脱贫户“两不愁、三保障”不达标被国办回退人员中的实际达标户未退出等问题。

（5）户成员错误：部分县区存在人为分户、并户，户籍成员非常住人口，非户籍成员常住人口等问题。

（6）系统信息错误：部分县区存在家庭成员基本信息错误、生产生活条件信息错误、经济收入信息错误、帮扶信息错误、易地搬迁信息错误等问题。

3. 整改措施

（1）建立县级统筹指导、乡镇为责任主体、村级抓落实、驻村工作队配合、挂钩单位参与的工作机制，对错评、错退、漏退、户成员错误等问题进行全面复核，精准到户到人。

（2）以村为主体，各级纪检监察和审计部门全程监督，多层次召开群众大会，开展漏评核查工作。

（3）对拟退出人员、拟进入人员进行登记造册，由乡镇主要负责人签订承诺书，报县级人民政府、市扶贫办，抄报纪检监察和审计部门备案。县委书记、县长签字，县扶贫开发领导小组盖章，向市扶贫开发领导小组专题上报核查情况。

（4）市扶贫办负责向省专题请示开展昭通市建档立卡动态调整事宜。

（5）立即开展系统内信息核查，在国办子系统开放时及时进行更正，适时全面完善一户一档纸质档案。

（整改责任主体：各县区党委、政府；督导责任部门：市委督查室、市政府督查室、市扶贫办、市档案局等）

（二）精准帮扶

1. 政策要点

按照《云南省贫困退出机制实施方案》《云南省贫困退出考核实施细则》以及《昭通市贫困乡镇脱贫出列考核评价指标体系（试行）》《昭通市贫困乡镇退出考核实施办法（试行）》的考核内容及标准要求，认真对标对表，查缺补漏，对症下药，区分致贫原因，真正把“5 + N 个一批”的脱贫路径落到实处。

2. 存在问题

（1）部分地方存在已退出贫困村水、电、路、网等基础设施及教育、卫生、社保（低保）、养老保险等相关指标未达标问题。

（2）各县区普遍存在产业发展结构不优、层次低。扶持方式简单化、项目设计不精细、基础工作不扎实，龙头企业带动贫困群众脱贫增收能力不足，农民专业合作社没有真正运作起来，群众仍处于入社“单干”状态，缺乏技术支持，营销体系不健全等问题。

（3）部分县区存在生态补偿脱贫机制未健全，退耕还林还草、天然林保护、陡坡地综合整治、生态护林员指标等生态补偿脱贫措施覆盖面小等问题。

（4）普遍存在教育脱贫支撑能力弱，尤其是职业教育和就业培训差距大，每年还有近 3 万名初中毕业生未能继续就读而流入社会等问题。

3. 整改措施

（1）各县区要结合动态管理，对贫困群众致贫原因再认真核查，找准致贫原因，并根据致贫原因制定有针对性的帮扶措施。

（2）要对标对表，认真查找贫困乡、贫困村水、电、路、网等基础设施以及教育、卫生、社保（低保）、养老保险等相关指标是否达到脱贫出列标准，将任务分解落实到各行业部门，明确具体责任人和时限，补齐交通、水利、电力、通信、广播电视等基础设施短板。

（3）要认真落实“发展生产脱贫一批”，因地制宜科学确定产业发展的重点和方向，积极探索政府引导、企业能人大户带动、新型经营主体培育、金融投入、保险兜底、行业科技技术支持、东西协作帮扶、群众参与“八位一体”的产业发展模式；制定优惠的招商引资政策，大力引进产业扶贫投资主体；创新龙头企业与农民专业合作社、贫困群众的利益联结方式，加大龙头企业、农民专业合作社等新型农村市场主体的培养力度；建立健全可持续产业发展机制体制，采取“公司＋基地＋农户”“农民专业合作社＋农户”等形式带动贫困群众发展产业。特别是贫困村要认真研究农民专业合作社发展模式，逐步壮大村集体经济收入，带动贫困户稳定增收实现脱贫；农业科技部门要发挥技术优势，加强产前、产中、产后技术指导和跟踪服务；探索财政资金建立资金池撬动金融、保险资金投入产业扶贫，通过产业扶贫让贫困户获得稳定、持续的收入。镇彝威革命老区要做到基础和产业同步推进、同步建设、同步验收、同步发挥效益，确保产业培育促进革命老区贫困农户持续稳定增收。

（4）要认真落实“生态补偿脱贫一批”，依托林业资源，大力发展特色林果和林下经济，实现经济社会发展与森林资源保护“双赢”。在贯彻落实国家退耕还林补助的基础上，优先选聘建档立卡贫困户为护林员，实现一人就业，全家脱贫。

（5）要认真落实“发展教育脱贫一批”，在全面落实国家“两免一补”“雨露计划”等教育政策的基础上，加大贫困户家庭子女教育扶持力度，引导和扶持“两后生”继续就读大中专职业技术院校，提高文化水平和技能水平，实现稳定就业，带动家庭脱贫致富；依托东西扶贫协作，采取合作办学等方式，争取更多的初、高中毕业生就读东莞、中山技工院校。

（整改责任主体：各县区党委、政府，市发改委、市工信委、市人社局、市教育局、市交通运输局、市农业局、市林业局、市水利局、市卫计委、市科技局等；督导责任部门：市委督查室、市政府督查室、市扶贫办等）

（三）精准退出

1. 政策要点

坚持实事求是，立足实际、突出重点，针对主要目标任务设置考核指标，注重考核工作成效；坚持客观公正、群众认可，规范退出考核方式和程序，充分发挥社会监督作用。

2. 存在问题

部分县区存在收支测算缺乏业务指导，测算不准不实，漏统错统收支项目；贫困户当年收入情况及政策扶持明白卡填写有漏项，收支测算无科学依据，与贫困家庭实际不符等问题。

3. 整改措施

（1）根据《住户收支与生活状况调查方案》（中华人民共和国国家统计局制定）和有关精准扶贫文件的精神，针对存在问题拟定《贫困户家庭收入核算表》《填表说明》，制定统一的核算标准和明确的工作方法。

（2）贫困户退出的重要指标，由原来的“农村常住居民人均可支配收入”，改为“农民人均纯收入”。

（3）完善贫困户收入测算及政策扶持明白卡，精准扶贫数据库信息，推行村务公开，自觉接受社会监督，实行扶贫项目阳光透明运行的有效措施。对贫困户收入测算及政策扶持明白卡要随访检查，对有错漏、被损毁、遗失的要及时补充完善，让群众明白应该享受的扶持资金、项目及政策。

（整改责任主体：各县区党委、政府；督导责任部门：市委督查室、市政府督查室、市统计局、昭通市调查队、市扶贫办等）

（四）规范档案管理

1. 政策要点

档案归档资料真实有效、信息完整、数字准确、图样清晰，签字盖章、落款日期等具有法律效力的标识应完整齐备，书写、印制、存储档案资料的载体应符合要求。

2. 存在问题

一些地方存在脱贫攻坚档案管理不规范，工作不细。村级档案存在缺项漏项或错项、识别评定程序不完善、认定手续不完备、支撑脱贫的佐证资料不足、遍访记录和帮扶措施填写不具体、相关数据信息前后不符、相互矛盾，资料存放混乱，户档资料与大数据平台录入数据不一致问题。

3. 整改措施

严格按照《云南省精准扶贫档案工作实施细则》和省扶贫办《关于进一步做好贫困对象建档立卡工作的通知》（云贫开办发〔2016〕56号）规定，完善贫困村、贫困户档案和脱贫退出程序相关资料，做到真实准确。归档文件应为原件，需以复制件归档的，应由整理人或立卷人核准，并说明理由，注明原件存放处。归档章、档案盒封面、盒脊、备考表等项目填写，应使用蓝黑墨水或碳素墨水钢笔；档案目录一律使用A4规格纸张打印。认真完成大数据平台信息录入工作，确保平台数据与实际情况一致，贫困退出无误差。

（整改责任主体：各县区党委、政府；督导责任部门：市委督查室、市政府督查室、市扶贫办、市档案局等）

三、扶贫资金管理、使用

（一）涉农资金整合

1. 政策要点

根据《中共云南省委办公厅、云南省人民政府办公厅关于印发〈贫困县统筹整合使用财政涉农资金试点方案〉的通知》（云厅字〔2016〕20号）精神，以脱贫成效为导向，以扶贫规划为引领，以重点扶贫项目为平台，支持贫困县统筹整合使用财政涉农资金，撬动金融资本和社会帮扶资金投入扶贫开发，形成“多个渠道进水、一个龙头放水”的扶贫投入新格局，提高资金使用精准度和效益。

2. 存在问题

统筹整合使用财政涉农资金工作推进较慢，基层怕担责，不愿整合、不敢整合、不会整合等情况突出。

3. 整改措施

各贫困县是涉农资金整合主体，要建立健全涉农资金整合机制，提高资金整合方案的合理性和可操作性。要围绕脱贫出列目标，加大涉农资金整合力度，确保整合的资金规模对应具体的建设项目。要做好整合使用财政涉农资金项目的资金备案工作，在项目批复后建立各项目的资金备案台账，在规定的时间内报市扶贫开发领导小组办公室。

（整改责任主体：各县区党委、政府；督导责任部门：市委督查室、市政府督查室、市财政局、市农业局、市林业局、市水利局、市扶贫办等部门）

（二）财政专项扶贫资金管理

1. 政策要点

根据《云南省扶贫办、云南省财政厅关于印发〈云南省省对下财政专项扶贫资金管理暂行办法〉的通知》（云贫开办发〔2016〕50号）要求：项目审批后，县级财政应在收到项目实施方案批复之日起的15日内及时拨付第一笔启动资金，加快项目实施进度和资金报账进度；各州市要按有关规定有效安排使用专项扶贫资金，积极盘活存量资金，提高财政资金使用效益。根据《云南省扶贫办、云南省财政厅、云南省审计厅关于进一步加强扶贫资金项目管理的通知》（云贫开办发〔2016〕192号）规定：项目一经批准，要尽快组织实施，除不可抗拒原因外，凡60日以上不开工的项目，由县级扶贫开发领导小组收回资金重新安排；县级财政及相关部门要对扶贫专户中结余两年以上的资金进行全面清理，按照“四到县”和涉农资金统筹整合使用规定，及时调整用于实施其他扶贫项目。

2. 存在问题

普遍存在财政专项扶贫资金滞留、资金效益发挥不好等问题。

3. 整改措施

（1）由市财政局牵头，相关单位配合，对各县区财政扶贫资金开展专项检查。对挤占挪用、层层截留、虚报冒领、挥霍浪费扶贫资金的，发现一起、处理一起，依法查处发生在扶贫领域的职务犯罪行为。

（2）按照相关规定加快财政扶贫资金的拨款和报账进度，每月上报扶贫资金使用报表，实行台账管理，对结转结余较大的县区进行通报，并约谈相关责任人。

（3）全面排查 2013 年以来全市扶贫资金管理使用中存在的问题，对扶贫专户中结余两年以上的资金进行全面清理，按照“四到县”和涉农资金统筹整合使用规定，及时调整用于实施其他扶贫项目，盘活财政扶贫资金，提高使用效益。

（4）进一步加大项目规划和储备力度，深入贫困村、贫困户加强调研，精准规划项目，建立扶贫项目储备库，确保资金下达后能够迅速实施项目。

（整改责任主体：各县区党委、政府；督导责任部门：市委督查室、市政府督查室、市财政局、市扶贫办等）

四、镇彝威革命老区方面

（一）抓好资金争取到位

1. 政策要点

根据《云南省人民政府关于昭通市镇雄彝良威信革命老区精准扶贫精

准脱贫三年行动计划（2016—2018年）的批复》（云政复〔2016〕8号）要求，2016年计划总投资35.98亿元，其中，国家及省级部门资金15.13亿元，省级财政新增扶贫资金2亿元，省级以上专项扶贫资金5.09亿元，市县补助资金1.42亿元，业主及贷款投入8亿元，农户自筹4.32亿元。

2. 存在问题

在2016年年度资金到位计划中，还有7家省级部门资金未完全到位，未到位资金4.45亿元，其中，省民宗局500万元、省教育厅38675万元、省农业厅1222万元、省发改委1457.8万元、省民政厅599.25万元、省旅发委240万元、省水利厅1782.38万元。

3. 整改措施

镇雄县、彝良县、威信县和市直对口部门要主动向上汇报对接，积极争取，确保资金足额及时到位。

（责任主体单位：镇雄县、彝良县、威信县人民政府，市农业局、市民宗局、市教育局、市发改委、市民政局、市旅发委、市水利局；督导责任单位：市委督查室、市政府督查室、市扶贫办等）

（二）推进项目建设

1. 政策要点

根据《昭通市镇雄彝良威信革命老区精准扶贫精准脱贫三年行动计划（2016—2018年）》，2016年规划建设内容涉及民生改善、基础设施建设、产业培育、能力素质提升、公共服务、生态环境保护6大工程，具体涉及建设项目50项。

2. 存在问题

项目建设进度缓慢，镇雄县竣工项目仅5个，彝良仅8个，威信仅1个；因资金未到位未启动实施项目21个，其中，镇雄县3个（农村集镇供水管网建设、农村安全饮水巩固提升、优抚对象安居项目）；彝良11个（扶贫安居、中央专项彩票公益金、劳动力引导性培训、污水处理、蔬菜标准化生产示范园、粮食作物高产样板示范、肉牛养殖基地、村卫生室、敬老院居家养老、优抚对象安居、节能灶）；威信县7个（民族团结进步示范乡项目、农村集镇供水管网建设、肉牛养殖基地、居家养老、垃圾处理、石漠化治理项目、优抚对象安居）。

3. 整改措施

要采取措施加快推进在建项目进度，确保项目竣工投用。要及时完善已竣工项目的资档案料，及时组织工程验收。要做好项目建设准备，确保资金到位以后，及时启动未实施项目建设。

（责任主体单位：镇雄县、彝良县、威信县人民政府；督导责任单位：市委督查室、市政府督查室、市扶贫办、市教育局、市民宗局、市农业局、市发改委、市水利局、市民政局、市人社局、市文体局、市旅发委等）

五、社会帮扶工作

（一）东西扶贫协作

1. 政策要点

按照习近平总书记在东西部扶贫协作座谈会上的讲话精神和《中共中央办公厅、国务院办公厅印发关于进一步加强东西部扶贫协作工作的指导意见》要求，要加大产业带动扶贫工作力度，着力增强贫困地区自我发展能力；东部省份组织本行政区域内经济较发达县（市、区）与扶贫协作省份和州市扶贫任务重、脱贫难度大的贫困县开展“携手奔小康”行动，探索在乡镇之间、行政村之间结对帮扶。

2. 存在问题

（1）部分县区2016年扶贫协作示范点建设项目推进缓慢，工作措施和力度有差距。

（2）部分县区对2017年扶贫协作项目谋划不合理。存在对象把握不精准，投向把关不严，投资额度超标，安置点分散等问题；贫困户与公司或合作社之间的利益分配方式不明确；扶持农户增收效果不明显、难以凸显扶贫协作效益等问题。

（3）部分县区对东西扶贫协作工作重要性的认识还有差距，对工作谋划研究不够，沟通对接不主动，工作切入点找不准。

3. 整改措施

（1）东西扶贫协作资金主要用于农村危房拆除重建、产业扶持和贫困户子女职业教育补助。住房建设要与农村危房拆除重建示范点相结合，每县区打造1—2个示范点；特色产业项目要围绕本县区资源优势，打造一乡一业、一村一品的成熟特色产业，直接精准用于建档立卡贫困户。

（2）各县区要根据《关于开展“携手奔小康行动”的框架协议》精神，结合自身的资源优势、发展方向和帮扶需求，拟定本县区与帮扶镇街的框架协议报市协作办，确保4月昭通东莞中山三市联席会上框架协议的顺利签订。

（3）各县区要加强东西扶贫协作工作的领导，进一步明确职责任务，层层传导压力，把责任落实到单位到人，把扶贫协作工作落到实处。

（整改责任主体：各县区党委、政府；督导责任部门：市委督查室、市政府督查室、市协作办、市扶贫办等）

（二）挂钩帮扶

1. 政策要点

《中共云南省委办公厅、云南省人民政府办公厅关于建立扶贫攻坚“领导挂点、部门包村、干部帮户”长效机制扎实开展“转作风走基层遍访贫困村贫困户”工作的通知》（云办通〔2015〕38号）明确，各单位“转走访”的主要任务是进村入户开展调查、完善建档立卡资料、宣传扶贫相关政策、研究制定帮扶措施。

2. 存在问题

（1）部分单位帮扶干部到村走访贫困户的次数少，走马观花，对扶贫对象的情况了解不多，没有针对性的帮扶措施；有的挂钩帮扶干部对扶贫工作业务不熟悉，缺乏农村工作经验，对贫困农户指导不够；有的干部对政策掌握不够，工作准备不充分，帮扶工作落不到实处，影响了群众对帮扶干部的满意度。

（2）部分挂包干部制定了帮扶措施，但在资金项目的落实方面与乡镇未达成一致，因资金项目由乡镇统筹安排，最终导致资金、项目无法到位，帮扶措施落空。

（3）部分地方基层党组织的战斗堡垒作用没有充分的发挥，少数地方还存在班子软弱涣散的现象。

3. 整改措施

（1）挂钩单位要加大培训力度，教育指导挂包干部进行进一步掌握脱贫攻坚和支农、惠农相关政策，掌握农村工作的基本方法，增强履职能力。

（2）挂钩帮扶干部要将脱贫攻坚相关政策和支农、惠农政策向贫困群众做好宣传，引导贫困群众转变观念，摆脱意识贫困和思路贫困，克服“等靠要”思想，增强脱贫信心和决心。

（3）各单位要进一步加大“转走访”工作力度，原则上每年到挂钩点开展走访工作不少于4次。

（4）驻村扶贫工作队队员要在抓好帮扶工作的同时，协助基层抓好基层党组织建设。

（整改责任主体：各“挂包帮”单位，各县区党委、政府；督导责任部门：市委组织部、市联席办、市扶贫办等）

（三）驻村扶贫

1. 政策要点

《云南省驻村扶贫工作队管理办法》《关于做好2017年驻村扶贫工作队

员轮换调整工作的通知》《云南省驻村扶贫工作队队员召回办法（试行）》规定：各单位要抽硬人、硬抽人，把素质好、能力强、作风实的优秀干部选派到脱贫攻坚第一线；确属不胜任、不适合、不履职、不作为的队员，严格按规定召回；各级“挂包帮”“转走访”联席会议办公室要定期或不定期地对驻村扶贫工作队队长及队员在岗情况进行检查，派出单位不得抽调其担任其他工作；乡镇党委具体负责做好驻村扶贫工作队的日常管理工作，包村单位协助做好相关工作；驻村扶贫工作队队长及队员的任期考核情况作为培养和选拔干部的重要依据之一。

2. 存在问题

（1）部分单位队员选派不合理，工作能力差。

（2）部分队员尽职有畏难情绪，工作不务实、不积极、不主动，缺乏农村工作经验和扶贫业务知识，不能与群众以心换心，在思想上、工作上、情感上难以得到群众认同。

（3）部分县乡对工作队管理不严，没有严格执行考勤和请销假制度；部分派出单位对驻村工作队队员缺乏管理、不重视，后勤保障差。

（4）部分单位以工作任务重为理由，经常把工作队队员抽回，导致驻村扶贫工作力量薄弱。

（5）部分县区没有严格按照考核办法执行，考核随意，没有充分运用考核结果。

3. 整改措施

（1）对于工作能力差，无法胜任工作的队员，一律召回。

（2）加大培训力度，重点加强工作队队员的思想教育和业务培训，提高队员开展驻村工作的能力。

（3）各驻村队员要深入群众，了解群众所思所想，真正把群众当亲人，把脱贫攻坚工作真正做到让群众“思想认同、工作认同、情感认同”。

（4）加强对驻村工作队队员的工作目标管理和日常管理，每月驻村工作时间不少于 20 天。充分调动和激发驻村工作队队员的积极性、主动性、创造性，形成驻村工作队队员与村委成员相互支持、密切配合、优势互补的工作格局。派出单位要定期听取队员汇报工作情况。

（5）积极创造条件为驻村队员提供工作生活保障。

（6）严格按照程序开展工作考核，并充分运用考核结果，调动和激发队员的工作积极性。

（整改责任主体：各“挂包帮”单位，各县区党委、政府；督导责任部门：市委组织部、市委督查室、市政府督查室、市联席办、市扶贫办等）

市级领导专项督导工作方案

为确保全市脱贫攻坚“找问题、补短板、促攻坚”专项行动和全市易地扶贫搬迁整改工作取得实效，市委、市政府决定，由市级领导负责挂钩联系县区，督促指导抓好专项行动开展和问题整改各项工作。

一、督导时间

2017年4月5日至4月30日，其中4月5日至7日开展实地督导。

二、督导方式

本次督导采取实地督导、召开现场分析会、专题听取汇报、查阅档案资料等方式进行，具体由市级领导及各督导组根据工作实际确定。其中，4月5日至7日实地督导期间，重点开展以下工作。

（一）按照《昭通市脱贫攻坚“找问题、补短板、促攻坚”专项行动实施方案》《昭通市易地扶贫搬迁工作整改方案》确定的问题清单和县区自查情况开展实地督导检查，每个县区不少于2个乡镇和3—5个易地扶贫搬迁集中安置点，每个乡镇不少于2个村，每个村不少于10户农户（5户贫困户和5户2016年边缘脱贫户）。

（二）听取群众对脱贫攻坚工作的意见和建议。

（三）召开现场分析会，听取县区开展专项行动和问题整改工作情况汇报，指导县区全面梳理问题（含当前工作中存在的问题和政策调整后可能出现的新问题），深入分析原因，进一步厘清工作思路，有针对性地调整完善专项行动方案和易地扶贫搬迁整改方案。

实地督导结束后，各县区要定期向挂钩联系市级领导汇报工作推进情况；由市级领导根据工作推进需要，适时开展实地督导，指导县区推进工作。

三、督导分组

第一组：由市委书记杨亚林带队，挂联县领导江先奎、李彪、卢登富，市委相关副秘书长，市发改委、市扶贫办主要领导参与，负责督导昭阳区。（联络员：丁永旺，13908705997）

第二组：由市委副书记、市长郭大进带队，挂联县领导魏新、邓浩全、张永前，市政府相关副秘书长，市扶贫办、市发改委各1位领导参与，负责督导镇雄县。（联络员：左学，13908705446）

第三组：由市委副书记王忠带队，挂联县领导姚珺、胡建普，市委相关副秘书长，市财政局、市发改委和农发行昭通分行各1位领导参与，负责督导彝良县。（联系人：苏世攀，13608701075）

第四组：由市人大主任张绍雄带队，挂联县领导吴静，市政府相关副秘书长，市委督查室、市发改委各1位领导参与，负责督导盐津县。（联系人：李继东，18087222899）

第五组：由市政协主席成联远带队，挂联县领导沈文海、保明康、赫流勇，市政府相关副秘书长，市扶贫办、市住建局各1位领导参与，负责督导鲁甸县。（联系人：常亚凛，15125452806）

第六组：由市委常委、市委政法委书记周福昌带队，挂联县领导苏建宏，市政府相关副秘书长，市扶贫办、市财政局各1位领导参与，负责督导绥江县。（联系人：华永才，13887023751）

第七组：由市委常委、市纪委书记陆维智带队，挂联县领导李春林、陶仁，市发改委、市住建局各1位领导参与，负责督导永善县。（联系人：程忠平，13608706697）

第八组：由市委常委、市委组织部部长陈真永带队，挂联县领导晏祥莉、龙进，市政府办公室相关副主任，市发改委、市扶贫办各1位领导参与，负责督导威信县。（联系人：耿礼俊，13887020800）

第九组：由市委常委、市委秘书长尹朝禹带队，挂联县领导石邦云、彭霓，市委相关副秘书长，市政府督查室、市发改委各1位领导参与，负责督导大关县。（联系人：吴家明，13908706519）

第十组：由市委常委、市委统战部部长申琼带队，市住建局、农发行昭通分行各1位领导参与，负责督导水富县。（联系人：骆德毅，13887022809）

第十一组：由市委常委、常务副市长余伟带队，挂联县领导陶天蓉、田渊、赵洪乖，市扶贫办、市住建局各1位领导参与，负责督导巧家县。（联系人：李才陆，13578033001）

四、工作要求

（一）各相关部门要根据督导分组安排，及时确定参加人员名单，并向各组联系人反馈。实地督导工作时间根据市级领导工作安排自行确定，各县区、各相关部门要主动加强工作对接，确保工作顺利开展。

（二）各县区要对照《昭通市脱贫攻坚“找问题、补短板、促攻坚”专项行动实施方案》《昭通市易地扶贫搬迁工作整改方案》，抓紧梳理问题清单，并及时提交挂钩联系的市级领导，作为开展实地督导工作的依据。

（三）督导工作期间，各督导组要严格遵守中央八项规定精神和省市实施办法，坚持轻车简从，不扰民，不搞层层陪同。各县区要精减和控制随行车辆和人员。各督导组工作用车自行协调保障。

（四）实地督导工作结束以后，各督导组要在 4 月 8 日 18：00 前向市发改委、市扶贫办报送工作开展情况，由市发改委商市扶贫办汇总以后，形成专题汇报材料，报请市政府常务会议研究。

昭通市易地扶贫搬迁工作整改方案

根据《云南省人民政府办公厅关于印发〈云南省易地扶贫搬迁工作整改方案〉的通知》（云政办发〔2017〕31 号）要求，针对我市易地扶贫搬迁工作中存在问题和薄弱环节，对照国家和省的有关政策要求，制定本方案。

一、明确时间节点

区别存量和增量进行整改。对于 2017 年 2 月 28 日前没有实际动工的搬迁任务，严格按照国家和省的政策执行；对此前已经开工的搬迁任务进行全面对标核查，于 4 月 30 日前全面完成整改，确保易地扶贫搬迁工作不走偏、不走样。

二、调整完善补助政策

（一）政策要点

严格区分建档立卡和同步搬迁两类对象，合理制定以人口为对象的补助标准，决不能让贫困户因搬迁而举债或增加负债。

（二）存在问题

1.不分建档立卡搬迁家庭人口多少，在户均补助6万元的基础上实行差异化补助，与国家按人补助的要求不符。其中，鲁甸县、巧家县执行4万元/户，盐津县部分农户执行5万元/户、部分农户执行6万元/户，大关县部分执行4万元/户、部分执行5万元/户、部分执行6万元/户、部分执行7万元/户、部分执行8万元/户，水富县部分执行4万元/户、部分执行6万元/户，其余县区执行6万元/户。

2.执行建档立卡搬迁户每户6万元的贴息贷款，且部分地方建房农户自筹资金较大，导致贫困搬迁户大量负债，与中央领导同志关于决不能因易地扶贫搬迁而让贫困户出现新的大额负债的指示精神不符。

（三）整改措施

1.调整建档立卡贫困人口建房补助政策。纳入国家控制规模的97770人建档立卡贫困人口，补助方式由按户补助调整为按人补助，补助标准由户均补助6万元调整为人均补助2万元，签订旧房拆除协议并按期拆除的建档立卡贫困人口人均奖励6000元，但建档立卡贫困户建房补助和奖励资金不超过面积控制标准的建房成本，自筹资金原则上户均不超过1万元。（整改责任主体：各县区党委、政府；督导责任部门：市财政局、市发改委、市扶贫办、市住建局、市国土资源局）

2.取消统一的贫困户建房借款政策。纳入国家控制规模的97770人建档立卡贫困人口，取消目前统一的每户可向县级平台公司申请不超过6万元低成本长期借款的政策。（整改责任主体：各县区党委、政府；督导责任部门：市财政局、市发改委、市扶贫办、市金融办、农发行昭通分行）

3.明晰同步搬迁户建房补助政策。同步搬迁户户均补助不低于1.5万元、借款不超过6万元政策不变。各县区可根据当地实际情况对同步搬迁人口拆除旧房进行适当奖励，奖励标准由各地自行确定，奖励资金由各地自行筹措。（整改责任主体：各县区党委、政府；督导责任部门：市财政局、

市发改委、市扶贫办、市金融办、农发行昭通分行）

4. 调整三年行动计划和2016年搬迁任务。具体由市扶贫办牵头，市发改委、市财政局、市住建局配合，根据省调整下达的计划任务进行调整。

5. 调整下达中央易地扶贫搬迁资金计划。由市发改委牵头，根据省调整下达中央易地扶贫搬迁资金计划，按人调整下达中央预算内投资、专项建设基金和国家低成本长期贷款计划；市财政局按人调整下达地方政府债务资金；市住建局、市扶贫办做好农村危房改造和抗震安居工程、财政专项扶贫资金的衔接落实。

6. 调整完善资金政策文件。根据省级调整完善的易地扶贫搬迁资金来源及拨付方案和明确的资金政策，由市发改委牵头，市财政局、市扶贫办、市住建局、农发行昭通分行配合，及时调整完善资金使用和管理办法。

7. 调整完善资金拨付手续。农发行昭通分行、各县区平台公司根据省、市调整下达的资金计划，完善有关手续，相应调整已拨付资金，及时做好资金使用、管理的业务指导和培训，平稳完成相关工作。

三、精准确定搬迁对象

（一）政策要点

搬迁对象是“一方水土养不起一方人”6类区域的建档立卡贫困人口，以及整村整寨同步搬迁的非建档立卡贫困人口，并按照普查筛选、农户申请、村委会初审及公示、乡镇政府审核及公示、县级政府审批及公告、签订搬迁协议等程序识别认定，登记造册。识别认定后，建档立卡贫困人口录入全国扶贫开发建档立卡信息系统，同步搬迁人口录入云南省易地扶贫搬迁动态信息管理平台。原址原拆原建、不能通过“挪穷窝”实现“换穷业”的人口，以及工矿塌陷区、工程性强制性搬迁区域不纳入易地扶贫搬迁范围。在精准确定搬迁对象的基础上，对生存环境差、贫困程度深、地质灾害严重的优先实施搬迁，全市“十三五”时期计划搬迁建档立卡贫困人口为97770人，各年度搬迁计划及同步搬迁计划以省调整下达的任务为准。

（二）存在问题

1. 部分县区已启动实施搬迁的建档立卡搬迁对象不符合6类区域的搬迁要求，已启动实施搬迁的同步搬迁户不属于整村整寨同步搬迁的非建档立卡贫困人口。根据3月25日各县区上报的核查清理情况，2016年已启动实施搬迁的农户不符合六类区域的有1969户6913人，其中，昭阳区971户3241人、鲁甸县54户200人、镇雄县24户77人、盐津县32户82人、大关县16户52人、绥江县758户2652人、水富县114户429人。

2. 部分搬迁户属于原址原拆原建或只在村落内部换了宅基地建房。根据3月25日各县区上报的核查清理情况，2016年已启动实施搬迁的农户中，属于原址原拆原建的有5461户20505人，其中，昭阳区1001户3557人、鲁甸县192户689人、巧家县714户2780人、镇雄县81户324人、威信县1004户3961人、盐津县17户57人、大关县515户2046人、永善县16户77人、绥江县1547户5686人、水富县374户1328人；属于只在村民小组内换宅基地建房的有356户1471人，其中，镇雄县93户378人、威信县172户758人、永善县12户54人、水富县79户281人。

3. 部分已实施搬迁的贫困户不属于国办系统识别的搬迁对象。根据3月25日各县区上报的核查清理情况，不属于国办系统识别的建档立卡搬迁户有608户2290人，其中，昭阳区5户16人、镇雄县42户185人、彝良县1户5人、盐津县32户129人、永善县72户325人、绥江县357户1287人、水富县99户343人。

4. 规模控制内已启动实施搬迁对象基本信息与国办信息系统标记信息不一致。根据3月25日各县区上报的核查清理情况，通过规模控制内已启动实施农户基本信息与国办信息系统标记的对象信息核实比对，规模控制内已实施搬迁对象中部分农户基本信息与国办信息系统标记信息不一致，其中：有 3 户乡镇名称信息不一致，有 1162 户行政村名称信息不一致，有 168 户姓名不同或同音，有 342 户人数不同，有 279 户与国办系统标记的证件号码不一致，有 162 户无法核对（以上各类问题到户名单由市扶贫办及时下发各县区）。

5. 普遍存在超年度计划实施问题。根据 3 月 25 日各县区上报的核查清理情况，全市已启动住房建设 40387 户（其中建档立卡户 27700 户），超计划实施 10099 户（其中建档立卡户 9244 户），分别为：鲁甸县超年度计划 473 户（其中建档立卡户 270 户）；巧家县超年度计划 3208 户（其中建档立卡户 2319 户）；镇雄县超年度计划 413 户（其中建档立卡户超 416 户，同步搬迁差 3 户）；威信县超年度计划 774 户（其中建档立卡户超 1088 户，同步搬迁户差 314 户）；盐津县超年度计划 543 户（其中建档立卡户超 668 户，同步搬迁户差 125 户）；永善县超年度计划 54 户（均为建档立卡户）；绥江县超年度计划 3111（均为建档立卡户）；水富县超年度计划 1523 户（其中建档立卡户 1318 户）。

6. 存在中央预算内投资补助的对象不属于搬迁的农村建档立卡贫困人口、部分急需搬迁的建档立卡贫困人口未经全国扶贫开发建档立卡信息系统识别、将以前年度已实施易地扶贫搬迁的对象重复纳入省级“三年行动计划”等问题。

（三）整改措施

1. 及时锁定搬迁对象。依据国家和省核定我市的 97770 人易地扶贫搬迁贫困人口分县区核定规模，将符合搬迁政策范围要求的 97770 人建档立卡贫困人口分年度落实到村、到点、到户、到人。对已搬迁并经核实确属易地扶贫搬迁政策范围的对象，但未录入全国扶贫开发建档立卡信息系统、易地扶贫搬迁动态信息管理平台的，应予以识别认定并补充录入；对信息系统中超出核定规模的要进行核实调整。（整改责任主体：各县区党委、政

府；督导责任部门：市扶贫办等）

2. 调整不符合搬迁范围的搬迁对象。对于不符合“一方水土养不起一方人”的搬迁人口（即非6类地区）、原址原拆原建搬迁人口、或者已经实施搬迁但超出建档立卡贫困人口核定规模的部分，按照“不同对象享受不同政策”的原则，由省、市、县区通过多渠道筹集资金予以稳妥调整消化。农发行昭通分行要发挥政策性银行支持脱贫攻坚工作的重要作用，按照与各县区协议并授信的贷款额度，积极给予信贷支持，确保政策的连续性和稳定性。（整改责任主体：各县区党委、政府；督导责任部门：市扶贫办、市金融办、农发行昭通分行等）

四、严格执行建房政策

（一）政策要点

1. 政策范围。严格区分易地扶贫搬迁和农村危房改造对象，不同对象享受不同政策，不得扩大易地扶贫搬迁政策享受范围。

2. 建设标准。建档立卡搬迁人口人均住房面积不超过25平方米，并根据家庭实际人口，按照50平方米、75平方米、100平方米、125平方米、150平方米等户型进行设计和建设，最大户型面积不超过150平方米（即6人及以上户），其中，单人单户和2人户安置住房可采取集中建设公寓、与养老院共建等方式解决。同步搬迁户住房面积标准，各县区可根据当地居民生产生活习惯，结合地方财力和农户自筹能力自行确定，但要坚决防止盲目扩大住房面积。其中，整合使用农村危房改造与抗震安居工程资金的同步搬迁户，严格执行农村危房改造政策。对于按照一户一宅方式安置的，可以采取在分配的宅基地预留续建空间等办法，由搬迁对象今后根据自身经济条件改善状况和实际能力自主决定是否扩建。

3. 建设方式。坚持统规统建为主，规范统规联建和自建。集中安置区在统一规划设计、统一建设基础设施和公共服务设施基础上，建档立卡贫困人口住房实行统规统建，同步搬迁人口可根据农户意愿实行统建、联建、代建或自建。因地制宜确定分散安置建档立卡贫困人口住房建设方式，可采取统规统建、统规联建等。统规统建要采取以工代赈等方式，鼓励和引导搬迁农户全程参与工程设计、建设、监理和验收，提高搬迁群众的积极性和参与度；统规自建或联建，要免费提供户型设计，严把住房标准关、安全监督关和工程质量关。

4. 宅基地标准。按照《云南省土地管理条例》规定，严格执行宅基地面积标准，严格落实一户一宅、建新拆旧政策。腾退的宅基地按照“宜耕则耕、宜林则林、宜草则草”的原则，由各县区人民政府组织复垦复绿。

5. 签订“3 个协议”。精准锁定年度搬迁对象后，实施搬迁前，由乡镇（街道）与搬迁建档立卡贫困户签订搬迁协议、搬新拆旧协议和脱贫就业协议 3 个协议，扎实推进搬迁安置、建新拆旧和建档立卡贫困搬迁人口脱贫销号相关工作。

（二）存在问题

1. 部分集中安置点规划设计和实施方案编制不科学、建设进度慢，未严格落实厨卫入户、人畜分离、“两污”配套要求。

2. 部分民居设计不符合规范，未严格落实质量管控和面积管控措施，建房面积严重超标。根据 3 月 25 日各县区上报的核查清理情况，2016 年已启动实施搬迁的建档立卡贫困户中，人均住房建设面积超过 25 平方米的有 4851 户，其中，昭阳区 761 户、鲁甸县 134 户、镇雄县 7 户、彝良县 1103 户、威信县 466 户、盐津县 29 户、大关县 69 户、永善县 14 户、绥江县 2095 户、水富县 173 户。

3. 未严格落实一户一宅、建新拆旧政策，修建新房后未拆除旧房、宅基地未复垦。根据 3 月 25 日各县区上报的核查清理情况，修建新房后旧房未拆除、宅基地未复垦的有5830户，其中，昭阳区1315户、鲁甸县59户、巧家县488户、镇雄县187户、彝良县801户、威信县182户、盐津县76户、大关县254户、永善县15户、绥江县1381户、水富县1072户。

（三）整改措施

1. 调整规划和设计。全面清理已审批的安置点规划和民居设计、项目实施方案，对不符合面积标准规定和设计规范的进行纠正。

（整改责任主体：各县区党委、政府；督导责任部门：市住建局、市国土资源局、市林业局、市发改委、市扶贫办等）

2. 调整已超面积的住房。对超出国家标准已经建设的安置房，要因地制宜，因村因户施策，积极探索行之有效的方式抓好抓实整改工作，确保建档立卡贫困人口不因建房而举债或新增负债，可通过调整出易地扶贫搬迁范围并相应纳入农村危房改造及美丽乡村建设等稳妥消化一批，通过直系亲属共建消化一批，通过将住房面积超标部分由县级平台公司作为共有产权人进行整改消化一批。（整改责任主体：各县区党委、政府；督导责任部门：市住建局、市发改委、市扶贫办等）

3. 加强质量和安全监督。建立市、县区、乡镇（街道）三级联动机制，对搬迁安置房及安置点建设进行技术指导和质量、安全监管，确保搬迁房建设质量、进度和安全。（整改责任主体：各县区党委、政府；督导责任部门：市住建局等）

4. 落实宅基地政策。对宅基地面积超出《云南省土地管理条例》规定的标准、未执行“一户一宅”政策搬新房拆旧房，以及宅基地具备复垦复绿条件但未复垦复绿等问题，可通过制定相关鼓励政策，切实整改到位。（整改责任主体：各县区党委、政府；督导责任部门：市国土资源局）

五、科学推进安置区建设

（一）政策要点

1. 选址要求。安置点选址符合主体功能区规划、土地利用总体规划、城乡规划等要求，避让优质耕地和基本农田，避开地震断裂带、地质灾害隐患点、行洪通道等危险区域，有利于搬迁群众发展产业、实现就业、稳定脱贫。

2. 安置方式。统筹考虑水土资源条件、城镇化进程、美丽宜居乡村建设及搬迁对象意愿，坚持集中安置为主，集中安置与分散安置相结合，重点依托城镇、中心村、产业园区、乡村旅游区进行安置。依托小城镇或工业园区安置的，可酌情采取回购符合面积控制标准的城镇商品住房的方式进行安置，但不得回购公租房、廉租房等国家已补助投资建设的住房安置。采取进城入镇分散安置的，必须严格精准识别搬迁对象，坚决防止搬富不搬穷；必须确保 1 户至少 1 人就业，保障基本生计；必须确保不因搬迁而举债或新增负债，确保如期脱贫。

3. 安置区建设。综合考虑当地财力和发展水平，基础及公共服务设施既要适当超前、预留发展空间，也要杜绝盲目提高标准、大拆大建。

（二）存在问题

1. 部分安置点简单地“从山上搬到山下”或新的安置区离迁出村寨不过几百米，产业建设及相关基础设施和公共设施不配套，生产方式和发展条件没有得到根本改善。个别集中安置点仅规划安置几户群众。分散安置比例过高。

2. 存在鼓励搬迁农户进城购房安置，导致建档立卡贫困群众负债的问题。

3. 部分安置点搬迁安置建房已基本完工，但基础设施、基本公共服务设施建设等工程滞后。部分安置点卫生室、公共活动场所、农村饮水设施等建设不达标。

（三）整改措施

1. 全面梳理和评估现有易地扶贫搬迁安置区选址、建设情况，对不符合安置区选址要求以及搬迁后基础设施、后续发展条件明显不具备的，通过另行选址、配套完善基础设施及公共服务设施、落实产业和就业措施等方式予以整改。（整改责任主体：各县区党委、政府；督导责任部门：市易地扶贫搬迁工作推进协调小组成员单位）

2. 采取回购商品房进行安置的，要在确保建档立卡贫困群众不因购房（或建房）负债影响如期脱贫的前提下，通过回购符合面积控制标准的城镇商品房、合规建设安置房等方式整改。（整改责任主体：各县区党委、政府；督导责任部门：市易地扶贫搬迁工作推进协调小组成员单位）

3. 对于建档立卡贫困人口比例低及安置户数只有几户的安置点，由易地扶贫搬迁集中安置点调整为美丽宜居乡村建设项目，其中的建档立卡贫困人口作为分散安置对象。（整改责任主体：各县区党委、政府；督导责任部门：市易地扶贫搬迁工作推进协调小组成员单位）

六、严格资金管理

（一）政策要点

对建档立卡贫困人口和同步搬迁人口的资金安排、使用，严格实行分类管理。中央预算内投资、地方政府债务资金、专项建设基金和低成本长期贷款要“专款专用、物理隔离、封闭运行”，只能用于纳入国家规划的97770人建档立卡贫困人口，不得用于同步搬迁户建房补助或借款，更不能挪作他用。土地整治、生态修复、安置区建设用地征地费用、项目前期工作经费通过自筹及整合其他资金解决。

（二）存在问题

1. 部分县要求贫困户先行支付（垫付）建房启动资金或变相交纳保证金，导致贫困群众因为没有启动资金，而无法建房或进度缓慢。

2. 挤占、挪用纳入国家规划 97770 人建档立卡贫困人口的相关专项补助资金，将相关专项补助资金用于同步搬迁户建房补助或借款。根据 3 月 25 日各县区上报自查整改情况反映：昭阳区有 368 户同步搬迁户建房补助使用地方政府债券资金 736 万元。

3. 国家低成本长期贷款与农发行项目贷款置换进度普遍滞后。

4. 部分县区未认真研究资金使用政策，资金管理办法不完善，资金审批拨付程序复杂、兑付不及时，资金沉淀现象严重。

（三）整改措施

1. 坚决纠正贫困群众先行支付（垫付）建房启动资金、变相交纳保证金等问题，规范资金拨付、管理等程序，减小群众建房资金压力，确保群众建房合理进度和工期。（整改责任主体：各县区党委、政府；督导责任部门：市财政局、市发改委、市扶贫办等）

2. 挤占、挪用纳入国家规划 97770 人建档立卡贫困人口各专项补助资金的，必须及时予以调整、补齐，并严格执行政策，及时拨付到位。（整改责任主体：各县区党委、政府；督导责任部门：市财政局、市发改委、市扶贫办等）

3. 针对国家低成本长期贷款与农发行项目贷款置换进度滞后的问题，由市财政局、农发行昭通分行负责，组织各县区财政、农发行、平台公司开展具体业务，在 1 个月内完成置换工作。

4. 针对资金滞留滞拨的问题，各县区要尽快精准锁定搬迁对象、加快项目前期工作，积极完善申请拨款材料；财政部分要协调农发行、平台公司积极简化和优化资金拨付流程，符合拨款条件的，在规定时限内尽早完成资金拨付，提高资金效益。

七、加大安置点产业和就业扶持力度

（一）政策要求

坚持“搬迁是手段、脱贫是目的”的要求，集中安置点实现“3个同步”，即同步制定实施集中安置点产业规划，同步制订落实搬迁贫困群众就业计划，同步推进配套基础设施及公共服务设施，防止住房一建了之、贫困人口一搬了之，确保搬迁一户、脱贫一户。

（二）存在问题

普遍存在重建房、轻产业，重搬迁、轻就业现象，脱贫发展措施没有精准到户到人。

（三）整改措施

针对后续脱贫发展措施没有精准到户到人的问题，未编制安置点产业发展规划、就业计划的，要及时完成编制工作；已编制规划、计划，但措施未细化到户、到人的，要以“挪穷窝换穷业并举”为导向，以增加建档立卡搬迁贫困人口产业收入、工资性收入、财产性收入等为目标，整合相关涉农资金，因地制宜培育特色种养业、手工业、乡村旅游业等，千方百计拓宽就业渠道。（整改责任主体：各县区党委、政府；督导责任部门：市农业局、市林业局、市商务局、市人社局、市扶贫办、市发改委、市旅发委等）

中共昭通市委办公室　昭通市人民政府办公室印发《关于加强全市脱贫攻坚4类重点对象农村危房改造工作的实施方案》的通知

昭办字〔2017〕25号

各县区委、政府，市委和市级国家机关各部委办局，昭通学院，市直各人民团体和企事业单位，中央、省属驻昭单位：

《关于加强全市脱贫攻坚4类重点对象农村危房改造工作的实施方案》已经市委、市政府同意，现印发你们，请结合实际认真贯彻执行。

中共昭通市委办公室

昭通市人民政府办公室

2017年11月13日

关于加强全市脱贫攻坚4类重点对象农村危房改造工作的实施方案

根据《中共云南省委办公厅、云南省人民政府办公厅印发〈关于加强全省脱贫攻坚4类重点对象农村危房改造工作的意见〉的通知》（云厅字〔2017〕18号）精神，为加快推进全市建档立卡贫困户、低保户、农村分散供养特困人员、贫困残疾人家庭等4类重点对象危房改造进程，结合昭通实际，制定本方案。

一、指导思想

以脱贫攻坚为统揽，紧紧围绕“两不愁、三保障”中基本安全住房有保障的目标任务，坚持“三最两就”原则。“三最”即优先帮助住房最危险（C、D级危房）、经济最贫困农户（4类重点对象）解决最基本的住房安全问题；“两就”即采取就地、就近重建、加固改造农房。切实改善农村困难群众住房条件和生产生活环境质量，为我市与全国全省同步全面建成小康社会奠定坚实基础。

二、目标任务

2017年至2018年基本完成全市4类重点对象C、D级农村危房改造，2019年年底全面完成，确保全市如期实现脱贫攻坚目标任务。2017年计划实施4类重点对象危房改造5.5万户，必须于2017年10月底前全部开工建设，其中加固改造和2017年脱贫出列村农村危房改造务必于2017年12月底前全部竣工；拆除重建务必于2018年4月30日前全部竣工；6月30日前完成竣工验收，并完成补助资金兑现和竣工数据录入。2018年计划实施剩余4类重点对象危房改造，2019年年底全面竣工。

三、政策要求

（一）补助对象。脱贫攻坚4类重点对象农村危房改造补助对象必须同时符合以下条件：一是建档立卡贫困户经扶贫部门认定、低保户和农村分散供养特困人员经民政部门认定、贫困残疾人家庭经残联商扶贫或民政部门联合认定；二是经各县区农村危房改造专家组认定为C级和D级的不安全住房；三是拟改造对象的信息已录入《云南省脱贫攻坚4类重点对象危房电子信息系统》；四是没有纳入易地扶贫搬迁计划的。对于往年已享受过农村危房改造补助但住房安全性未达到要求的，由各县区自筹资金解决。对2017年预下达任务中已提前开工实施的危房改造对象要组织逐户核实，其中不属于4类重点对象或虽是4类重点对象但拆除重建面积超标的，不得列入省、市级危房改造计划任务范畴；面积未超标的非4类重点对象，由各县区逐户核实统计上报市农危改办，列入2019年后逐步争取解决。

（二）补助标准。脱贫攻坚4类重点对象危房改造实行分级分类补助，以农户自筹资金建设为主，中央和地方政府补助帮扶为辅。修缮加固：补助标准原则上不突破中央和省级补助标准，2017年度户均补助原则上不得高于2.3万元，具体到户补助标准由各县区根据专家组编制的修缮加固“一户一方案”工程造价合理确定；拆除重建和兜底建设：在中央、省级户均补助约2.3万元的基础上，市、县区相应配套补助资金，其中市级财政配套补助资金户均0.3万元，各县区根据自身财力予以配套补助资金，各县区分级分类补助资金文件经县区政府批准后及时报市住建局备案。实施危房改造的农户，除各级补助资金外不足部分自行筹资解决。严禁将中央和省、市补助资金摊薄用于扩大农村危房改造计划任务。农村分散供养五保户、单人贫困户补助标准可适当调整，但不可突破当地建房定额标准，可采取以村为单位集中安置、集中供养；对无建房自筹能力的特困农户，由县区筹措资金帮助建设40—60平方米的基本安全住房，并积极探索开展农村廉租房建设试点。

（三）贷款支持。各地农村信用联合社等金融机构要按照“放得出、管得好、收得回”的原则，对4类重点对象农村危房改造提供基准利率及以下的优惠贷款支持，贷款期限最长可至8年，其中政府贴息5年，贴息期间，农户承担利息部分按照年息率2%计，其余利息由省、市、县区三级按1∶1∶1比例承担。

按照贴息贷款规模的3%设立风险补偿金，由省、市、县区三级财政按照1∶1∶1的比例筹措并拨付到各县区。各县区要负责督促贷款农户偿还贷款本息，当发生贷款损失时，由县区政府和属地贷款金融机构按7∶3比例分担。

（四）资金管理。各级补助资金实行专项管理、专账核算、专款专用，原则上根据实际情况分阶段按比例足额支付。拆除重建的由乡镇人民政府支付到农户“一卡通”账户；修缮加固的由县区住建部门在完善“农户认可、乡镇认可、住建认可”的前提下，支付到农村工匠的“一卡通”账户，支付时间不应晚于竣工验收后30日。严禁将各级补助资金用于解决基本住房安全保障无关的支出，不得在补助资金中提取工作经费。县、乡两级要设立农村危房改造举报投诉电话，定期组织人员对补助资金的使用管理和补助资金兑现情况进行检查，坚决查处冒领、克扣、拖欠补助资金和向享受补助农户索要“回扣”“手续费”等行为。

（五）改造方式。一是大力推广加固改造方式。C级危房原则上采用加固改造方式。D级危房通过加固改造可以达到当地抗震要求的，应当采用加固改造方式；经认定，通过加固改造达不到抗震要求的，应当拆除重建。2017年度下达的4类重点对象农村危房改造计划任务，修缮加固改造比例原则上须达到50%以上。二是兜底解决特困户住房安全。对于自筹资金和投工投料能力极弱的特困户，通过建设农村集体公有住房、利用闲置农房和集体公房置换、提高补助资金额度等方式，兜底解决住房安全问题。三是要编制符合当地生产生活习惯、体现民族和地方特色的农房设计通用图集，供农户参考使用。结合农户自建、统规联建，组织协调好工程队选择、建材采购、工程质量监督等工作，节约建造成本，强化居住功能。

（六）审批程序。要坚持公开、公平、公正的原则，按照农户自愿申请、村民会议或村民代表会议民主评议、乡镇审核、县区审批的流程。建立健全公示制度，补助对象基本信息和各审查环节的结果要在村务公开栏公示。县区住建部门要督促乡镇人民政府与获批准危房改造的农户签订合同或协议，明确具体建房要求、补助标准和开工、竣工时间，经户主签字，做好施工前期准备工作。

（七）改造标准。

1.建筑面积。4类重点对象D级危房拆除重建后的新房面积原则上1—3人/户控制在40—60平方米内，且1人/户不低于20平方米、2人/户不低于30平方米、3人/户不低于40平方米；3人以上/户人均建筑面积不超过18平方米，不得低于13平方米。对于自筹资金能力较弱和投工投料能力极弱、需要社保政策兜底脱贫的特困户，改造房屋面积按下限标准控制。应充分考虑到将来的发展需求，有的新建房屋可按两层或以上标准设计基础，先建一层，待农户增收致富后，再自筹资金加层扩建。对于修缮加固的可尽量尊重群众意愿编制加固方案，并尽量保护传统建筑。

2. 规划引领和风貌控制。各地要按照“先规划后建设，无规划不建设”的要求，充分发挥村庄规划的引领作用，建设美丽宜居村庄，切忌无序建设和有新房无新村。同时注重村庄风貌控制和特色民居设计，加强对村庄风貌建设的技术指导与管理，注重在建筑形式、细部构造、室内外装饰等方面延续传统民居风格，体现民风民俗和生产生活方式的传承，要做到先规划后实施；要按照“安全、实用、经济、美观”的要求，充分运用传统建筑工艺和材料，积极推广新型抗震夯土、钢结构等经济实用技术；在传统村落、历史文化名村及其他重点村落的农村危房改造工程建设中，要严格落实有关保护措施，处理好保护与建设改造的关系，使村落文化遗产得到有效保护。

3. 房屋结构。拆除重建房屋的选址应注意避让地震断裂带、地质灾害隐患点、行洪通道及采矿塌陷区等；房屋主体结构应达到当地抗震设防要求，并设置构造柱、圈梁等抗震构造；室内地面硬化、平整、围护结构完整。

4. 配套设施。严格按照“美丽乡村”的标准，规划统筹安排基础设施、公共服务设施和周边环境建设，做到与农房同步规划设计、配套建设使用，新民居要做到“人畜分离、厨卫入户”。改造后房屋应满足居住对象基本生活需要。

5. 公示牌设置。对完成整村推进危房改造的，要在人口出入较为密集的主要路口设置建设公示牌，介绍工作概况；经农村危房改造的房屋，要在醒目的位置设置统一标识牌。

（八）质量管理。农村危房改造修缮加固和拆除重建必须经培训合格的农村建筑工匠或有资质的施工队伍承建，承揽农村危房改造项目的农村建筑工匠或单位要对质量安全负责。各县区要加强对乡镇农村危房改造工作人员和农村建筑工匠的培训与管理；要组织技术力量，对危房改造施工现场开展质量安全巡查与指导监督；要组织协调主要建筑材料的生产、采购与运输，并免费提供建材质量检测服务。

（九）档案管理。各地要按照农村危房改造档案管理的要求，建立纸质档案，实行一户一档，批准一户、建档一户，规范有关信息管理。农户纸质档案必须包括档案表、农户自愿改造表、身份证明、审核审批、危房认定表、公示、协议、竣工验收表等材料，其中档案表待农户纸质档案信息全面、完整录入全国扩大农村危房改造信息系统后，可从信息系统中进行打印。

四、保障措施

（一）健全工作机构。各县区要建立脱贫攻坚 4 类重点对象农村危房改造工作领导小组，组织住建、扶贫、民政、残联 4 部门联合办公，加强对 4 类重点对象农村危房改造动态管理工作。乡镇要尽快成立 4 类重点对象农村危房改造工程建设指挥部，具体负责工程建设的牵头组织和具体落实。每个自然村都要明确挂钩干部并向社会张榜公布，建立领导包片，干部包户责任制。要安排工作人员和工作经费，抓好项目的组织实施。

（二）落实工作责任。市级相关部门按照职责分工，指导做好 4 类重点对象精准识别、危房精准认定、改造技术指导、质量安全巡查督查、资金筹措监管等工作。

县区党委、政府是组织开展脱贫攻坚 4 类重点对象农村危房改造工作的责任主体，要加强组织领导，整合各类资源，充分发挥驻村扶贫工作队作用，引导农户自主改造、互帮互建，统筹推进。要按照上级下达的工作任务编制实施方案和年度计划，组织专家组开展危房认定，因户因村因镇施策，分类分户确定农村危房改造方案。县区要与乡镇签订目标责任书。

乡镇是脱贫攻坚 4 类重点对象农村危房改造工作的实施主体。要采取分片包干、责任到人的办法，落实包保责任制。具体负责拟订乡镇改造计划、确定改造对象、逐户编制加固或重建方案、组织项目实施、落实资金投入、监管工程质量、整合利用各方资源。

村、组要组织建房村民成立联合建设委员会或联合建设小组，配合做好本村组农户建房的招标（或工程队选择）、建材采购、工程质量监督、村庄规划及特色民居外观风貌管控、建房资金监管等工作。房屋建设完成后联合建设委员会或联合建设小组职能转为联合管理委员会，负责村容村貌、环境卫生、村庄基础设施等后续维护工作，建立村民自治的基层长效管理机制。

（三）拓宽筹资渠道。脱贫攻坚 4 类重点对象农村危房改造工程资金以农户自筹为主，各级政府补助为辅，多渠道筹措建设资金。各县区要调整支出结构，安排农村危房改造所需资金。已经补助并实施完成的，要避免重复补助。按照“对象不变、渠道不乱，各记其功、形成合力”的要求，由各县区整合农办、发改、财政、住建、民宗、国土、农业、扶贫、旅游等部门涉农基础设施建设资金，集中安排用于村庄基础设施建设。开展农村危房改造的乡镇和村庄，要用好用活城乡建设用地增减挂钩试点政策，引导农民在规划区内集中连片居住，并将整治腾出的土地增值收益用于支持农村危房改造以及相关配套设施建设。

（四）开展帮扶助困。充分发挥基层组织作用，采取自建、援建和帮建相结合的方式，发动亲帮亲、邻帮邻，调动村级组织积极性，开展社会互助，动员机关单位、工商企业、社会各界捐款捐物帮助农村困难农户进行危房改造。

（五）加强舆论宣传。各地要利用广播、电视、报纸、网络、宣传栏和标语等多形式多渠道广泛宣传，并印发脱贫攻坚 4 类重点对象农村危房改造口袋书，使农村危房改造政策深入人心，引导社会各界积极参与、大力支持农村危房改造工作，营造良好的社会氛围。同时，要大力宣传报道各地的工作进展情况、先进典型和好经验好做法，激发广大干部群众的积极性、创造性，推动脱贫攻坚4类重点对象农村危房改造工作顺利进行。

（六）整村整乡推进。各县区要结合脱贫攻坚贫困退出要求，具备条件的地方，要整村整乡消除农村危房，建成一幢新房，原危房必须拆除，逐组逐村逐乡消除农村危房，各县区要分乡镇拟订危房消除方案和实施计划，分年度逐步消除农村危房，确保脱贫攻坚安全稳固住房有保障的目标任务圆满完成。

中共昭通市委办公室关于印发《昭通市深入开展贫困人口精准识别摸底调查工作方案》的通知

昭办通〔2017〕29号

各县区委，市委各部委办局，市级国家机关各委办局党组（党委），昭通学院党委，市直各人民团体和企事业单位党组织，中央、省属驻昭单位党组织：

《昭通市深入开展贫困人口精准识别摸底调查工作方案》已经市委领导同意，现印发你们，请结合实际抓好贯彻落实。

中共昭通市委办公室

2017年5月16日

昭通市深入开展贫困人口精准识别摸底调查工作方案

根据省扶贫开发领导小组《关于全省开展脱贫攻坚“找问题、补短板、促攻坚”专项行动方案的通知》（云贫开办发〔2017〕8号）和《关于认真开展建档立卡数据核准和补录工作的通知》（云贫开办发〔2017〕57号）精神，为切实摸清全市所有农户基本情况，夯实贫困人口精准识别基础，经市委、市政府研究，决定于5—7月在全市深入开展贫困人口精准识别摸底调查工作。为确保工作顺利推进，制定本方案。

一、摸底调查目标

（一）紧扣“两不愁、三保障”标准，对全市所有农户进行全面摸底调查，查清年人均纯收入2952元以下（以2010年2300元不变价计算）、安全住房无保障、因学致贫、因病致贫的对象，彻底摸清家底。

（二）按照建档立卡贫困户脱贫的6条标准（贫困户人均纯收入稳定超过国家扶贫标准、有安全稳固住房、适龄青少年就学得到保障、基本医疗有保障、社会养老有保障、享受扶贫政策资金项目帮扶），对建档立卡贫困户开展全面调查核实，确保错评率、漏评率、漏退率、错退率4个指标为零。

二、摸底调查对象

全市所有农户为对象。重点分为两大部分，一是原定建档立卡贫困户的再核实、再精准；二是其他农户的信息摸底调查，建立基本信息档案，利于动态管理。

三、摸底调查方式

（一）以县区为主体。统筹好本县区工作力量，深入开展摸底调查工作，县区党政主要领导负总责，要亲自安排部署，亲自入户调查。

（二）以村民小组为基本单元。以村民小组为工作单元，由工作队组织开展调查和“一评一审一公示”工作。

（三）以农户为基本对象。逐一入户走访调查，全面采集农户信息，摸清农户家庭成员信息、收入、住房、就学、医疗和社会保障等情况。

（四）以市县乡干部、驻村扶贫工作队、第三方为入户摸底调查主要力量。从市、县挂包单位抽调力量，购买第三方服务，与驻村工作队队员、乡镇干部一起开展摸底调查工作。

（五）村组干部积极参与、群众广泛参与、全程参与。发动村组干部积极参与摸底调查工作，配合做好入户调查、信息核实等工作；充分调动群众的积极性，确保每个环节、每项工作都让群众参与、群众公认。

四、时间安排及步骤

（一）开展培训（5 月 15—20 日）。市、县、乡要逐级对参加入户摸底调查人员开展全覆盖培训。

（二）入户调查（5 月 21 日—6 月 20 日）。摸底调查工作人员逐村逐组入户调查，全面准确采集信息。

（三）评审公示（6 月 21—25 日）。坚持“公开、公正、透明”的原则，对所有调查农户开展“一评一审一公示”（即：村民小组评议，工作队和村“三委”审核，村民小组公示），公示内容为调查摸底核实信息，确保调查结果群众公认。

（四）录入市级基本信息平台（6 月 26 日—7 月 5 日）。各县区对入户调查确认后的信息和行业部门提供的农户信息进行分类审核完善，开展市级平台录入工作，形成摸底调查成果。

五、摸底调查内容

摸底调查使用 2 套表册：对建档立卡户使用《昭通市 2017 年建档立卡户信息核查表》，对其他农户使用《昭通市 2017 年非建档立卡户摸底调查表》。

（一）家庭成员信息。入户调查前，由公安部门提供所有农户户籍档案信息，乡镇扶贫办提供建档立卡贫困户、脱贫户花名册，入户调查工作人员以户籍档案信息、建档立卡花名册为依据，按照实有常住人口进行信息采集，并准确填写入户调查表中家庭成员信息。现役军人以及常年在外且已有稳定的职业与居住场所的外出从业人员，不计入家庭常住人口。

特殊情况，要与公安、民政等部门联合对下列情况进行比照。一是户在人不在情况。对户籍存在但多年举家外出失联或仅逢年过节短暂回来的，调查期间外出务工无法入户普查、无法落实扶持措施的农户，采取向左邻右舍、村组干部了解情况等方式开展调查，家庭房屋必须照相留存，填写地址、户主姓名、调查员信息，同时备注说明相关情况。二是人在户不在情况。举家迁入无本地户籍、家庭成员无本地户籍、家庭成员属无户口人员等情况，按常住人口开展调查，并备注说明相关情况。三是存在分户情况的。要以 2014 年公安部门户籍档案信息资料为依据进行分析，对争取建档立卡贫困户指标恶意分户，但父母和子女仍实际生活在一起的，视为一户开展调查核实；对户籍未分户但兄弟之间进行了实际分户的，视为正常分户进行调查核实。

（二）农户收入情况。家庭年人均纯收入分两个渠道综合统计测算。

1. 入户调查摸底测算。入户调查工作人员根据县区提供的农户经济状况调查参数，准确填写调查表中涉及经济指标选项；按照《关于做好贫困户家庭收入核算工作的指导意见》（昭扶办字〔2017〕33 号）要求测算生产经营性收入、工资性收入、财产性收入。其中，一是根据所提供的耕地面积、粮食直补等政策性补贴，结合农户所述家庭主产，以及实地查看种养业，了解加工运输服务业、商业等情况，推算产量、产值，计算生产经营性收入；二是根据农户所述务工情况，通过务工地点、时间、工种推算工资性收入；三是根据乡镇、企业、大户、农户自述提供的土地流转和就业情况，直接计算财产性收入。

2. 综合测算。各县区要组织力量把入户调查测算出的生产经营性收入、工资性收入、财产性收入和行业部门提供的农户转移性收入进行综合测算，计算出每户的人均纯收入指标，以村民小组为单位汇总出年人均纯收入低于 2952 元标准的农户数量。

（三）农户住房情况。入户调查前，由住建部门提供农户住房基础信息，入户调查工作人员以住房基础信息为依据，按照住房城乡建设部《农村危险房屋鉴定技术导则（试行）》（建村函〔2009〕69号）文件，对照农户实际居住房屋情况进行评判，核实是否属于安全住房，准确填写入户调查表中农户住房信息并拍照存档。以村民小组为单位汇总无安全保障住房的农户数量。

（四）农户子女就学情况。入户调查工作人员准确填写调查表中涉及教育选项，把农户子女就学情况（包括义务教育、高中、职业教育、大学等阶段）搞准。县区组织力量与学生的学籍档案信息对比核实相符后，紧扣“两不愁、三保障”的指标评判是否属因学致贫、因贫辍学，以村民小组为单位汇总因学致贫、因贫辍学的农户数量。

（五）农户医疗保障情况。入户调查工作人员在填写入户调查表时，要按照《云南省扶贫开发领导小组办公室关于印发〈建档立卡贫困人口因病致贫筛查方案〉的通知》（云贫开办发〔2017〕50号）要求，对家庭成员逐一排查健康状况，对大病成员标注病种，标注享受医疗保险、大病保险情况，对疑似大病无法专业判断的提交筛查组进行筛查，对民政医疗救助对象进行登记。以村民小组为单位汇总因病致贫的农户数量。

（六）农户社会保障情况。围绕社会保障工作，入户调查工作人员要结合民政、卫计、残联等部门提供的表册，重点核实低保对象，全面核查参加城乡居民医疗保险情况，调查享受农村特供人员政策情况，摸清弱势群体社会保障现状。

六、组织保障

（一）加强组织领导。成立以市委书记、市长任双组长，市委副书记和市委常委、常务副市长为副组长，市扶贫开发领导小组成员单位主要负责人、各县区党政主要领导为成员的昭通市贫困人口精准识别摸底调查领导小组，领导小组下设办公室在市扶贫办，由市扶贫办主任兼任办公室主任，负责处理日常事务，做好指导协调、数据统计、分析汇总等工作。

（二）加强工作力量。一是中直机关、省、市、县、乡驻村工作队队员 6351 名（中直机关 7 名、省级 198 名、市级 527 名、县级 2122 名、乡级 3163 名、大学生村干部 334 名），主要开展挂钩村摸底调查工作；二是市级挂包单位再抽调与派出驻村工作队队员相同数量、熟悉农村工作的干部（5 月 16 日市直挂钩部门将抽调人员名单经主要领导签字后报市扶贫办），分配到县区统筹安排；三是购买第三方服务，按照每个乡镇不少于 5 人进行配比；四是各县区统筹工作力量全程参与。

（三）强化督查问责。由市四班子主要领导分片区检查督导；市级挂钩领导深入挂联县区开展随机督查。从纪委、组织、督查、发改、教育、财政、公安、民政、住建、农业、卫计、统计、扶贫、昭通调查队等部门抽调人员，组成 10 个督查组，采取明查暗访等方式开展督查巡查。对统筹不到位、识别不精准、不按时间节点完成工作的；对提供信息不主动、采集不真实、档案不完善、录入不准确的；对故意干扰、阻挠工作组开展入户调查的；对逃避责任、不积极配合工作的；对玩忽职守、敷衍了事、造成工作严重滞后和失误的；对故意泄露采集信息、煽动农户干扰正常调查工作的；对精准识别中优亲厚友、弄虚作假的，以“不作为”“乱作为”问责，年终考核“一票否决”，情节严重的交相关部门处理。

（四）加强市级信息平台建设。市委宣传部要迅速安排，按照此次摸底调查的内容、工作流程和标准，完善市级信息平台的相关模块，为此次摸底调查的数据录入、汇总、统计、分析提供强有力的技术支撑。

（五）加强档案管理。对此次调查工作要建立一户一档的工作档案，保留工作过程痕迹资料，确保农户实际信息、录入信息、纸质档案完全一致。

附 件：

1. 昭通市 2017 年建档立卡户信息核查表（略）；

2. 昭通市 2017 年非建档立卡户摸底调查表（略）；

3. 填表说明（略）。

中共昭通市委办公室

2017 年 5 月 16 日

中共昭通市委　昭通市人民政府关于印发《昭通市全面开展村村清、户户清行动切实扣好精准扶贫第二粒“扣子”工作方案》的通　知

昭委通〔2018〕3号

各县区委、政府，市委和市级国家机关各部委办局，昭通学院，市直各人民团体和企事业单位，中央、省属驻昭单位：

现将《昭通市全面开展村村清、户户清行动切实扣好精准扶贫第二粒“扣子”工作方案》印发你们，请结合实际，认真抓好贯彻落实。

中共昭通市委

昭通市人民政府

2018年7月2日

（此件发至乡镇）

昭通市全面开展村村清、户户清行动
切实扣好精准扶贫第二粒“扣子”工作方案

为坚决打好打赢脱贫攻坚硬仗，扣好精准扶贫第二粒“扣子”，全面推动各项精准帮扶措施落实，根据《国务院扶贫办印发〈关于完善县级脱贫攻坚项目库建设的指导意见〉的通知》（国开办发〔2018〕10 号）、《云南省扶贫开发领导小组办公室关于开展脱贫措施户户清行动加快推进县级脱贫攻坚项目库建设的通知》（云开组办〔2018〕18 号）等文件精神，结合实际，制定本方案。

一、目标任务

坚持精准扶贫精准脱贫基本方略，聚焦“两不愁、三保障”总体目标，围绕贫困村出列、贫困户脱贫标准，压实各级责任，下沉工作重心，梳理制定完善有扶贫任务的行政村村级施工图、乡级路线图、县级项目库，真正做到脱贫措施村村清、户户清，切实扣好精准扶贫第二粒“扣子”，以村村如期出列、户户精准脱贫推动全市精准脱贫。

二、工作要求

（一）村村清、户户清，项目到村、措施到户、责任到人。以县区为主体，以行政村为基本单元，以户为基本对象，重心下沉、聚焦一线，盯到村抵到户，县区党委、政府和乡镇党委、政府逐村研究，乡镇党委、政府和村委会逐户梳理，对照村出列户脱贫的短板拟定到村到户问题清单，以问题为导向建立项目清单，围绕工作落实制定责任清单，明确时限，责任到人、任务上肩，以逐户落实推动逐村落实，以村、户落实倒逼市、县、乡责任落实，县乡干部做到村村清、一口清，乡村干部做到户户清、一口清。

（二）准确把控标准要求，立足实际谋篇布局，找定位、明方向、定措施。聚焦“两不愁、三保障”，严把贫困退出标准，既不吊高胃口，也不降低标准，深化对村情户情的认识和把控，开展全覆盖、地毯式、无遗漏排查分析，找准贫困户致贫原因和村出列短板。充分挖掘贫困村贫困户资源优势，立足优势、彰显特色，因地制宜制定帮扶措施，补齐村出列户脱贫短板，走出一条有自己特色的脱贫道路。

（三）干部沉下去，群众动起来，把自下而上的精准和自上而下的统筹相结合，走实群众路线，综合施策、务求实效。坚持自下而上的精准，各级干部沉到一线、动员群众全程参与，以逐户精准确保逐村精准，以逐村逐乡精准确保逐县精准，下足“绣花”功夫，做细做实、逐级完善。坚持自上而下的统筹，县统乡、乡统村、村统户，对资源环境、发展目标一致的区域，把干部群众思想统一起来，把群众积极性充分调动起来，打破行政界线综合施策、共同推进，用大项目理念覆盖更多的村、更多的乡，走组织化、规模化、集约化的发展路子。

三、工作重点

聚焦问题梳理，紧扣 2017 年度各级扶贫开发成效考核、巡视反馈、第三方评估、督查检查发现的致贫原因不准确、帮扶措施不精准、资金使用不精准等问题，全面梳理、合理把控，形成 5 个清单。

（一）问题梳理精准到位，形成全面系统的问题清单

1. 精准分析贫困户致贫原因。聚焦建档立卡贫困户，紧扣贫困户 11 条致贫原因，充分运用 2017 年全市贫困人口精准识别摸底调查成果，以全国扶贫开发信息系统数据为基础，对农户信息进行全面比对、全面梳理，逐户分析、立体研判，精准判定贫困户致贫原因，明晰贫困户脱贫短板，形成致贫原因问题清单。

2. 精准锁定贫困村出列短板。坚持以行政村为基本单元，聚焦“两不愁、三保障”要求，紧扣村出列标准，对标对表，逐项梳理分析，明晰村出列已达标及未达标项目情况，锁定贫困村问题短板，结合贫困户致贫原因，形成村出列问题清单。

（二）脱贫措施精准到位，形成准确全面的措施清单和项目清单

1. 建立到户措施清单。紧扣贫困户致贫原因和脱贫标准，结合贫困户家庭生产生活条件、发展能力和意愿，精准制定帮扶措施，把贫困人口脱贫工作都落实到具体措施上，分解到年、精准到人，形成准确全面的到户帮扶措施清单。

2. 建立到村项目清单。紧扣村出列短板和 10 条标准，按照“缺什么、补什么”的原则，把基础设施和公共服务项目化、具体化，在制定精准到户帮扶措施的基础上，精准确定补齐村短板须实施的项目，算清分类分年投资账，确定分类分年任务目标，精准安排户脱贫和村出列时序，制定村级施工图，形成准确全面的村级施工图项目清单。

3. 乡镇、县区逐村研究审定村级施工图，统筹乡镇、县区脱贫摘帽短

板，制定乡镇路线图、县级项目库，形成准确全面的项目清单。

（三）干部配备精准到位，形成完整严格的责任清单

1. 工作重心下移。一是按照五级书记遍访贫困对象的要求，市委书记遍访脱贫攻坚任务重的乡镇、市级领导遍访所挂钩联系县的深度贫困村、县级领导遍访贫困村、乡村干部遍访贫困户。二是市县行业部门对本部门涉及的行业扶贫家底、问题、项目落实情况等负全责，抽调业务骨干，以年度计划脱贫出列村为重点，逐村开展业务指导。三是县区统筹县、乡干部资源，建立驻村包保工作机制，确保每个村都有干部包保。四是乡镇组织乡村干部、驻村扶贫工作队推动措施落实、项目落地。五是驻村工作队队员分组联系村民小组，分头抓好工作落实。六是各级挂包单位帮扶干部定期走访贫困户，推动因户精准帮扶措施落实，提升帮扶实效。

2.形成严密的责任清单。一是县区党委政府每周掌控项目库建设工作进度，把握时间节点专题研究，及时解决问题，指导乡镇厘清思路、找准定位，制定路线图。项目库建设完成后，每月至少研究 1 次脱贫攻坚工作。二是行业部门制定完善配套措施，细化行业扶贫任务，做好跨区域项目的统筹服务工作，对村级施工图、乡级路线图、县级项目库的科学性、合规性、可行性进行论证，对扶贫资金投向综合把控，对项目建设内容、扶贫模式、项目实施效益等进行评审。三是乡、村两级统筹工作力量，全面分析贫困户致贫原因，组织开展脱贫措施村村清、户户清工作，积极组织发动群众参与项目库建设，充分征求群众意见，尊重群众意愿，因户因人分类制定帮扶措施，分项目细化完善村级施工图，确保不漏一村不落一人。四是驻村扶贫工作队及工作队队员全程参加脱贫措施村村清、户户清工作，逐村逐户对脱贫措施落实情况进行跟踪，推动帮扶措施落实到户到人。五是各级挂包单位和挂包干部严格落实项目、资金、责任捆绑要求，加大保障支持力度，督促工作落实，协调解决困难和问题，推动帮扶措施落实到户到人，做到村村清、户户清、一口清。

（四）项目实施过程控制精准到位，形成实效清单和问题销号清单

1. 建立项目责任清单。严格落实项目建设管理业主负责制，把项目落实到相关责任单位、责任人，村“两委”干部和驻村扶贫工作队全程参与项目申报、项目实施、项目监管，确保每个项目都有专人负责。

2. 建立项目实施清单。坚持从实际出发，注重民生，杜绝形象工程、政绩工程，集中人力、物力、财力解决群众最急切、最期盼的问题，确保绝大多数老百姓受益。

3. 建立产业发展清单。坚持因地制宜、科学发展和可持续发展，大力培育新型农业经营主体，提高产业发展组织化程度，实现良种良法、高度组织化和集约化模式、党支部＋合作社“三个全覆盖”，与贫困户建立利益联结机制，以产业发展带动群众稳定脱贫。

4. 建立跟踪问效清单。定期对项目建设情况进行跟踪督查，强化项目实施过程控制和业务指导，实行分类管理，逐一落实推进计划，做到资金、管理、核算、检查验收“四个到项目”。

5. 建立问题销号清单。针对项目建设过程中，在责任落实、精准实施、产业机制、分类管理等方面存在的问题，梳理形成问题清单，实行销号管理，确保规划的项目落实落地，完成一个销号一个。

（五）资金管理精准到位，形成运行严密的保障清单

1. 建立资金筹措清单。以项目库为基础，强化资金整合，把涉农资金和其他资金捆绑使用，提高使用效率和效益；加大扶贫小额信贷资金支持力度，精准对接建档立卡贫困户的产业发展贷款需求，帮助贫困户寻找有效、成熟的投资项目，推动信贷资金精准投向贫困群众；多方争取对口帮扶、定点帮扶和社会扶贫资金，作为项目库资金使用的重要补充。

2. 建立资金使用清单。认真落实责任、权力、任务、资金“四到县”制度，围绕“两不愁、三保障”，紧扣户脱贫、村出列和县摘帽标准，严格按照“先入库、后进盘”的原则，根据脱贫退出时序安排项目资金，严格执行“未纳入项目库的项目一律不得安排资金”的政策，编制好年度扶贫资金使用方案，把资金精准安排到脱贫项目。

3. 建立资金监管清单。建立财政专项扶贫资金全程在线监管平台，严格落实公示公告制度，接受群众和社会监督，做到阳光扶贫、廉洁扶贫；统筹做好项目组织实施、进度管理、资金拨付等工作，督促项目实施单位及时完善报账手续，严防资金闲置沉淀，提高资金使用精准度和效率；按照常态化、长效化监管要求，落实监管责任和具体措施，加强督促检查、绩效评估和跟踪审计，防止财政资金“跑冒滴漏”；市、县区对财政专项扶贫资金的管理、落实和效益等情况实时开展监督检查。

四、时限要求

各县区务必于 7 月 31 日前全面完成县级项目库批复及报备工作。

扣好精准扶贫第二粒“扣子”是一个长期的过程，各县区、各部门要坚持不懈做好精准帮扶到户、项目实施过程把控、资金精准管理等各方面工作，确保如期脱贫出列。

五、严格督查落实

（一）提高思想认识。各级领导干部要全面学习、深刻领会习近平总书记精准扶贫精准脱贫战略思想，准确把握国家打赢脱贫攻坚战三年行动有关文件精神，统一思想、提高认识，鼓舞斗志、提振精神，集中力量解决扶贫领域“四个意识”不强、责任落实不到位、工作措施不精准、资金管理使用不规范、工作作风不扎实等突出问题，自觉把思想和行动统一到党中央、国务院和省委、省政府的部署上来，切实增强责任感、紧迫感、使命感，以更有力的行动、更扎实的工作，坚决打赢脱贫攻坚这场硬仗。

（二）改进工作作风。各级领导干部要认真落实“作风建设年”相关要求，深入开展“转作风、大调研、抓精准、促落实”专项行动，转变工作作风，改进调查研究，深入一线指导，用铁的纪律和硬的作风保障各项工作落到实处。工作统筹要紧扣“两不愁、三保障”，严格按照中央和省项目库建设要求，严禁“搭车”规划与脱贫出列无关的项目；要突出重点难点，科学调度指挥，确保工作责任落实到位、工作任务分解到位、工作步骤把控到位。工作安排要严密有序、周到细致，严禁推诿扯皮、敷衍塞责，不作为、慢作为、乱作为。工作指导要沉到一线、扎到村组，靠前指挥，实事求是，确保到村到户帮扶措施具有针对性、可操作性。工作落实要有“钉钉子”精神，下足“绣花”功夫，严禁遇到问题不解决，消极应付、简单应对，欺上瞒下、弄虚作假。

（三）严格督查跟踪。市级领导要带头深入基层，以问题为导向，聚焦问题推进整改。市县两级要加强对项目库建设的督促和跟踪指导，挂联领导和挂钩帮扶部门要经常深入挂联县区、乡镇、村开展随机督查和指导。市、县区纪委监委要加强扶贫领域作风建设执纪问责力度，对脱贫攻坚工作实施全方位、全流程、全覆盖监督。市、县区委督查室要从相关行业部门抽调人员组成督查组，直插到村到点进行专项督查。对督查跟踪过程中发现的干部履职、精准帮扶措施落实、项目建设进度、资金使用管理等方面存在的问题，各级各部门要明确具体责任人及整改措施，限期整改。市扶贫开发领导小组定期收集掌控全市脱贫攻坚情况，适时专题听取各县区情况汇报，常态化加强过程管控，确保脱贫攻坚责任落实、政策落实、工作落实。近期，市纪委监委牵头组织，抽调人员组成督查组开展明查暗访。

（四）严肃责任追究。把项目库建设成效与单位年终考核、干部奖惩挂钩，与驻村工作队队员考核、问责、召回挂钩。联县挂村的市级领导，对所挂联县区和挂包村的脱贫攻坚全权负责，与所挂联县区和挂钩村一并检查考核，其所挂联县区和挂包村作出成绩的，挂联的市级领导一并表扬，工作出现问题的，挂联的市级领导一并问责。县区对项目库建设工作不重视、责任不落实、管理不到位，项目实施率低、效果不明显的，取消年度评先评优资格；因工作统筹不到位、敷衍了事导致脱贫措施落实不到位的，严肃追究县区主要领导责任。市级挂包单位因挂钩帮扶工作不到位致使工作出现失误的，对部门主要领导进行约谈。驻村扶贫工作队（队员）履职不到位、工作不在状态的，要及时予以调整（召回）；工作出现重大失误的，要依纪依规严肃问责。乡、村干部能力不足、难以胜任工作的，要及时调整。项目实施中存在贪污挪用、截留私分、优亲厚友等行为的，依据有关规定严肃处理。

中共昭通市委办公室　昭通市人民政府办公室关于印发《昭通市深度贫困地区脱贫攻坚实施方案》的通知

昭办字〔2018〕20号

各县区委、政府，市委和市级国家机关各部委办局，昭通学院，市直各人民团体和企事业单位，中央、省属驻昭单位：

《昭通市深度贫困地区脱贫攻坚实施方案》已经市委、市政府领导同意，现印发你们，请认真贯彻落实。

中共昭通市委办公室

昭通市人民政府办公室

2018年6月6日

昭通市深度贫困地区脱贫攻坚实施方案

为深入贯彻落实党的十九大精神和习近平总书记在深度贫困地区脱贫攻坚座谈会上的重要讲话精神，扎实推进深度贫困地区脱贫攻坚，根据《中共中央办公厅、国务院办公厅印发〈关于支持深度贫困地区脱贫攻坚的实施意见〉的通知》（厅字〔2017〕41号）以及《中共云南省委办公厅、云南省人民政府办公厅印发〈关于深入推进深度贫困地区脱贫攻坚的实施意见〉的通知》（云厅字〔2018〕4号）精神，结合昭通实际，制定本实施方案。

一、总体要求

（一）指导思想。坚持以习近平新时代中国特色社会主义思想为指导，深入学习贯彻党的十九大精神，认真落实习近平总书记在深度贫困地区脱贫攻坚座谈会上的重要讲话精神，坚持精准扶贫精准脱贫基本方略，坚持党政“一把手”负总责的责任制，坚持专项扶贫、行业扶贫、社会扶贫“三位一体”大扶贫格局，聚焦深度贫困地区贫困人口“两不愁、三保障”目标，坚持“133”脱贫攻坚工作思路，按照“双统领”“双保障”“双推进”

要求，以解决突出制约问题为重点，以重大扶贫工程和到村到户帮扶措施为抓手，以补齐短板为突破口，集中全市之力，采取超常规措施，加快攻坚步伐，确保深度贫困地区和贫困群众如期脱贫，全面建成小康社会。

（二）攻坚范围。按照国家和省确定的深度贫困县和深度贫困村，全市深度贫困地区为昭阳区、鲁甸县、巧家县、镇雄县、彝良县、大关县、永善县 7 个深度贫困县区和 691 个深度贫困村（其中，昭阳区 50 个、鲁甸县 40 个、巧家县 128 个、镇雄县 154 个、彝良县 82 个、威信县 55 个、盐津县 36 个、大关县 48 个、永善县 74 个、绥江县 24 个）。

（三）攻坚目标。到 2020 年，全市深度贫困地区 90.53 万建档立卡贫困人口稳定实现“两不愁、三保障”，“三率一度”（漏评率、错评率、错退率，群众满意度）达到国家考核要求，农村居民人均可支配收入增幅高于全省平均水平，基本公共服务主要领域指标接近全省平均水平，深度贫困村全部出列，深度贫困县全部摘帽，全面解决深度贫困地区整体贫困问题。

二、攻坚重点

认真落实习近平总书记关于“新增脱贫攻坚资金主要用于深度贫困地区，新增脱贫攻坚项目主要布局于深度贫困地区，新增脱贫攻坚举措主要集中于深度贫困地区”的要求，对深度贫困县和深度贫困村加大政策、项目和资金投入力度，着力打好 8 个攻坚战。

（一）着力打好易地扶贫搬迁攻坚战。聚焦深度贫困地区“一方水土养不起一方人”6 类区域，对集中居住 30 户左右且贫困发生率 50% 以上、交通等基础设施和公共服务尚未达到且通过一定的扶持也难以达到脱贫出列条件的自然村实施整村搬迁，兼顾零星搬迁。牢牢把握“搬迁是手段，脱贫是目的”的要求，坚持城镇化集中安置和以县为主体集中规划建设管理，做实精准对象、调查意愿、谋篇布局、精心实施、配套支撑等重点环节，探索进城集中安置和融合安置、中心集镇安置、保障房安置等模式，实施集中安置整体配套，系统解决耕地林地流转、生态扶贫、产业扶持、创业就业、就学就医、社会保障、户籍管理等后续发展问题，努力实现搬得出、稳得住、能持续发展、群众较满意的目标。到2020年，全面完成深度贫困地区39.43万人易地搬迁任务，其中28.71万建档立卡贫困人口实现易地搬迁脱贫。（牵头部门：市发改委；配合部门：市扶贫办、市财政局、市国土资源局、市住建局、市城乡规划局、市人社局、市教育局、市公安局、市卫计委、市民政局、市农业局、市水利局、市环保局、市林业局、昭通供电局；责任主体：县区党委、政府）

（二）着力打好基础设施建设攻坚战。按照“不搬迁的村寨要通公路、不能通公路的村寨要搬迁”的要求，全市通自然村公路已启动5000公里，2018年新实施6000公里，力争2020年前具备条件的50户以上自然村共1.36万公里通硬化路，切实建好、管好、护好、运营好农村公路。统筹抓好住房保障工作，整合各类政策资金，优先解决好4类重点对象安全住房问题，到2019年全面完成深度贫困地区7.14万户贫困户农村危房改造。大力实施农村饮水安全巩固提升工程，同步实施小流域治理、小型农田水利、水库除险加固、抗旱水源等项目，到2020年全面解决深度贫困村饮水安全问题，供水保证率达100%。到2020年全面实现贫困村卫生室标准化建设。解决低电压、网架不合理、未通动力电等问题，深度贫困村实现4G网络全覆盖、光纤通达率100%、80%以上贫困村有信息服务站。（牵头部门：市交通运输局、市住建局、市水利局、市卫计委、昭通供电局、市工信委；配合部门：市财政局、市扶贫办、市发改委、市民政局、市残联、电信昭通分公司、移动昭通分公司、联通昭通分公司、中国铁塔股份有限公司昭通市分公司；责任主体：县区党委、政府）

（三）着力打好产业培育攻坚战。围绕“户户有增收项目、人人有脱贫门路”的目标，充分借鉴云南烟草产业发展经验和“第一车间”模式，以巩固壮大传统产业为重点，树龙头、建机制、强管理，大力发展苹果、马铃薯、天麻、花椒、生猪、肉牛等高原特色产业，强化脱贫攻坚产业支撑。建立“大产业＋新主体＋新平台”等产业机制，探索“党支部＋合作社”等模式，支持龙头企业、农民专业合作社、专业大户、农业社会化服务组织等新型农业经营主体发展，实现扩大规模与提升品质同步推进，实现良种良法、高度组织化和集约化模式、党支部＋合作社“三个全覆盖”，推动“资源变资产、资金变股金、农民变股东”，以产业发展带动群众稳定脱贫。建立企业、合作社、致富带头人带动贫困户稳定增收的挂钩奖补激励机制，吸引企业、合作社、致富带头人到深度贫困县、深度贫困村从事资源开发、特色产业发展、产业园区建设、特色小镇建设、电商、乡村旅游等，带动项目建设地贫困村、贫困户发展受益。县级政府整合涉农资金、财政专项扶贫资金，按照带动建档立卡贫困户户数对企业、合作社给予不低于50%的贷款贴息，为龙头企业集中流转土地在水利、电力、道路等配套设施建设方面制定配套补助政策。积极引导有条件的贫困村组建土地股份合作社，鼓励贫困户土地入股，发展适度规模经营，对集中土地超过500亩，入股贫困户超过100户的合作社，给予以奖代补50万元，补助资金形成的资产折股量化给村集体，壮大村集体经济。精准培育贫困村致富带头人，对带动10万—20户贫困户发展产业的每名致富带头人，按照同期同档次基准利率给予10万—20万元贷款额度全额贴息。通过多种产业发展措施，拓宽贫困户增收渠道，确保到2020年，每户贫困户至少有1—2个中长期结合的产业增收项目。立足资源条件和产业基础，积极培育壮大村集体经济组织，到2020年，每个深度贫困村集体经济收入稳定达到2万—5万元，每个深度贫困村至少有1个以上支撑贫困户收入的主导产业。（牵头部门：市农业局；配合部门：市委组织部、市林业局、市供销社、市财政局、市旅发委、人行昭通中支；责任主体：县区党委、政府）

（四）着力打好劳动力转移就业攻坚战。全面摸清深度贫困地区建档立卡贫困人口劳动力数量、年龄结构、就业状况，建立就业现状与需求台账，有针对性地组织开展“订单式”“定向式”输出培训，提高转移就业组织化程度，实现稳定就业。加强与珠三角、长三角、新疆等劳务输入地区合作，健全完善现代职业教育发展机制，强化培训管理，做好跟踪服务，切实解决大批适龄青年和初中、高中“两后生”就业问题。深度贫困县要主动对接东西部扶贫协作对口帮扶镇区，制订建档立卡贫困劳动力培训就业计划。深度贫困地区建档立卡贫困劳动力有创业意愿的，按政策给予税收优惠、贷款贴息等扶持。对深度贫困地区符合条件的贫困家庭劳动力实施就业援助，按照规定享受公益性岗位补贴、社会保险补贴、就业培训补助、外出务工交通费补助等政策。通过产业发展、城镇化建设、园区建设、鼓励创业等开发就业岗位，积极争取公益性岗位指标，促进贫困家庭劳动力就近就地就业。到2020年，确保有条件的贫困户家庭劳动力至少掌握1—2门实用技能，每户至少有1人稳定就业。（牵头部门：市人社局；配合部门：市教育局、市扶贫办、广东省第五扶贫协作工作组；责任主体：县区党委、政府）

（五）着力打好生态扶贫攻坚战。加大退耕还林还草、草原生态保护、天然林保护、重点公益林补偿、防护林建设、坡耕地综合整治、水生态治理等重大生态项目实施力度，提高贫困人口参与度和受益水平。着力推进荒山造林、森林管护、经济林提质增效、特色林产业等项目，通过组建造林合作社等途径，带动贫困人口获取资产收益、分红收益和生态保护补助奖励。加大重点生态功能区内生态护林员选聘力度，生态护林员管护范围扩大到湿地、草地及国家森林公园和国有林场，面向深度贫困县、深度贫困村招录贫困人口为生态护林员，吸纳贫困人口参与造林、抚育管护，增加其工资性收入。（牵头部门：市林业局；配合部门：市发改委、市扶贫办、市财政局、市农业局；责任主体：县区党委、政府）

（六）着力打好健康扶贫攻坚战。坚持健康扶贫精准到人，将深度贫困地区建档立卡贫困人口全部纳入医疗救助保障范围，把建档立卡贫困残疾人全部纳入农村低保范围、贫困家庭重度残疾人全部纳入医疗救助范围，对患病的贫困人口全面落实基本医保、大病保险、医疗救助、医疗费用兜底“四重保障”措施，确保2019年实现建档立卡贫困人口参保率、家庭医生签约服务率达到100%。对建档立卡贫困人口实行医保倾斜政策，提高普通门诊、慢性病门诊、住院政策范围内报销比例，所有建档立卡贫困人口大病集中救治全覆盖，因病致贫、因病返贫问题得到有效解决。加快推进深度贫困村卫生室建设，实施深度贫困村“特岗村医”计划，加大村医补员及培训力度，确保到2019年年底，所有深度贫困村的村卫生室标准化建设达标率100%，每个村卫生室按标准配足乡村医生。实施农村环境卫生整洁行动，开展爱国卫生运动。实施全民健身普及行动，为每个深度贫困村配备健身器材，将全民健身和全民健康深度融合，推动全民健康生活化。（牵头部门：市卫计委；配合部门：市人社局、市财政局、市民政局、市残联、市文体局；责任主体：县区党委、政府）

（七）着力打好教育扶贫攻坚战。教育存量资金、增量资金优先保障深度贫困地区，教育增量资金主要用于满足深度贫困地区教育发展和建档立卡贫困家庭子女受教育的需要。完善“控辍保学”机制，确保适龄儿童少年全程接受义务教育。同等条件下，优先为就读职业院校的建档立卡贫困家庭学生开辟招生绿色通道，优先招生，优先选择专业，优先安排在校企合作程度较深的定点定向培训班或企业冠名班，优先落实奖学金等助学政策，优先安排实习，优先推荐就业。在实施乡村教师差别化生活补助政策的基础上，提高深度贫困村教师待遇。（牵头部门：市教育局；配合部门：市财政局、市人社局；责任主体：县区党委、政府）

（八）着力打好贫困村脱贫振兴攻坚战。按照“产业兴旺、生态宜居、乡风文明、治理有效、生活富裕”总要求，统筹谋划、整体部署、协调推进，不断补齐农业农村短板，努力实现农业全面升级、农村全面进步、农民全面发展。深化农业供给侧结构性改革，认真落实第二轮土地承包到期后再延长30年等政策措施，大力发展特色优势产业，促进农村一二三产融合发展，拓宽农民增收渠道。以强化规划引领和发展“一乡一业、一村一特”产业为支撑，统筹城乡一体化发展，促进城乡要素配置、产业发展、公共服务、生态保护等方面相互融合，打造一批特色村庄。持续加强农村精神文明建设，大力倡导文明健康的生产生活方式。开展“七改三清”（改路、改房、改水、改电、改圈、改厕、改灶，清洁水源、清洁田园、清洁家园）行动，改善乡村人居环境。进一步夯实农村基层基础，健全完善自治、法治、德治相结合的乡村治理体系，不断强化农村综合配套和公共服务保障，让广大人民群众过上更加安全、更加美好的生活。（牵头部门：市委农办；配合部门：市委组织部、市委宣传部、市农业局、市林业局、市水利局、市发改委、市交通运输局、市国土资源局、市扶贫办、市财政局、市金融办、市旅发委、人行昭通中支；责任主体：县区党委、政府）

三、政策举措

（一）加大资金投入力度。建立多元投入机制，发挥财政资金的撬动作用，构建多元化的脱贫攻坚供给模式。加大与国家、省的汇报协调，最大限度争取政策、项目、资金等方面支持。各级财政扶贫资金优先向深度贫困地区倾斜，涉农资金集中整合优先用于深度贫困地区脱贫攻坚，积极争取省级财政加大深度贫困县一般性转移支付力度。市级积极筹措资金支持深度贫困地区脱贫攻坚工作。东西部扶贫协作和企业帮扶资金优先用于深度贫困地区，引导和鼓励社会帮扶资金参与深度贫困地区脱贫攻坚。加大部门资金整合力度，按照“谁积极支持谁、谁实施得好支持谁”的原则，进一步完善“以奖代补”政策。（牵头部门：市财政局；配合部门：市扶贫办、市发改委、市教育局、市卫计委、市住建局、市交通运输局、市水利局、市农业局；责任主体：县区党委、政府）

（二）加大金融扶贫支持力度。市级金融机构要开发适合深度贫困地区脱贫攻坚需求的金融产品，加大扶贫小额信贷工作力度，支持建档立卡贫困户发展生产、增加收入。积极争取国家、省加大扶贫再贷款投放力度，针对深度贫困地区制定差异化信贷支持政策，在贷款准入、利率、期限等方面，对带动建档立卡贫困户发展的企业给予支持，对扶贫产业项目、基础设施建设、贫困村提升工程、培育壮大集体经济等重点领域给予支持。优先支持在深度贫困县设立村镇银行、小额贷款公司以及融资担保机构，重点为深度贫困地区农民专业合作社和扶贫龙头企业发展扶贫产业提供贷款支持和融资担保支持。协调保险机构对深度贫困地区扩大农产品保险范围，发展多种形式的农业保险，适当降低贫困户农业保险费率。（牵头部门：市金融办；配合部门：人行昭通中支、昭通银监分局、财保昭通分公司、农发行昭通分行、农行昭通分行、省农村信用社联合社昭通办事处；责任主体：县区党委、政府）

（三）加大兜底保障力度。推动深度贫困地区农村低保标准尽快达到国家扶贫标准，加快实现农村低保制度与扶贫开发政策有效衔接。完善农村低保制度，对无法依靠产业扶持和就业帮助脱贫的家庭实行政策性保障兜底。对农村低保家庭中的老年人、未成年人、重度残疾人和重病患者等重点救助对象，采取多种措施提高救助水平，保障基本生活。建立防范因灾致贫返贫长效机制，保障因灾致贫返贫群众基本生活。在深度贫困村实施居家养老和集中供养为主的养老行动。严格落实困难残疾人生活补贴和重度残疾人护理补贴制度。（牵头部门：市民政局；配合部门：市扶贫办、市残联；责任主体：县区党委、政府）

（四）加大土地政策支持力度。新增建设用地指标优先保障深度贫困县发展用地需要。深度贫困县开展城乡建设用地增减挂钩，可不受指标规模限制。积极争取深度贫困县增减挂钩节余指标在东西部扶贫协作对口帮扶地区开展交易，收益主要用于深度贫困县、深度贫困村脱贫攻坚。支持深度贫困村集体经济组织依法使用农村集体建设用地或以土地使用权入股、联营等方式与其他单位或个人共同兴办企业，发展农村新产业新业态。旅游项目中的自然景观及为景观提供便利的观光台、栈道、游步道等非永久性附属设施用地，在不破坏生态、景观环境和不影响地质安全的前提下，可不征收（收回）、不转用，按现用途管理。光伏发电使用永久基本农田以外的农用地或未利用地的，在不影响种植、养殖等生产条件的前提下，可按原地类认定，按现用途管理。深度贫困县、深度贫困村建设用地，涉及农用地转用和土地征收的，在做好依法补偿安置前提下，可边建设边报批；涉及占用耕地的，允许边占边补；省级以下基础设施、易地扶贫搬迁、民生发展等建设项目，确实难以避让永久基本农田的，可以纳入重大建设项目范围，报省级国土资源部门办理用地预审，并按照有关规定办理农用地转用和土地征收。土地整治新增耕地指标，可按照有关规定优先纳入耕地占补平衡省级统筹。（牵头部门：市国土资源局；配合部门：市发改委、市住建局、市农业局、市扶贫办、市旅发委；责任主体：县区党委、政府）

（五）加大干部人才支持力度。降低深度贫困县公务员进入门槛，县乡机关招录公务员，可根据实际需要设置一定数量职位面向当地县乡事业编制人员和退役士兵招考，必要时不设开考比例。进一步开展定向招录知名高校选调生工作。落实好国家在待遇、职称、培养、选拔等方面出台的特殊倾斜政策，落实和完善深度贫困地区工资倾斜政策，鼓励和引导各方面人才向深度贫困县、深度贫困村流动。大力选派优秀年轻干部到深度贫困村挂职锻炼，特别优秀的驻村工作队队员在同等条件下优先提拔使用。加大“三支一扶”工作力度，瞄准产业发展需求，加大人才支持计划和科技人员专项计划在深度贫困县、深度贫困村的实施力度。（牵头部门：市委组织部、市人社局；配合部门：市卫计委、市科技局、市教育局；责任主体：县区党委、政府）

（六）加大“挂包帮”工作力度。实行深度贫困地区帮扶工作“八个一”，即：每个深度贫困县有一位市级领导包挂、有一家省属企业帮扶、有一个东西部扶贫协作镇区结对，每个深度贫困村有一位县级领导包抓、有一个部门帮扶、有第一书记和驻村扶贫工作队常驻、有一个民营企业或合作社帮带，每户建档立卡贫困户有一名干部帮扶。各级各部门要按照“八个一”要求，调整充实帮扶人员和帮扶力量，并对深度贫困村第一书记和驻村工作队进行一次全面排查梳理，对不合格的第一书记和驻村队员召回更换，优先选派政治素质好、工作作风实、综合能力强、具备履职身体条件的人员驻村，确保691个深度贫困村第一书记是县以上机关事业单位选派的处级、科级干部或后备干部。对成绩突出、群众公认的第一书记和驻村扶贫工作队队员进行表扬宣传。全面协调挂钩帮扶单位加大人员、政策、项目、资金支持。（牵头部门：市扶贫办；配合部门：市委组织部、市工商联；责任主体：县区党委、政府）

（七）加大社会帮扶力度。积极争取东西部扶贫协作、中央单位定点扶贫、军队和武警部队扶贫向深度贫困县、深度贫困村倾斜，在政策支持、项目安排、资金投入、干部交流等方面加大帮扶力度。会同广东省第五扶贫协作工作组，积极协调结对帮扶的镇区开展“携手奔小康行动”，组织民营企业与深度贫困村开展“百企帮百村”精准扶贫行动。动员社会组织、民营企业、个人等广泛参与深度贫困县、深度贫困村脱贫攻坚。（牵头部门：市扶贫办；配合部门：市工商联、广东省第五扶贫协作工作组；责任主体：县区党委、政府）

四、保障措施

（一）加强组织领导。市委、市政府主要抓好政策措施统筹、项目资金落实、督促检查指导、成效考核奖惩等工作，根据相关要求和标准，制定减贫规划和年度计划，与各县区、市直各部门签订深度贫困地区脱贫攻坚责任书，全面推进工作落实。县区党委、政府承担深度贫困地区脱贫攻坚主体责任，党政主要领导是脱贫攻坚的第一责任人和指挥长，主要抓好政策措施落实、项目落地实施、资金使用管理、人力资源调配、责任压实和跟踪问效、县级项目库建设等工作，并制定深度贫困地区脱贫攻坚工作细则、项目规划、减贫规划、年度计划，着力抓好工作落实，每季度向市委、市政府报告工作推进情况，年终报告脱贫进展情况。

（二）突出党建引领。保持贫困县党政正职稳定，进一步建强深度贫困地区领导班子和干部队伍，推动优秀干部人才资源向深度贫困脱贫攻坚一线倾斜，把深度贫困地区作为培养干部、考察识别干部的重要平台。进一步充实乡镇扶贫机构人员，建强深度贫困地区农村基层党组织，配齐配强贫困村党组织书记，充分发挥村党组织在脱贫攻坚中的战斗堡垒作用。支持党员带头致富，带领贫困群众脱贫致富。派强用好第一书记，各级党委组织部门分级负责、备案管理，县区党委组织部和乡镇党委要明确专人负责，加强管理考核和保障支持。每个深度贫困村至少储备1—2名后备干部，做好年轻党员发展工作。把脱贫攻坚必要工作经费纳入财政预算，保障村级组织正常运转，建立村干部绩效报酬与脱贫攻坚成效挂钩机制。把抓党建促脱贫攻坚作为党委书记述职的重要内容；对帮扶单位帮扶成效不明显，所选派的第一书记、驻村干部县乡村评议不好、群众反映差的，单位年度目标考核不能评为优秀。

（三）强化动态管理。聚焦“两不愁、三保障”，严格对标对表，突出到户到人，做好深度贫困地区建档立卡贫困人口精准识别和精准退出，将符合扶贫标准的贫困人口和返贫人口精准纳入，将稳定脱贫和识别不准的及时退出，扣好第一粒“纽扣”。加强部门间数据比对、信息共享和数据分析，为宏观决策和工作指导提供支持。

（四）严格执纪问责。加大扶贫领域监督执纪问责力度，建立与扶贫工作部门联动协调机制，及时发现扶贫领域问题线索，严肃查处贪污挪用、截留私分、优亲厚友、虚报冒领等违纪违法行为，严肃问责数字脱贫、虚假脱贫、项目实施不精准、资金管理不规范、发现问题不整改等行为，严肃追究不作为、慢作为、乱作为等行为责任，以铁的纪律服务保障脱贫攻坚。

（五）激发内生动力。聚焦贫困群众能力养成和自我发展潜力培养，把扶贫同扶志、扶智结合起来，激发内生动力，合力脱贫攻坚，确保脱贫成果可持续。深入开展“自强、诚信、感恩”主题实践活动，弘扬劳动光荣、勤俭持家、邻里和睦、孝亲敬老等传统美德，教育引导贫困群众用自己的双手光荣脱贫、勤劳致富。建立正向激励机制，将帮扶政策措施与贫困群众参与挂钩，改变简单给钱、给物的做法，培养贫困群众发展生产和务工经商的基本技能。创新村民自治、自我教育、自我管理机制，将脱贫攻坚纳入村规民约管理，引导群众扭转“等、靠、要”等陈规陋习和好逸恶劳等不良现象，树立贫困群众自我发展的主体意识。大力宣传推广脱贫攻坚先进典型，组织开展“五好文明家庭”“脱贫致富带头人”等评选活动，鼓励贫困群众合力脱贫攻坚。

（六）严格督导考核。从市级相关部门抽调人员组建10个工作督导组，每个督导组分别由一名市级领导任组长，一名处级领导任副组长，分别对除水富县外的10个县区深度贫困地区脱贫攻坚工作开展督促检查和指导。各督导组要通过定期督导检查、不定期巡查暗访等方式，采取驻乡督战、进村督查、入户问效，倒逼责任落实、政策落实和工作落实。总结宣传和扩大表扬脱贫攻坚先进典型，抓好督查发现问题的整改落实。积极支持各民主党派、人大代表、政协委员对深度贫困地区开展广泛监督，支持新闻媒体和社会各界加大对脱贫攻坚的舆论监督。发挥考核指挥棒作用，从严考核深度贫困地区脱贫攻坚工作成效，严格兑现考核结果。

昭通市人民政府办公室关于认真贯彻落实省政府文件精神进一步做好农村最低生活保障兜底脱贫工作的通知

昭政办发〔2018〕43号

各县、区人民政府，市直相关单位：

《云南省人民政府办公厅关于进一步做好农村最低生活保障兜底脱贫工作的通知》（云政办发〔2018〕11号，以下简称《通知》）进一步明确了农村低保在脱贫攻坚中的兜底保障作用，对做好农村低保兜底保障及农村低保制度与扶贫开发政策有效衔接工作作出了具体安排。为贯彻落实好《通知》各项要求，认真做好全市农村最低生活保障兜底脱贫工作，结合昭通实际，现将有关事项通知如下。

一、进一步提高思想认识

农村低保兜底保障脱贫是打赢脱贫攻坚战的最后手段，是建档立卡贫困对象中无力脱贫或无法依靠产业扶持和就业帮助脱贫的家庭实现脱贫的最后一道保障措施。各县区一定要深刻领会《通知》精神，充分认识农村低保兜底在脱贫攻坚中的重要作用，紧紧围绕全市脱贫攻坚核心工作，积极履职尽责，采取有力措施，确保将符合低保条件的农村贫困人口全面纳入政策性保障兜底范围，助力脱贫攻坚。

二、严格管理加强制度衔接

各县区要进一步做好农村低保的规范管理，按照《通知》要求，坚持做到“七个严格”，一是严格把握农村低保对象认定标准，二是严格履行入户调查程序，三是严格实行民主评议，四是严格实行逢进必核原则，五是严格实行备案审查，六是严格民主评议和结果公开，七是严格实行动态化精细化管理。同时，要进一步加强农村最低生活保障制度与扶贫开发政策有效衔接，按照不低于当年全省农村低保的平均标准，确保当地农村低保保障标准动态、稳步高于国家扶贫标准，并严格按照农村低保和建档立卡贫困人口各自识别认定的标准和程序，分别把符合条件的对象纳入救助或帮扶范围，不得主观提高或降低两类对象重合率，不得搞平衡“二选一”，保障贫困人口和农村低保对象调整双向畅通。

三、摸清兜底保障对象规模

各县区要按照政府主导、部门配合的原则，及时安排部署，明确牵头部门和相关部门职能职责，在建档立卡贫困人口动态调整完成后，组织乡镇（街道办事处）尽快摸清本辖区兜底保障贫困人口规模，按照“无业可扶、无力脱贫”的根本标准，确保按“5+N”脱贫一批分解出兜底保障一批的任务目标，乡镇（街道办事处）根据前期确定的一户一策帮扶措施落实力度进行综合评判，对通过发展生产、就业扶持、易地扶贫搬迁、生态补偿等扶贫帮扶措施仍无法脱贫或家庭中主要劳动力完全或部分丧失劳动能力的贫困家庭，经乡镇人民政府初评后，报县人民政府同意后确定为兜底保障对象。

民政部门作为落实兜底保障任务的职能部门，要进一步研究强化兜底保障措施，在保持农村低保总体稳定的情况下，根据实际情况，既要精准做好低保工作又要顺利完成兜底任务，确保将符合低保条件的兜底对象全部纳入低保保障范围，做到“不漏一户、不落一人”，确保兜底对象通过政策性兜底实现脱贫。民政和扶贫部门要加强农村低保对象和建档立卡贫困人口的信息比对，通过信息共享，民政部门及时掌握脱贫和返贫对象情况，采取“脱贫不脱保”“救助渐退”等措施，做好建档立卡贫困对象享受低保的动态管理，确保其稳定脱贫。

四、强化组织保障

（一）加强组织领导。各县区要以高度的责任感和历史使命感，将农村低保兜底脱贫各项工作列入重要议事日程和目标管理内容，做好统筹安排，制订工作计划，完善保障措施，筑牢农村低保兜底保障线，助力打赢脱贫攻坚战。

（二）加大资金统筹力度。各县区要按照中央和省、市有关要求，加大资金投入力度，结合实际科学合理编制预算，足额落实县级配套资金，确保在脱贫攻坚期内困难群众基本生活救助资金本级投入只增不减。切实发挥好扶贫资金引导激励作用，统筹使用好各项社会救助资金，优化财政支出结构，盘活存量、用好增量，有效提升资金使用效益。

（三）加强宣传引导。各县区、市直有关部门要充分利用各类资源，发挥驻村扶贫工作队的宣传组织动员作用，多渠道、多形式加大对农村低保制度和扶贫开发政策的宣传，主动帮助有困难的群众申请各类救助和帮扶，既要体现党和政府对困难群众的关心关爱，更要大力宣传脱贫先进典型，用身边人身边事进行教育和引导，坚持弘扬正能量，着力增强贫困群众脱贫信心，鼓励、引导贫困群众自立自强，激发贫困群众脱贫致富的内生动力，实现在政府扶持下依靠自我奋斗实现脱贫致富。

（四）加强监督检查。各县区政府要进一步强化农村低保兜底脱贫对象识别认定和动态管理工作的监督检查，压实工作责任，消除问题隐患，坚决防止和纠正“关系保”“人情保”等严重侵害困难群众切身利益的问题发生。市政府将开展农村最低生活保障兜底脱贫工作的专项督查，对重视不够、管理不力、滥用职权、玩忽职守、失职渎职等行为，将提交相关部门依纪依法进行责任追究。

2018 年 4 月 4 日

关于开展建档立卡贫困对象常态化管理工作的指导意见

昭扶办字〔2018〕15号

为深入贯彻落实习近平总书记关于“精准扶贫首先要打牢基础，做实做细建档立卡，实现动态管理”的重要指示和2018年2月全省扶贫办主任会议精神，实现扶贫对象精细化管理，扶贫资源精确化配置，贫困对象精准化扶持，筑牢全市精准扶贫精准脱贫基础，确保脱贫攻坚工作有序推进。经研究，决定在全市开展建档立卡贫困对象常态化管理工作，特提出如下指导意见。

一、工作目标

通过建档立卡贫困对象常态化管理，实行分级负责，压实责任，常态监测，适时推进，规范管理，改变以往动态管理仓促突击、对象信息更新滞后、帮扶措施靶向不准等问题，确保贫困对象应纳尽纳、应扶尽扶、受扶及时、信息完整，为顺利完成脱贫攻坚目标任务奠定坚实基础。

二、工作内容

（一）监测常态化。一是监测辖区内建档立卡贫困户家庭成员、务工、收入、住房、教育、医疗、饮水、养老、致贫原因、帮扶措施等信息变化情况；二是监测辖区内建档立卡脱贫户家庭成员、“两不愁、三保障”变化情况；三是监测辖区内非卡户因发生重大变故（如天灾人祸等）可能致贫情况；四是监测贫困发生率超过40%的深度贫困村项目资金投入、扶持措施落实及贫困发生率变化情况；五是对照标准，监测当年预脱贫户、预出列村、预摘帽县措施落实及达标情况。

（二）比对制度化。一是以行政村为单位，根据监测情况开展农户信息采集；二是根据需要形成信息比对工作机制，把乡镇审核上报的信息数据，与公安、人社、财政、民政、住建、国土、农业、林业、水利、卫生、教育、工商、残联等行业部门信息进行比对，主要包括车辆、房产、国家公职人员、种植养殖大户、经营实体、户籍、低保五保、健康状况、就学情况、外出务工、家庭成员关系等。

（三）管理规范化。一是村级按标准和程序识别贫困对象，分类建好建档立卡户家庭成员自然增减人口台账、新识别户台账、脱贫返贫户台账、不精准对象台账，逐级审核汇总，规范信息报备；二是行业部门及时更新信息，落实帮扶措施；三是各级各部门要根据工作要求，规范管理相关档案；四是乡级统筹，将变更信息及时录入全国扶贫开发信息系统。

三、工作步骤

（一）信息采集与分析。

1. 畅通信息渠道。采取村民组长报备、干部日常走访、村民知晓报告、农户自己申请、上级督查反馈、部门核灾查证等多种方式灵活收集信息。

2. 开展贫情分析。以行政村为基本单元，由村“三委”组织乡村干部、驻村工作队队员、村民小组长、村党员、村民代表，对监测到的农户信息变更情况召开分析研判会议，为入户调查和信息采集打下基础。一是分析研判农户贫困情况，初步锁定拟返贫、拟新识别对象；二是根据不精准因素，初步锁定拟剔除对象；三是根据建档立卡户家庭成员变化情况，确定自然变更人口；四是综合分析贫困户致贫原因变化情况，及时调整帮扶措施；五是综合分析贫困发生率超过 40% 的深度贫困村脱贫出列达标和短板情况，对标对表建立台账。

3. 分类采集信息。新识别贫困户使用《关于做好 2017 年度扶贫对象动态管理工作的通知》(国开办司发〔2017〕36 号)中《贫困户信息采集表(附件 1)》采集信息；贫困户家庭成员自然变更使用《关于做好 2017 年度扶贫对象动态管理工作的通知》(国开办司发〔2017〕36 号)中《贫困户家庭成员自然增加情况表(附件 3)》和《贫困户家庭成员自然减少情况表(附件 4)》采集信息；不精准户使用《关于做好贫困对象动态管理工作有关事项的通知》(云贫开办发〔2017〕217 号)中《现有建档立卡贫困户中识别不精准户调查核定登记表(附件 2)》采集信息；脱贫返贫户通过打印全国扶贫开发信息系统《贫困户信息对照表》建立台账(未开放打印权限期间，可暂使用《信息采集表》)；建档立卡户致贫原因、帮扶措施、生产生活条件的变化情况，以村为单位建立变更台账的方式进行备案。所有信息采集完毕后，要及时梳理，分类汇总，建好纸质台账和电子台账。

(二)信息反馈与复核。由县区扶贫开发领导小组统筹行业信息比对工作，比对信息后要及时反馈给乡镇落实复核。一是乡镇负责汇总、审核村级上报调整情况，形成正式文件报县级扶贫办；二是县区扶贫办负责汇总、审核乡镇上报调整情况，及时分类提供给行业部门；三是行业部门根据提供的信息开展比对，及时将比对结果反馈给县区扶贫办；四是县区扶贫办将比对结果反馈到乡镇，乡镇指导各村抓好疑似问题信息复核，同时对筛查、审计、督查、检查等工作中反馈的问题信息开展核查，初步确定动态调整对象。

（三）程序规范与完整。根据初步确定的动态调整对象，按照《云南省贫困对象动态管理工作方案》（云贫开发〔2017〕31号）文件相关要求，执行民主评议、逐级审定、公示公告等程序。各个环节都应做到程序到位、过程完整、信息资料真实可靠、可追溯可查询。

（四）信息更新及应用。一是每月26日至月底，村级要建立新识别户、返贫户、剔除户、人员自然变更信息台账，参照《贫困对象常态化管理台账》（附件），逐级汇总上报（无变化仍需报备）；二是市县扶贫办梳理汇总新识别户、返贫户、剔除户、人员自然增减等贫困对象信息，并提交给相关行业部门；三是各行业部门及时更新信息；四是行业部门根据职能职责，对发生变化的监测对象落实好帮扶措施；五是扶贫部门与行业部门之间要加强工作沟通衔接，实现信息共享，数据口径统一。

（五）档案健全与完善。各乡镇党委、政府按照《昭通市脱贫攻坚村级档案整理归档细则》（昭扶字〔2016〕19号）文件要求，指导村级规范管理档案。一是新建新识别户"一户一档"；二是完善返贫户、剔除户、人员自然增减等对象相关档案资料；三是完善村级综合管理类档案、项目管理类档案和特殊载体类档案；四是历年建档立卡户资料缺失的，按程序补充完整；五是全面完善到户明白卡和帮扶手册信息，重点是收入测算和帮扶措施。

（六）信息审核及录入。全国扶贫开发信息系统开放期间，由乡镇党委政府统筹，按照备好的信息台账，组织力量开展全国扶贫开发信息系统信息审核、录入、修改，做到录入信息与纸质台账、农户实际一致。脱贫退出工作在全省统一安排下开展。

（七）数据核查及清洗。各级扶贫部门和行政村要安排专人负责监控、收集、反馈问题数据，做好全国扶贫开发信息系统核查与清洗工作。一是清洗云南省精准扶贫大数据管理平台提示的贫困户、贫困人口、贫困村、自然村等问题数据和公安身份证、车辆、残联、教育、工商等审计信息；二是清洗审计、纪检、督查、检查、行业部门比对等工作中反馈的错误信息；三是清洗自查自纠中发现的错误数据。对无须整改的，要备好相关资料并逐级提交说明。对无权限处理的，注明原因后迅速汇总上报。对需各级辖区协调处理的，由各级扶贫办牵头协调处理。此项工作长期开展，并确保每月底前问题数据全部清零。

四、工作要求

（一）严格标准程序。各级要紧紧围绕“两不愁、三保障”标准，严把农户申请关、入户调查关、民主评议关、信息比对关、公示公告关，主动接受群众和社会监督，做到规定程序不能少、群众参与度不能降，确保识别标准、程序公正公开。

（二）压实工作责任。县区党委、政府承担主体责任，党政主要负责人是第一责任人，统筹好乡村两级贫情管理、县直部门无缝对接，确保按计划完成户脱贫、村出列（重点解决好贫困发生率超过 40% 的深度贫困村问题）。市扶贫办负责指导各县区开展好动态管理工作，对接市直行业部门，向省扶贫办进行动态管理报备。市直行业部门负责统筹好信息比对反馈、系统更新、落实行业帮扶措施工作。县区扶贫办负责全县动态管理工作业务指导，审定公告各乡镇上报信息，对接县区行业部门开展信息比对并反馈至乡镇，每月底向市扶贫办报备。县区行业部门负责信息比对反馈、系统更新，落实行业帮扶措施。乡镇党委、政府负责村级动态管理常态化工作业务指导，审核公示调整名单，上报审核农户信息，反馈行业部门比对信息，指导问题数据清洗和资料档案管理，组织开展全国扶贫开发信息系统信息录入。村级负责农户监测、贫情分析、信息采集、评议公示、台账报备、档案管理和问题数据清洗等工作。对贫困发生率超过 40% 的深度贫困村，采取有力措施按计划完成出列工作，并持续监控到 2020 年。

（三）严肃工作纪律。各级各部门要密切配合，通力协作，严格审查，杜绝优亲厚友、瞒报谎报、违背政策等不良现象发生，做到新调整对象的纸质台账与全国扶贫开发信息系统录入相一致，确保工作结果真实可靠，经得起考核评估。因不认真履行职责造成严重后果的，将追究相关责任人责任。

（四）注重成果运用。重点监控好发生变化的贫困对象，对新识别户找准致贫原因，及时落实帮扶干部，配套帮扶措施；对返贫户及时补齐贫困短板；对不精准对象和自然减少人员按政策要求进行调整，各行业部门要解决好政策衔接问题。

本指导意见由昭通市扶贫办数据中心负责解释。联系人：李孝东，联系电话：0870-2237533。

附件：贫困对象常态化管理台账（略）。

昭通市扶贫开发领导小组办公室

（市扶贫办代章）

2018 年 5 月 29 日

昭通市易地扶贫搬迁工作指挥部办公室关于进一步明确新增易地扶贫搬迁有关政策的通　知

昭市易迁指办〔2018〕56号

各县、市、区人民政府：

根据《全国“十三五”易地扶贫搬迁规划》和《中共云南省委　云南省人民政府关于坚决打赢新增易地扶贫搬迁攻坚战的实施意见》（云发〔2018〕17号）精神，经市易地扶贫搬迁指挥部第三次会议研究决定，现将昭通市新增易地扶贫搬迁有关政策进一步明确如下，请遵照执行。

一、建档立卡搬迁户自筹资金

严控搬迁群众自筹资金规模，新增易地扶贫搬迁的建档立卡搬迁对象原则上不统一收取自筹资金。

二、同步搬迁户相关政策

（一）住房建设面积及补助资金。新增易地扶贫搬迁的同步搬迁人口住房（配套基础设施和基本公共服务设施与建档立卡搬迁人口共享）按照

“人均住房建设面积不超过25平方米、最大户型面积不超过150平方米”标准执行，住房补助标准按人均1.2万元执行。资金实行专户存储、专账核算、物理隔离、独立封闭运行管理。

（二）购房成本价格控制。鼓励整村搬迁，根据进城入镇实际情况，参照各安置区（点）建安成本，新增易地扶贫搬迁的同步搬迁户购房成本价格应控制在每平方米1500—2000元。原则上进集镇安置区同步搬迁户购买的安置房在1500元/平方米左右，进县城和中心城市安置区同步搬迁户购买的安置房在2000元/平方米左右。各县区要结合工程建设和市场实际情况，强化工程投资管控，规范做好EPC工程总承包的造价监督管理工作，强化执行管控和成本控制，切实控制新增安置区建设成本。

（三）房款支付。新增易地扶贫搬迁的同步搬迁户在确定搬迁意愿，签订搬迁、拆旧复垦等协议后，向建设方预付每户1万元住房建设自筹资金，住房建设自筹资金在搬迁入住后转为购房款；同步搬迁户需交付总房款的60%（含补助资金），方可搬迁入住；剩余房款可在交钥匙之日起半年内付清，半年之内不计息，半年之后按银行同期贷款利率计息。同时，地方政府协调有关金融机构办理贷款业务。

（四）办理不动产登记。新增易地扶贫搬迁的同步搬迁户在付清全部房款后，及时按照有关规定办理安置住房不动产登记。自安置房颁证之日起，5年内不得进行交易。

昭通市易地扶贫搬迁工作指挥部办公室

昭通市发展和改革委员会代章

2018年12月21日

昭通市扶贫开发领导小组关于贫困退出后续精准帮扶巩固提升工作的意见

昭扶字〔2019〕5号

各县（市、区）扶贫开发领导小组，市扶贫开发领导小组成员单位：

为推动脱贫攻坚工作更加有效开展，巩固脱贫成果、提升脱贫质量、实现稳定脱贫。结合我市脱贫攻坚实际，特提出如下后续精准帮扶巩固提升工作意见。

一、总体要求

（一）指导思想。以习近平新时代中国特色社会主义思想为指导，全面贯彻党的十九大和十九届二中、三中全会精神，认真落实党中央、国务院和省委、省政府关于打赢脱贫攻坚战三年行动的决策部署，贯彻精准扶贫精准脱贫基本方略，坚持“133”脱贫攻坚工作思路，按照“双统领”“双保障”“双推进”的要求，围绕全面建成小康社会奋斗目标，坚持“脱贫不脱政策、脱贫不脱帮扶、脱贫不脱项目、脱贫不脱责任”，一手抓精准扶贫精准脱贫、一手抓脱贫成果精准巩固提升，全面建立健全稳定脱贫长效机制，继续强化精准帮扶，巩固脱贫成果，提升脱贫质量。

（二）工作目标。全力以赴做好易地扶贫搬迁、产业培育、劳动力转移就业、基础设施建设“四篇文章”，统筹实施教育脱贫、健康扶贫、农村危房改造、生态保护扶贫、综合保障扶贫、人居环境改善、扶贫扶志“七大工程”，脱贫攻坚期内，稳定脱贫政策措施完善健全，脱贫质量巩固提升，夯实稳定脱贫、逐步致富的基础。脱贫成效得到群众认可、经得起历史和实践检验。确保到2020年所有建档立卡贫困人口在现行标准下全部实现稳定脱贫，实现“两不愁、三保障”、收入稳定持续增收、自我发展能力全面提升。脱贫退出村基础设施建设、公共服务水平和基层组织服务保障水平大幅度提升，经济发展造血功能明显增强。摘帽县经济社会实现稳定持续发展。

二、精准综合施策，扎实提高脱贫实效

（一）做好产业支撑文章，确保持续增收有保障

1. 按照省委、省政府打造世界一流绿色能源、绿色食品、健康生活目的地“三张牌”的要求，充分借鉴云南烟草产业发展理念，聚焦建档立卡贫困户，重点围绕苹果、马铃薯、竹子、特色养殖、天麻、花椒等六大高原特色产业，坚持高标准、高起点谋划定位，集中连片搞发展，统筹规划，同步推进，用新理念、新机制、新技术、新模式，提升改造传统产业，因地制宜加快发展对贫困户增收带动作用明显的种植养殖业、林草业、农产品加工业、特色手工业、休闲农业和乡村旅游，积极培育和推广有市场、有品牌、有效益的特色产品。坚持树龙头、建机制、强管理，大力推行“大产业 + 新主体 + 新平台”发展模式，按照良种良法、高度组织化和集约化模式、党支部 + 合作社“三个全覆盖”的要求，发挥龙头企业的带动作用，强化专业合作社的指导，走组织化、标准化、规模化、品牌化的路子，做大做强产业文章，支撑贫困群众持续稳定增收。

2. 完善新型农业经营主体与贫困户联动发展的利益联结机制，推广股份合作、订单帮扶、生产托管等做法，确保每个有劳动能力、有产业发展意愿的贫困户至少与 1 个新型农业经营主体建立生产经营合作关系，结合新型职业农民培育，实行企业带动贫困户稳定增收的挂钩奖补政策，按照带动贫困户数量给予企业、合作社等不低于 50% 的贷款贴息。坚持内培一批、外引一批、回流一批，精准培育贫困村致富带头人。多渠道拓宽农产品营销渠道，推动批发市场、电商企业、大型超市等市场主体与贫困村建立长期稳定的产销关系，支持供销、邮政及各类企业把服务网点延伸到贫困村，推广以购代捐的扶贫模式，组织开展贫困地区农产品定向直供直销学校、医院、机关食堂和交易市场。

3. 建立贫困户产业发展指导员制度，明确到户帮扶干部承担产业发展指导职责，帮助贫困户协调解决生产经营中的问题。鼓励县（市、区）通过政府购买服务方式向贫困户提供便利高效的农业社会化服务。

4. 在条件适宜的昭阳区、鲁甸县、巧家县、威信县、永善县等县（区），以贫困村村级光伏电站建设为重点，有序推进光伏扶贫。

5. 鼓励各地从实际出发利用扶贫资金发展短期难见效、未来能够持续发挥效益的产业。规范和推动资产收益扶贫工作，确保贫困户获得稳定收益。

（二）做好就业支撑文章，确保就业一人脱贫一户。按照“扶贫必扶智”的要求，把劳动力培训就业和职业教育发展放在更加突出位置，以外出就业和扩大就地就业作为解决劳动力就业的主要方式，有针对性地组织开展“订单式”“定向式”输出培训，对长期稳定外出就业劳动力实施稳岗补助、交通补贴，调动劳动力外出务工就业积极性。完善市、县、乡、村“四级联动”机制，准确掌握脱贫户劳动力资源信息、技能状况和培训需求，建立以村为单位的贫困劳动力实名制登记信息库。实行分类施策，精准培训，对贫困家庭“两后生”加大职业教育支持力度，落实“雨露计划”等政策；对有培训意愿的贫困家庭劳动力，每年至少提供一项免费技能培训，让其掌握一技之长；对就近就地就业的贫困劳动力，免费开展实用技术培训，让其掌握1—2门实用技术；对外出务工的贫困家庭劳动力，在务工集中输入地组织开展“异地培训”。全面落实就业前免费技能培训和技能提升补贴政策，打造特色劳务品牌，全力实现教育培训一人、就业创业一人、稳定脱贫一户。

（三）推进综合保障扶贫，防止突发性事件返贫

1. 完善兜底保障制度。做好农村低保政策与扶贫开发政策有效衔接工作，逐年提高低保标准，实现“两线合一”，确保兜底保障对象的保障性收入不低于同期国家扶贫标准。建立低保兜底对象认定清理的常态化机制，将符合兜底保障的返贫对象及时纳入保障范围，做到精准施保。

2. 健全社会救助机制。对农村低保家庭中的老年人、未成年人、重度残疾人和重病患者等深度贫困群体，采取多种措施提高救助水平，保障其基本生活。各县（市、区）设立医疗、教育、住房等专项救助资金，加大临时救助、医疗救助、慈善救助等社会救助力度，建立因突发性事件致贫返贫的防范救助机制，有效防止脱贫户因突发性事件返贫。

（四）坚持脱贫攻坚与乡村振兴有效衔接。注重精准扶贫与经济社会发展相互促进，注重脱贫攻坚与实施乡村振兴相互衔接，正确处理好脱贫攻坚与乡村振兴的关系，找准定位，明确目标。攻坚期内，贫困地区的乡村振兴主要任务是抓好脱贫攻坚，相关支持政策优先向贫困地区倾斜，补齐基础设施和基本公共服务短板；已经脱贫的村和基础条件较好且各方面具备相应条件的地方，把工作精力集中到实施乡村振兴战略上来，更高标准地建出特色建出水平，实现持续和整体的发展，为巩固脱贫成果提供支撑保障。围绕乡村振兴“五句话”的要求，抓示范、强引领、促全局，以开展“百村示范、万村整治”行动为总抓手，深入开展人居环境整治，着力改变农村家庭卫生习惯，推动农村净化、绿化、美化、亮化，促进农村人居环境提升，确保到2020年，贫困地区村容村貌、基础设施和公共服务水平均得到整体提升。

（五）坚持扶贫与扶志、扶智相结合，激发脱贫内生动力

1. 大力推进扶贫扶志工程。按照“扶贫先扶志”的要求，加大宣传教育力度，积极倡导和鼓励贫困群众在党和政府以及全社会的帮助下自力更生、艰苦奋斗，靠辛勤劳动改变贫困落后面貌。强化贫困群众的脱贫主体地位，大力开展参与式扶贫，到户到人的产业扶贫、就业扶贫、保障性扶贫等项目以及贫困村提升工程到村基础设施和公共服务建设项目，落实公示公告制度，组织贫困户参与实施、参与监督，让贫困户百分之百知晓，提升满意度。深入开展“自强、诚信、感恩”主题实践活动，让群众知党恩、感党恩，巩固群众满意度，增强群众认同感。

2. 坚持扶贫与扶志、扶智相结合，正确处理外部帮扶和贫困群众自身努力的关系，强化脱贫光荣导向，更加注重培养贫困群众依靠自力更生实现脱贫致富的意识，更加注重提高贫困地区和贫困人口自我发展能力。

三、动态监测锁定对象，精准识别有效帮扶

（一）实行动态管理常态化。在全市开展建档立卡动态管理常态化工作，实行月监测月报备，每月开展贫情分析研判，加强信息采集和程序执行，做到“脱贫即出、返贫即入”，确保应纳尽纳、应退尽退、应扶尽扶。

（二）有效帮扶确保稳定脱贫。对脱贫户实施跟踪和动态监测，及时了解其生产生活情况，重点监测脱贫户家庭收入状态、返贫潜在因素和后续精准帮扶措施，及时掌握情况，对存在返贫风险的贫困人口及时进行有效帮扶，实现持续增收，确保稳定脱贫。

四、保持政策稳定，脱贫不脱政策

（一）脱贫不脱政策。贫困县摘帽后，在攻坚期内原有扶贫政策保持不变，一般性转移支付政策、财政专项扶贫资金、财政涉农资金整合、项目安排的力度保持不变；贫困村脱贫退出后，继续保持扶贫政策和帮扶措施不变，实施贫困村提升工程，按照“缺什么、补什么”的原则，补齐基础设施和公共服务短板，夯实村级发展基础；贫困人口脱贫后，继续享受产业扶贫、就业扶贫、扶贫小额信贷、健康扶贫、教育扶贫等到户扶贫政策。

（二）脱贫不脱帮扶。贫困村、贫困人口脱贫退出后，继续开展驻村帮扶和结对帮扶。针对不同致贫原因分类施策，帮扶贫困村实现基础设施和公共服务水平“双提升”，帮助贫困人口稳定脱贫致富奔小康。

五、建长效机制，确保增收稳定可持续

（一）建立产业增收机制。坚持将产业扶贫作为稳定脱贫的根本之策。加大产业扶贫投入，加强对脱贫村、脱贫户在产业规划、产业选择、招商引企、市场开拓、品牌培育、技术支持等方面的指导帮扶，逐村逐户制定产业发展后续精准帮扶措施。加大新型农业经营主体的培育力度，支持市场前景好、产业链长、带动能力强、增收效果明显的新型经营主体成长壮大，支持具备条件的脱贫村引进市场主体发展乡村旅游、农产品加工、特色种养、电商扶贫等项目。同时，完善利益联结机制，提高贫困户在产业发展中的参与度，着力形成园区带动、龙头企业带动、经营大户带动和群众自身调整优化种养结构的发展模式。确保到2020年每个贫困村都有一个以上专业合作社，有一批创业致富带头人，有劳动能力的贫困户有持续稳

定增收的产业项目。

（二）推进资产收益扶贫。开展农村集体产权制度改革，积极推动贫困地区农村资源变资产、资金变股金、农民变股东改革，制订实施贫困地区集体经济薄弱村发展提升计划，通过盘活集体资源、入股或参股、量化资产收益等渠道增加集体经济收入，促进村集体持续稳定发展增收。支持脱贫村、脱贫户依托新型农业经营主体，以土地、山场、水面、设施、设备托管等方式，参与产业扶贫，获得稳定分红收益。

（三）建立就业脱贫长效机制。全面落实支持创业就业的优惠政策，充分发挥主导产业吸纳贫困劳动力的作用，鼓励能人创业辐射带动贫困劳动力就业，推动扶贫创业孵化基地建设，引导全社会形成帮助贫困群众就业的良好氛围。落实好脱贫户继续享受就业技能培训、就业奖补和就业援助等优惠政策。鼓励贫困劳动力自主创业，对成功创办微型企业的脱贫户，优先给予创业担保贷款。通过政府主导、引进社会力量等方式，利用乡村闲置土地、房屋创办扶贫车间，帮助贫困劳动力实现家门口就业。积极开发生态护林、绿化保洁和道路维护、社会治安协管、孤寡老人和儿童看护等公益性岗位，优先聘用就业困难的贫困劳动力。强化农村劳动力技能和转移就业培训，确保有劳动力的贫困户就业有保障，实现“一人就业创业、一户脱贫致富”。

六、强化组织保障

（一）强化组织领导。贫困县摘帽后，继续实行党政主要负责同志担任扶贫开发工作领导小组组长，以县为主体落实贫困退出后续精准帮扶巩固提升各项工作，行业部门主要领导是本部门巩固脱贫成效工作的第一责任人，继续落实行业扶贫工作。每年 12 月 30 日前，由摘帽县向市扶贫开发领导小组报告稳定脱贫工作情况。

（二）严格驻村帮扶工作。继续对脱贫退出村派出驻村工作队，继续选派机关事业单位优秀干部到村担任“第一书记”。驻村帮扶工作重点转移到制订落实后续精准帮扶计划，巩固脱贫成果，提升脱贫质量，加强基层组织建设。严格落实驻村帮扶工作管理办法，健全管理制度，执行及时召回撤换制度。

（三）强化责任落实。各县（市、区）党委、政府和市级行业部门要严格落实工作责任，把巩固脱贫成果实现稳定脱贫工作摆在重要位置，与脱贫攻坚同步部署、同步推进、同步落实。继续推行条块结合工作机制，全面巩固提升脱贫质量。

（四）强化督促检查。贫困县摘帽后，要加强对已退出的贫困县开展督促检查，重点督促责任、政策、工作“三落实”情况，脱贫成果巩固提升、综合贫困发生率变动等情况。把“返贫率”作为重要督查内容之一，继续把对脱贫对象的后续精准帮扶、巩固提升和政策措施落实情况纳入督查范围。对脱贫质量不高、工作落实不到位造成较大面积返贫现象的责任人，按照相关规定严肃追责问责。

昭通市扶贫开发领导小组

2019 年 1 月 25 日

中共昭通市委办公室　昭通市人民政府办公室印发《关于进一步明确任务 下沉力量 压实责任确保打好打赢脱贫攻坚大决战的实施方案》的通　知

昭办通〔2019〕30号

各县（市、区）委、政府，市委和市级国家机关各部委办局，昭通学院，市直各人民团体和企事业单位，中央、省属驻昭单位：

《关于进一步明确任务下沉力量压实责任确保打好打赢脱贫攻坚大决战的实施方案》已经市委、市政府同意，现印发你们，请结合实际认真贯彻落实。

中共昭通市委办公室
昭通市人民政府办公室
2019年3月6日

（此件发至乡镇）

关于进一步明确任务　下沉力量　压实责任确保打好打赢脱贫攻坚大决战的实施方案

为深入贯彻落实党中央、国务院和省委、省政府关于脱贫攻坚的重大决策部署，扎实推进精准扶贫、精准脱贫基本方略，力戒官僚主义、形式主义，进一步明确任务、下沉力量、压实责任，全力构建主体明确、责任明晰、任务具体的职责体系，对标对表、奋力冲刺，确保圆满完成2019年度脱贫攻坚目标任务，打好打赢脱贫攻坚大决战，制定本方案。

一、指导思想

坚持以习近平新时代中国特色社会主义思想为指导，全面贯彻中央、省系列重要会议精神和重要部署，把脱贫攻坚作为统领全局工作的主题主线，认真践行“133”工作思路，按照“双统领”“双保障”“双推进”的要求，扎实开展“狠抓落实年”“基层党建创新提质年”行动，压紧压实脱贫攻坚责任，推动各级各部门找准定位、摆正位置、融进大局，发扬“铁军”作风，下足“绣花”功夫，促进机关沉下去、干部干起来、群众动起来，身沉一线抓落实，创造性推动工作，切实解决“两不愁、三保障”突出问题，如期完成年度脱贫目标任务，坚决夺取脱贫攻坚大决战决定性胜利。

二、基本原则

（一）领导示范带动，压紧压实责任。保持现有挂包帮责任不变，严格执行挂包帮工作制度，厅级领导带头示范，市县乡村干部全面参与、上下联动，扣紧责任链条，逐村逐户分析研判，包干负责县摘帽、村出列、户脱贫各项工作，找准问题，补齐短板，坚决完成脱贫攻坚任务。

（二）工作力量下沉，盯到村抵到户。聚焦2019年计划摘帽的7个贫困县区、出列的624个贫困村、脱贫40.07万贫困人口，坚持厅级领导包县挂乡盯村，督导员包村，驻村工作队和帮扶干部盯到村、抵到户，一包到底抓落实；统筹整合资源，重心下移，力量下沉，推动政策、资金、项目等精准到村到户。

（三）严格对标对表，狠抓工作落实。围绕贫困退出标准，紧盯“两不愁、三保障”，突出问题导向，坚持挂图作战，实行销号管理，任务到村、措施到户，责任到人、时间到天，以易地扶贫搬迁、产业培育、劳动力转移就业、基础设施建设等为重点，全力推动保障性扶贫政策措施落实，确保县摘帽、村出列、户脱贫标准逐一实现。

三、工作职责

围绕年度脱贫出列目标，分解落实工作任务（附件1），推动厅级干部、驻村督导员、挂钩帮扶单位、驻村工作队、结对帮扶干部对标对表抓落实，全面参与脱贫攻坚工作。以坚强有力的组织领导、务实管用的工作举措、苦干实干的优良作风、连续作战的斗争精神，督促、指导、帮助县区、乡镇、村落实好脱贫攻坚主体责任，确保年度脱贫攻坚目标任务圆满完成。

（一）厅级领导职责。负责督促、指导、帮助所包县区、所挂乡镇、所盯村全面落实脱贫攻坚主体责任。聚焦易地扶贫搬迁、产业培育、劳动力转移就业、基础设施建设等重点工作，由厅级牵头领导召集，县区筹备，每月召开1次调度会议，分析研判脱贫攻坚工作推进情况，按月形成研判报告，于次月5日前书面报送市委、市政府主要领导；厅级领导分片走访所包县区2019年度计划出列村，每月走访时间不少于5天，在脱贫攻坚一线检查发现问题，研究解决措施，形成问题清单，反馈县区党委、政府，定期跟踪落实，推动重大问题整改到位，帮助协调解决实际困难。厅级领导原所挂县（市、区）已经摘帽退出或为非贫困县的，在原挂包任务不变的基础上，调整帮扶力度，在未出列县区和未脱贫村中增加包县挂乡盯村任务（附件2）。

（二）驻村督导员职责。624名驻村督导员负责督导落实脱贫攻坚各项工作，整合村"两委"、驻村工作队建立村级脱贫攻坚指挥部，由县、乡挂村干部任指挥长，统筹实施村级施工图，全面落实各项帮扶措施。对所在村实施的各类脱贫攻坚项目进行监督，实时掌控工作进度，每月对贫困村出列、贫困户脱贫达标情况开展分析研判，梳理存在的困难和问题，按月形成问题清单报县区扶贫开发领导小组办公室，对发现的问题及时跟踪督办。每季度全覆盖完成1轮村民小组和贫困户走访，全年对所在村所有农户至少完成1次走访。

（三）挂钩帮扶单位职责。负责统筹好本单位帮扶工作，支持驻村工作队做好挂钩村的脱贫攻坚工作，把职能和资源优势向贫困村、贫困户倾斜，重点帮助贫困村改善基础条件、培育主导产业、发展合作社、壮大村集体经济，破解制约贫困村发展的突出问题。主要负责人每月走访不少于7天，通过调研，分析研判村出列、户脱贫达标情况，逐项研究落实；组织帮扶干部深入挂钩村开展走访。

（四）驻村扶贫工作队职责。在村级脱贫攻坚指挥部的领导下，协调落实派出单位干部结对帮扶贫困户工作，与村"两委"共同做好信息采集、数据核实、动态管理、村户档案资料整理、脱贫计划制订等工作，监督各类脱贫攻坚项目实施、资金使用情况。每季度全覆盖完成1轮村民小组和贫困户走访，全年对所驻村所有农户至少完成1次走访，每月梳理存在的困难和问题，形成问题清单，报派出单位和所在乡镇。

（五）结对帮扶干部职责。负责做好脱贫政策宣传，协助村级做好贫困户精准识别、精准帮扶、精准退出工作，重点做好与贫困群众感情联络，力所能及针对性帮助贫困户解决实际困难和问题，提高群众帮扶满意度。每2个月走访结对帮扶户不低于1次、每月电话访谈不低于1次，实时掌握贫困户动态信息，对结对帮扶贫困户情况做到“一口清”，及时向驻村扶贫工作队、村“两委”报告贫困户动态情况。

四、工作要求

（一）强化监督检查。从市纪委监委、市委组织部、市委督查室、市政府督查室、市扶贫办等相关部门抽调人员，组成明查暗访组，对有关县区及厅级领导、驻村督导员、挂钩帮扶单位、驻村工作队、帮扶干部的工作纪律、工作作风和工作落实情况开展常态化明查暗访，11月底前对624个计划出列村明查暗访全覆盖，每月向市委、市政府主要领导书面报告1次明查暗访情况。

（二）严格考核奖惩。厅级领导、驻村督导员、挂钩帮扶单位、驻村工作队、结对帮扶干部的年终考核与县摘帽、村出列、户脱贫的工作情况挂钩，作为评优评先的重要依据；注重在脱贫攻坚一线检验、考核、识别干部，加大提拔重用的比例；表彰一批在脱贫攻坚一线开展工作突出的县（市、区）及部门、带贫成效显著的新型经营组织、优秀的基层干部和带头勤劳致富的脱贫光荣户。对脱贫攻坚工作不重视、责任不落实、效果不明显的，取消年度评先评优资格；因工作统筹不到位、敷衍了事导致脱贫措施落实不到位，影响脱贫出列的，严肃追究相关单位和责任人的责任。

（三）严肃工作纪律。要坚持身沉一线，深入贫困村、贫困户，坚决杜绝作风漂浮、敷衍塞责、出工不出力等情况，把问题解决在一线、矛盾化解在基层。要严格遵守中央“八项规定”精神和省、市实施办法，不随意扩大调度会范围，调研、走访轻车简从，不搞层层陪同。

附件：

1. 昭通市 2019 年度脱贫攻坚工作任务清单
2. 厅级领导加包县区加挂乡镇加盯村名单

附件 1

昭通市 2019 年度脱贫攻坚工作任务清单

1. 脱贫综合研判。每月研判县摘帽、村出列、户脱贫的进展和达标情况，分析存在问题和制约脱贫攻坚的难点。重点盯紧户脱贫“两不愁、三保障”“三率一度”（综合贫困发生率低于 3%，脱贫人口错退率低于 2%，贫困人口漏评率低于 2%，群众认可度达 90% 以上）、干部作风、群众内生动力等方面。

2. 项目库建设。根据脱贫攻坚工作推进情况，围绕脱贫标准，适时动态调整村级施工图、乡镇路线图和县级项目库。重点盯紧库内项目与脱贫任务是否匹配、项目组织措施是否落实、刚性项目资金保障是否到位。

3. 推进易地扶贫搬迁。统筹推进安置区建设，深入开展政策宣传、群众发动等工作，确保 9 月底前工程全面竣工，11 月底前搬迁入住。重点盯紧搬迁对象意愿稳定、安置区房屋建设、一配套两支撑落实情况、迁出地生产生活资料的盘活。

4. 加大劳动力转移就业力度。通过加大劳动力转移就业、建立扶贫车间、开发公益岗位等方式，促进农户持续增收。重点盯紧所有易地扶贫搬迁劳动力就业全覆盖、非易地扶贫搬迁贫困劳动力就业 80% 以上、技能培训和务工信息收集。

5. 发展高原特色产业。围绕全市提出的六大高原特色产业布局，结合当地实际，培育 1—2 项稳定增收的特色产业。重点盯紧以“三个全覆盖”提高产业发展的组织化程度、培育壮大村级集体经济、巩固和提升合作社等经济组织。

6. 推进农村基础设施建设。统筹推进农村公路、危房改造、饮水安全等基础设施建设，有针对性地帮助群众解决实际困难和问题。重点盯紧不安全饮水对象、“非四类对象”中剔除“五种情形”后自身建房能力不足农户的排查锁定，推进安全饮水和住房安全改造项目建设。

7. 提高社会事业公共服务水平。提高教育、医疗、文化等公共服务水平，满足农村公共服务需要，补齐短板。重点盯紧控辍保学、患大病群众医疗保障的排查。

8. 推进东西扶贫协作。加大东西扶贫协作对接力度，促进东部援助各类项目的实施和政策措施的落实，提高帮扶成效。重点盯紧劳动力转移就业、万企帮万村、消费扶贫。

9. 推进基层组织和干部作风建设。坚持党建扶贫双推进，深入推进“基层党建创新提质年”活动、深入开展“狠抓落实年”行动。重点盯紧机关沉不下去和基层动不起来、作用发挥不充分“两个顽症”、软弱涣散基层党组织整治、扶贫领域腐败和作风问题专项整治。

10. 问题整改销号。督促县、乡、村对历次巡视巡察、考核评估、监督检查、审计等发现问题进行整改，确保问题清零。重点盯紧群众信访反映问题的化解、历次发现突出问题的整改。

11. 开展人居环境整治。依托“百村示范万村整治”活动，开展人居环境水平提升整治。重点盯紧室内外环境卫生整洁、农户操家理屋水平的提升。

12. 做实群众工作，深入开展“挂包帮”、“转走访”。走村入户、调研走访，指导精准识别、精准帮扶、精准退出。通过深入农户走访、电话联系等方式，实时掌握挂钩贫困户家庭人口信息变化、生产生活、就医就学就业、实际困难及政策措施落实等情况，做到贫困户基本信息及变动情况“一口清”。重点盯紧贫困户信息变动、帮扶措施的落实及存在问题的解决。

13. 开展“自强诚信感恩”主题实践活动和“三讲三评”“三同五促”。推动“自强、诚信、感恩”主题实践活动深入开展，引领贫困群众心向党、听党话、跟党走、感党恩，激发内生动力。采取院坝会、火塘会、村民代表会、党员活动等多种形式全面开展“三讲三评”，推进以同吃、同劳动、同学习，促进困难问题解决、促进脱贫内生动力增强、促进人居环境改善、促进扶贫政策知晓率、促进群众满意度提升的“三同五促”脱贫提升行动，宣传党的路线方针政策，做细做实群众工作。重点盯紧内生动力不足人群的教育引导。

14. 加强动态管理。开展精准识别动态管理，及时采集更新数据，建立村级动态管理档案，严格执行动态管理各环节要求，确保系统数据与实际情况相一致。重点盯紧贫困户信息问题数据的及时清零。

15. 监督扶贫资金使用。对各级各类扶贫资金使用情况开展监督，督促项目批复、资金到位、资金使用、公示公告、验收报账等环节，确保资金安全和项目实效。重点盯紧资金拨付和报账进度、扶贫项目和享受政策措施的公示公告。

16. 完善“一户一档”。及时完善“一户一档”，从贫困识别（贫困户进入时的申请、三评四定、公示公告、认定等程序）、精准帮扶（实施扶持项目、享受教育医疗兜底保障等政策、落实帮扶措施等过程）、精准退出（扶贫成果的入户调查、评定会议、签字确认、公示公告、脱贫认定等环节）、后续帮扶措施（落实扶贫政策、利用小额信贷扶持发展产业等）4个环节逐项完善，客观真实记录脱贫攻坚过程及结果。重点盯紧户档案的完整性和真实性。

附件2

厅级领导加包县区加挂乡镇加盯村名单

姓　名	包县区	挂钩乡镇	盯　村	加包县区 加挂乡加盯村	备　注
杨亚林	昭阳区	青岗岭乡	乐德古村	青岗岭乡金瓜村	牵头领导
江先奎	昭阳区	洒渔镇	巡龙村	洒渔镇大桥村	
卢登富	昭阳区	大山包镇	老林村		
李　彪	昭阳区	守望乡	刘家海子村	守望乡卡子村	
成联远	鲁甸县	梭山镇	埂底村		牵头领导
罗朝峰	绥江县	新滩镇	石龙村	鲁甸县龙头镇 新民村	
赵长胜	鲁甸县	龙头山镇	西屏村	龙树镇 金塘社区	
保明康	鲁甸县	水磨镇	岩头村		
郝流勇	鲁甸县	江底镇	水塘村	新街镇转山包村	
陈真永	巧家县	老店镇	尹武社区		牵头领导
赵洪乖	巧家县	药山镇	药山村		
陶天蓉	巧家县	小河镇	马鞍村		
田　渊	巧家县	白鹤滩镇	巧家营社区		
郑　平	巧家县	中寨乡	拖租村		
郭大进	镇雄县	以古镇	岩洞脚村		牵头领导
邓浩全	镇雄县	泼机镇	亨地村		
张永前	镇雄县	果珠乡	高坡村	果珠乡鱼洞村	
张益强	镇雄县	塘房镇	杉树林村		
袁晓渝	镇雄县	芒部镇	关口村	盐源乡付家寨村	
邬永飞	镇雄县	牛场镇	沙沟村		
周学斌	镇雄县	牛场镇	沙沟村	杉树乡凤栖村	
王　忠	彝良县	钟鸣镇	山河村		牵头领导

（续 表）

姓 名	包县区	挂钩乡镇	盯 村	加包县区 加挂乡加盯村	备 注
朱家伟	威信县	庙沟镇	马河村	彝良县洛泽镇岭东村	
晏祥莉	威信县	高田乡	凤阳村	彝良县角奎镇发界村	
胡建普	彝良县	龙街乡	卓基村		
严 伟				彝良县洛旺乡云丰村	
张绍雄	盐津县	普洱镇	小洞村	普洱镇正沟村	牵头领导
申 琼	水富县	太平镇	二溪村	盐津县豆沙镇石缸村	
吴 静	盐津县	中和镇	艾田村		
尹朝禹	大关县	上高桥乡	大寨村		牵头领导
刘传国	镇雄县	塘房镇	杉树林村	大关县吉利镇黄荆村	
蔡 宏				大关县木杆镇漂坝村	由上高桥乡调整到木杆镇
石邦云	大关县	高桥镇	核桃村		
彭 霓	大关县	悦乐镇	悦乐村		
陆维智	永善县	茂林镇	新林村	茂林镇松林村	牵头领导
苏建宏	绥江县	会仪镇	和平村	永善县溪洛镇桐堡村	
段登位	威信县	扎西镇	河口村	永善县黄华镇凤凰村	
陶 仁	永善县	大兴镇	骆丘村		

中共昭通市委办公室　昭通市人民政府办公室印发《关于进一步推进农村危房清零和拆危整治工作的实施意见》的通知

昭办通〔2019〕57号

各县（市、区）委、政府，市委和市级国家机关各部委办局，昭通学院，市直各人民团体和企事业单位，中央、省属驻昭单位：

《关于进一步推进农村危房清零和拆危整治工作的实施意见》已经市委、市政府同意，现印发你们，请结合实际认真贯彻落实。

中共昭通市委办公室

昭通市人民政府办公室

2019年9月12日

关于进一步推进农村危房清零和拆危整治工作的实施意见

为全面贯彻落实市委四届五次全体（扩大）会议精神，聚焦全市脱贫攻坚短板弱项，坚决打好打赢脱贫攻坚“两不愁、三保障”突出问题的歼灭战，以更大力度、更严要求、更实举措，确保实现全市农村危房清零和拆危整治到位、农村人居环境得到有效提升，制定本实施意见。

一、总体要求

以习近平新时代中国特色社会主义思想为指引，认真学习贯彻习近平总书记在解决“两不愁、三保障”突出问题座谈会议上的重要讲话精神，全面落实省委十届七次全会、市委四届五次全会的部署和要求，以各县（市、区）为主体，认真研究分析现阶段农村危房清零和拆危整治工作存在问题，组织开展农村危房状况摸底排查，分类制定整治措施，切实加大工作力度，增强工作责任感、使命感、紧迫感，全力推进危房清零工作，确保实现农村危房“清零”和拆危整治“全覆盖”目标，以实际行动坚决完成全市脱贫攻坚住房安全有保障任务。

二、基本原则

——坚持“危房不住人、住人无危房”“以房找人、以户找房”四句话要求，从全面摸排入手，彻底摸清全市农村危房状况，确保家底清、情况明。

——坚持修缮加固和拆除重建相结合，并以修缮加固为主，区别情况、分类施策，应改尽改，坚决确保不漏一户、不错一房，彻底清零农村危房。

——坚持建新修缮与拆旧拆危相结合，全力推进农村危房拆除和复垦复绿工作，做到应拆尽拆、不留余地，全面推动村庄人居环境整治，真正实现新房新村新景新貌。

三、工作步骤和重点

（一）统一标准，全面摸排。各县（市、区）要按照“安全稳固、遮风避雨”标准和“以房找人、以户找房”要求，对照《云南省农村危房认定技术指南》规定，全面开展农村危房状况摸底排查。一是全面排查危房存量。对辖区内所有农户的住房再次全面摸底排查，从地基基础、上部承重结构两个组成部分进行认定，综合危险构件数量、程度和宏观表征情况进行判定，全面摸清存量危房底数。按照是否有人居住、有无安全住房登记造册，建立到户的存量危房台账档案。二是精准锁定危房对象。以当地派出所提供的农村户籍信息为依据，参照扶贫、住建、易迁、民政、残联、自然资源等部门信息台账，对辖区内所有仍未解决安全住房的农户再次全面摸底排查。按照是否已享受过政策、符合政策支持、不符合政策支持几种类型，建立完善到户台账。

（二）分类施策，全面清零。各县（市、区）要按照“危房不住人、住人不危房”要求，着眼于所有农户全覆盖，针对排查出来的存量危房，仍有人居住的，一户一策分析研究，区别情况、分类施策，逐户制定改造措施。一是对享受过建房补助政策、已实施重建、有安全住房但仍住危房的，及时组织搬迁入住；对家庭部分成员尤其是老人仍住危房的，应加强对其家庭成员的教育引导，督促全部入住安全住房。二是对未享受过补助政策仍住危房的，符合政策扶持的，根据危房现状、农户意愿等实际情况，采取拆除重建或维修加固等改造方式，鼓励通过统建农村集体公租房、修缮加固现有闲置公房、置换或长期租赁村内闲置农房等办法灵活解决基本住房安全。三是不符合“农危改”政策扶持的，分类采取措施，原则上以农户自筹资金、自行改造为主。对自身改造能力不足的，各县（市、区）应区别对待，整合资金资源，给予适当扶持；对自身有能力改造而自己不改造的，要通过深入细致的群众工作，反复宣讲政策，耐心细致动员发动，尽可能促成改造，并完善佐证材料；对国家公职人员和村“两委”成员，要落实责任，督促本人自行改造；对失能半失能、五保户等特殊群体，引导进行集中供养，降低改造成本；对无户无房的，要认真查清来源，摸清其在原居住地有无安全住房，再根据实际制定“一户一策”方案。

（三）建拆同步，全面整治。各县（市、区）要按照“建新与拆旧同步”要求，把建新修缮与拆旧拆危紧密结合，严格执行危房拆除政策，对需要拆除的危房进行全面排查，造册登记，明确时间表、路线图，做到应拆尽拆、不留余地，并注重农村危房清零和提升人居环境的有机结合，全面推进村庄庭院由“脏乱差”变成“洁净美”。一是享受过建房补助政策并实施重建、未享受政策但已有安全住房且“一户多宅”的存量危房，应当予以拆除，并规整地块，复垦复绿。拆除过程中，要坚持“一户一宅”原则，强化拆除整治措施，采取干部示范带动、组织群众互帮互助等方式，提高组织化程度，安全有序推进危房拆除整治工作。二是少数确因安全住房面积不足，无法满足生产需求的，其存量危房按程序申报批准后，通过农户自行维修整治、消除安全隐患后贴挂“生产用房”标识牌予以暂时保留。三是属于文物古迹、连体房等无法拆除的存量危房按程序申报批准后，予以保留。四是属于外出多年未居住的危房，又是该户唯一住房还有修复价值的，应通知其本人进行排险加固处理；无人居住的和没有修复价值的残垣断壁等，通知其本人完善程序后，由镇村组织进行拆除处理，并为其保留宅基地面积。

（四）建档立卡，规范管理。各县（市、区）要严格落实危房改造“一户一档”要求，建立健全农村危房改造农户档案管理制度，确保管理规范。一是要做到同步改造、同步建档，切实规范完善镇、村两级危改台账资料和户内资料，并对往年资料进行查漏补缺，确保档案资料内容齐全、信息准确。二是要加强对已录入全国农村危房改造农户档案管理信息系统档案信息的审核与抽验，确保录入信息准确无误。三是危房改造完成后，要及时将工程实施、补助资金发放、竣工验收、拆危整治等资料存入农户档案，做到改造一户销档一户、拆除一房销档一房。四是要组织力量开展农村危房改造清零和拆危整治工作“回头看”，重点核查危改住房质量是否达标、危房是否拆除、贫困户是否入住、补助资金是否到位、房屋安全等级认定是否符合要求等，对核查问题及时采取措施、查缺补漏。

四、工作要求

（一）严把质量标准。加强危房改造质量监管，严格落实基本的质量标准、基本的结构设计、基本的建筑工匠管理、基本的质量检查、基本的管理能力“五个基本”要求，实现“安全稳固、遮风避雨”。要从危房认定、改造方案、技术服务、质量监管、竣工验收、改造档案六个重点环节认真抓好落实，切实保障危房改造质量标准，坚决杜绝建成即成危房。

（二）确保数据闭环。统筹做好行业部门联动协作，组织开展数据信息全口径、全量化比对，逐项逐条查找差异，分析原因，及时消除信息不对称、口径不统一等情况，实现各方数据精准、关联闭环。统筹做好系统数据信息比对，及时更新，确保信息系统与实际数据一致、口径一致。

（三）强化资金监管。严格执行云南省住建厅、财政厅、扶贫办《关于转发住房和城乡建设部、财政部、国务院扶贫办决战决胜脱贫攻坚进一步做好农村危房改造工作相关要求的通知》（云建村〔2019〕174号）要求，财政部门要加强补助资金绩效考核管理，加大资金使用全过程的监督，加强绩效管理，及时在扶贫资金动态监控平台录入资金绩效目标及其执行情况。要按照云南省住建厅、财政厅《关于进一步规范农村危房改造资金使用管理的通知》（云建村〔2019〕17号），严格按规定使用补助资金，深度贫困县在4类重点对象危房改造清零后，剩余资金可统筹用于其他农户危房改造工作，可统筹用于农户危房拆除整治和人居环境提升整治的补助。对不属于农危改政策补助范围内，新建、改造、拆旧确有困难的，各县（市、区）应本着实事求是的原则，区别对待、认真研究，给予适当帮助和扶持，为推动全市农村危房清零、拆危整治到位、农村人居环境提升提供保障。

（四）做实群众工作。按照市委“133”工作思路，把深入细致的群众工作作为一切工作的出发点和落脚点，充分引导群众、发动群众、组织群众、依靠群众，鼓励群众投工投劳、互帮互助，最大限度地调动群众积极性。

五、保障措施

（一）加强组织领导。全面实现农村危房清零和拆除到位，确保“危房不住人、住人无危房”，是打赢脱贫攻坚战“两不愁、三保障”突出问题歼灭战的关键环节。各县（市、区）党委、政府作为责任主体，要切实提高政治站位，强化组织领导，主要领导要带头研究部署、亲自推动落实，明确工作任务、细化工作措施、压实各方责任，及时制定工作方案，确保工作有序推进。

（二）健全责任机制。各县（市、区）要建立“县级组织、乡村实施，全域覆盖、全面推进”的工作机制，健全县级领导联系乡镇、县直部门包村、县乡干部帮户的组织领导体系和责任体系，将任务落实到每个层级、每个责任人。县级要统筹做好农村危房清零和拆危整治工作的开展，乡镇要具体做好组织实施工作，村级要做实做细每一项具体工作，确保底数清楚、台账完善、建设和拆除两个关键环节精准。

（三）强化监督问责。市委、市政府督查室要把农村危房清零和危房拆除整治作为重点督查内容严格督查；市纪委监委要将此项工作作为执纪问责的重点内容进行监督检查；市住建、自然资源和规划、民政、扶贫、水利等部门要结合部门工作实际，加强指导督促。对重视不够、措施不力、工作缓慢、责任压实不到位等问题进行跟踪督促，督办推进；对推进不力、问题较多、工作不实、弄虚作假等，造成不良影响的，将严肃追责问责。

昭通市扶贫开发领导小组办公室关于印发《昭通市 2020 年度扶贫对象动态管理工作实施方案》的通知

昭扶办字〔2020〕33 号

各县市区扶贫开发领导小组，市扶贫开发领导小组成员单位：

现将《昭通市 2020 年度扶贫对象动态管理工作实施方案》印发你们，请认真抓好贯彻落实。

昭通市扶贫开发领导小组办公室

（昭通市扶贫办代章）

2020 年 9 月 29 日

昭通市2020年度扶贫对象动态管理工作实施方案

根据《云南省扶贫开发领导小组办公室关于印发<云南省2020年度扶贫对象动态管理工作实施方案>的通知》（云开组办〔2020〕42号）和云南省2020年度扶贫对象动态管理工作视频培训会议精神，为认真做好全市2020年度扶贫对象动态管理工作，制定本实施方案。

一、工作内容

（一）扶贫对象动态调整和标注

1.标注贫困户脱贫、脱贫户返贫；录入新致贫户；录入和标注贫困户（含脱贫户）、边缘易致贫户自然增加及自然减少的人口。

2.标注贫困村出列。

（二）扶贫对象信息采集、更新和录入

1.贫困户（含脱贫户）、边缘易致贫户及自然增加人员的基础信息采集、更新。

2.贫困户（含历年脱贫户）帮扶措施信息核实、采集和录入。

3. 所有建档立卡贫困人口（含已脱贫人口）的建制村以及村内的村民小组的基础信息更新。

主要针对发生变化的信息，如贫困人口在校生状况、贫困户收入情况等，在全国扶贫开发信息系统中对变化的信息进行更新。

4. 新识别贫困户基础信息采集录入。

（三）脱贫不稳定户和边缘易致贫户识别录入和标注

对新发生的脱贫不稳定户和边缘易致贫户进行识别，采集致贫（返贫）风险以及边缘易致贫户基础信息，并在全国扶贫开发信息系统中进行录入和标注。

（四）脱贫不稳定户和边缘易致贫户跟踪监测工作

采集并录入脱贫不稳定户和边缘易致贫户享受帮扶的信息；评估脱贫不稳定户和边缘易致贫户返贫（致贫）风险变化，标注“是否消除返贫（致贫）风险”。

（五）建档立卡问题数据整改工作

针对脱贫攻坚普查、建档立卡数据质量评估等工作中发现的问题数据，进村入户核实核准各项数据信息，对全国扶贫开发信息系统中不实不准的数据进行完善和整改。

二、方法步骤

（一）动员部署和开展培训（9 月 30 日前）

各县市区完成工作方案制定、动员部署、业务培训。

（二）动态管理和信息采集（镇雄县 10 月 15 日前，其余县市区 11 月 5 日前）

在严格执行标准和程序基础上，规范完成贫困户脱贫、新识别和返贫纳入、贫困村退出等，同步做好“两不愁、三保障”及饮水安全保障达标情况认定；统筹开展扶贫对象各类信息采集和更新；完成边缘易致贫户和新致贫户的信息采集工作。

1. 扶贫对象动态管理

（1）贫困退出。贫困人口、贫困村退出按照《云南省贫困退出机制实施方案》（云厅字〔2016〕11 号）和《中共云南省委办公厅、云南省人民政府办公厅关于进一步完善贫困退出机制的通知》（云厅字〔2019〕31 号）规定的标准和程序执行。

（2）新致贫户识别和脱贫户返贫。新致贫户识别和脱贫户返贫要严格按照《云南省扶贫开发领导小组关于印发云南省贫困对象动态管理工作方案的通知》（云贫开发〔2017〕31 号）和《云南省扶贫开发领导小组办公室关于建档立卡数据信息调整和补录工作的补充通知》（云开组办〔2018〕26 号）规定的标准和程序执行。

（3）脱贫不稳定户和边缘易致贫户识别。对新发生的脱贫不稳定户和边缘易致贫户，按照《云南省扶贫开发领导小组办公室印发〈关于建立防止返贫监测和帮扶机制的实施办法〉的通知》（云开组办〔2020〕11 号）和《昭通市扶贫开发领导小组关于印发 < 昭通市建立防止返贫监测和帮扶机制工作方案 > 的通知》（昭扶字〔2020〕9 号）规定的标准、程序执行。

（4）脱贫不稳定户和边缘易致贫户跟踪监测。对 2019 年末及 2020 年在全国扶贫开发信息系统中识别并标注的脱贫不稳定户和边缘易致贫户，要逐户逐人采集并录入享受帮扶信息，并对照《云南省扶贫开发领导小组办公室印发〈关于建立防止返贫监测和帮扶机制的实施办法〉的通知》（云开组办〔2020〕11 号）和《昭通市扶贫开发领导小组关于印发 < 昭通市建立防止返贫监测和帮扶机制工作方案 > 的通知》（昭扶字〔2020〕9 号）要求，评估脱贫不稳定户和边缘易致贫户风险变化，经评估返贫（致贫）风险已消除的，及时在全国扶贫开发信息系统中进行标注。

2. 扶贫对象信息采集、更新

（1）新识别贫困户的信息采集。使用国务院扶贫办制发的《新识别贫困户信息采集表》入户核实并采集基础信息。

（2）贫困户、脱贫户、返贫户的信息采集。通过全国扶贫开发信息系统打印《贫困户信息对照表》，入户核实信息并采集本年度发生变化的基础信息，补漏项、改错项。

（3）贫困户历年帮扶措施的信息采集。使用全国扶贫开发信息系统打印历年帮扶措施信息对照表，入户核实信息并采集本年度发生变化的帮扶措施信息。

（4）脱贫不稳定户和边缘易致贫户信息采集。使用国务院扶贫办制发的《脱贫不稳定户信息采集表》和《边缘易致贫户信息采集表》入户核实并采集基础信息。同步采集2019年边缘易致贫户的新增指标信息，并补录进系统。

（5）贫困户（含脱贫户）和边缘易致贫户家庭成员自然变更的信息采集。使用国务院扶贫办制发的《贫困户、边缘易致贫户家庭成员自然增加情况表》和《贫困户、边缘易致贫户家庭成员自然减少情况表》采集。

（6）贫困村和贫困村内村民小组的信息采集。通过全国扶贫开发信息系统打印《贫困村信息对照表》《自然村信息对照表》采集发生变化的信息。

（三）数据录入和系统操作（镇雄县10月20日前，其余县市区11月15日前）

各县市区完成线下工作并向市扶贫开发领导小组办公室书面申请开通全国扶贫开发信息系统相关功能，于11月15日前完成全部数据录入和系统操作。镇雄县于10月20日前完成全部数据录入和系统操作。

（四）数据质量提升（11月30日前）

由市县两级扶贫部门牵头，以全国扶贫开发信息系统数据为基础，组织行业部门对各项数据指标进行全口径、全量化比对，逐项逐条查找差异、分析原因，存疑问题反馈乡村核实，并及时修正完善系统信息，确保全国扶贫开发信息系统数据与行业部门系统数据逻辑、标准、口径一致，做到账实相符、账账相符。

（五）数据分析和问题梳理（12 月 10 日前）

结合脱贫攻坚普查和建档立卡数据质量评估工作情况，开展数据分析，查找梳理疑似退出质量不高、识别纳入不精准及数据质量等问题，形成到户到人具体问题清单。

（六）问题核查整改（12 月 20 日前）

各县市区对上级反馈、自查发现的问题数据，组织开展实地核查，并对查实的问题立行立改，举一反三。

（七）完善系统数据（12 月 31 日前）

各县市区在全国扶贫开发信息系统中对经核实核准的问题数据进行修改完善，市级全程做好业务指导。12 月 31 日 24 时国务院扶贫办将关闭全国扶贫开发信息系统所有录入、修改功能。

（八）工作总结（2021 年 1 月 5 日前）

各县市区对 2020 年度扶贫对象动态管理工作进行总结，并上报总结报告。

三、有关事项

（一）收入计算周期

本轮动态管理所有工作对象家庭收入计算周期为 2019 年 10 月 1 日至 2020 年 9 月 30 日。低保金、养老金计入脱贫户收入。

（二）信息采集填表说明和指标解释

本轮动态管理信息采集和录入工作的指标和数据口径统一按国务院扶

贫办制发的《相关采集表填表说明和指标解释》执行。

（三）贫困户脱贫校验

全国扶贫开发信息系统对“贫困户脱贫”操作设置了限制条件，凡“两不愁、三保障”数据显示未解决的贫困户，均无法进行“脱贫”操作。

（四）使用全国建档立卡手机 APP 开展信息核实工作

为减轻基层打印表格负担，提高工作效率，各地要充分利用全国扶贫开发信息系统手机 APP 的相关功能开展信息核实。同时对贫困户地理位置信息进行采集完善，对易地扶贫搬迁户要完善搬迁前原住址和现住址的地理位置信息。

四、工作要求

（一）提高政治站位，压实工作责任。全国扶贫开发信息系统数据是脱贫攻坚工作的直观体现，是国家、省脱贫攻坚成效考核的重要依据，更是收官之年全市高质量交出脱贫攻坚昭通答卷的重要支撑。各级各部门要充分认识抓好扶贫对象动态管理工作的重要意义，严格落实“五级书记抓扶贫、党政同责促攻坚”要求，一把手亲自研究、亲自推动、亲自督促，层层压实责任，层层传导压力，扎实做好 2020 年扶贫对象动态管理工作，全面提升全国扶贫开发信息系统数据质量。各县市区是扶贫对象动态管理工作的责任主体，对扶贫对象动态管理工作负总责，要进一步细化工作方案，明确目标任务，强化组织保障，严格过程把控，高质量完成本县市区扶贫对象动态管理工作。要压紧压实乡镇工作责任，督促指导乡镇做好扶贫对象动态管理工作队伍组建、进度推进、质量把控等工作，建立数据质量可追溯、责任可追究工作机制，细化工作责任，明确纪律要求，扎实推进扶贫对象动态管理工作。市直相关行业部门要各负其责，全力做好本部门行业扶贫数据的监测、比对等工作，对本行业扶贫数据质量负责；要建立质量内控机制，加强对县市区的业务指导，全面提升本行业扶贫数据质量。各级挂钩帮扶部门要加强工作统筹，组织帮扶干部配合县市区做好相关工作。挂钩帮扶干部要在乡镇党委、政府的统一安排下，配合做好扶贫对象动态管理各项工作，积极开展政策宣传，扎实做好群众工作。

（二）突出工作重点，把控关键环节。各县市区、市直有关单位要倒排时间进度，突出工作重点、把控关键环节，抢抓有效工作时间，全力以赴抓好扶贫对象动态管理工作。一是扎实抓好信息采集、录入工作。要统筹县、乡、村和帮扶干部力量组建现场信息采集员、数据录入员和研判审核员队伍，对照扶贫对象信息采集工作涉及表册，进村入户逐村逐户逐人逐项做好数据核实和信息采集，按要求组织做好信息录入更新。二是扎实抓好信息审核把关。各县市区要建立健全采集信息审核制度，严格审核程序，层层审核把关，对信息采集不完整、不精准的要及时核查、修正，做到采集信息与农户实际一致、真实完整、准确规范，确保“账实相符”。三是扎实抓好数据比对核实。要严格落实扶贫数据管理和共享联席会议机制，坚持自上而下与自下而上相结合，认真组织市县两级行业部门做好全国扶贫开发信息系统数据和行业部门数据比对，及时做好问题数据核实修正，实现扶贫部门与行业部门间数据一致，确保“账账相符”。四是扎实抓好群众工作。要把加强宣传教育引导、做好群众工作、确保群众认可贯穿扶贫对象动态管理工作全过程，同步向群众开展脱贫攻坚政策宣传讲解，促进贫困群众享受政策清楚、帮扶措施清楚、扶贫成效清楚，全面提升贫困群众对脱贫攻坚的获得感、满意度和认可度。

（三）严格过程把控，确保工作质量。各县市区要强化统筹调度，建立县、乡、村三级“一周一研判、一周一调度”机制，定期安排部署扶贫对象动态管理工作、分析研判数据质量，切实解决好工作中发现的突出问题。要严把入户信息采集关、数据录入关、数据比对关，坚持边录入、边核查、边完善，确保数据质量。要高度重视扶贫对象动态管理工作结果运用，以发现问题倒逼工作落实，采取针对性措施全面补齐短板弱项，确保脱贫攻坚工作务实、过程扎实、结果真实。市扶贫开发领导小组办公室将组建扶贫对象动态管理工作督导组，分阶段对各县市区扶贫对象动态管理工作推进情况进行督促检查，并根据检查情况进行督促通报。

（四）严肃工作纪律，严格追责问责。各级各部门要严格落实市委转变作风狠抓落实的相关规定，把纪律作风挺在前面，坚决克服形式主义、官僚主义，从严从实做好扶贫对象动态管理各项工作。对工作统筹不力、进度迟缓、敷衍塞责、作风不实的县市区和部门相关领导将进行约谈；对作风漂浮、把关不严、数据不准，影响全市扶贫数据质量，甚至全市脱贫攻坚大局的，按程序报市纪委监委进行追责问责，对有关人员严格执行市委一律不得提拔重用、一律不得晋升职级、一律不得晋升职称、一律取消评先评优资格“四个一律”规定。

附录：扶贫相关政策文件名录选

国家级：

1. 中共中央　国务院关于打赢脱贫攻坚战的决定；

2. 中共中央办公厅、国务院办公厅印发《关于建立贫困退出机制的意见》的通知（厅字〔2016〕16号）；

3. 国务院扶贫办综合司关于做好2017年度扶贫对象动态管理工作的通知（国开办司发〔2017〕36号）；

4. 国务院扶贫办、教育部、民政部、财政部、自然资源部、住房和城乡建设部、交通运输部、水利部、农业农村部、卫生健康委员会关于加快推进贫困村提升工程的指导意见（国开办发〔2018〕29号）；

5. 国务院扶贫办关于印发《贫困县退出专项评估检查实施办法（试行）》的通知（国开办发〔2017〕56号）；

6. 国务院扶贫办关于印发《关于完善县级脱贫攻坚项目库建设的指导意见》的通知（国开办发〔2018〕10号）；

7. 国务院扶贫办、财政部印发《关于完善扶贫资金项目公告公示制度的指导意见》的通知（国开办发〔2018〕11号）；

8. 国务院扶贫开发领导小组关于开展扶贫领域作风问题专项治理的通知（国开发〔2017〕10号）；

9. 国务院扶贫办关于印发《扶贫开发建档立卡工作方案》的通知（国

开办发〔2014〕24 号）；

10. 财政部、扶贫办、国家发展改革委、国家民委、农业部、林业局关于印发《中央财政专项扶贫资金管理办法》的通知（财农〔2017〕8 号）；

11. 中共中央办公厅、国务院办公厅印发《关于进一步加强东西部扶贫协作工作的指导意见》的通知；

12. 国务院扶贫办关于做好 2018 年度扶贫对象动态管理工作的通知（国开办发〔2018〕39 号）；

13. 国务院扶贫办关于进一步完善贫困人口动态管理工作的通知（国开办发〔2019〕9 号）；

14. 国务院扶贫办关于应对新冠肺炎影响切实做好扶贫小额信贷工作的通知（国开办发〔2020〕3 号）；

15. 国务院扶贫开发领导小组关于印发《东西部扶贫协作成效评价办法的通知》（国开发〔2019〕13 号）；

16. 关于做好财政支农资金支持资产收益扶贫工作的通知；

17. 住房城乡建设 . 财政 . 国务院扶贫办关于加强建档立卡贫困户等重点对象危房改造工作的指导意见（建村〔2016〕251 号）。

省 级：

1. 云南省人民政府扶贫开发办公室 云南省财政厅关于印发云南省开展扶贫开发目标、任务、资金、权责到县工作实施方案（试行）的通知（云贫开办发〔2015〕168 号）；

2. 云南省扶贫开发领导小组关于印发云南省贫困对象动态管理工作方案的通知（云贫开发〔2017〕31 号）；

3. 中共云南省委办公厅 云南省人民政府办公厅关于印发《云南省贫困退出机制实施方案》的通知（云厅字〔2016〕11 号）；

4. 云南省扶贫开发领导小组关于印发《云南省贫困退出考核实施细则》的通知（云贫开发〔2016〕40 号）；

5. 中共云南省委办公厅　云南省人民政府办公厅关于进一步完善贫困退出机制的通知（云厅字〔2019〕31 号）；

6. 云南省扶贫开发领导小组关于印发云南省贫困退出标准和脱贫成果巩固要求指标说明的通知（云开组〔2019〕9 号）；

7. 云南省扶贫开发领导小组办公室关于建档立卡数据信息调整和补录工作的补充的通知（云开组办〔2018〕26 号）；

8. 云南省扶贫开发领导小组印发《关于加强县级脱贫攻坚项目库建设和完善扶贫资金项目公示公告制度的实施意见》的通知（云贫开发〔2017〕47 号）；

9. 云南省扶贫开发领导小组办公室关于开展脱贫措施户户清行动，加快推进县级脱贫攻坚项目库建设的通知（云开组办〔2018〕18 号）；

10. 云南省扶贫开发领导小组办公室关于印发精准扶贫数据比对专项工作方案的通知（云开组办〔2018〕25 号）；

11. 云南省扶贫开发领导小组关于进一步加强“挂包帮”定点扶贫工作的通知（云开组〔2018〕5 号）；

12. 云南省扶贫办、云南省财政厅关于印发《云南省企业集团帮扶资金管理暂行规定》的通知（云开办〔2018〕145 号）；

13. 云南省人民政府扶贫开发办公室、云南省教育厅《关于落实雨露计划支持农村贫困家庭新成长劳动力接受职业教育政策的通知》（云贫开办发〔2017〕335 号）；

14. 云南省扶贫开发领导小组办公室印发《关于建立防止返贫监测和帮扶机制的实施办法》的通知（云开组办〔2020〕11 号）；

15. 中国银保监会、财政部、中国人民银行、国务院扶贫办关于进一步规范和完善扶贫小额信贷管理的通知（银保监发〔2019〕24 号）；

16. 中共云南省委办公厅、云南省人民政府办公厅印发《关于加强全省脱贫攻坚 4 类重点对象农村危房改造工作的意见》的通知（云厅字〔2017〕18 号）；

17. 云南省人民政府办公厅关于推进非 4 类重点对象农村危房改造的指导意见（云政办发〔2018〕48 号）；

18. 中共云南省委办公厅、云南省人民政府办公厅印发《关于进一步做好易地扶贫搬迁工作的指导意见》的通知（云厅字〔2018〕38 号）；

19. 关于印发云南省解决贫困人口基本医疗有保障突出问题工作实施方案的通知（云卫财务发〔2019〕3 号）；

20. 关于修订我省脱贫攻坚农村饮水安全评价准则的通知（云水农〔2019〕1 号）；

21. 云南省人民政府办公厅关于印发云南省健康扶贫 30 条措施的通知（云政办发〔2017〕102 号）；

22. 关于印发《云南省深度贫困地区教育脱贫攻坚实施方案（2018—2020 年）的通知》（云开组办〔2018〕7 号）；

23. 转发国家发展和改革委员会等 13 部委关于印发 2020 年易地扶贫搬迁后续扶持若干政策措施文件的通知（云发改易地〔2020〕347 号）；

24. 云南省国土资源厅关于保障易地扶贫搬迁用地的意见（云国土资〔2016〕121 号）；

25. 云南省扶贫开发领导小组办公室关于进一步做好贫困对象建档立卡工作的通知（云贫开办发〔2016〕56 号）；

26. 云南省人民政府办公厅关于印发云南省开展消费扶贫助力打赢脱贫攻坚战实施方案的通知（云政办发〔2019〕57 号）；

27. 云南省总工会关于印发《驻村扶贫工作队员意外伤害和重大疾病慰问办法》的通知（云工发〔2019〕5 号）；

28. 云南省人民政府扶贫开发办公室关于做好脱贫攻坚一线和扶贫系统干部意外伤害及新冠肺炎保险保障的通知（云开办便签〔2020〕160 号）

29. 中国银监会云南监管局、省财政厅、国务院扶贫办等关于促进扶贫小额信贷健康发展的通知（云银监发〔2017〕58 号）；

30. 云南省扶贫开发领导小组办公室关于转发加强产业扶贫带贫减贫机

制建设的通知（云开办〔2019〕80号）；

31. 云南省扶贫开发领导小组关于积极应对新冠肺炎疫情影响切实做好产业就业扶贫工作的通知（云开组〔2020〕3号）；

32. 云南省扶贫开发领导小组办公室关于转发积极应对新冠肺炎疫情影响切实做好扶贫小额信贷工作文件的通知（云开办〔2020〕7号）。

市　级：

1. 中共昭通市委办公室　昭通市人民政府办公室印发《关于建立扶贫攻坚“挂包帮”“转走访”长效机制的实施方案》的通知（昭办通〔2015〕36号）；

2. 昭通市扶贫开发领导小组关于印发《昭通市技能扶贫专项行动实施方案》的通知（昭扶字〔2016〕4号）；

3. 昭通市扶贫开发领导小组关于开展2016年扶贫对象动态调整和建档立卡信息采集录入工作的通知（昭扶字〔2016〕45号）；

4. 关于印发《昭通市中央、省属驻昭单位“挂包帮”“转走访”定点扶贫工作考核办法》的通知（昭扶字〔2016〕35号）；

5. 昭通市扶贫开发领导小组关于印发《昭通市与中央、省级挂钩单位联系协调服务工作制度》等两项制度的通知（昭扶字〔2016〕40号）；

6. 昭通市扶贫开发领导小组关于印发《金融支持精准扶贫实施方案》的通知（昭扶字〔2017〕1号）；

7. 中共昭通市委办公室关于印发《昭通市深入开展贫困人口精准识别摸底调查工作方案》的通知（昭办通〔2017〕29号）；

8. 关于印发挂钩帮扶单位、驻村扶贫工作队员和结对帮扶责任人工作任务清单的通知（昭扶办字〔2017〕37号）；

9. 关于印发《昭通市支持贫困县统筹整合使用财政涉农资金实施细则》的通知（昭办通〔2017〕2号）；

10. 昭通市扶贫开发领导小组关于印发《昭通市教育扶贫实施方案》的

通知（昭扶字〔2018〕14号）；

11. 中共昭通市委办公室　昭通市人民政府办公室关于印发《昭通市深度贫困地区脱贫攻坚实施方案》的通知（昭办字〔2018〕20号）；

12. 中共昭通市委　昭通市人民政府关于印发《昭通市全面开展村村清、户户清行动切实扣好精准扶贫第二粒“扣子”工作方案》的通知（昭委通〔2018〕3号）；

13. 关于开展建档立卡贫困对象常态化管理工作的指导意见（昭扶办字〔2018〕15号）；

14. 昭通市扶贫办、昭通市财政局、昭通市金融办、人民银行昭通市中心支行、银监会昭通监管分局关于进一步做好扶贫小额信贷精准扶持产业发展的指导意见（昭扶办字〔2018〕11号）；

15. 关于印发昭通市2019年精准扶贫动态管理工作方案的通知（昭扶办字〔2019〕8号）；

16. 昭通市扶贫开发领导小组关于贫困退出后续精准帮扶巩固提升工作的意见（昭扶字〔2019〕5号）；

17. 昭通市扶贫开发领导小组关于印发《昭通市2019年贫困村脱贫出列指导方案》的通知（昭扶字〔2019〕10号）；

18. 关于印发《昭通市2019年行业扶贫和定点挂钩扶贫工作考评细则》的通知（昭扶办字〔2020〕1号）；

19. 关于印发《昭通市2019年县（市、区）脱贫攻坚工作考评细则》的通知（昭扶办字〔2020〕2号）；

20. 昭通市扶贫开发领导小组关于印发《昭通市建立防止返贫监测和帮扶机制工作方案》的通知（昭扶字〔2020〕9号）；

21. 昭通市2020年度扶贫对象动态管理工作实施方案（昭扶办字〔2020〕33号）；

22. 中共昭通市委办公室、昭通市人民政府办公室印发《关于进一步明确任务下沉力量压实责任确保打好打赢脱贫攻坚大决战的实施方案》的通知（昭办通〔2019〕30 号）；

23. 中共昭通市委办公室印发《关于进一步加大关心关爱力度促进基层一线干部担当作为的意见》的通知（昭办发〔2019〕4 号）；

24. 中共昭通市委办公室、昭通市人民政府办公室印发《关于加强全市脱贫攻坚 4 类重点对象农村危房改造工作的实施方案》的通知（昭办字〔2017〕25 号）；

25. 中共昭通市委办公室、昭通市人民政府办公室印发《关于进一步推进农村危房清零和拆危整治工作的实施意见》的通知（昭办通〔2019〕57 号）；

26. 昭通市易地扶贫搬迁工作指挥部办公室关于进一步明确新增易地扶贫搬迁有关政策的通知（昭市易迁指办〔2018〕56 号）；

27. 昭通市人民政府办公室关于印发昭通市贯彻落实云南省健康扶贫 30 条措施实施方案的通知（昭政办发〔2017〕168 号）；

28. 昭通市人民政府办公室转发市民政局等部门关于做好农村最低生活保障制度与扶贫开发政策有效衔接实施方案的通知（昭政办发〔2017〕26 号）；

29. 昭通市人民政府办公室关于进一步加强农村低保规范管理工作的指导意见（昭政办发〔2017〕127 号）；

30. 关于认真贯彻落实省政府文件精神进一步做好农村最低生活保障兜底脱贫工作的通知（昭政办发〔2018〕43 号）；

31. 中共昭通市委办公室　昭通市人民政府办公室关于印发《昭通市全面深入开展易地扶贫搬迁对象摸底调查精准识别工作方案》的通知（昭办字〔2017〕31 号）；

32. 中共昭通市委办公室昭通市人民政府办公室印发《关于深入推进昭通市易地扶贫搬迁工作的指导意见》（昭办发〔2016〕20 号）；

33. 关于印发《昭通市脱贫攻坚“找问题、补短板、促攻坚”专项行动实施方案》等 3 个方案的通知（昭办发〔2017〕4 号）；

34. 昭通市人民政府关于印发昭通市东西部扶贫协作产业招商引资办法（试行）的通知（昭政规〔2019〕1号）；

35. 中共昭通市委办公室关于印发《昭通市脱贫摘帽督导员管理办法（试行）》的通知（昭办通〔2019〕3号）；

36. 关于选派2019年度计划脱贫出列村脱贫摘帽督导员的通知（昭扶字〔2019〕8号）；

37. 昭通市人民政府办公室关于印发昭通市阳光低保专项行动方案的通知（昭政办发〔2019〕32号）；

38. 关于印发《昭通市2018年扶贫对象动态管理工作方案》的通知（昭扶办字〔2018〕40号）；

39. 昭通市人民政府办公室关于印发《关于印发昭通市东西部扶贫协作对口帮扶资金管理办法的通知》（昭政办发〔2020〕8号）；

40. 昭通市扶贫办关于做好昭通市2020年度扶贫小额信贷工作的通知（昭扶办字〔2020〕18号）。

第三编　勇毅笃行

概　述

地处云、贵、川三省之间的昭通，贫困人口多、贫困程度深、致贫因素复杂、脱贫难度大，“一方水土难以养活一方人”成了昭通贫困落后最真实的写照。为此，昭通市委政府提出“133”工作思路，坚持以人民为中心、以群众工作为主线这个根本，抓住精准、统筹、务实三个关键，努力实现思想、工作、情感三个认同。

思路确定后，昭通全市广大干部群众奋战一线，以脱贫攻坚统领经济社会发展谋篇布局，强化“双统领”“双保障”“双推进”，紧扣“两不愁、三保障”目标，统筹抓好“5 + N 个一批”和“六个精准”，扎实做好易地搬迁、基础设施建设、产业培育、劳动力转移就业“四篇文章”，将心血和汗水洒向乌蒙大地。

2015 年来，作为全国贫困人口最多、贫困程度最深、脱贫任务最重、攻坚压力最大的地级市，努力闯出了一条以脱贫攻坚统领经济社会发展，倒逼产业形态、基础设施、城乡建设、生态文明等各个领域精准扶贫、精准脱贫、创新突破的“昭通路径”；奋力跑出了平均每天脱贫 1000 多人的“昭通速度”；锻造锤炼了为民务实、实干求真的“昭通作风”；树立了文明友善、开放包容的“昭通形象”；淬炼形成了敢打善拼、坚韧求成的脱贫攻坚“昭通精神”。

本栏目以“勇毅笃行”为题，意在展现市委、市人大、市政府、市政协等四套班子相关领导亲历、亲见、亲闻的工作经验与成效，同时也包括11个市、县、区委书记立下军令状，不摘“贫困帽”交出“乌纱帽”的誓言与决心。“空谈误国，实干兴邦”，乌蒙大地在实干中实现旧貌换新颜，185.07万贫困人口稳定脱贫，1235个贫困村全部出列，10个贫困县全部摘帽，35.47万名搬迁群众迁入新居，全市上下经过5年多的攻坚冲刺，高质量交出了独具特色的脱贫攻坚“乌蒙答卷”。

牢记使命勇担当　攻坚克难显作为
努力闯出一条深度贫困地区摆脱绝对贫困迈入全面小康的新路子

——脱贫攻坚大决战实录

杨亚林

（2020 年 12 月）

昭通地处云、贵、川三省接合部的乌蒙山区腹地，是集革命老区、地震灾区、散居民族地区、生态敏感脆弱地区为一体的深度贫困地区。全市辖 9 县 1 区 1 市 146 个乡镇（办事处），国土面积 2.3 万平方公里，居住着汉、回、彝、苗等 24 个民族 629 万人。同时，昭通还是全国贫困人口最多、贫困程度最深、脱贫任务最重、攻坚压力最大的地级市和云南省脱贫攻坚的主战场。全市 11 个县（市、区）中有国家级贫困县 10 个（其中深度贫困县 7 个）、1379 个村（社区）中有贫困村 1235 个（其中深度贫困村 691 个）、629 万人口中有贫困人口 185.07 万人，正可谓全国脱贫看云南、云南脱贫看昭通。

2015 年 1 月 19 日，习近平总书记到昭通视察时要求我们“要以更加明确的目标、更加有力的举措、更加有效的行动抓好脱贫攻坚，确保扶到点上、根上，让贫困群众真正得到实惠”。几年来，我们始终铭记习近平总书记的殷殷嘱托，感恩党中央的亲切关怀，坚持把打赢脱贫攻坚硬仗作为树牢“四个意识”、坚定“四个自信”、做到“两个维护”的具体体现和生动实践，教育引导广大党员干部以“苦不苦，想想红军长征二万五；难不难，想想当年红军来到扎西有多难”来坚定理想信念，以高度的政治自觉和强烈的使命担当投身脱贫攻坚大决战，坚决嚼碎“最硬的骨头”。经过 1000 多个日日夜夜的攻坚冲刺，以平均每天脱贫1000多人的进度，奋力夺取了脱贫攻坚战全面胜利，昭通千百年来的绝对贫困问题即将变成历史的记忆，全面建成小康社会取得历史性成就。全市现行标准下185.07万农村贫困人口、1235个贫困村、10个贫困县全部退出贫困序列。2015—2020年，全市生产总值年均增长8%；固定资产投资年均增长16.6%；地方一般公共财政预算收入年均增长9%，支出年均增长9.1%；城乡居民人均可支配收入年均分别增长7.3%、9.4%。

事非经过不知难，成如容易却艰辛。回顾脱贫攻坚波澜壮阔的历程，昭通人民牢记嘱托、感恩奋进，战胜了前进路上的艰难险阻、攻克了绝对贫困的堡垒关卡，特别是以脱贫攻坚为引领发生的思想观念之变、发展格局之变、产业形态之变、城乡面貌之变、文明风尚之变，成为昭通发生翻天覆地历史性巨变的动力源泉和真实写照。几年来，我们努力闯出了一条以脱贫攻坚统领经济社会发展全局，倒逼产业形态、基础设施、城乡建设、生态文明等各个领域创新突破的"昭通路径"，奋力跑出了争先进位、赶超跨越的"昭通速度"，锻造锤炼了为民务实、实干求真的"昭通作风"，塑立展示了"文明友善、开放包容"的"昭通形象"，淬炼形成了敢打善拼、坚韧求成、再硬的骨头也要嚼碎的脱贫攻坚"昭通精神"，在乌蒙大地上奏响了一曲曲荡气回肠的时代壮歌。

一、树牢"四个意识"，坚定"四个自信"，坚决做到"两个维护"，牢牢扛起脱贫攻坚政治责任

面对繁重艰巨的脱贫攻坚任务，我们始终把习近平总书记视察昭通时的重要指示精神作为根本动力，牢记军令如山的责任担当，层层传导压力，压紧压实责任，把坚决打赢脱贫攻坚硬仗作为树牢"四个意识"、践行"两

个维护”的具体体现。

（一）扛起主体责任，认真落实“双统领”“双保障”“双推进”工作要求。坚持以脱贫攻坚统领经济社会发展全局、以党的建设统领推动各项工作落实“双统领”，把脱贫攻坚作为昭通最大的政治任务、最大的民生工程、最大的历史挑战，也是最大的发展机遇，高高举起脱贫攻坚大旗，抓住机遇谋发展，补齐短板强弱项，系统谋划、整体破解全市发展不平衡不充分的问题。坚持把加强党的领导贯穿于经济社会发展的方方面面，充分发挥各级党组织统领、支撑和保障作用。强化铁的纪律和硬的作风“双保障”，把纪律和规矩挺在前面，严明政治纪律、组织纪律、工作纪律，以铁一般的纪律推动干部坚守铁一般的担当。通过全面落实“双统领”“双保障”的要求，努力实现党的建设和脱贫攻坚“双推进”。

（二）立足昭通实际，探索实践“133”脱贫攻坚工作思路。针对部分贫困群众诉求多样、期盼过高、维权意识和攀比心理都比较强烈的实际，我们提出了“坚持以人民为中心、以群众工作为主线，抓住精准、统筹、务实三个关键，实现思想、工作和情感三个认同”的“133”工作思路。特别是始终坚持以人民为中心、以群众工作为主线这一根本，把做深做实做细群众工作作为一切工作的出发点和落脚点，领导干部带头深入千家万户，从收集民情、了解民意、把握实情入手，面对面把账算清楚、把政策讲明白、把思路统一起来，把群众的积极性调动起来，形成合力齐攻坚，力求在牢牢把握“六个精准”落实到位的基础上，既聚焦标准又着眼长远，统筹做好基础改善、产业培育等各项工作，实现思想、工作和情感的认同，增强群众对脱贫攻坚的参与度、认可度、满意度，让群众工作真正成为脱贫攻坚这棵参天大树的主干。

二、全面实施精准扶贫精准脱贫基本方略，精准扣好脱贫攻坚“四粒扣子”，切实做到“量身定制，对症下药”

在脱贫攻坚工作中，我们紧扣“精准”要义，围绕“扶持谁”“怎么扶”“怎么退”“退出后怎么办”四个重点，着力扣好精准识别、精准施策、精准退出、巩固提升“四粒扣子”。

（一）扣好精准识别“第一粒扣子”。2017年，我们以全国建档立卡贫困人口动态管理为契机，坚持从头再来但不是推倒重来、全面调查但各有侧重、稳中求进动态管理的要求，以县区为主体、村民小组为基本单元、农户为基本对象，由驻村工作队负主责，组织2.36万名干部深入全市146个乡镇（街道）1251个村（社区）25856个村（居）民小组，用近4个月的时间，对全市129.73万户529.03万农村人口进行全面摸底排查和深入细致的工作，精准锁定未脱贫对象27.5万户113.37万人，清理清退不合理、不规范的低保对象10.96万人、新增11.38万人，系统全面建立了全市农村户籍、住房、教育、卫生、低保等各方面的信息。广大干部深入千家万户进行大走访，把摸底调查同宣传政策、了解民情、收集民意、化解矛盾、移风易俗等工作有机结合，既锤炼了干部服务群众的本领，更拉近了干部与群众的距离，进一步密切了党群干群关系。

（二）扣好精准施策“第二粒扣子”。2018年，我们严格对标对表脱贫出列摘帽标准，以开展“村村清、户户清”行动为抓手，整合各方力量盯到村、抵到户，开展全覆盖、地毯式、无遗漏排查分析，并按照“缺什么补什么”的原则，在找准缺项和短板的基础上，科学制定村级施工图、乡级路线图和县级项目库，近3年累计已投入各类扶贫资金577.88亿元，实施库内项目12324个，以到人到户的精准帮扶确保户脱贫、村出列，以高质量的“村村清、户户清”确保县摘帽。

（三）扣好精准退出“第三粒扣子”。对照“两不愁、三保障”和贫困退出标准，严格按照户脱贫、村出列、县摘帽退出机制，严格程序、严格考核、严格验收，做到程序公开、数据准确、档案完整、结果公正，确保脱贫成效经得住历史和人民的检验。全市先后两批接受脱贫普查的10个县区、1218个村、41.92万户184.43万贫困人口，全部顺利通过逐户普查验收，群众认可度高达99.99%，交出了一份高质量的脱贫答卷。

（四）扣好巩固提升“第四粒扣子”。按照习近平总书记“四个不摘”要求和脱贫成果巩固20条要求，把实现贫困户的长远脱贫作为脱贫攻坚的重要目标，切实做到摘帽但不摘责任、不摘政策、不摘帮扶、不摘监管，对建档立卡贫困人口继续保持政策稳定性和工作连续性，健全落实“一平台三机制”、深入实施巩固脱贫成果“四大提升行动”，坚决防止出现规模性返贫现象。

三、紧扣“两不愁、三保障”目标，做好“四篇文章”，打好“五大战役”，千方百计补短板强弱项

针对全市脱贫攻坚存在的短板弱项，我们坚持把易地扶贫搬迁、产业培育、劳动力转移就业、基础设施改善“四篇文章”作为打赢脱贫攻坚战的重要基础和支撑，统筹专项扶贫、行业扶贫、社会扶贫、东西部扶贫协作等力量，打好打赢“两不愁、三保障”突出问题歼灭战、易地扶贫搬迁“搬得出、稳得住”攻坚战、产业培育高质量发展突击战、劳动力稳定有序就业提升战、农村人居环境整治提升人海战“五大战役”，全面推动各项精准帮扶措施落到实处。

（一）聚焦“两不愁、三保障”目标标准，对标对表补短板强弱项，确保各项指标全面达标、全面过硬。按照“以房找人、以户找房，危房不住人、住人不危房”“四句话”要求，深入开展农村危房大排查和改造拆危

拆旧“清零”行动，全市累计新建或改造农村住房55.89万户，拆除危旧房43.73万户，农村群众实现住房安全有保障。坚持工程建设与水利设施管护并重，215.4万人饮水安全得到巩固提升，自来水普及率达94%，农村饮水安全保障实现全面达标。强化农村交通基础设施建设，多方筹措上百亿元资金，累计硬化农村公路1.86万公里，建成公路安全生命防护工程1.05万公里，实现了所有行政村和社区通硬化路、通客运、网购物流全覆盖。大力推进教育扶贫，在11个县市区义务教育发展实现基本均衡的同时，创新查户籍对学籍、查学籍对学生、以实际对系统、以系统对责任“两查四对”机制，按照摸清家底、依法处置、规范责任、动态管理“四步走”工作法，多措并举抓实控辍保学，确保全市贫困家庭学生无因贫辍学失学；以云师大附属镇雄中学为代表的一批优质学校开启了联合办学的新模式，教学质量和办学水平大幅度提升。全面落实健康扶贫各项政策，全市符合条件的建档立卡贫困对象100%参加基本医疗保险、大病保险；乡镇卫生院和村（社区）卫生室标准化建设实现全覆盖，与四川大学华西医院开展联合办医，把国内一流的优质医疗服务送到了广大群众家门口，“看病难、看病贵”问题得到根本性转变。

（二）紧扣“改变人、服务人、幸福人”，确保易地搬迁“搬得出、稳得住、能持续发展、群众较满意”。“大山大水大峡谷、天寒地冻不出种、人多地少矛盾多”是昭通最大的市情，也是昭通贫困面大、贫困程度深的最根本原因。全市山区、半山区占国土面积的96.4%，海拔2000米以上的高寒冷凉地区占30%，人口密度高达每平方公里273人，道路崎岖出行难、医疗滞后看病难、居住分散办学难、产业弱小起步难、生态脆弱改善难，这些地方的群众唯有搬迁才有脱贫出路。而要实施大搬迁、大突围，更面临着思想统一难、资金筹措难、组织实施难、配套支撑难“四大难题”。围绕着搬与不搬、搬多少等诸多实际问题，我们组织广大干部群众开展深入的思想大讨论，立足实际，顺势而为，本着对历史负责、对未来负责、对群众负责的态度，坚持把易地扶贫搬迁作为啃下昭通脱贫攻坚硬骨头的“铁齿铜牙”、作为检验昭通脱贫攻坚成败的重要标尺，大力弘扬“搬不动山就搬人、改变不了环境就改变人”的新时代愚公精神，下大决心把那些不具备发展条件、生存在贫困山区和生态脆弱地区的群众搬出大山，真正“让人搬到人该待的地方、让树长到树该长的地方”，努力实现城乡人口分布格局重构、产业发展结构重组、山区自然生态环境重塑“三位一体”的推进。2017 年年底，我们聚焦“一方水土难以养活一方人”的六类区域，按照“能搬则搬、应搬尽搬、整村搬迁”的原则，以贫困发生率高于 50% 以上、交通基础设施等公共服务难以适应长远发展为主要标准，精准锁定搬迁对象 8.26 万户 35.47 万人，其中建档立卡贫困人口 30.7 万人，占全市贫困人口总数的 16.6%；新增易地搬迁安置的 22.8 万人中，建档立卡贫困群众达 18.74 万人，占云南省新增易地扶贫搬迁人口总数的 54.3%；整行政村搬迁 3 个、整村民小组搬迁 836 个、搬迁人口 80% 以上的村民小组 699 个。

围绕搬哪里？怎么搬？从一开始，我们就树牢搬迁只是手段、脱贫和发展才是目的这一理念，紧扣“改变人”这个根本来强化顶层设计，坚持全市一盘棋，探索“跨县搬迁、集中安置、进城入镇、进厂上楼”的“昭通模式”，绝不为搬而搬，绝不简单就标准讲标准、就住房讲住房。在 2018 年已实现 12.67 万名群众彻底搬出大山的基础上，立足昭通客观条件和空间潜力特别是大部分县不具备县域内大规模集中安置的实际，完全打破县、乡、村行政区划，坚持全市统筹、整体谋划、同步实施，全面统筹空间、规模、产业三大结构，重新定位生产、生活、生态三大布局，按照“进城、入镇、进厂、上楼”的思路，因地制宜规划建设集中安置区 23 个，其中万人以上规模的达 9 个，全国搬迁规模位列前 5 的安置区昭通就占了 3 个；新增搬迁群众全部采取城镇化集中安置，中心城区和县城安置占比达 92%，助推全市城镇化率提高了 7 个百分点。特别是结合昭通中心城市“一城三区”的总体格局，在中心城区布局了靖安、卯家湾两个大型跨县区安置区，分别承接安置来自 6 个县区的 9115 户 4.01 万人，以及来自 5 个县的 9110 户 3.9 万人。

围绕搬了以后怎么办？我们严格按照云南省易地搬迁“50项工作目标”要求，坚持全方位谋划并实施全过程的严格把控，确保每一个环节步骤、每一项具体措施落实到位，用高质量的过程把控，确保目标实现，把好事办好，让总书记对贫困群众的关爱不折不扣地落实到位。在整个工作过程中，紧扣“服务人”这个关键，坚持系统推进、有统有分，各有侧重地走好建设配套搬家、产业就业支撑、管理服务保障“三步曲”。一是走实建设配套搬家“安居曲”。探索工程总承包、一体化运作模式，用一年左右时间高质量建成了新增集中安置区，同步配套建设的44所学校、33个医疗卫生服务机构等公共服务设施已基本建成投用，努力跑出了易地搬迁的“昭通速度”。同时，在群众入住之前，提前半年就准备搬家事宜、进入搬家状态，以迁出地为主、迁入地配合，对搬迁对象逐一开展政策清、就业清、产业清、配套清、家底清“五清”专项行动和动态管理，做到干部责任清楚，群众心中有底，确保了搬迁工作的安全、平稳、有序。二是走实产业就业支撑“乐业曲”。在各安置区规划建设近8万亩农特产业基地、9100个蔬菜和食用菌大棚，以及近60万平方米“扶贫车间”和45万平方米商业设施，大到各安置区周边近80万亩苹果、5万亩马铃薯等高原特色产业的三产联动发展，80万吨有机硅的布局落地、70万吨水电铝产业链的逐步延伸，以及电子元件、设备终端、服装加工等43家劳动密集型企业的引进入驻，小到安置区内部农贸市场、超市等商业设施的配备，地摊经济、夜市经济的规范发展，以及1.18万个公益性岗位的开发，都为搬迁群众提供了必要的就业创业保障。在迁出地，聚焦盘活群众60万亩耕地、77万亩林地、0.81万亩宅基地“三块地”，通过集中统一流转土地与退耕还林还草、发展特色产业相结合，在彻底斩断贫困群众与生态脆弱地区直接联系的同时，切实为群山减负、让大山增绿、促农民“三变”、助群众增收。三是走实服务管理保障“幸福曲”。易地搬迁绝不是简单的换地方、搬新房，而是从身份转换、生产生活转型、观念转变再到心理融入、情感融入、精神融入的一项系统社会工程，必须下足“绣花功夫”，做好社区服务管理和治理这篇文章。

因此，我们始终致力于将各安置区建设成为功能完善、管理有序、服务到位、环境优美、平安和谐、创新包容、共建共享的文明幸福新家园，打造成为全市城乡基层治理机制创新和治理能力现代化先行先试的标杆，以建立落实网格化管理服务机制为核心，在安置区组建5个临时党工委（管委会）、设立6个街道办事处、成立111个党支部和44个社区的基础上，构建起“街道、社区、片区、楼栋、住户”五级网格化管理服务体系，精细化管理、保姆式服务，一张网格划到底、工作一竿子插到底，全覆盖做好搬迁群众的培训、教育、管理、服务等工作。在此基础上，健全落实“红黄绿”精细化服务管理机制、干部挂包联系机制、群众教育引导机制，努力提升社区居民的归属感和获得感，全面帮助搬迁群众尽快适应新环境、融入新社区、开启新生活。

（三）坚持以新理念新机制新技术为引领，持续推动高原特色产业高质量发展。昭通立体多样的气候条件和得天独厚的资源禀赋，孕育了苹果、竹子、马铃薯等具有较大发展潜力的特色优势产业。但高原特色产业发展规模小、组织化程度低，缺乏龙头企业带动，资源优势没有有效转化为产业优势。围绕破解这一难题，我们紧扣“户户有增收项目、人人有脱贫门路”的目标，充分借鉴云南烟草发展模式和经验，深入推进“大产业＋新主体＋新平台”，按照良种良法、高度组织化和集约化模式、党支部＋合作社“三个全覆盖”和“村村有亮点、组组有看点、户户有支撑”的要求，以提高组织化程度为根本，以网格化落实为支撑，走规模化、标准化、品牌化、信息化发展路子，全市重点发展苹果、竹子、马铃薯、特色养殖、花椒、天麻6个百亿元高原特色产业，因地制宜探索推进“一县一业、一村一品”，努力实现高质量有层次的产业发展。特别是瞄准“中国苹果产业塔尖上的10%”目标定位，引进海升集团围绕一、二、三产融合发展要求，构建种植、分拣、冷链、物流、市场营销全链条现代产业体系，实现了产量与品质、规模与效益同步提升，彻底改变传统、粗放、低效的种植模式，在推动“此苹果非彼苹果”的根本性转变上取得了实质性进展，全市苹果产业规模突破80万亩，综合产值达100亿元以上。目前，高标准、规范化打造的10万亩苹果示范园成为全国最大单体连片矮砧密植高标准种植基地，这种机制和模式已成为引领昭通高原特色产业发展的标杆和方向。特别是相继以苹果产业、苹果品牌、苹果之城为主题开展对外推介，推动苹果正不断从一种水果成长为一个产业，从一个产业演绎出一种文化，从一种文化融入为一座城市的品牌内涵。在北部8个县市，我们贯彻习近平总书记“共抓大保护、不搞大开发”的指示精神，坚持走产业生态化、生态产业化的路子，以退耕还林还草为支撑，把笋用竹产业作为主打产业和兜底产业，目前规划建设的600万亩笋用竹产业基地已建成450万亩，综合产值近70亿元，这既让长江上游生态敏感脆弱的乌蒙山片区绿起来、美起来，又帮助群众把“绿色银行”建在山上，同时也为大规模搬迁出来的群众彻底走出大山、开启新生活提供了有力收入支撑。紧扣“昭通大洋芋、世界马铃薯、扶贫大产业”定位，高标准规划建设5万亩集中连片优质马铃薯种薯扩繁示范基地，60万亩立足大西南面向南亚东南亚的优质马铃薯种薯基地、260万亩优质商品马铃薯高产区效益明显，优质种薯远销中东和南亚、东南亚。

（四）坚持以提高组织化程度为根本，努力推进劳动力稳定有序就业。昭通529万农村人口中有劳动力305.2万人。立足“全市农村劳动力有80%左右常年外出务工，群众收入的80%依靠外出务工”这一实际，我们按照“近抓外出就业为主、远抓产业培育支撑”的思路，坚持从提高组织化程度入手，实行村组干部和驻村工作队队员挂钩联包到每一个贫困劳动力，大力开展精准到人的劳动力登记摸底和就业意愿调查，健全完善精准对接平台机制，加强做好定向培训、维权服务、联络管理等方面工作，强化稳岗补贴、交通补贴等政策支撑，扎实推动全市贫困劳动力有计划、有层次、有保障地就业，以更加充分的就业支撑稳定脱贫。特别是今年以来，我们在全力抓好新冠肺炎疫情防控的前提下，坚持把劳动力稳定转移就业作为事关脱贫攻坚胜败、事关改革发展稳定大局的关键一招，按照“保存量、扩增量，抓重组、优结构，建机制、促稳定”的思路，抢抓全国各地大规模复工复产的“窗口期”，在全国率先实施大规模、组织化的劳动力转移就业，同步构建起政府对政府、政府对重点企业的长效对接机制，全力推动农村劳动力尽可能外出就业、尽可能原岗返岗就业、尽可能到珠三角长三角地区就业。2020年年底，全市305.2万名农村劳动力中，已转移就业250.11万人，转移就业率81.95%；贫困劳动力104.55万人，转移就业90.93万人，转移就业率87%；新增易迁劳动力13.74万人转移就业率91.05%；有就业意愿的人口实现充分就业、易迁户“零就业”家庭持续保持动态清零。同时，围绕解决全市每年近5万名初高中“两后生”就学问题，探索创新职业教育办学模式，近4年来先后与东莞市、中山市、重庆市等地93家职业教育单位建立协作关系，14.35万名“两后生”通过就读职业教育学校掌握一技之长、实现充分就业。

（五）以深入开展爱国卫生专项行动为突破，全面整治提升城乡人居环境，确保脱贫脱出新面貌新气象。坚持把广大群众生产方式转变与生活方式转变相结合、提升养殖水平与改善人居环境相结合、改善环境面貌与改变人的精神面貌相结合，持续深入发起一场领导示范、干部带头、全面发动、全民动手的爱国卫生运动，努力推动城乡环境大改善、群众面貌大提升、整体形象大改观。具体工作中，探索实践“属地为主、行业监管、全面覆盖、责任到人”的网格管理机制，在全市划定12207个网格（城区网格2377个、农村网格9830个），市县两级1344个机关37382名干部职工进驻城市建成区，2042个县级以下机关单位站所和村（社区）共72822名干部职工进驻农村，一竿子插到底、一张网格划到底，努力推动“网格沉下去、问题浮上来，管控全覆盖、问题全清零”。同时，以特色示范型村庄提升改造带动全市2.77万个干净整洁型村庄建设全覆盖，彻底改变了“有新房无新村、有新村无新貌”的状况，广大农村群众既摘掉了“穷帽子”更提振了精气神，有力推动了全民素质的提升和良好风尚的形成。

（六）积极争取和聚力各方支持，最大限度汇聚起“万众一心、同心同向”脱贫攻坚强大合力。紧紧抓住国家和省倾斜支持深度贫困地区的系列政策机遇，千方百计争取各方支持帮扶，深化与东莞市、中山市、深圳市对口帮扶协作，实施基础设施、产业培育、劳动力转移就业、教育卫生等帮扶项目上千个，“四精准四协同”劳务合作机制在全国推广。东莞、中山47个镇街、141个村（社区）、298家企业、81个社会组织、79所学校、35家医院持续开展对口帮扶，2020年已到位财政援助资金5.97亿元（其中市级财政资金5.5亿元，携手奔小康资金0.47亿元），实施产业发展、劳务协作、教育帮扶、基础设施等项目197个；免费招收2665名昭通籍贫困家庭子女到东莞、中山职业学校就读；强化干部人才交流，互派挂职干部55人、教师医生等专技人才623人；援建扶贫车间45个、吸纳1206名贫困劳动力就地就业，接收17856名贫困劳动力到广东地区转移就业；协调引进62个产业项目落地昭通，引导企业完成投资14.4亿元，帮助销售农特产品4亿元；积极捐款捐物帮助昭通抗击疫情，捐赠防疫资金及物品982.81万元、协调引进日生产口罩60万只医疗器械企业1家；深圳市帮扶力度持续加大，恒大集团帮建大棚已建成3254栋，万科捐赠1亿元援建的8所幼儿园已完工5个；广东省、江苏省动员291家企业和社会组织加力帮扶镇雄县96个国家挂牌督战村，落实帮扶资金4942.4万元。国家行政学院（中央党校）、中国建材集团、东华大学等5家中央单位和53家省直机关继续定点帮扶昭通，今年投入帮扶资金1.26亿元；云南省烟草公司、三峡集团、香港招商局集团等企业投身昭通脱贫攻坚，投入帮扶资金12亿元。同时，我们在全市范围特别是基层一线深入开展“践初心、摘穷帽，奔小康、感党恩”教育，积极探索正面激励和负面约束相结合的帮扶方式，强化村规民约的约束作用，引导群众摒弃等靠要思想，充分激发贫困群众自强不息、感恩奋进的内生动力，通过自己勤劳的双手甩掉穷帽子、过上好日子。

四、坚持党建强引领促攻坚，坚决整治和防止形式主义官僚主义，确保脱贫攻坚各项决策部署落到实处

面对夺取脱贫攻坚大决战决定性胜利的历史重任，我们始终坚持把党的领导贯穿到各项工作全过程，全面强化铁的纪律和硬的作风“双保障”，以党建大加强、作风大转变推动各项工作落到实处。

（一）坚持“一把手”负总责，切实强化市县抓落实机制。深入贯彻落实“五级书记抓扶贫”“党政同责促攻坚”的要求，着力构建各级领导干部责任上肩、挂甲上任的组织体系，进一步强化市级领导挂钩联系县市区、市直部门主动服务脱贫攻坚、县处级党员领导干部担任乡镇党委第一书记、选派优秀科级党员干部担任村（社区）党组织第一书记等工作机制，累计选派4592名驻村工作队队员、823名驻村督导员充实到脱贫攻坚第一线，全市6.37万名各级干部全覆盖结对帮扶贫困群众。在坚持县乡干部由县级自主统筹、自主管理的基础上，市级制定出台重点工作月报告季调度等工作制度，进一步强化厅级领导、驻村督导员、挂钩帮扶单位、驻村扶贫工作队、结对帮扶干部“5个层级”干部管理，引领带动县、乡、村各级干部尽锐出战，用机关沉下去、干部扎下去带动基层动起来、实起来。

（二）坚决整治和防止形式主义、官僚主义，以作风攻坚促脱贫攻坚。结合实际提出全市精文简会等“五个三分之一”要求，全面推行“三多三少”工作法，鞭策各级干部把更多的时间和精力集中到脱贫攻坚等基层一线。坚持把严的标准、严的要求、严的纪律贯穿总攻冲刺的全过程，坚决整治“栽盆景”“搞应付”“做样子”“出洋相”等形式主义和官僚主义，确保扶贫工作务实、脱贫过程扎实、脱贫结果真实。

（三）全面推行基层党建网格化管理模式，努力实现党的组织无处不在、作用无处不发挥。坚持把说话有没有人听、干事有没有跟作为重要标尺，在全市推行干部联系支部、支部委员联系党员、党员联系贫困群众的

“网格化”模式，推动实现党的组织无处不在、作用无处不发挥。持续整顿提升软弱涣散基层党组织，累计创建达标党支部 11624 个；以“一肩挑”为重点调整充实村“两委”班子，全面清零村级集体经济“空壳村”，全面落实村干部“基本报酬 + 绩效补贴 + 村级集体经济创收奖励”三位一体薪酬制度，每年筹集 8500 万元资金，用于村组干部绩效奖励和补助，不断增强基层干部干事创业积极性和主动性。

（四）坚持正向激励和严肃追责并举，充分激发广大干部干事创业热情。深入实施“685 工程”和“三个一百”工程，健全完善干部正向激励容错纠错办法，激励干部干事创业、担当作为。市委、县（市、区）委、市直部门党委（党组）每年提拔使用的干部中有脱贫攻坚等基层一线工作经历的分别不低于 60%、80%、50%；2015 年以来全市累计提拔使用脱贫攻坚一线干部 3638 名，其中处级干部 435 名、科级干部 3203 名。在加大正向激励的同时，严格落实市委“四个一律”规定，对作风漂浮、工作不力影响户脱贫、村出列、县摘帽的相关责任人，一律不得提拔重用、一律不得晋升职级、一律不得晋升职称、一律取消评先评优资格，并严肃追责问责，以战时纪律和过硬作风确保各项工作落实到位。

下一步工作中，我们将始终坚持以习近平新时代中国特色社会主义思想为指引，严格贯彻落实党中央、省委系列决策部署，紧扣持续巩固提升脱贫成果、接续推进乡村振兴、促进高质量跨越发展，稳扎稳打抓好“十四五”各项工作，团结带领全市各族干部群众努力创造更加幸福美满的生活。

（作者时任中共昭通市委书记）

乘决战决胜脱贫攻坚东风
续写无愧于历史和人民的时代答卷

郭大进

贫困是长期困扰人类实现可持续发展的一大难题，摆脱贫困自古以来就是人类世界梦寐以求的理想，更是中华民族的千年夙愿。中华人民共和国成立以来，我们党带领全国各族人民持续向贫困宣战。改革开放40多年来，中国人民积极探索、顽强奋斗，走出了一条中国特色的减贫道路，8亿多农村贫困人口先后脱贫。特别是党的十八大以来，以习近平同志为核心的党中央把脱贫攻坚作为实现第一个百年奋斗目标的重点任务，充分发挥中国制度优势，举全党全社会之力集中攻坚，创造了又一个彪炳史册的奇迹！

2012年12月29日，担任中共中央总书记仅40余天的习近平同志冒着严寒赴河北省阜平县考察扶贫开发工作，以我将无我、不负人民的共产党人的使命与担当，昭示出决战脱贫攻坚的必胜信念。开展大规模专项扶贫行动以来，从黄土高坡到雪域高原，从西北边陲到云贵高原，总书记翻山越岭、风雨兼程，走遍了全国14个集中连片特困地区，展现了对贫困地区群众的深切关爱和深情牵挂，彰显出大爱无疆人民至上的为民情怀。2021年2月25日，全国脱贫攻坚总结表彰大会在北京隆重举行，习近平总书记在会上庄严宣告："经过全党全国各族人民共同努力，在迎来中国共产党成立一百周年的重要时刻，我国脱贫攻坚战取得了全面胜利，现行标准下9899

万农村贫困人口全部脱贫，832个贫困县全部摘帽，12.8万个贫困村全部出列，区域性整体贫困得到解决，完成了消除绝对贫困的艰巨任务，这是中国人民的伟大光荣，是中国共产党的伟大光荣，是中华民族的伟大光荣！”

昭通，是一个历史悠久、人杰地灵的地方，但同时也是全国14个集中连片特困地区之一的乌蒙山区腹地，集革命老区、地震灾区、散杂居民族地区、生态敏感脆弱地区为一体，是全国脱贫攻坚任务最重的地级市和云南省脱贫攻坚的主战场。在2014年时，全市11个县市区中有国家级贫困县10个，其中深度贫困县7个，有贫困村1235个，其中深度贫困村691个，贫困发生率34.8%，贫困人口高达185.07万人。乌蒙片区的脱贫攻坚牵动着总书记的心。2015年1月19日，总书记新年离京考察首站就到昭通，对昭通脱贫攻坚、恢复重建等作出最高指示，强调“要以更加明确的目标、更加有力的举措、更加有效的行动抓好脱贫攻坚，确保扶到点上、根上，让贫困群众真正得到实惠”。

我于2015年11月18日接过昭通市人民政府市长这个“接力棒”，并在全市人民与全国人民携手一道战脱贫奔小康的历史时期无比幸运地参加了2015年11月27—28日党中央在北京召开的中央扶贫开发工作会议。在这次会议上，中西部22个省、区、市的党政主要负责同志向中央签署脱贫攻坚责任书，总书记在发表重要讲话时强调：“脱贫攻坚已经到了啃硬骨头、攻坚拔寨的冲刺阶段，必须众志成城实现脱贫攻坚目标，决不能落下一个贫困地区、一个贫困群众。”聆听总书记的谆谆教诲，感受党和国家使命与意志的传承，让我从心底涌起“为天地立心，为生民立命”的责任与豪迈——唯有以立命乌蒙八百里，继往开来奔小康的决绝，以热爱事业到感动自己、努力奋斗到感染别人的勤奋，才能不负使命嘱托，才能回报组织的信任。5年多来，在党中央国务院的亲切关怀和省委、省政府的坚强领导下，在东西扶贫协作兄弟省市尽己所能鼎力相助下，在全市各族干部群众勠力同心拼搏牺牲下，我们夺取了抗震救灾和灾后恢复重建的全面胜利，打响了一场艰苦卓绝、攻城拔寨的脱贫攻坚大会战，全市现行标准下185.07万贫困人口全部脱贫、1235个贫困村全部出列、10个贫困县全部摘帽，贫困群众人均收入由2015年的2703元增加到9899元，逐户普查验收时群众满意度达99.99%，消除绝对贫困历史性使命圆满完成。

知之非艰，行之惟艰。昭通的脱贫攻坚，是全国、全省脱贫攻坚的一个缩影。回望昭通脱贫攻坚历程，只有干出来的精彩，没有等出来的辉煌。我们始终立足昭通“五个并存”的市情，把脱贫攻坚作为最大的政治任务、民生工程、发展机遇和历史挑战，紧扣精准扶贫精准脱贫要义，按照“双统领”“双保障”“双推进”工作要求，坚持“133”工作思路，强化顶层设计、规划引领、创新驱动、人才支撑、整合资源、科学执行，推动易地搬迁、交通扶贫、产业扶贫、就业扶贫、教育扶贫、生态扶贫、东西扶贫协作齐头并进，奋力闯出了一条以脱贫攻坚统领经济社会发展全局，基础设施、城乡建设、产业形态、生态文明等各个领域创新突破的新路子。而其中，尤以易地扶贫搬迁最动人心魄，尤以综合交通的改善最令人惊喜。

“一方水土养不活一方人”是昭通“五个并存”市情的集中体现，全市2.3万平方公里面积中山区半山区占97%，每平方公里人口密度达273人，是全国、全省平均水平两倍以上，很大部分贫困群众生活在深山石山区、高寒冷凉地区，人与自然之间的矛盾极为突出，很难立足于当地来实现发展，有很多地方甚至连生存的基本条件都不具备，实施大规模易地扶贫搬迁成为脱贫攻坚过程中无法回避的最大难点，也是最硬最难啃的一块“骨头”。2017年以来，我们围绕“能搬则搬、应搬尽搬、整村搬迁”原则，探索创新“进城、入镇、进厂、上楼”安置模式，咬紧牙关，走出了一条过程最艰辛但成效最明显的斩断穷根之路，35.47万名搬迁群众全部搬入新居，中心城区和县城安置占比达92%，安置规模分别为4万多人和3.6万多人的靖安和卯家湾两大新区，成为全国第一、第二的大型跨县区安置区，贫困山区群众实现一步跨越进城入镇。同时，针对群众普遍关心的搬迁后的就学就医就业等问题，我们以建设“新城”的视野审慎评估安置区未来发展趋势，科学规划建设学校、医院等公共服务设施和配套商业设施，引入劳动密集型企业搭建“扶贫车间”，创新实施科学有效的社区网格化管理，为搬迁群众能够实现“搬得出、稳得住、逐步能致富”提供了坚实的环境支撑。

如果说易地扶贫搬迁终结的是一种传统落后的生产生活方式，那么以综合交通大突破为标志的基础设施大发展则为我们架起了逐梦圆梦、拥抱崭新现代生活的“桥梁”。交通不通，脱贫攻坚就会困在路上。由于历史原因，昭通的交通建设一度被边缘化，直到2015年年底中心城区才通高速公路，实现出滇入川、连接省会的全程高速。过去5年多来，在党中央国务院和云南省委、省政府的正确领导和关心支持下，我们横下一条心、立下愚公志，定规划、绘蓝图，活金融、重招商，搭平台、引人才，勇创新、破难题，坚定不移推进“交通先行”战略，全面实施“五网”基础设施大会战，打响县域高速公路“能通全通”工程攻坚战，推动“互联互通”发展，打破最突出的交通瓶颈制约，强力推进滇川黔渝区域综合交通枢纽建设。全市以高速公路为标志的综合交通建设实现跨越式突进，建立了全国第一个高速公路地方标准，累计投资1658亿元，规划的12条高速公路全部落地建设，打通了11个“出滇入川进黔”大通道，通车里程达750公里；成贵高铁建成通车，渝昆高铁开工建设，攀昭毕遵、六威昭等铁路建设前期工作加快推进，加速迈入高铁时代；直飞北上广深等地的11条航线已经开通，新机场建设正加快推进；金沙江“一线四港九码头三转运”项目实现系统性开发，水富港中嘴作业区开港试运行，由年吞吐量仅65万吨的小码头跃升为千万吨级的枢纽港口。同时，我们深入推进“四好农村路”建设，全市实现县县通二级公路、乡乡通油路、村村通硬化路，农村地区“出行难”问题得到显著改善。昭通综合交通实现了由基础薄弱到量质齐增的深刻转变，完成了从交通弱市到交通大市的华丽转身。

从数十万群众迁入新居开启新生到“昭明通达”世代梦想的初步实现，生动点缀着波澜壮阔、荡气回肠的昭通脱贫攻坚画卷。同样欣喜地看到，5年多来，我们始终坚持发展第一要务不动摇，努力将“经济蛋糕”的块头做得更大。全市生产总值5年连跨5个百亿级台阶、年均增长8%、达1289亿元。城乡常住居民人均可支配收入分别年均增长 7.3% 和 9.3%、达 3.1 万元和 1.13 万元。固定资产投资年均增长 16.6%、达 1099 亿元，5 年累计完成 4687 亿元。地方一般公共预算收入年均增长 9%、达 85 亿元。金融机构存款余额年均增长 9.2%、达 1874.1 亿元，贷款余额年均增长 16.2%、达 1305.4 亿元，增速居全省第一，昭通实现高质量跨越发展的基础得到进一步夯实。我们始终坚持新型城镇化发展理念，统筹推进城乡一体发展，努力建设美丽宜居文明新昭通。昭阳中心城区“两违”现象得到有效遏制，黑臭水体治理成效明显，文体公园、省耕山水、乌蒙水乡、城市规划展览馆、昭通书院等一批城市客厅星罗棋布热情迎客，建成区面积突破 50 平方公里，常住人口突破 70 万人，昭通正式跨入中等城市行列。成功获评“中国文学之乡”，成为全国第五个获此殊荣的城市，11 个县市区全面启动“四城同创”和美丽县城建设，在深入实施城乡人居环境提升行动的基础上接续开展爱国卫生专项行动，城乡面貌持续改善，健康习惯成为常态，崇文重教蔚然成风。我们始终坚持依托资源禀赋推动产业结构不断调整优化，加快建设现代产业新体系。以煤电烟为代表的传统产业得到提升巩固。“六个百亿元”高原特色产业取得突破性进展，“苹果之城”“洋芋帝国”“天麻之乡”“筇竹之乡”等金字招牌在新时代大放异彩。大国重器世界第二大水电工程白鹤滩水电站全力冲刺按期投产发电目标，与向家坝、溪洛渡电站一道以 3600 万千瓦的总装机容量，构筑起长江上游“西电东送”的骨干矩阵。清洁载能产业持续壮大，70 万吨水电铝项目建成投产，绿色硅材循环经济项目成功落地，龙海硅基新材料园区加快建设。建成“一部手机游云南”昭通板块，新增 A 级以上景区 11 家，电子商务交易额突破 100 亿元，交通银行、红塔银行等金融机构在昭通设立分支机构，企业上市实现“零”的突破。我们始终坚持践行“绿水青山就是金山银山”，像保护眼睛一样保护生态环境，生动书写了生态文明建设排头兵的昭通篇章。牢牢扛起“源头责任”，扎实推进长江、赤水河流域生态保护治理，持续打好蓝天、碧水、净土“三大保卫战”，深入实施守住一片蓝天、绿化一方群山、护好一江清水、建设一座果城“四个一”行动，不断擦亮昭通良好环境底色，坚决筑牢重要生态安全屏障，打造流域绿色发展先行示范，昭通的山水峡谷、蓝天白云美誉度持续提升。我们始终坚持以人民为中心的发展理念，着力补短板强弱项，不断在劳有所得、住有所居、病有所医、老有所养、学有所教方面取得新进展。民生领域支出累计超过2100亿元。新增城镇就业18.4万人，38.2万户城乡居民住房困难问题得到解决。新冠肺炎疫情防控取得重大成果，常态化防控有力有序。以高起点推进滇东北区域医疗中心建设为牵引，大力推动卫生健康养老事业发展和社会保障救助体系完善，县级公立综合医院全部提质达标，三级医院增至4家，全市养老、失业、工伤保险参保人数突破400万人。“教育兴昭”战略深入实施，完成了从实现“两基”目标到义务教育迈向优质均衡发展的新跨越，全市现有各级各类学校突破3000所，人均受教育年限提高到9.5年。扫黑除恶斗争成效明显，“平安昭通”建设扎实高效，人民群众的获得感幸福感不断提升，日益增长的美好生活需要得到更好满足。

当前，昭通正处在全面建设社会主义现代化国家新征程的历史起点，我们要主动把昭通的发展融入全国全省大格局中，始终坚持以习近平新时代中国特色社会主义思想为指引，增强“四个意识”、树牢“四个自信”、坚决做到“两个维护”，不断提升政治判断力、政治领悟力、政治执行力，坚定不移把总书记考察云南重要讲话和指示精神作为“纲”和“魂”，认真贯彻“创新、协调、绿色、开放、共享”新发展理念，以“一个跨越”“三个定位”“五个着力”谋篇布局，抢抓国家构建“大循环、双循环”新发展格局和省委、省政府促进“滇东北开发”等重大机遇，以坚如磐石的信念、只争朝夕的劲头、坚韧不拔的毅力，乘决战决胜脱贫攻坚全面建成小康社会东风，在磅礴壮美的乌蒙大地上，续写无愧于历史和人民的时代答卷。

（作者时任中共昭通市委副书记、市长）

把最大的历史挑战　化为最大的发展机遇

朱家伟

却顾所来径，豪情满胸怀。

经过 8 年持续奋斗、5 年奋力攻坚、3 年全面冲刺，昭通全面完成了新时代脱贫攻坚目标任务，185.07 万贫困人口稳定脱贫、1235 个贫困村全部出列、10 个贫困县如期摘帽，千百年来困扰昭通的绝对贫困问题得到历史性解决，629 万名昭通人民梦寐以求的小康生活正在变成美好现实。在脱贫攻坚即将圆满收官之际，回望这段非凡历程，我们愈加深切地感受到，昭通脱贫攻坚之所以能够赢得“全国贫困人口最多的地级市、全省脱贫攻坚最难啃下的硬骨头”的决定性胜利，在脱贫攻坚艰难险阻的道路上，一路闯关夺隘、攻城拔寨，高质量交出干部认可、群众满意、必将载入昭通发展史册的脱贫答卷，最根本的在于以习近平同志为核心的党中央坚强领导和习近平总书记精准扶贫精准脱贫基本方略的科学指引，最可贵的在于始终贯彻以人民为中心的发展思想，探索实践“133”工作思路，把“组织起来”的理念贯穿于脱贫攻坚工作全过程，运用到精准扣好“四粒扣子”、扎实做好“四篇文章”、全力打好“五大战役”的具体实践，高高举起脱贫攻坚大旗，不把扶贫当负担、誓把挑战当机遇，以再硬的骨头都要嚼碎的胆识和气魄，敢打善拼、坚韧求成，奋力谱写了感天动地的脱贫攻坚昭通篇章，迎来了历史上最好的发展时期。

脱贫攻坚是新时代必须打赢的一场人民战争，组织起来是坚决夺取脱贫攻坚大决战全面胜利的最大政治优势。

昭通贫困面之大、贫困人口之多、贫困程度之深，全国罕见。要在较短的时间内彻底改变贫穷落后、生活困顿的面貌，必须聚拢每一份弥足珍贵的干劲、集中每一点难能可贵的投入，最大限度地把各方面的力量动员起来、组织起来、凝聚起来。

——只有充分组织起来，才能最大限度发挥党组织的政治优势、组织优势和密切联系群众优势。党的政治优势和组织优势，是我们党拥有强大凝聚力、战斗力、创造力的重要源泉。毛泽东同志在《组织起来》中指出："把群众力量组织起来，这是一种方针。"我们党之所以能够带领全国各族人民创造一个又一个人间奇迹，从一个胜利走向另一个胜利，靠的就是强大的政治优势和组织优势，把众多的先进分子、各个领域的优秀人才、全国各族人民群众凝聚到党的周围，团结一致向前看，集中力量办大事。面对艰巨繁重的脱贫任务，我们必须继续发挥好党的政治优势、组织优势和密切联系群众优势，以强大的领导能力开动组织体系这个庞大机器，以超常的执行能力采取坚决果断的"硬核"措施，以广泛深入的宣传动员凝聚起千军万马的强大合力，万众一心、众志成城推进脱贫攻坚。

——只有充分组织起来，才能最大限度激发贫困群众的积极性、主动性、创造性。脱贫奔小康，是涉及千千万万普通民众的历史伟业。习近平总书记指出："平凡铸就伟大，英雄来自人民。每个人都了不起！"就昭通而言，"大山大水大峡谷、天寒地冻不出种、人多地少矛盾多"的市情，既导致了长期以来的深度贫困，也造就了昭通人民吃苦耐劳、敢拼敢试的宝贵品质。全市 185.07 万贫困群众，既是帮扶对象，更是脱贫主体，他们分散开了是 185.07 万个等待党委政府帮扶救助的困难个体，组织起来就是 185.07 万可以创造巨大财富价值的发展动力。在史无前例的脱贫攻坚大决战中，我们必须"把群众组织起来，把一切老百姓的力量、一切部队机关学校的力量、一切男女老少的全劳动力半劳动力，只要是可能的，就要毫无例外地动员起来，组织起来，成为一支劳动大军”，充分激发群众的积极性、主动性、创造性，形成合力攻坚的磅礴伟力。

——只有充分组织起来，才能最大力度整合各方资源力量助力脱贫攻坚。一人难挑千斤担，众人能移万座山。脱贫致富不仅仅是贫困地区的事，也是全社会的事，更是全党全社会的共同责任。昭通要全面完成每天脱贫1000人以上、如期摘帽10个贫困县区的艰巨使命，必须坚持以脱贫攻坚统领经济社会发展全局，以党的建设统领推动各项工作落实，用更加科学、更加广泛、更加有效的组织动员手段，把政策资源、社会资源、人力资源等各种资源组织起来，将各项工作向脱贫攻坚聚焦、各种资源向脱贫攻坚聚集、各方力量向脱贫攻坚聚合，切实发挥资源整合的最大效益，着力形成一切为了脱贫、一切围绕脱贫、一切服务脱贫的良好氛围。

组织起来是一项系统工程，昭通结合脱贫攻坚生动实践探索形成了一条合力攻坚的成功路径。

结合决战决胜脱贫攻坚的新形势、新任务、新要求，市委、市政府深刻领会“组织起来”的内涵，准确把握“组织起来”的要求，充分借鉴“组织起来”的做法，全面激活“组织起来”的动能，抓住关键环节，全域谋划推进，形成了一条具有昭通特色的实现路径。

——高度统一的思想认识，是齐心协力促攻坚、步调一致向前进的根本前提。脱贫攻坚战全面打响以来，根据“中央统筹、省负总责、市县抓落实”要求和“五级书记抓脱贫攻坚、层层签订军令状”的硬命令，在习近平总书记亲自指挥、亲自部署、亲自督战下，市委、市政府牢牢扛起脱贫攻坚政治责任，树牢“四个意识”，坚定“四个自信”，做到“两个维护”，结合学习贯彻习近平新时代中国特色社会主义思想及习近平总书记关于扶贫工作的重要论述、考察云南和视察昭通重要指示精神，先后举办脱贫攻坚各类培训1048期、培训党员领导干部36.2万余人次，全市各级党组织、广大党员干部迅速统一了思想、达成了共识。全市各级各部门认真践行市委“133”工作思路，结合“挂包帮”“转走访”“两不愁、三保障”动态管理等，组织广大党员干部通过召开群众会、院坝会、火塘会等，反复动员、宣讲政策、解惑释疑，教育引导广大贫困群众依靠自己的勤劳双手脱贫致富，全面形成了人人关注脱贫、支持脱贫、参与脱贫、奋战脱贫的浓厚氛围。在扣好精准识别“第一粒扣子”的实践中，2.36万名干部深入146个乡镇（街道）1251个村（社区）25856个村（居）民小组，精准识别锁定了脱贫对象27.5万户113.37万人，同步对129.73万户529.03万名农村人口进行了全覆盖宣讲、系统性动员。

——坚强有力的组织领导，是集结敢打善战优势兵力、坚决嚼碎最硬骨头的核心力量。面对脱贫攻坚与经济发展、移民搬迁、疫情防控等急难险重任务相互交织的复杂局面，市委、市政府认真贯彻“市县抓落实”工作机制，严格按照“五级书记抓扶贫、党政同责促攻坚”要求，全面实行脱贫攻坚“一把手”负责制，在市、县、乡三级同步建立党政主要领导任组长的领导小组，层层签订任务书、立下军令状，以坚强有力的组织领导，形成了各级领导干部责任上肩、披甲上阵的强大攻势，为攻坚冲刺铸就了最可靠“主心骨”。全市1239支驻村扶贫工作队4592名驻村工作队队员、624名驻村督导员、208名挂牌督战队员驻村作战，12089个基层党组织奋战攻坚，18.38名共产党员奋力拼搏，34名扶贫干部献出了宝贵生命，以热血书写了忠诚、用生命诠释了担当。按照脱贫攻坚越到最后越要加强和改善党的领导的部署要求，立足村级处于脱贫攻坚最前沿、联系群众最直接、落实政策最关键的实际，全方位整顿提升基层软弱涣散党组织，全领域开展农村党支部达标创建，并充分依托村级党组织，整合挂联领导、驻村扶贫工作队队员、脱贫摘帽督导员、挂牌督战小分队等力量，全覆盖组建村级脱贫攻坚指挥部，真正把基层党组织建设成为坚强的战斗堡垒，实现了“党的组织无处不在、作用无处不发挥”。

——深入细致的群众工作，是唤醒群众主体意识、激发群众内生动力的关键举措。为进一步增强贫困群众自我发展意识和能力，我们坚持扶贫与扶志相结合、改变人与改变物相贯通、帮扶群众与依靠群众相统一，广泛开展“践初心、摘穷帽，奔小康、感党恩”教育，深入推进“自强、诚信、感恩”主题实践和“三讲三评”“三同五促”活动，组织驻村扶贫工作队和结对帮扶干部常态化开展入户走访，与广大群众面对面共算政策账、收入账、投入账、关爱账、帮扶账，切实让群众感受到脱贫攻坚以来生产生活条件发生的深刻变化，感受到党的温暖、干部的真情和生活在新时代的幸福，激发贫困群众的感恩之心、进取之心、自强之心，提高对脱贫攻坚工作的知晓度、参与度、满意度。经过不懈努力，思想、工作、情感“三个认同”的目标得到较好实现，全市第一批接受脱贫普查的9个县区、980个村、30.15万户、127.85万贫困群众认可度达99.99%，第二批接受脱贫普查的镇雄县30个乡镇、238个村、11.77万户、56.58万名贫困群众实现了零失联、零拒访、零拒签。

——全面广泛的社会动员，是构建大扶贫格局、形成一盘棋态势的重要支撑。习近平总书记指出，扶贫开发是全党全社会的共同责任，要动员和凝聚全社会力量广泛参与。我们紧紧抓住国家和省倾斜支持深度贫困地区脱贫攻坚的历史机遇，千方百计争取各方支持，广泛动员社会力量参与，全力打造专项扶贫、行业扶贫、社会扶贫、协作扶贫、定点扶贫等多方力量和多种举措紧密结合、有机统一、互为补充的大扶贫工作格局。全面构建东西部扶贫协作“1+8”总体框架，深入推进“携手奔小康”行动，聚焦产业培育、劳务协作、职业教育等重点内容，东莞、中山两市投入帮扶资金16.42亿元，两市47个镇街141个村（社区）298家企业结对帮扶昭通深度贫困村，累计组织11255名贫困学生到东莞、中山、深圳接受职业教育。持续深化定点扶贫，6家中央单位派驻扶贫干部108名、投入和协调引进资金7.9亿元，50家省级单位在政策、项目、资金等方面倾斜支持昭通。深入推进社会扶贫，积极争取和引导各类企业、协会等力量参与脱贫攻坚，恒大、万科、新沪商、兴业证券、省烟草公司、三峡集团、香港招商局集团等累计投入帮扶资金17.76亿元。

——从严从实的纪律作风，是提振干部精气神、赢得群众好口碑的坚强保障。非常之时当有非常之举，非常之事须尽非常之力。作为全国全省脱贫攻坚的主战场，我们强化铁的纪律和硬的作风“双保障”，淬炼了一支善打硬仗、能打胜仗的昭通脱贫攻坚铁军。深入实施“685”工程，2016年以来市委累计从脱贫攻坚一线提拔实绩突出干部1129名、占提拔干部总数的65.22%，先后调下4名贫困县党政正职、30名贫困乡镇党政正职，调整撤换332名村级党组织书记，树立了重基层、重实绩、重担当的鲜明导向。紧盯脱贫攻坚中的形式主义、官僚主义问题，严格执行“四个一律”规定，先后组建4个明察暗访组、6个重点抽查组、5个蹲点监督组、2个暗访督战组，常态化开展监督检查，查处群众身边腐败和作风问题1222件、处理2414人，切实以“战时纪律”压实了“战时责任”、护航了“战时状态”。严格落实“5个三分之一”要求，全面推行“三多三少”工作法，坚持用干部扎下去带动群众干起来，用干部辛苦指数换取群众幸福指数。2020年，市委、市政府班子成员采取“四不两直”方式，带头深入脱贫一线调研督战1293次1996天，为全市干部职工作出了示范、树立了榜样。

高度组织化是昭通脱贫攻坚的鲜明底色，组织起来的强大凝聚力战斗力是战贫斗困的制胜密码。

我们在全面完成“两不愁、三保障”目标任务的基础上，全面提升党建引领易地扶贫搬迁、产业扶贫、就业扶贫“三个组织化”程度，推动各项重点工作取得重大突破，有力提升了全市脱贫攻坚工作的质量和成色。

——强化组织化引领，易地扶贫搬迁由最大难点变成最大亮点。坚持把易地扶贫搬迁作为啃下脱贫攻坚最硬骨头的“铁齿铜牙”，发挥组织优势，强化组织引领，全程组织保障，确保每个环节、每项工作都有组织引领、群众参与。在建设配套搬家中，组织14148名党员干部深入4864个自然村10013个村民小组，逐户做好政策宣传，引导群众自愿搬迁，精准锁定搬迁对象8.45万户36.24万人。坚持充分尊重群众意愿与充分发动群众相结合，打破行政区划，按照“进城、入镇、进厂、上楼”的思路，规划建设23个集中安置区，搬迁安置5.24万户23.06万人，实现了搬迁过程“零失误”、安全生产“零事故”、群众入住“零返回”、疫情防控“零病例”。在就业产业支撑中，深入开展政策清、配套清、就业清、产业清、家底清“五清”行动，全面摸清搬迁群众的就业就学信息、“三块地”情况以及安置区配套设施和后续产业发展情况，在 23 个新增安置区配套建设 44 所学校、33 个医疗服务机构、48 个“一水两污”项目、8 万亩农特产业基地、9109 个蔬菜和食用菌大棚、38 万平方米“扶贫车间”、40 万平方米配套商业设施，有组织、有计划、有步骤织密了安居乐业的“保障网”，为易迁群众发展致富提供了支撑和保障。在管理服务保障中，坚持以党建引领网格化服务管理，在安置区组建 8 个党工委（管委会）、218 个党组织、38 个社区，全覆盖建设物业管理、文明实践、创业帮扶等“八个一”服务体系，创新开展精准到人的“红黄绿”管理模式，一个个安置点正在成为全市城乡基层治理创新的标杆。

——推行组织化模式，高原特色产业实现“此非彼”的美丽蝶变。坚持把产业扶贫作为稳定脱贫的根本之策，以高度组织化为根本，全面推进良种良法、高度组织化和集约化模式、党支部 + 合作社“三个全覆盖”，用组织化提升带动规模化、集约化、标准化、规范化发展，以苹果、竹子、马铃薯为重点的六大高原特色产业加快发展，走出了一条深度贫困地区的产业突围之路。全市苹果种植规模达到 80 万亩，建成了全国最大的单体连片矮砧密植苹果基地，“昭阳红”品牌成为展示昭通苹果优良品质的一张靓丽名片。规划建设的 600 万亩竹基地已建成 450 万亩，投产 216.8 万亩，产业生态化、生态产业化迈出新步伐；以 5 万亩“洋芋帝国”和 100 万亩规范化种植基地为带动，280 万亩马铃薯正实现“昭通大洋芋、世界马铃薯、扶贫大产业”的蜕变，全市马铃薯平均亩产由不足 1.5 吨提高到 3 吨以上，昭通荣获“世界马铃薯高原种薯之都”称号；以生猪、肉牛为重点的特色养殖业实现了量效齐增，特别是生猪产业以项目化为抓手，规划建设 711 栋规模养殖场，将全市生猪规模化养殖率迅速提高 30 个百分点、达到 35% 以上。同时，以党支部 + 合作社为带动，有产业发展条件的贫困户全部与新型经营主体建立利益联结机制，让广大贫困群众在产业发展中得到更多实惠。

——提高组织化程度，劳动力转移就业为高质量脱贫退出提供了有力支撑。突出把劳务输出作为一项富民工程和惠民产业，坚持远抓产业培育、近抓转移就业，从提高组织化程度入手，以网格化动态管理为支撑，构建27498个就业服务网格，建立党员干部“1+X”帮扶机制，到户到人开展就业意愿调查，健全完善人岗精准对接机制，强化就业政策支撑，扎实推动劳动力有计划、有层次、有保障地转移就业，贫困家庭年人均务工收入达到7411.36元，实现5年增长1.6倍。特别是2020年，面对突如其来的新冠肺炎疫情，市委、市政府超前谋划、系统布局，按照“保存量、扩增量，抓重组、优结构，建机制、促稳定”的思路，抢抓全国各地大规模复工复产的“窗口期”，在全国率先实施高度组织化的大规模转移输出，全力确保群众稳定就业、持续增收，全市305.2万名农村劳动力转移就业250.11万人，104.55万名贫困劳动力转移就业90.93万人，13.74万名易迁劳动力转移就业12.51万人，就业率分别达到81.9%、87%、91.04%，贫困户和易迁户“零就业”家庭保持动态清零。

——丰富组织化实践，城乡人居环境和群众精神面貌同步实现大转变、大改善、大提升。坚持把组织化理念、组织化方式运用到改变人、服务人、塑造人的各项工作中，深入开展爱国卫生“7+1”专项行动，探索实践“属地为主、行业监管、全面覆盖、责任到人”的网格管理机制，把组织优势转化为治理效能。在爱国卫生专项行动中，505个党委（党组）12089个基层党组织分兵把口、10万余名干部职工进网驻格、18万余名党员争当先锋，推动垃圾问题点位清除率、公厕达标率、洗手设施配套完成率、城区和重点区域餐饮服务单位达标率、城区农贸市场达标率全部达到100%，实现了“网格沉下去、问题浮上来，管控全覆盖、问题全清零”的目标。在农村人居环境整治中，强化党旗引领、党员示范，以最严厉的“九项制度”为保障，全面打响农村人居环境整治提升“人海战”，带动广大群众革除陈规陋习、改变生产生活方式、养成良好习惯、树立文明新风，既摘掉了“穷帽子”提振了精气神，更树立了新形象，开启了新生活。

脱贫摘帽不是终点，而是新生活、新奋斗的起点。今天的昭通，走过了脱贫攻坚的万水千山，已经站在了接续推进乡村振兴、奋力开启全面建设社会主义现代化新征程的历史起点上，我们要把组织起来作为推动工作的一种基本方式、一种常用抓手、一种“惯性思维”，继续把各级党组织的政治优势和组织优势发挥出来，把各方力量全面组织起来，为昭通高质量发展再立新功。

（作者时任中共昭通市委副书记）

变 迁

张绍雄

曾经，山高路远、交通落后，基础设施建设滞后，产业发展层次低，结构单一、支撑不强；如今，村内基础设施焕然一新，电商走进平常人家，乡村旅游方兴未艾，村容村貌、产业发展、群众精神面貌、生活水平都发生了翻天覆地的变化，建档立卡贫困人口从 2014 年末的 467 户 2272 人下降到了 2019 年年底的 15 户 52 人，贫困发生率从 32.73% 下降至 0.75%。这是盐津县普洱镇小洞村、灯草村群众生产生活发生的变迁，也是近年来昭通市脱贫攻坚战的一个缩影。

“到 2020 年现行标准下农村贫困人口全部脱贫、贫困县全部摘帽，是我们党立下的军令状。”这是决心，也是承诺。回顾过去，5 年多来，我积极响应党中央和习近平总书记号召，认真按照市委安排部署，切实转变作风，履行帮扶责任，推动工作落实，亲身参与和见证了一个贫困县、贫困村的变迁之路，以实际行动践行了一名共产党人的初心使命。

奔小康，任重道远

5 年前，小洞村、灯草村通行政村道路还没有硬化，“晴天一身灰，雨天两脚泥”，晴通雨阻现象突出，仅有部分村、组道路能通行摩托车，搬运物资基本靠人背马驮；村里没有卫生室，较远村社的群众生病了去镇卫生院要走两三个小时山路；农业生产靠天吃饭，种类简单、结构单一，收入微薄，大量劳动力不得不背井离乡外出谋生；村委会设施陈旧，群众没有像样的文化活动场所……贫困和落后就像一道疤，深深烙在两村群众的心窝里。如何啃下这块“硬骨头”？如何打赢打好这场艰苦卓绝的脱贫攻坚战？

2015 年 1 月 19 日，习近平总书记在昭通考察时作出重要指示：扶贫开发是我们党第一个百年奋斗目标的重点工作，是最艰巨的任务，要增强紧迫感，决不能让困难地区和困难群众掉队。要以更加明确的目标、更加有力的举措、更加有效的行动、更加精准的政策，扶到点上、根上，让贫困群众真正得到实惠。

我始终牢记总书记的殷殷嘱托，坚决扛起脱贫攻坚政治责任，深入学习贯彻习近平总书记关于扶贫开发的重要论述和中央、省委、市委有关会议精神。主持召开党组会议、主任会议时，始终坚持把脱贫攻坚工作纳入重要议事日程，坚持市委“133”工作思路，定期研究部署机关挂钩扶贫工作，经常听取班子成员挂钩帮扶工作情况汇报，高位推动“挂包帮、转走访”各项任务落实。市人大机关各委室和帮扶干部扑下身子，深入基层，拿出“绣花”功夫，发扬“钉钉子”精神，全力投身脱贫攻坚“主战场”，实打实地抓好脱贫攻坚任务落细落实。

脱贫攻坚一线是机关培养锻炼干部的主战场。市人大常委会党组注重选派工作能力强、工作作风实、年轻优秀的干部到挂包的盐津县普洱镇小洞村和灯草村驻村工作，定期听取驻村工作汇报，经常开展谈心谈话，帮助他们解决驻村工作必要的生活和工作保障。5 年多来，机关共选派处级干部 2 人、科级及以下干部 8 人（次），长期分驻挂包村开展扶贫工作；抽调干部 60 余人（次）短期驻村，参与完成贫困对象精准识别、“村村清、户户清”、扶贫对象动态管理、“一户一档”等工作任务；2018 年，先后选派了 10 名处级干部、3 名科级干部进驻贫困村任脱贫攻坚督导员。机关先后有 5 名驻村扶贫工作队队员受到省、市、县表彰，成为脱贫攻坚战中忠实的一线指挥员、战斗员，为打赢脱贫攻坚战发挥了积极作用。

我带头深入挂钩点向基层党员群众宣讲党的十九大精神，为村党总支讲授党课，教育引导党员干部真心实意做好群众工作，走实群众路线，号召党员干部全身心投入这场战役中，充分发挥每位党员的先锋模范作用，做给群众看、带领群众干，增强贫困群众脱贫致富的内生动力，增强群众的认可度和满意度，最终实现思想、工作和情感“三个认同”。李廷前，市人大代表、小洞村党总支原书记。由于长期带病超负荷工作病倒在工作岗位，被紧急送往宜宾市第一人民医院医治，并施行肺部肿瘤切除手术。手术后，由于肺部有淤血，必须安装导流管和引流袋，需要住院三个月修养。“三个月，那不是要耽误村上的脱贫攻坚大事吗？”李廷前始终惦记着村上的工作，稍微恢复后就打电话关心起村上的事情。在仅住院 40 天后，他就挂着“引流袋”回到了村里。同事和村民们都劝他回医院去养病，他却说：“这段时间村上正在跟群众商量修路的占地问题，人少事多，我在医院躺着实在不踏实。”他又拖着病体和同事们战斗在脱贫攻坚一线。“看着李支书挂着‘引流袋’还在为我们修路的事情走来走去，我们心里真的不是滋味！他确实值得我们尊敬！他是一个真正的共产党员！”楠坳二社的陈章高说。

从会议室里开会到田间地头奔忙，从下文发通知到面对面与基层干部群众交流……市人大常委会机关挂钩帮扶盐津县普洱镇小洞村、灯草村的 5 年，是两村基础设施大改善、群众生产生活大变化的 5 年。两村村组公路硬化从仅有 10.6 公里，增至 45.8 公里，实现两村村组公路硬化全覆盖；产业发展从“零产业”到现在“牛、鸡、竹”三大富民产业全覆盖；群众年人均纯收入增至 11800 元。提起市人大常委会机关的挂钩帮扶工作，当地群众总有说不完的感激、道不尽的感谢。“我们的过冬衣被是市人大给的”“我们的路是市人大帮忙打通的”“我们的村委会、学校是市人大帮忙修的”“我们喝的干净水是市人大帮忙协调的”，这些既是小洞、灯草干部群众对市人大常委会机关挂钩帮扶工作的真实感受，也是市人大常委会机关发挥职能、倾情帮扶的缩影。在脱贫攻坚的路上，市人大常委会机关干部职工用爱心与责任诠释了履职为民的生动实践。

摘穷帽，同频共振

盐津县，地处乌蒙山区腹地，境内山高坡陡、地势狭窄、谷深沟切、地形地貌复杂，受交通落后、基础薄弱、灾害频发、信息闭塞等因素制约，全县经济总量小、基础条件差、产业支撑弱、贫困程度深，“国家级贫困县”的帽子一戴就是几十年。

2015 年，按照市委安排，我担任挂包盐津县脱贫攻坚工作总召集人。我认真按照市委的部署要求，建立健全综合协调和督查指导机制，坚持定期研判，强化督导检查，扎实开展“挂包帮、转走访”“找问题、补短板、促攻坚”“村村清、户户清”“百村示范、万村整治”和摘帽县脱贫攻坚督导等工作，有力推动中央、省、市决策部署落地落实，达到了政令畅通、步调一致、同频共振的良好效果。

既要挂帅，更要出征，不当“甩手掌柜”。2015 年 8 月 29 日，市委召开市扶贫开发暨“挂包帮、转走访”动员会议后，我积极行动、主动作为，于 9 月 17 日牵头召开盐津县脱贫攻坚“挂包帮、转走访”第一次联席会议。会上，我就落实市委安排部署提出明确要求：要统一思想、深化认识，统筹整合盐津县“挂包帮”力量，扎实推进盐津县脱贫攻坚；要建立机制、整体联动，建立联席会议制度，建立协调联络机制，统筹推进各项工作；要明确职责、落实任务，突出水、电、路、房、粮、学、医等重点，摸清家底、找准问题、制定措施；要加强统筹、务求实效，构建“一盘棋”格局，积极争取资金、项目投入挂包乡镇、村组，增强脱贫攻坚实效；要强化督查、加强指导，督促检查工作落实情况。为进一步推动责任落实、工作落实，我又分别于当年 9 月、12 月，两次在盐津县召开“挂包帮、转走访”联席会议，对开展调查摸底、把握工作重点、建立完善机制、严明工作纪律等作出强调和安排。

我坚持在基层一线、工作实际中发现问题、研究问题、解决问题，从调查研究中谋划脱贫攻坚之策。2016 年，我先后多次到盐津县开展“挂包帮、转走访”调研、回头看，千方百计协调筹措资金，帮助基层解决工作推进中存在的困难和问题。2017 年 4 月，市委部署在全市开展为期一个月的脱贫攻坚“找问题、补短板、促攻坚”专项行动和全市易地扶贫搬迁整改工作；4 月 7 日，就贯彻落实市委部署要求，我带队到盐津县开展实地调研和督导检查，并召开座谈会议，听取干部群众对脱贫攻坚工作的意见和建议，指导盐津县全面梳理问题，深入分析原因，进一步厘清工作思路，有针对性地调整完善专项行动方案和易地扶贫搬迁整改方案。

2017 年 6 月，我带队深入盐津县豆沙镇长胜村、普洱镇箐坝村等地，巡查贫困人口精准识别摸底调查工作。在豆沙镇长胜村，了解到基层有部分群众争当“贫困户”问题时，我给当地干部指出，要分门别类做好群众工作，对家庭经济状况较好的，要把脱贫攻坚政策和摸底调查意义向群众讲清楚、说明白，赢得理解支持；对处于识别标准“临界点”的，要摸清搞准家庭情况，为“一评一审一公示”奠定坚实基础；对原建档立卡贫困户要再核实、再精准；要创新摸底调查方式方法，用通俗易懂的语言与群众交流，拉近与群众距离，多角度、多方式真正了解群众家庭情况。在普洱镇箐坝村，在了解到家庭收入测算标准不一致，按 2016 年年底统计不能真实反映群众收入等问题后，我当即要求县乡两级要立足区域实情、家庭实际，认真分析研判，科学制定统计标准、口径，确保信息更切合实际。

水田新区易地扶贫搬迁安置点建设是事关盐津县能否如期打赢脱贫攻坚战的关键一步。2019 年 5 月，我再次到水田新区安置点以及水田新区小学进行实地督导，察看工程进度，要求盐津县要按照政策清、就业清、产业清、配套清、一户一档清“五清”的要求，全面摸排掌握搬迁人口结构、劳动力基本信息、适龄儿童分布等情况，提前谋划好搬迁组织、产业配套布局、扶贫车间建设、就医就学保障等工作；要进一步聚焦“两不愁、三保障”，抓住核心环节，紧盯突出短板，提早谋划重点任务，努力提高脱贫质量；要进一步细化完善贫困人口发展产业和就业、就医、就学、饮水、安全住房保障、易迁点搬迁等工作方案，抓实抓细各项脱贫任务，确保脱贫攻坚工作务实、过程扎实、结果真实，不获全胜、绝不收兵！

发展村级集体经济是脱贫考核验收的硬指标，也是贫困村脱贫出列的难点。2018 年 4 月，市人大常委会成立由我任组长，相关副主任为副组长的调研组，深入盐津、永善等县，走访 36 个农民专业合作社（产业基地），就提高组织化程度、抓实农民专业合作社、发展壮大村级集体经济开展了专题调研。调研后提出建议，坚持“强者牵头、弱者参与，核心在党、关键在人，出路在改、经营在活，做大蛋糕、奖励能人，强化监督、规范管理”的原则，采取切实有力措施，推动全市村级集体经济健康快速发展。相关建议得到市委的高度重视，在市委关于发展壮大村集体经济提高村干部待遇等文件中得到充分采纳。

……

5 年多来，我走遍了盐津县所有乡（镇）和 36 个深度贫困村。通过深入的调查研究，我对全县总体贫困状况、经济发展现状、致贫原因、群众脱贫愿望及贫困户需求等有了更全面的掌握，对“精准扶贫、精准脱贫”的核心要义也有了更深刻的认识。在此基础上，立足实际、科学指导盐津县做好顶层设计，有序推进全县脱贫攻坚进程。

经过几年的持续攻坚，盐津县建档立卡贫困人口从 2014 年末的 2.43 万户 11.04 万人减少到 2019 年年底的 947 户 3272 人，贫困发生率从 34.5% 降至 1.02%，全县 86 个贫困村全部出列，整县退出贫困县序列，彻底摘掉了“穷帽子”。

结对子，倾情帮扶

帮扶一个地方，涉及水、电、路等基础设施建设，涉及住房搬迁改造、教育、医疗、产业培育等等，是一项庞大的系统工程。如何把握工作重点和主攻方向？如何协调各方工作？如何将脱贫攻坚工作中的各项任务逐项分解、统筹推进？

我始终坚持带着感情和温度参与这场攻坚战，与基层干部交朋友，把贫困群众当亲人，聚焦“两不愁、三保障”目标，用心、用情为贫困群众谋划安居乐业、谋划长远发展。针对小洞村、灯草村的状况，我多次召开会议研究，多方奔走协调项目资金，将各方力量汇聚到了一起，形成强大脱贫攻坚力量，瞄向贫困的靶心。

交通问题是两个村发展和群众脱贫致富的最大瓶颈制约，也是当地群众反映最突出的问题。2015 年，经过几次调研后，我决定把解决群众出行问题作为打开挂钩帮扶工作局面的突破口。通过多方努力，先后争取交通建设项目和土地整治项目资金 3600 余万元，硬化两村村组道路近 35 公里，实现两村村组公路、村内交通主干线全线硬化。2017 年 1 月，在普洱镇小洞村王太崇、李从明、吴世均等挂钩户家中走访时，李从明对我说：“市人大为我们带来了美好的生活。在路没修通之前，搬东西上山十分困难，现在路修通了，我们搬东西轻松了很多，车子也能上来了，成本也降低了不少。”王太崇激动地告诉我，在这条路建成的时候，村民们十分高兴，圆了几代人通路的梦，大家合力凑钱买了许多烟花爆竹来庆祝。路，成了山货出山的重要支撑，也成了当地群众新的希望。

在解决了交通出行这个最迫切的问题后，我又积极推动机关直接出资、协调资金 80 余万元，帮助小洞村新建了村委会办公楼暨便民服务中心、村民小组活动场所；协调公路维修资金 30 万元，用于两村村组公路修理和维护；协调项目资金实施了覆盖小洞村 9 个村组和灯草村 4 个村组的农村人饮升级改造工程，切实保障群众饮水安全；协调实施了小洞村三尖、樱桃和灯草大田、烟坡农网改造工程。基础设施的改善带来了发展条件的改善，进一步增强了两村群众脱贫致富的信心和发展后劲。

产业是实现脱贫的根本之策。怎样为贫困群众找到一条持续增收的致富路子，彻底改变贫困生活方式，实现户户都有增收门路？在深入调研后，形成共识：要广泛听取群众意见，结合当地地理气候、资源条件、市场需求，因地制宜、因户施策，将产业发展的实施举措具体细化到每家每户。如今的灯草村已栽种竹子 2000 亩，引进公司打造了漂浮育苗基地、草莓园和竹荪种植等项目，有力带动了当地群众增收致富。小洞村则种植三角梅 500 亩、紫薇花 1500 亩，发展了 500 亩果蔬和肉牛、乌鸡养殖以及脐橙、板栗、葡萄、李子等经济林果，一个个特色产业项目不断兴起，群众致富有了新载体，绿色发展看到了新希望。此外，小洞村还成功举办山地自行车赛，在赛道两旁种植油菜，建设夷都山文化广场，为小洞村打造乡村旅游名片奠定了基础。通过产业扶贫，不仅实现贫困群众多渠道增收，更拓宽了他们的眼界视野，提升了自我发展意识。至此，小洞村、灯草村迎来了新的蜕变。

安居才能乐业。从挂钩帮扶工作之初，我就把解决贫困群众安全住房作为重要任务放在心上。2016 年，我积极协调落实灯草村易地扶贫搬迁集中安置点建设项目，多次到安置点调研，确定安置点选址、审定规划图，从常委会机关挤出公用经费 30 万元、协调社会扶贫资金 70 万元用于安置点征地拆迁补偿及户间道建设，并协调配套资金帮助解决安置点水、电、绿化、亮化等基础设施及便民服务中心、活动室、小广场等配套设施建设。安置点项目于 2016 年 3 月开工建设，2016 年 12 月顺利竣工，共安置了灯草村 71 户贫困户、黄坪村 27 户贫困户。曾经处于“一方水土养不起一方人”的贫困群众，搬出了生存环境恶劣的深山老林，住进了交通便捷、美丽宜居、适合发展的新家园。

扶贫先扶智。要彻底阻断贫困代际传递，斩断致贫“穷根”，必须大力发展教育。我积极协调60余万元用于小洞村完小和镇中心小学的校舍建设，有效缓解了小洞村160余名学生上学远、住宿难的问题，协调资金用于小洞村完小的电脑购置，改善学校的办学办公条件；协调社会帮扶资金2万元，用于奖励资助新入学大学生，帮助他们顺利完成学业。随着脱贫攻坚各项工作的深入，重视孩子教育、阻断贫困代际传递等观念，逐渐深入两村群众心中。

小洞村老党员王太崇是我的挂钩户，2015年我第一次到她家走访，全家住的是开裂漏雨的土坯房，家里一贫如洗。她的儿子因车祸早逝、儿媳改嫁，留下一双儿女由她独自抚养，那时候孙女在读高中，孙子读初中，家里享受低保，只能算是勉强度日。2015年以来，我多次到王太崇家中走访，并一直关心关注她家生产生活及其孙女、孙子的学习情况。2017年，孙女考上了云南财经大学，孙子初中毕业就读职业学校，对这个家庭来说，是件大喜事，也是一件忧心的事，因为教育支出过大，让本来就贫困的家庭雪上加霜。当时王太崇打电话给我说不想让他们上学了，反正已经成年了，可以让他们出去打工赚钱了。当天我就放下手头的工作上门走访，帮助协调国家扶持贫困学生上大学的相关政策，并叮嘱老人："如果有困难一定要联系我，我也会给予你们帮助。不管有多艰难，也要供娃娃上大学，将来谋一份好工作，让娃娃们彻底摆脱贫困！"走之前，我把我的电话号码留给了她孙女。这几年来，我多次到她们家走访了解现状，在经济上给予了她们帮助，且时常打电话鼓励她孙女"要做有志青年，勤奋学习，树立正确的世界观、人生观、价值观，将来报效国家、回报社会，做一个对社会有益的人，读出书来，帮助更多的人摆脱贫困"。她们家从精神层面发生了根本的变化，孙女也大三了，成绩很好，年年拿奖学金。

相比于自然条件，贫困还源于难以改变的思维方式、思想观念。要让贫困群众彻底脱贫，必须激发他们的内生动力，让他们摆脱守山望山、"等靠要"的思想，实现从"要我脱贫"到"我要脱贫"的转变。黄启香，常年疾病缠身，生活基本不能自理，女儿有轻微精神障碍。2015年，我去走访的时候，看到她的女婿长发披肩，长期不剪指甲、不换洗衣服，抽烟喝酒，好吃懒做，精神萎靡不振。住的房子是危房，且家居环境极差，老岳母住在堂屋，四面透风，贫病交加。其实在现有政策环境下，他们家硬件的问题是不难解决的。我每次走访，总要和她女婿交谈甚久，告诉他要振作精神，搞好个人卫生，有个“人样”；要操家理务，搞好家庭卫生，有个“家样”；要勤奋上进，赚钱养家，有个“男人样”。通过几次做工作下来，这个人改变很大，头发剪了，家里收拾得干干净净，还当了村庄保洁员，偶尔也和邻居一起出去打点建筑零工。看到了他的变化，我也帮他们争取了政策、协调了当地社会力量帮扶，修了新房，过上了新生活。

廖春连，患淋巴癌症，20多岁的儿子因要在家照顾生病的母亲未外出就业，付不起医药费，多年前修的新房因质量不过关，还未入住就成了危房，与施工方官司纠缠。住着危房、患着大病、收入微薄、官司缠身、悲观失望就是他们家的真实写照。走访中，我鼓励廖春连要有战胜疾病的勇气和信心，鼓励她儿子要做一个坚强的男子汉，替母亲扛起这个家，并协调资金帮他们家加固房子，帮助寻求法律援助。如今，廖春连的病情得到了基本控制，她儿子见母亲身体状况好转也外出务工，官司胜诉，房子也加固维修并搬迁入住。廖春连跟我说，她最真实的想法就是“她感受到了关心和温暖，有了想活下去的愿望；她得到了帮助，有了活得下去的希望”。

“智”“志”双扶，让村民的思想发生了转变。

脱贫摘帽不是终点，“赶考”永远在路上。我将按照党中央“四个不摘”的部署要求，继续履行好挂包责任，与基层干部一道强基础、兴产业、促增收，带领群众在小康路上继续前行。

（作者时任昭通市人大常委会党组书记、主任）

洒下汗水会结出果

——市人大常委会机关扶贫纪实

初冬时节，漫步小洞和灯草，一条条水泥路直通家门，一座座砖房洁白大气，一个个产业开花结果……这里的群众在暖阳的照射下，一个个绽放出幸福的笑容。

5年前，这里可不是这个样子。

2015年，根据市委的安排部署，昭通市人大常委会主任张绍雄负责联系盐津县脱贫攻坚工作，挂钩盐津县普洱镇，包保小洞村，市人大常委会机关则挂钩帮扶普洱镇小洞、灯草两个村。接到任务后，张绍雄主任第一时间带领人员前往两村调研。

正值金秋9月，盐津依然炎热多雨，我们的车辆缓慢驶进小洞村路口，坑坑洼洼的道路杂草丛生、巨石横中，驾驶员师傅双手紧握方向，在蜿蜒崎岖的山路上小心翼翼地前行，不远处田地里耕作的群众“泥巴裹满裤腿、汗水湿透衣袖”，听到汽车的轰鸣声不时回头张望……汽车只能到达半山腰，我们沿着泥泞的道路步行约20分钟来到小洞村委会门口，眼前是几间十分陈旧的瓦房，看上去因年久失修，几乎已不避风雨。

那天，张绍雄主任主持两村干部群众召开了一个不寻常的座谈会，大家席地而坐，你一言我一语，共同谋划着小洞、灯草的脱贫和发展大计。

“我们村主要的问题是交通问题。”

“产业发展也是个问题。”

“没有像样点的产业，大家虽然‘脸朝黄土背朝天’，但日子总是紧巴巴的。不但群众没钱，就连村委会都无钱维修。”

“这既是群众的许愿会，也是我们的宣誓会。我们要始终牢记习近平总书记视察昭通时的殷殷嘱托，坚决贯彻党中央和省委、市委的决策部署，以‘不获全胜决不收兵’的决心和毅力推进脱贫攻坚。”会上，张绍雄以铿锵有力的声音告诉大家，给两村带来了信心和动力。自此，市人大常委会机关开启了五年卓有成效的帮扶之路。

交通先行打基础。交通闭塞、出行不便是制约小洞、灯草两个贫困村经济社会发展的最大瓶颈，也是当地群众反映最为突出的问题。完善基础设施，打通脱贫之路，成为市人大常委会机关挂钩帮扶工作的首要任务。为此，机关驻村工作队队员第一时间走遍两村各个角落，详细了解两村道路情况，提出工作建议。

机关多方协调，先后争取交通建设项目和土地整治项目资金 3600 余万元，帮助两村硬化村组道路近 35 公里，实现了两村村组公路从“无”到“有”，从“有”到“全覆盖”。

如今，小洞、灯草两村村组公路、村内交通主干线已实现全线硬化，为打破脱贫致富瓶颈打牢了基础。市人大常委会机关还直接出资、协调资金 80 余万元，帮助小洞村新建了村委会办公楼暨便民服务中心、村民小组活动场所。

产业帮扶是关键。基础设施强化后，市人大常委会机关及驻村干部开始谋划两村产业发展的路子。曾经的小洞、灯草，农业生产几乎是群众唯一的收入来源，没有支柱产业，群众“钱袋子”鼓不起来，是两村脱贫攻坚工作的难点。市人大常委会机关经过深入调研了解，灯草村退耕还林土地连片、交通相对便捷，适宜种植经济作物；小洞村则天然旅游资源丰富，宜发展乡村旅游和花卉种植。

在这一发展思路的指引下，市人大常委会机关及驻村干部带领两村群众向山水要效益、问土地要黄金，为灯草村引进公司打造了漂浮育苗基地、草莓园和竹荪种植等项目，如今已栽种竹子2000亩，成为群众脱贫奔小康的重要支点。小洞村不仅发展了果蔬、肉牛养殖、乌鸡养殖以及脐橙、板栗、葡萄、李子等经济林果，还种植三角梅500亩、紫薇花1500亩，为发展乡村旅游打牢了基础。

一个个特色产业项目不断兴起，群众致富有了新载体，绿色发展看到了新希望。同时，两村还通过开展种养殖技术培训、水电技术培训、口对口劳务输出、劳动力定向培养等项目，为脱贫奔小康注入了新活力。

同时，为切实解决灯草村偏远村社“一方水土养不起一方人”的问题。市人大常委会机关于2016年积极协调、争取了灯草村易地扶贫集中安置点建设项目。张绍雄主任多次到集中安置点调研，确定安置点选址、审定规划图，并协调了大量配套资金帮助解决安置点水、电、绿化、亮化等基础设施及便民服务中心、活动室、小广场等配套设施建设。

为了能让易迁群众“稳得住”“能致富”，机关帮扶干部定期走访，实地了解易迁群众生产生活现状，及时帮助他们解决生产、生活、就业等实际困难。同时，常委会机关直接划拨资金30万元、协调社会扶贫资金70万元用于安置点征地拆迁补偿及户间道建设。在多方共同努力下，该项目于2016年3月开工建设，2016年12月顺利竣工，共安置了灯草村71户贫困户、黄坪村27户贫困户。

民生改善作保障。为了能及时了解群众心声，解决好民生诉求，筑牢脱贫基础，市人大常委会机关发挥职能优势，直接划拨资金20余万元，指导小洞、灯草两村建成“人大代表联络活动室”，并帮助其对硬件设施进行提档升级，将两村“人大代表联络活动室”打造成代表开展小组活动、接待选民、学习培训、履职交流的主阵地。针对群众反映的农村饮水安全、贫困群众医疗救助等民生问题，市人大常委会及时组织开展专题调研，督促相关部门及时解决，群众的幸福感、获得感得到全面提升。

再穷不能穷教育。小洞、灯草两村孩子的上学问题始终是市人大常委会机关的牵挂，机关直接拨付资金帮助小洞村完小购置电脑、打印机等设备，帮助小洞村完小改善办学条件；协调社会帮扶资金奖励资助两村新入学大学生，帮助他们顺利完成学业；协调资金 60 余万元帮助小洞村完小和普洱镇中心小学新建校舍，有效缓解了小洞村 160 余名学生上学远、住宿难的问题。新的学期开始，小洞村完小的孩子们迫不及待地冲进新建的教学楼，孩子们把新领到的书本高高举过头顶，脸上洋溢着幸福的笑容……

同时，按照中央、省、市关于“控辍保学”的部署要求，市人大常委会组织机关干部职工深入两村摸清适龄儿童失学辍学底数，有计划、有组织地开展劝返、送教上门等工作，确保两村每一个孩子都能有学上，完成适龄儿童“零辍学”目标。

在党中央脱贫攻坚战略部署的指引下，市人大常委会机关及全体干部用心、用情、用力全面帮扶，如今的小洞、灯草两村基础设施建设、产业发展、人均纯收入、群众生产生活水平等方面发生了翻天覆地的变化。两村硬化村组公路从仅有 10.6 公里，增至 45.8 公里，实现村组公路硬化全覆盖；产业发展从“零产业”到现在“牛、鸡、竹”三大富民产业全覆盖；群众人均纯收入增至 11800 元，群众都达到了“两不愁、三保障”的脱贫标准，并开始踏上乡村振兴奔小康的大道。

2020 年 4 月，盐津县迎来第三方评估验收组对全县脱贫攻坚成效的大考，4 月 23 日，验收组抽到了市人大常委会机关挂钩帮扶的小洞村，展现在验收组眼前的小洞村村内道路四通八达、基础设施样样俱全、富民产业初见规模，群众精神面貌好、幸福指数高、感恩意识强，小洞村“零举证”顺利通过了验收。

奋力书写决胜脱贫攻坚的“政协答卷”

成联远

“民亦劳止，汔可小康。”2000多年前，我们的先民就在劳作和生活中渴求美好的小康梦。而今，这样的梦想已经变成现实。2015年1月19日，习近平总书记首次离京就到昭通视察，作出了“要以更加明确的目标、更加有力的举措、更加有效的行动抓好脱贫攻坚，确保扶到点上、根上，让贫困群众真正得到实惠”的重要指示。市委、市政府坚决贯彻落实习近平总书记重要指示精神，坚持以脱贫攻坚统领经济社会发展谋篇布局，带领全市各族干部群众感恩奋进、砥砺前行，夺取了脱贫攻坚战全面胜利，全面建成小康社会取得了历史性成就。作为一名党员领导干部，我始终铭记习近平总书记的殷殷嘱托，认真落实市委的决策部署，动员全市各级政协组织和广大政协委员，全身心投入脱贫攻坚主战场，奋力书写决胜脱贫攻坚的“政协答卷”，为我市全面建成小康社会作出了应有贡献。

聚焦中心谋大局

昭通贫困面大、贫困程度深、贫困人口多，脱贫攻坚任务十分艰巨。近年来，我始终抓稳扛牢政治责任，把脱贫攻坚作为首要政治任务和履职主攻方向，坚持以脱贫攻坚统领政协各项工作，精心部署，持续推进，狠抓落实，多次召开党组会议和主席会议进行专题研究，部署推进助力脱贫攻坚工作，要求全市各级政协组织和全体政协委员迅速行动起来，全力投身脱贫攻坚主战场，凝聚合力、发挥优势，突出重点、注重实效，为我市打赢脱贫攻坚战、实现全面建成小康社会目标添动力、作贡献。

我始终坚持人民政协专门协商机构性质定位，切实发挥政协优势作用，认真调研、深入协商，聚焦打赢脱贫攻坚战资政建言。围绕做好脱贫攻坚“四篇文章”，深入7个县区开展调查研究，分别形成产业扶贫、贫困劳动力转移就业扶贫、教育扶贫、健康扶贫专项调研报告，提出50余条意见建议。聚焦全市“六大高原特色产业”中的苹果产业，我牵头成立联合考察调研组，以“规范和打造昭通苹果品牌”为题，赴新疆阿克苏、陕西洛川、山东烟台等地考察学习苹果产业发展，深入昭阳、鲁甸苹果主产区调研我市苹果产业发展现状，形成了《关于提升昭通苹果质量打造昭通苹果品牌的考察调研报告》，深入分析了昭通苹果自然地理条件、区位交通、品质、人才等4个优势，指出组织化程度低、品牌杂乱、标准不统一、基础设施不足等6个方面的短板弱项，提出强化规划布局、组织化引领、标准化生产、核心品牌打造等9条建议，着力推动昭通苹果“由此苹果向彼苹果”的华丽转身。

我始终牢固树立正确的监督意识，聚焦脱贫攻坚政策落实、资金使用、扶贫成效、群众认可、工作作风等方面，不断加强和改进人民政协民主监督工作。2018年，聚焦全市脱贫摘帽工作，深入威信、盐津、绥江3县，对照“两不愁、三保障”标准，开展脱贫摘帽工作情况视察，形成3县脱贫摘帽情况视察报告。2019年，组织主席会议成员带队，分赴昭阳、鲁甸、巧家、彝良、大关、永善6县区开展专项视察，深入26个乡镇45个村开展民主监督，提出11条意见建议。连续召开2次专题议政性常委会议，围绕“7县区脱贫摘帽”议政建言，与县区党委、政府面对面进行协商议政。

近年来，市政协60%以上的调研视察、70%以上的协商议题，直接聚焦脱贫攻坚；每年至少召开1次脱贫攻坚专题议政性常委会议，累计向市委、市政府提出工作建议177条，市委、市政府主要领导作出批示26件次。

凝心聚力勇担当

“人心齐，泰山移。”脱贫致富不仅仅是党委政府的事，也是全社会的事，必须更加广泛、更加有效地动员和凝聚各方面力量。我始终坚持建言资政和凝聚共识“双向发力”，团结带领全市两级政协组织和2600余名政协委员，以“七个助推”和“十个一活动”为载体，积极投身脱贫攻坚主战场，扎实开展全市政协系统脱贫攻坚助推行动，不断汇聚起社会各界齐心协力推进脱贫攻坚的磅礴力量。

示范引领，高位推进。建立市政协脱贫攻坚助推行动“月汇报、季调度”制度，定期听取11个县市区、9个专委会助推工作情况汇报，每季度选择1个助推成效明显的县市区，召开现场推进会，通过交流经验、实地观摩、亲身体验和业务指导，查找问题短板，落实落细责任，压实压紧任务。组成由主席会议成员任组长的督导检查组，深入11个县市区开展助推行动专项督导，通过参观示范点、查看台账资料、听取汇报、现场提问、协商指导等，为各县市区政协开展助推行动问诊把脉。

建立机制，全面发动。由1名委员代表在市政协全体会议上宣读“助推脱贫攻坚倡议书”，通过向委员发放助推脱贫攻坚公开信等多种形式，进行广泛动员。建立政协委员包保贫困户机制，鼓励有条件的政协委员挂钩包保1—2户贫困户，全市各级政协委员共挂钩包保贫困户6350户；建立助推行动委员联络机制和委员助推项目库，确保每位委员至少参加1个活动。建立考核评价机制，将委员履职与助推行动结合起来，建立委员助推工作档案，把委员参与助推行动的情况作为年度履职考核的重要参考。

多方争取，汇聚合力。我充分发挥政协联系广泛优势，带队赴广东省中山、深圳等地进行招商考察和项目推介，先后与12个企业（协会）、5个园区、40多名企业高管进行了交流洽谈，与中顺洁柔、中智药业、宝能集团等企业达成投资意向。争取全国政协农业和农村委员会副主任、中国医学科学院阜外医院院长胡盛寿到昭开展健康扶贫专项调研，并为300余名县、乡、村医务人员作了专题讲座。率队带领巧家、镇雄、彝良、大关4县132名干部群众代表，远赴新疆实地考察，积极助力跨省搬迁安置工作。拟定对口助推帮扶需求清单，积极争取昆明市政协、玉溪市政协对口支援昭通脱贫攻坚工作。

据不完全统计，全市各级政协委员累计为贫困劳动力提供就业岗位2753个，开展实用技术培训1540人次，引进资金8830万元，义捐资金686万元，资助贫困学生5162人，得到各级党委政府的高度认可和社会的广泛肯定。

挂包奋战在一线

鲁甸位于云、贵、川三省接合部，是云南省27个深度贫困县之一。全县辖10镇2乡103个村（社区）1764个村（居）民小组，面积1484平方公里，居住着汉、回、彝、苗、布依等14个民族51万人。2014年，鲁甸发生6.5级地震，造成了重大人员伤亡和巨大经济损失，习近平总书记、李克强总理都亲自莅临鲁甸并作出重要指示。

从鲁甸发生6.5级地震开始，当时我作为市政府分管抗震救灾、恢复重建的副市长，就长期到鲁甸工作。恢复重建工作还未结束，2016年，按照市委安排，我又担任挂包鲁甸县脱贫攻坚工作总召集人。我认真落实市委的部署要求，坚持恢复重建和脱贫攻坚一起抓，始终做到急难险重冲在前，扑下身子抓落实，有力推动中央、省、市决策部署落到实处。

我坚决扛起总召集人的责任，先后召开鲁甸县脱贫攻坚“挂包帮、转走访”联席会议20多次，研究解决一系列重大问题。推动建立县、乡、村三级作战指挥部，建立“一月一调度、一月一研判”机制，推动工作部署、决策政令直达基层。坚持尽锐出战，硬抽人、抽硬人，组建驻村扶贫工作队96支、队员399名，3843名帮扶干部挂钩帮扶到村到户。按照“缺什么补什么”的原则，对标对表补齐短板弱项，2016年以来，累计争取投入扶贫资金74.34亿元，为打赢脱贫攻坚战奠定了坚实基础。

我始终深入践行市委“133”工作思路，认真落实“三多三少”工作法，坚持在一线发现问题、解决问题，走实群众路线、做实群众工作，深入群众听取最真实的声音，身体力行推动各项工作落实落地。2016年以来，我每年深入基层调研脱贫攻坚工作不少于60天，跑遍了鲁甸所有的贫困村，用辛苦指数换取群众的幸福指数。

我始终聚焦“两不愁、三保障”标准，抓实抓细各项重点工作。按照村村有亮点、组组有看点、户户有支撑和良种良法、高度组织化、党支部+合作社+农户“三个全覆盖”要求，把发展产业作为打赢脱贫攻坚战的重要抓手，推动马铃薯、苹果、樱桃、花椒等特色优势产业不断壮大。实施农村不安全住房改造23218户，推动农村住房安全保障全面达标。实施“五小水利”、人畜饮水、水利基础设施等工程9268件，建档立卡贫困群众饮水保障全面达标。

特别是在易地搬迁工作中，我们大力弘扬“搬不动大山就搬人”的新时代愚公精神，按照“能搬则搬、应搬尽搬、整村搬迁”原则，共实施易地扶贫搬迁4847户19847人。2018年年底，市委、市政府将卯家湾确定为易地扶贫搬迁跨县安置区，承接鲁甸、巧家、永善、盐津、彝良五县8322户35585人。我们坚持苦拼实干、挑灯夜战，用一年的时间就建成了卯家湾砚池新城和“两园两基地”配套产业园，用一个月的时间就完成了35585人的搬迁入住。

经过全县各族干部群众的共同努力，鲁甸县规划总投资76.3亿元的四大类489个恢复重建项目全面完成，灾区生产生活条件和经济社会发展水平全面恢复并超过灾前水平。李克强总理于2017年1月23日考察鲁甸时，给予了“昭通发展生机盎然、恢复重建成绩斐然”的高度肯定。全县96个贫困村全部出列，32086户125033人建档立卡贫困人口全部脱贫退出，2020年4月顺利通过省级第三方评估验收，省政府以“好”的等次批准鲁甸退出贫困序列。

较真碰硬促落实

绥江县是全市10个贫困县中首批2个脱贫摘帽县之一，截至2017年年底，绥江县还有5个乡镇33个贫困村15906人未脱贫，贫困发生率为14.06%。2018年，市委安排由我负责绥江县脱贫摘帽督导工作，我深感责任重大。

为进一步摸准基本情况，精准研判绥江脱贫摘帽形势，我带队从会仪镇开始，对照“两不愁、三保障”主要指标，一个村一个村排查，全面了解贫困人口数量、帮扶措施、集体经济、饮水住房、教育医疗、独居老人以及群众满意度等问题，逐一走遍全县5个镇25个贫困村和兆佳坝集中安置点。通过深入调研，我感觉，总体上绥江县脱贫摘帽是有条件的，向家坝水电站建设促进了绥江发展，一座美丽的新县城拔地而起，加上江边河谷地带的独特地理气候条件，半边红、竹子等产业发展势头良好，特别是实行片区负责工作机制、“5682”和“678”走访入住机制、交叉检查机制和圆桌会议机制，实现了干部全参与，贫困户全覆盖，这在全市都是比较创新有效的做法。

但是工作中也有短板和问题，其中村组道路建设滞后的问题尤为突出。

调研中前往板栗镇的道路一路颠簸、一路泥泞，天黑的时候车灯都被蒙住了；从板栗镇前往新滩村的路上，由于路太滑，越野车在有的路段都是“横行”的；板栗镇清水村全村都没有一条硬化村组道路……我询问当地的扶贫干部和群众，问他们如期脱贫还有什么困难，都纷纷感慨，什么都好了，就是路太烂了。按照脱贫出列标准，虽然村组公路不是脱贫的硬指标，但是却直接影响贫困户的出行，有的地方淤泥太深，摩托车都无法通过，易地搬迁拖行李的车都出不来，也间接影响群众满意度。我立即向市委主要领导报告，协调交通部门现场查看后，争取了 800 万元组织村组公路硬化，极大地提高了群众的满意度。

随后，我及时向市委、市政府报送了《绥江县脱贫摘帽形势研判报告》，总结了绥江县脱贫工作现状和经验做法，围绕兆佳坝集中安置点建设、农村危房改造、农民专业合作社发展、农村人居环境整治、收入达标风险、“一口清”等 15 个问题，提出加快推进安置点建设、坚决拆除农村危旧房、扎实推进农村人居环境整治等 7 条建议，得到市委、市政府的重视和支持，并交由绥江县逐一整改落实。经过努力，2019 年 4 月，省政府正式批准绥江县退出贫困县，全县贫困发生率从 2014 年年底的 41.3% 降到 1.29%，彻底甩掉了贫困的帽子。

结对帮扶见真情

鲁甸县梭山镇埂底村，人口密度 480 人 / 平方公里，山高坡陡、人多地少，人地矛盾十分突出；梭山镇挖水村是一个彝族寨子，高寒冷凉、水源缺乏、广种薄收，贫困发生率高达 53%，是全县最贫穷的村之一。按照市委安排，市政协机关挂钩包保埂底村、挖水村，我结对帮扶埂底村 8 户贫困户。面对两村的具体情况，我一直思考，在推进全县大面工作的同时，如何更好地做好点上的帮扶工作？如何在确保脱贫达标的基础上，更好地为两村的群众注入内生动力，为长远发展打好基础？

我把村级基层组织建设作为首要任务。给钱给物不如给个好支部，我要求镇党委通过加强学习培训、强化考核激励、派驻第一书记、调整“两委”成员等多措并举，切实把支部建强，村党总支的组织力、凝聚力和战斗力明显提升。2017 年，我安排市政协机关组织梭山镇村干部 21 人赴贵州省安顺市塘约村考察学习，对比发展基础，对标发展现状，找差距、学经验、开眼界、明思路，全面提高村干部思想素质和能力水平。

我把基础设施建设作为重要抓手，由于两村地处偏远，基础设施建设滞后是一个突出短板和共性问题，特别是挖水村，连通村公路都泥泞不堪，我在实地调研之后，针对短板弱项，多方协调争取，累计协调项目资金 2100 余万元，推动挂钩村村容村貌、基础设施建设得到明显改善。同时，提前谋划脱贫出列后巩固提升工作，又协调争取 630 万元的土地综合整治项目，目前正加快推进。

我把产业发展作为带动脱贫的有效方式，针对产业发展滞后和集体经济薄弱的实际，按照“党建引领、村社一体、合股联营”的思路，帮助埂底村成立“鲁甸县稼和种植专业合作社”，流转 100 余亩花椒林作为种植基地，统一管理、统一种植、统一销售，每亩花椒为群众增收 800 元以上，实现村集体经济零的突破。埂底村的有益尝试，在 2018 年 10 月 19 日被《云南经济日报》第三版刊载点赞。帮助挖水村成立“鲁甸县农益种植养殖专业合作社”，按照“党支部 + 合作社 + 农户”的模式，通过流转易地搬迁农户土地，推行良种良法种植，实现马铃薯组织化种植销售。

我把政协“民主协商”的理念引申到基层，要求驻村工作队以“群众会”为主要载体，坚持“有事多开会、遇事多开会、做事多开会”，通过开会协商出办法、出共识、出感情、出团结，把贫困户识别、低保户评议、村组道路建设、活动场所修建、集体经济发展等所有涉及群众的事，全部拿到会上公开讨论，听取群众意见，争取群众支持。学习塘约经验，完善村规民约，制定“红八条”和“黑名单”制度，对法律管不上、道德管不住的问题进行有效约束，以制度和共识的形式规范群众行为，促使群众崇德向善，努力推动乡村善治。

同时，我还切实加强市政协机关的组织领导，要求市政协机关专门设立扶贫办，由 1 名正处级干部专门联系扶贫工作；建立市政协“扶贫走访周”制度，机关 50 余名干部职工全部投入“挂包帮、转走访”工作，结对帮扶 400 余户建档立卡贫困户；累计选派 13 名干部担任脱贫督导员，选派 7 名干部驻村扶贫，确保尽锐出战。

短短几年的时间，这两个曾经“晴天一身灰、雨天一身泥”的贫困村，村容村貌发生了翻天覆地的变化，群众的生活也充满了精气神，老百姓纷纷表示，感恩党和政府的关怀，要靠自己的双手创造出更加美好的未来。

脱贫摘帽不是终点，而是新生活新奋斗的起点。在今后的工作中，我将保持初心不懈怠、勇担使命再出发，大力发扬为民服务孺子牛、创新发展拓荒牛、艰苦奋斗老黄牛的精神，只争朝夕、不负韶华，在新的伟大征程上创造新的业绩！

（作者时任中共昭通市政协党组书记、主席）

在脱贫攻坚大决战中彰显组织部门的使命担当

李红芬

蜿蜒的水泥路在半山腰迂回，一边是陡峭的山坡，一边是深不见底的悬崖，狭窄的道路只能一辆车通过，隔山就要走一天，这是2020年5月上旬我初到昭通时在永善桧溪镇源胜村、青胜乡民胜村调研留下的深刻印象。“昭通的交通条件有这么差？”带着从红河坝区到乌蒙山区的疑惑，我迫切地想走近她、熟悉她、了解她，随着到镇雄、彝良、威信等11个县（市、区）调研的不断深入，让我对昭通有了更加全面、更加立体的认识。昭通，果真是贫中之贫、坚中之坚。

2020年4月，按照省委安排，我从红河转战昭通，担任市委常委、市委组织部部长。“脱贫攻坚是一场艰苦卓绝的战斗，发动百日总攻、确保收官全胜，坚决把昭通大地千百年来的绝对贫困问题变成历史的记忆。”4月9日，在我到昭通参加的第一个全市性大会上，市委书记杨亚林同志的讲话振聋发聩。从这天起，我就成了昭通脱贫攻坚大决战的参与者、战斗员，在市委的坚强领导下，按照“双统领”“双保障”“双推进”的要求，认真贯彻“133”脱贫攻坚工作思路，带领全市组织系统加强自身建设，强化政治担当，抓党建促脱贫攻坚，亲历和见证了全市党员干部与广大群众一幅幅顽强拼搏的奋斗画面、一个个战天斗地的脱贫故事。

淬炼政治过硬的模范部门

“组织部门作为管党治党的重要职能部门，必须带头改进作风，继承发扬组织部门优良传统和作风，树立和维护组织部门良好形象。”工作中每当遇到困惑，我都会逼着自己沉心静气阅读习近平总书记系列重要论述，从中寻找智慧和答案，这个习惯伴随我从石屏来到昭通。总书记在2013年全国组织工作会议上的这段讲话，让我醍醐灌顶、下定决心，“脱贫攻坚这场人民战争已到了总攻阶段、决胜时刻，作为管党员的党员、管干部的干部，必须从自身做起、从自身严起，只有带头把自身作风搞好了，管理才有底气，严格才能让人服气，才能在打好打赢脱贫攻坚大决战中彰显组织部门的使命担当。”

2020年6月，一场“工作提标、落实提劲、效果提质”专项行动在全市组织系统如火如荼开展。市委组织部部务会经过反复研究，决定针对组织工作中特别是在抓党建促脱贫攻坚中表现出来的标准不高、落实不力、效果不好等问题进行大排查、大检修、大扫除，淬炼坚定党性、建设模范队伍，确保抓党建促脱贫攻坚各项措施落实落地。

这次专项行动，把学习提高摆在首位，组织组工干部读原著、学原文、悟原理，开展集中研讨65场次，深入学习领会习近平新时代中国特色社会主义思想和新时代党的组织路线，开展组工业务能力提升培训，为全市组工干部进行“充电”“储能”。

这次专项行动，把查摆问题作为重点，要求全市组工干部把准“检测仪”，从政治站位高不高、大局意识强不强、纪律规矩执行严不严、专业能力强不强、工作推进实不实等方面叩问内心、反躬自省，从思想上、工作上、作风上找出差距，查摆问题、深挖根源。市县组织部门部务会班子共查找问题200余条，组工干部个人共查找问题1700余条，每个班子、每名组工干部都建立了短板弱项“一览表”、整改提升“路线图”。

这次专项行动，把整改落实作为关键，大家紧紧聚焦上级点、群众提、自己找的问题逐一进行整改，除需长期坚持整改落实的事项外，其他问题基本得到有效解决，以问题的大整改推动了自身建设和组织工作的大提升。

这次专项行动，把建章立制作为根本，认真总结固化专项行动中的好经验、好做法，对规章制度进行“废、改、立”，织密制度网络、扎牢制度“笼子”、堵塞制度漏洞，形成务实管用的组织工作制度体系。市委组织部建立完善了《中共昭通市委组织部从严请示报告十条规定》《中共昭通市委组织部从严督查督办十条规定》《加强组织工作“五化”建设的实施意见》，研究制定了昭通市在干部选拔任用中看党建有关制度，把基层党建责任落实与干部提拔任用、考核评优结合起来，为进一步抓实党建引领脱贫攻坚打牢坚实的制度基础。

打铁必须自身硬。通过集中 2 个月左右时间开展专项行动，全市组织系统形成了思谋高标准、落实高效率、效果高质量的良好工作导向，工作中马上办、立即办、现在办的自觉性显著提升，分内的事认真干、交叉的事争着干、分外的事愉快干的氛围更加浓厚，“常规工作抓规范保底线、创新工作抓特色争高线”的理念深入人心，凝练形成了“公道正派、严实高效、担当奋进”的昭通组工作风，为扎实推进抓党建促脱贫攻坚，不断开创组织工作新局面提供了坚强的组织保障。

筑牢无坚不摧的坚强堡垒

堡垒强弱，关乎成败。威信县是我的挂钩联系点，该县的庙沟镇马河村是市委组织部挂包村之一。在我入户走访时，驻村扶贫工作队的同志告诉我，2016 年马河村“两委”干部因为集体贪腐问题或受处分或受刑事处罚，村级政权濒临瘫痪，脱贫攻坚难以推动。市委组织部把其作为整顿软弱涣散基层党组织的典型来抓，下派了3名熟悉农村工作的驻村队员联合县、镇干部组成驻村工作队，从整治规范农村低保入手，疏民怨、解民忧、帮民困，以深入细致的群众工作赢得了群众支持和信任。“打扫好屋子再请客”，及时补齐配强村“两委”班子，并“骑上马再送一程”持续给予大力帮扶，马河村党总支的政治领导力、思想引领力、群众组织力和社会号召力大幅度提升，近几年来该村各项工作始终排在威信县各村前列，2018年全村实现高质量脱贫，2019年被评为“云南省规范化建设示范党支部”，迅速实现由“软”变“强”、由“后”变“前”。

马河村的蝶变只是全市整顿软弱涣散基层党组织、夯实基层基础堡垒决胜脱贫攻坚的一个缩影。2017—2020年，全市坚持抓两头促中间，共有1078个村级党组织实现达标创建，452个村级软弱涣散基层党组织完成整顿提升。通过村“两委”干部能力素质提升、涉黑涉恶联审清除、发展壮大集体经济、“三位一体”提高村组干部待遇、实施“三个一百工程”，多措并举打出了一套独具昭通特色的固本强基“组合拳”，全面夯实了村级战斗堡垒，确保党支部个个过关、支部书记人人过硬。

建强堡垒只是过程，发挥作用才是目的。全市各级党组织以提高产业、就业和易地扶贫搬迁“三个组织化”为着力点，把支部建在产业链上、建在易地搬迁安置区，建到了江苏苏州、浙江绍兴、广东东莞等一个个沿海城市的大型工厂里，着力推动易地“大搬迁”、扶贫“大产业”和劳务“大转移”。

发展产业是实现脱贫的主要出路和长久之策。在提高产业扶贫的组织化程度上，我们紧紧围绕全市苹果、马铃薯、竹子、天麻、花椒、生猪、肉牛等主导产业的战略部署，按照良种良法、高度组织化和集约化模式、党支部+合作社“三个全覆盖”要求，把支部建在产业链上，让每户贫困户至少与1个以上新型农业经营主体建立经营合作关系，全面提高产业扶贫组织化程度，才短短几年时间，2020年全市苹果种植规模已突破70万亩，海升集团10万亩高标准苹果产业示范园成为引领现代农业发展的标杆和方向，马铃薯规范化种植规模达 297 万亩、优质种薯基地突破 30 万亩，2020 年世界马铃薯大会授予昭通“世界马铃薯高原种薯之都”荣誉称号。

就业稳，则脱贫稳。在提高劳动力转移就业的组织化程度上，我们充分发挥基层党组织在宣传发动、技能培训、组织输出、跟踪服务、维权保障全链条中的作用，并依托 141 个在外流动党员党组织推动就业意愿、就业技能与就业岗位精准对接，提高劳动力转移就业的组织化程度，实现农村劳动力有组织、成建制、上规模转移就业。在 2019 年末，全市 305.2 万名农村劳动力转移就业 224.61 万人，贫困劳动力、易迁劳动力转移就业率分别达 83.72%、89.06%。2020 年，我们持续加大工作力度，推进“村企对接”“三门相连”，抵消新冠疫情影响，“零就业”贫困家庭全部实现动态清零。

易地搬迁是昭通嚼碎脱贫攻坚“硬骨头”的“铁齿铜牙”。在提高易地扶贫搬迁组织化程度上，我们组建了 8 个党工委、218 个党组织，全面实行党组织 + 为民服务站 + 产业就业工作站 + 警务工作站 + 教育卫生工作站 + 党群工作站“1 + 5”组织模式，充分发挥党组织在搬迁前的宣传发动、搬迁中的跟踪服务、搬迁后的稳定发展保障作用，探索推行易迁对象“红黄绿”动态管理，以网格化管理措施联系好、管理好、服务好每一名易迁群众，打通服务群众“最后一公里”，36.24 万名群众一步实现由贫困山区到现代城镇、由传统农民到城镇市民的直过式跨越，着力将全市易地扶贫搬迁安置区打造成为城乡基层治理机制创新和治理能力现代化先行先试的标杆。

以“三个组织化”为抓手推进党建引领脱贫攻坚，倒逼了基层党组织建设的全面加强，也检验了基层党组织的战斗力，推动了全市各级党组织抓脱贫攻坚的工作重心之变、组织体系建设的工作标准之变、网格化管理的工作方法之变和群众高度情感认同的党群关系之变，进一步提升农村基层党组织的政治功能和组织功能，确保了每个贫困村都矗立着一座坚强的战斗堡垒、每一户贫困群众背后都站着一名坚定的共产党员，真正让党的组织无处不在、党员作用无处不发挥。

锻造能征善战的乌蒙铁军

把目标蓝图变成现实，将美好愿景化为实景，离不开广大干部冲锋陷阵、克难攻坚。与此同时，也让刀在石上磨、人在事上练，各级干部在脱贫攻坚中不断磨砺自身意志、强化责任担当、提升攻坚本领。正如市委书记杨亚林同志在市委四届六次全会中总结的，这场脱贫攻坚大决战“锻造了一支坚守初心、勇担使命、甘于奉献、奋勇攻坚的乌蒙铁军”。

最硬的仗，要派最善战的人，决战决胜脱贫攻坚号令一响，全市精锐尽出。我们深入落实“五级书记抓扶贫”“党政同责促攻坚”要求，进一步强化市级领导挂钩联系县（市、区）、市直部门主动服务脱贫攻坚、县处级党员领导干部担任乡镇党委第一书记、选派优秀科级党员干部担任村（社区）党组织第一书记等工作机制，把铁军队伍压到一线打“攻坚战”，让优秀干部沉到一线啃“硬骨头”。2015 年 1 月至 2020 年 10 月，全市共择优选派了 624 名处级和科级领导干部担任脱贫摘帽督导员；选派 1239 支驻村扶贫工作队、4592 名驻村扶贫工作队队员驻村开展扶贫，除教师、医生两个群体外，全市 5 万名干部职工中，30% 以上的干部职工有驻村工作队队员经历；10.7 万名干部职工结对帮扶贫困户，其中有 216 对“父子兵”、1284 对“夫妻档”，还有 572 名干部“轻伤不下火线”，他们用身影、心血和汗水，交出让党和人民满意的答卷。

只有在“赛马场”上才能选出“千里马”，在实践实战中才能选出实干家。我们坚持在脱贫攻坚一线识别干部、选用干部、提拔干部，做到脱贫攻坚推动到哪里，干部考核考察触角就延伸到哪里，市委组织部经常性组成干部调研组，对各县（市、区）、市直各部门进行全覆盖的调研谈话，通过个别谈话、随机走访干部群众、查阅档案资料等方式，深入了解干部在急难险重任务面前是否敢于担当、冲锋在前，是否真抓实干、积极作为。坚持静态分析与动态研判相结合、一时与一贯相结合，定期对领导干部表现情况进行分析研判，对担当作为、表现优秀的干部，由市委组织部建立优秀名单予以重点关注；对不敢担当、不善作为的及时进行批评教育或谈话提醒，情节严重的坚决及时调整。明确提出在脱贫攻坚期内“市委、县（市、区）委、市直部门党委（党组）每年提拔使用的干部中有脱贫攻坚等基层一线工作经历的分别不低于60%、80%、50%”这一刚性要求。2019 年 1 月至 2020 年 10 月，市委、各县（市、区）委、市直各部门党委（党组）在脱贫攻坚等基层一线提拔干部占提拔干部总数的 68.7%、81.8%、52.3%，20 名乡镇党委书记被提拔担任上一级领导职务，17 名县乡党政正职被调下，真正做到让实干者实惠、让吃苦者吃香、让干事者无忧、让有为者有位，鲜明树立起能者上、庸者下、优者奖、劣者汰的选人用人导向，激励广大干部奋勇攻坚、担当作为。

能提拔重用的，只是少数；而默默无闻的，是大多数。我们开展了脱贫攻坚专项奖励，昭阳区苹果产业发展中心等 2 个事业单位荣获集体记大功，巧家县热区产业发展中心等 7 个事业单位荣获集体记功，3989 人获得专项表彰奖励。我们提出，在招录、遴选中最大限度向脱贫攻坚一线干部倾斜，市级机关事业单位公开遴选公务员和公开选调事业人员优先考虑有扶贫经历的干部，其中市扶贫开发领导小组成员单位每年定向公开遴选、选调基层一线扶贫干部的比例不得低于公开遴选、选调总数的 40%，脱贫攻坚期内每年拿出 100 个事业岗位定向招录村干部，最大限度给予脱贫攻坚一线干部关心关爱，切实让他们看到希望、备受鼓舞。

每次翻阅全市各级干部在脱贫攻坚中担当作为的纪实材料和先进典型事迹，都让我心情久久难以平复。被评为南方电网公司“劳动模范”和“感动南网”人物的彝良县牛街镇水田村驻村第一书记吴长碧，用柔弱的肩膀扛起扶贫的重任，不畏辛劳、尽心尽力带领困难群众脱贫致富，先后被评为优秀共产党员、优秀驻村工作队队长、第一书记；被市扶贫办、市文明办、市妇联评为“最美扶贫干部家庭”的彝良县洛泽河镇太坪村第一书记陈仕崇，舍小家、为大家，克服困难离开怀孕 3 个月的妻子扎根脱贫攻坚一线，甘于奉献、任劳任怨；把病情报告单“藏”起来去扶贫的女干部金碧琼，克服腰椎、膝盖、关节长年疼痛等困难，从 2016 年 3 月下派驻村至 2020 年 10 月，辗转永善莲峰镇南林、六井两村，一直坚守脱贫攻坚一线；还有生命永远定格在 26 岁的王秋婷，用生命诠释着昭通扶贫干部的使命与担当……“组织不会忘记、人民不会忘记”，正是他们，用辛勤、茧皮、汗水、心血甚至是生命诠释了共产党员的初心和使命，用忠诚担当帮助群众找到了一条条致富门路，补齐了一块块发展短板，解开了一个个脱贫死结，按下了脱贫攻坚快进键，书写出了昭通千百年来决战贫困的时代传奇。

我们坚信，有这样一支在脱贫攻坚中锤炼和锻造的铁军队伍，必将让昭通在新时代发展的新征程中战无不胜、攻无不克。

厚植助推脱贫的人才土壤

水富市建立的“蔡金明专家工作站”是我到昭通工作后，在人才工作方面的第一个实地调研点，也是组织部门推动东莞·昭通东西部扶贫协作结出的丰硕成果。蔡金明作为中国科学院物理研究所博士、国家高层次人才、低维纳米材料领域专家，其创办的广东墨睿科技有限公司是国内唯一能生产超精细石墨烯纳米带的科技企业。正是组织部门以实施人才扶贫行动计划为抓手，根据昭通所需精准对接，才促成蔡金明博士的墨睿科技公司和昭通的云天化瀚恩公司“一见倾心”“再见定情”，终于“喜结良缘”，云天墨睿科技有限公司落地水富，让昭通一举拥有了国内领先的石墨烯及其导热膜生产企业，成为我市引进专家人才助推实现弯道超车、促进脱贫攻坚和高质量跨越发展的典型案例。

习近平总书记反复强调，硬实力、软实力，归根到底要靠人才实力。一方面，为了引进像蔡金明专家这样的国际国内高层次人才；另一方面，为了加快本土人才培养，推动各类人才向脱贫攻坚一线流动，近年来，全市上下着力优化人才发展和服务保障环境，厚植改革创新的人才土壤。我们以深化人才发展体制机制改革为主线，制定出台以《关于深化人才发展体制机制改革推动各类人才到脱贫攻坚一线创新创业的意见》为主，配套《引进高层次人才实施办法》《院士专家工作站建设实施办法》等多项制度，形成“1+X”的昭通人才政策体系，设立每年2000万元的高层次人才发展专项经费，启动实施“凤凰计划”“鲲鹏计划”“雏鹰计划”以及“名家、名师、名医”培养等系列人才计划（工程）。“十三五”期间，累计培养昭通“三名”人才59人，昭通市“凤凰计划”开展3批次引进人才40人，昭通市“鲲鹏计划”开展2批次定向培养人才52人，共招聘紧缺人才2557人，认定昭通市院士专家工作站43个，云南省基层专家科研工作站20个，并加强与高端人才、智库、科研院校以及在外昭通籍优秀人才的联系对接，促成国家高端引才计划专家、中国科学院专家团、九三学社院士专家和中组部、团中央赴滇“博士服务团”等到昭通开展帮扶指导，一批国家及省高层次人才带技术、带项目、带团队到昭合作发展，给竹子、天麻、苹果、马铃薯等特色产业注入了新理念、新技术、新模式，实现了品质与品牌的腾飞，推动了水电铝、有机硅等产业高质量跨越式发展。

全面脱贫目标即将实现，群众幸福生活没有终点。全市各级党组织持之以恒抓党建促脱贫攻坚中积累的一些好经验、好做法，为今后我们持续推进抓党建促乡村振兴、促基层治理和促进滇东北崛起提供了有益实践启示。我觉得以下四个方面尤为珍贵。

实践让我们深刻认识到，抓党建促脱贫攻坚，必须强化理论武装、时刻对标定向。面对全国之最的脱贫攻坚重任，面对落后的产业基础和史无前例的大规模跨县区易地扶贫搬迁，昭通市各级党员干部之所以能够勇于担当、攻城拔寨、不怕牺牲，最根本的精神动力就是有习近平新时代中国特色社会主义思想的理论武装。全市各级干部自觉对标对表习近平总书记关于脱贫攻坚的重要论述和指示批示精神，工作有了方向、有了准星，更有了持续动力和不竭力量，不断战胜艰难险阻、主动担当奋进，赢得了脱贫攻坚战的一场又一场胜利。

实践让我们深刻认识到，抓党建促脱贫攻坚，必须强化工作统领、凝聚攻坚合力。市委提出，坚持以脱贫攻坚统领经济社会发展全局、以党的建设统领推动各项工作落实“双统领”，强化铁的纪律和硬的作风“双保障”，努力实现党的建设和脱贫攻坚“双推进”，为抓党建促脱贫攻坚找到了载体、找准了切口。全市各级组织部门自觉把抓党的建设置身于脱贫攻坚大局中来认识和思考，围绕中心、服务大局，顺势而谋、因势利导推动党的基层组织建设、干部队伍建设和人才工作，让党旗在脱贫攻坚一线高高飘扬，把党员、干部、群众和社会各方面力量组织起来、凝聚起来，服务和保障打好打赢脱贫攻坚大决战，又反之以脱贫攻坚的成效来检验了党建工作质量，实现了党建与脱贫攻坚深度融合、互促共进。

实践让我们深刻认识到，抓党建促脱贫攻坚，必须锤炼一流作风、锻造铁军队伍。打好脱贫攻坚大决战，关键在人，关键在干部。我们通过教育培训、选派挂职等多种方式，补齐干部能力短板，练就过硬本领；把一大批想干事、敢干事、能干事的干部选派到脱贫攻坚一线，以“四个敢不敢、善不善”作为检验标准，以能否打好打赢脱贫攻坚大决战作为检验是否树牢“四个意识”、践行“两个维护”的政治标尺，并辅之以最严厉的“战时纪律”和最大力度的关心关爱，推动各级干部以上率下、尽锐出战、担当作为，为打赢脱贫攻坚大决战提供了根本保障。

实践让我们深刻认识到，抓党建促脱贫攻坚，必须走实群众路线、赢得群众认同。我们始终坚持以人民为中心的发展思想，按照市委科学制定的“133”脱贫攻坚工作思路，组织全市各级党员干部紧扣“两不愁、三保障”脱贫指标，翻越千山万水、走遍千家万户、道尽千言万语、用尽千方百计、历尽千辛万苦，从带领群众“收好东西扫好地”这样的一件件小事抓起，帮助群众解决了生产困难、生活困难和发展困难，走实群众路线，让群众感受到了脱贫的温度、体会到了干部的热度，最终以干部“脱皮”

换来了群众的脱贫，以干部的辛苦指数换来了群众的幸福指数，实现了思想认同、工作认同、情感认同。

（作者时任中共昭通市委常委、组织部长）

为打赢脱贫攻坚战提供资金保障琐忆

郝流勇

党的十八大以来，市财政局党组深入贯彻习近平总书记关于打赢脱贫攻坚战的系列决策部署，坚决落实中央、省、市关于脱贫攻坚的部署要求，不断增强“四个意识”、坚定“四个自信”、做到“两个维护”，始终以脱贫攻坚统领财政工作全局，围绕保障资金投入、严格资金管理、发挥资金效益三大重点，通过加强汇报争取、健全工作机制、强化跟踪问效三大举措，全力支持打赢脱贫攻坚战。

一、加强汇报争取，保障资金投入

先后多次到财政部、财政厅汇报，积极与对口帮扶的广东东莞市、中山市联系，加大涉农资金整合力度，优化预算支出结构，大力压减一般性支出，全力争取筹集各级各类资金 719.05 亿元支持保障脱贫攻坚。

（一）积极争取财政专项扶贫资金支持。2015—2020 年，全市共争取各级财政专项扶贫资金 134.74 亿元，占投入各级各类资金的 18.74%。分级次看：中央 88.18 亿元，省级 46.56 亿元；分年度看：2015 年 6.81 亿元，

2016 年 14.09 亿元，2017 年 14.2 亿元，2018 年 18.89 亿元，2019 年 37.53 亿元，2020 年 43.22 亿元。

（二）积极争取贫困县统筹整合财政涉农资金支持。认真贯彻落实中央、省、市统筹整合财政涉农资金工作精神，进一步优化统筹整合工作方式，推进财政涉农资金统筹整合使用，做到应整尽整，为全市脱贫攻坚提供有力的资金支撑和保障。2016—2020 年，全市共统筹整合涉农资金 293.88 亿元，占投入各级各类扶贫资金的 40.87%。其中 2016 年 36.3 亿元，2017 年 55.4 亿元，2018 年 52.9 亿元，2019 年 83.5 亿元，2020 年 65.78 亿元。

（三）积极争取易地扶贫搬迁资金支持。2015—2019 年，全市共争取四类 190.71 亿元财政资金投入易地扶贫搬迁，占投入各级各类资金的 26.52%。一是中央基建投资 32.6 亿元。其中 2015 年 1 亿元，2016 年 4.2 亿元，2017 年 3.1 亿元，2018 年 5.2 亿元，2019 年 19.1 亿元。二是新增一般债券资金 103.9 亿元。其中 2018 年 7.9 亿元，2019 年 96 亿元。三是土地指标调剂 47.21 亿元。其中 2018 年 27.64 亿元，2019 年 19.57 亿元。四是 2019 年社会事业补短板资金 7 亿元。

（四）积极争取农村危房改造资金支持。2015—2020 年，全市共争取资金 55.2 亿元，占投入各级各类资金的 7.68%，主要用于对农村 D 级危房的改造。从 2017 年起，政策调整为对 4 类重点对象的 D 级危房予以改造补助和加固修缮不安全住房。2015 年 7 亿元，2016 年 6.4 亿元，2017 年 11.2 亿元，2018 年 5.2 亿元，2019 年 19.1 亿元，2020 年 6.3 亿元。

（五）积极争取东西部扶贫协作资金支持。2016—2020 年，东莞、中山市对口帮扶东西部扶贫协作专项资金共 15.16 亿元，占投入各级各类资金的 2.11%。其中，201. 年 1 亿元，10 个贫困县区每个 0.1 亿元；2017 年 1 亿元，10 个贫困县区每个 0.1 亿元；2018 年 3.2 亿元，昭阳区 0.5 亿元，其余 9 个贫困县区每个 0.3 亿元；2019 年 4.46 亿元；2020 年 5.5 亿元。

（六）积极筹措加大市县级投入力度。市县两级积极争取上级支持的同时，在财政困难的情况下，大力优化支出结构，压减一般性支出，加大市县投入脱贫攻坚力度，确保本级安排的财政专项扶贫资金增幅不低于10%。2015—2020年，市县级共筹措投入财政专项扶贫资金29.36亿元，占投入各级各类扶贫资金的4.08%。其中，市本级财力安排投入扶贫资金2.53亿元，平均每年0.42亿元，年均增幅55.46%；县（市、区）本级财政安排投入扶贫资金26.83亿元投入脱贫攻坚，平均每年4.47亿元，年均增幅47.96%。

二、健全工作机制，严格资金管理

坚持把扶贫资金管理作为常态化工作，完善工作机制，压实工作责任，及时公告公示，确保扶贫资金管理使用规范安全。

（一）提高政治站位，切实落实主体责任。市财政局党组高度重视脱贫攻坚工作，始终以脱贫攻坚工作统领财政工作全局，通过召开局党组会议、专题办公会议、职工会议等方式，传达学习习近平总书记扶贫开发重要战略思想和在深度贫困地区脱贫攻坚座谈会上的重要讲话精神，认真学习贯彻省委、省政府和市委、市政府关于脱贫攻坚的决策部署、政策文件和有关会议精神。一是成立领导小组，落实领导责任。成立以党组书记、局长为组长的昭通市财政局推进脱贫攻坚工作领导小组。二是建立完善脱贫攻坚制度机制，先后于2017—2020年印发并完善脱贫攻坚相关文件。三是成立挂钩督导组，落实督导责任。建立挂钩督导责任制，实行副处级领导挂钩督导组长负总责的挂钩督导县区脱贫攻坚财政工作全域责任制。四是抽调骨干，成立专班。五是细化科室职责，落实科室责任。

（二）健全完善制度，落实部门管理职责。市财政局严格贯彻落实中央、省及市委、市政府关于财政扶贫资金管理相关规定，与相关部门共同联合印发《关于进一步加强财政专项扶贫资金管理的通知》《昭通市财政局关于进一步明确财政扶贫资金动态监控工作职责分工的通知》（昭财脱贫组

〔2019〕4号)、《关于进一步加快财政扶贫资金支出进度的通知》《关于切实加强财政扶贫资金管理及加快资金拨付进度的通知》等一系列文件，规范全市贫困县统筹整合，对项目准备，行业部门管理职责、工作机制等进一步明确，完善制度加强财政专项扶贫资金管理，确保资金使用效益发挥。

（三）严格规范管理，及时分配下达资金。严格资金使用范围，切实加强扶贫专项资金管理，确保扶贫资金专款专用、安全运行、精准高效。严格按照中央、省规定的时限要求分配下达资金，上级资金文件明确到县区的，收文后10日内完成下达；上级未明确到县区的，由行业主管部门提出分配意见，与财政部门联合报市政府审批同意后，5个工作日内完成下达。市本级预算安排的扶贫资金，经商扶贫等部门，及时请示政府，批准后下达。

（四）坚持信息透明，严格公告公示公开。严格按照《云南省财政专项扶贫资金管理办法》（云财农〔2017〕213号）、《云南省全面实施扶贫资金项目公告公示制度的实施意见》（云开办〔2018〕109号）、《昭通市人民政府扶贫开发办公室、昭通市财政局印发〈昭通市全面实施扶贫资金项目公告公示制度的实施意见〉的通知》等文件要求，做好市本级扶贫资金情况公示，并指导县区做好扶贫资金和东西部扶贫协作资金公开公示工作，主动接受社会监督，确保资金在阳光下运行。

三、强化跟踪问效，发挥资金效益

坚持把跟踪问效作为工作的有力抓手，强化挂钩督导，加强绩效管理，严肃约谈问责，确保资金用到实处见到实效。

（一）全面强化挂钩督导。及时掌握资金进度。一个局领导挂钩2—3个县，带领相关人员每年至少两次对县区进行调研督导，2020年共组织33次102人次专项或结合其他检查调研工作核实县区扶贫资金支出并督促县区加快资金支出进度。及时跟踪掌握整改落实情况，与扶贫等相关部门分析研判，妥善解决存在问题，将相关信息专报报市委、市政府。

（二）全面加强绩效管理。及时组织召开全市扶贫资金项目绩效目标补报暨绩效管理培训会，对绩效管理有关知识进行培训学习。强化绩效目标管理，组织完成扶贫项目资金在扶贫资金动态监控系统中的绩效目标填报工作。将扶贫专项资金、财政涉农资金及其他与脱贫攻坚有关的大扶贫资金纳入动态监测体系，形成全市统一的财政脱贫攻坚资金管理动态监控体系。依据扶贫监控系统数据录入过程中明确界定的范围，填报绩效目标完成情况，开展绩效自评，对未完成目标的分析原因，提出改进措施。

（三）全面加强约谈问责。2018 年以来，市政府、财政部门联合扶贫部门对财政专项资金执行进度慢县和财政涉农统筹整合资金执行进度慢县集中约谈 3 次。完善季报、月报、旬报、日报制度。即上半年按季、下半年按月、11 月起按旬、12 月下旬按日报送，根据掌握县级支出进度情况，及时加强与相关部门对接联系，共商研判，对支出进度较差的县级加大督促指导力度。

各级各类扶贫资金投入，为全市脱贫攻坚战提供了“粮草”“弹药”，有力支撑如期打赢脱贫攻坚硬仗。到 2019 年年底，全市建档立卡贫困人口从 185.07 万人减少至 2019 年末的 15.99 万人，累计减贫 169.08 万人；贫困村由 1235 个降至 104 个，贫困县由 10 个降至 1 个，贫困发生率由 34.8% 降至 3.4%，全市贫困人口人均纯收入由 2015 年的 2703.25 元增加到 2019 年年底的 8661.12 元，年均增幅达 33.79%，已脱贫人口人均纯收入由 2015 年的 4125.56 元增加到 2019 年年底的 8988.8 元，年均增幅达 21.49%。贫困地区基础设施建设面貌明显改善，产业培育迈开坚实步伐，社会事业、民生保障等长足发展，全市能够实现与全国全省如期脱贫摘帽全面建成小康社会目标。

（作者时任昭通市政协副主席、市财政局局长）

一枝一叶总是情　久久为功助脱贫

彭　霓

2020 年 8 月，当我收到大关县悦乐镇顺利完成脱贫攻坚验收的消息时，不禁思绪万千。3 年前，我到市政协工作，按照市委、市政府的统一安排，挂钩包保大关县悦乐镇悦乐村。那是一个初春的清晨，昭阳坝子已阳光普照，悦乐却笼罩在浓浓的雾气之中，这是我第一次带领同志们到悦乐调研走访。车子在泥泞的村道上越走越滑，时任悦乐镇党委书记王华均、镇长周云两位同志都有些面露难色，对我说："彭副主席，车子陷住了，我们得走过去。"我边走边看着这高山、河谷、深涧、坡地相互交错的地方，通村路雨天一身泥、晴天一身灰，群众家大多是年久失修的土坯危房，院坝四处散落着菜叶和破碎的塑料袋子，生活环境的脏乱不言而喻。目之所及，深感悦乐镇 9 村 1 社区 220 个村民小组 3.69 万人的脱贫攻坚工作任务艰巨，形势严峻。

3 年来，我们坚持以习近平新时代中国特色社会主义思想为指导，深入学习贯彻习近平总书记关于扶贫工作重要论述，贯彻落实市委"133"工作法，坚持脱贫攻坚"571"标准，科学部署，统筹推进，主动出击，凝心聚力充分发挥镇村干部骨干军、人民群众主力军、挂钩部门支援军这"三支队伍"力量，努力构建专项扶贫、行业扶贫和社会扶贫的大扶贫格局，坚决打好基础设施大会战、产业培育持久战、卡户全面出列攻坚战"三大硬仗"。

3年后，悦乐镇一条条平坦整洁的硬化公路，打通了脱贫致富“脉络”；一个个壮大的龙头企业，推进了农村产业纵深化；一项项产业落地生根，拓宽了贫困群众的长久富裕之道。从巍巍太阳坝下到潺潺洒渔河河畔，悦乐大地处处呈现一派生机勃勃的景象。2020年6月，全镇建档立卡贫困户2862户12782人已全部达到脱贫标准，全镇9村1社区已全部达标脱贫出列，今年将与全国一道全面建成小康社会。

弹指一挥间，流年不复返。3年的时间，是什么让悦乐镇发生了翻天覆地的变化，让贫困群众过上好日子？我想最根本的是靠党的好政策指引，产业帮扶、转移就业、易地搬迁、医疗救助……一项项精准脱贫政策的落地生根，改变了昔日的贫穷图景，也振奋着悦乐干部群众战贫的精气神。

定思路，强产业促增收

习总书记指出：发展产业是实现脱贫的根本之策。2018年清明，我到悦乐镇沙坪村走访，热情的当地群众拿出自家种植的茶叶款待我，进一步交谈后我得知沙坪出产的茶叶品质优良，但由于种植技术的欠缺，这里的老茶树一直没有发挥其价值。想到我之前挂钩帮扶的企业云南兴伦肥业公司主要就是从事黄腐酸系列、有机肥等产品的开发、生产和销售，这些产品可显著提高茶叶产量和品质。为走好茶叶绿色生态产业路，我主动向企业联系做工作，介绍悦乐镇茶产业的发展情况，邀请企业参观考察悦乐镇茶产业种植点，联合企业探索建立了“公司＋基地＋农户＋科技”的有机肥绿色生态产业示范点。“春暖花开明前好茶，一杯好茶来自沙坪椿树湾。”如今，这句广告语已随着悦乐茶逐渐建立品牌影响力。

有了茶叶产业发展顺利的鼓舞，我一直在思考，如何才能以产业发展促进群众持续增收呢？按照市委大力发展高原特色产业的安排部署，结合悦乐镇的实际情况，我与当地干部群众进行研判，从培育种植茶、竹等特色产业入手，树立了“竹茶果蔬畜”的产业培育思路，通过落实997户群众4802.9万元的小额贴息贷款，重点扶持群众发展起了黄牛、生猪、魔芋等特色种养殖业，几年来党委政府牵头带领群众新发展竹子18030亩，茶叶4498亩，改造林果7800亩，管护提质核桃2.3万亩，新种植刺老包743.6亩，年出栏生猪2.8万头、牛1750头、羊3200只。通过落实“三个全覆盖”，新成立和完善18个合作社和10个村集体公司，全覆盖2862户贫困户，在群众稳定增收的产业培育和组织化生产工作上迈出了实质性步伐。

守初心，扎基层暖人心

脱贫攻坚不是一句空话，而是实实在在的行动。3年来，我走遍了悦乐的山山水水，每到一个村都到群众家中“坐一坐，摆一摆”，开坝坝会，“摆”的就是党的脱贫攻坚政策，为的就是增强贫困群众脱贫致富的决心和动力。3年来，我坚持在一线发现问题、在一线解决问题，得到了当地群众的理解和支持，现在走访时群众遇到我，都会打招呼说“你下来了，到家里来坐哈”。

2019年9月，我到悦乐村支来沟村民小组走访，80多岁的屈元凤老人独居在一间不过10平方米的土坯房里。由于年事已高，老人行动缓慢，眼睛也不大看得见。临近深秋，老人的手冰凉冰凉的，蜷在炉火边取暖。看到这儿，我不禁为老人的生活问题隐隐担忧起来。“老人家，你平时都怎么吃饭的？”我握着她的手问道。“自己做，没米了请村上的同志帮我买点，有时儿女也给我送点来。”这一问，我才知道老人家有4个儿子，就住在附近，家庭条件也都还相对不错，每家都盖了砖房。我迅速组织镇村干部对该户子女做政策和法律法规讲解，动员老人与子女共同生活。谁料几个子女不仅互相推诿扯皮，还说：“国家政策这么好，我们养不起，国家养得起。”

我心里咯噔一下，治贫先治愚，这些争戴贫困户帽子不愿摘的群众不就是当前工作的重点吗？群众不从思想上脱贫，脱贫攻坚工作就无法推进。通过与镇村干部几次三番地上门做工作，协调兄弟几人的关系，最终达成一致，由屈元凤的小儿子赡养老人。

2020 年 3 月，复工复产的号角吹响。务工收入是悦乐群众家中重要的经济来源，镇里计划组织农民工返工返厂，一手抓疫情防控，一手抓经济生产，但防护用品缺口巨大。在调研中，镇党委书记王华均向我反映了这一情况。有序外出务工事关民生大事，一刻也耽误不得。我随即倡议全市民革党员进行爱心捐款，得到了大家的积极响应，仅用了短短一天便筹集到爱心捐款 2.06 万元，捐赠悦乐用于购置口罩等相关疫情防控用品。除此之外，结合当地的实际情况，我先后争取项目资金 420 多万元用于悦乐各村基础设施建设和改造、农村人居环境整治，协调联系中国移动昭通公司帮助解决悦乐镇 41 个社通信质量不佳和无信号的问题，通过联系民革党员中的渔业专家和邀请挂钩企业的土肥专家及茶产业专家到村指导等方式助力集体经济发展。

讲奉献，办实事赢民心

3 年中，我最大的体会是感动。在一线的工作中，我接触到了很多基层扶贫干部，繁重的工作让他们成为脱贫攻坚的政策专家，这样的蜕变让我切身感受到了什么是奉献。他们是离群众最近的人，在大山重重的偏远之地，向山而立，扛起重任，扎根人民。他们征战于没有硝烟的战场，在贫困堡垒的攻坚之地，冲锋陷阵，愈战愈勇。

沙坪村“小个子支书”周宗波两年的时间把沙坪村各项工作从考评倒数带到悦乐镇前列。他药不离身，因为村上的工作总是让他一日三餐都不规律，甚至几次病倒住院；妻子摔伤时他在群众家里为群众服务，儿子发高烧时他在下村工作回不去，家中突发火灾依然坚守岗位，从不提自己的损失。面对工作和生活的重担，当我问他工资情况时，他说："收入少了些，但是选择了就不后悔，要请领导关心的是村民小组的同志们，他们和我们一起工作，一样辛苦，但收入太少了。"支来沟党支部书记訾和顺已 67 岁，患有眼疾和轻微耳聋，不会使用手机，每次召开村民小组群众会议或者传达相关政策时，都是徒步上门到每户通知，每一次工作都带头执行，当我问他对党组织有什么要求时，他说："没有要求，只有感谢，入党多年，党从来没有忘记我，还送我进了党校。"说着说着就带我去看挂在他家堂屋中参加"万名党员进党校"时与镇党委领导班子的合影，并告诉我说，"我老了，只有尽力做好工作。"疫情期间，青林村党委书记陈凡仲，大年三十坚守岗位，组织人员布置防控点，逐社逐户宣传疫情防控工作，对重点地区返乡人员天天到户看望，查看是否有人员出现相关症状，关心群众生活物资是否缺乏，这样的工作一干就是 2 个多月。今年 6 月，陈凡仲患右侧小脑半球脑梗住院，可是他并没有放下工作，时时刻刻关注着全村的工作进度，QQ、微信的工作群里一直有他的消息，在开展党建工作以及村民小组集体经济认定工作时，他带着病又来到了村委会继续参加工作。2019 年上任的老房子党支部书记卢国华，在活人墓大墓豪华墓专项整治中，积极响应国家号召，回家耐心疏通家人的情绪，率先拆除了家中老人的活人墓，真正发挥了党员先锋模范作用。悦乐镇的扶贫路上，像这样普普通通的扶贫干部和党员群众，还有很多很多，他们心里怀着共同脱贫致富的坚定信念，切实把群众的小事当成自己的大事，用实际行动践行初心，他们关心群众生活，倾听群众心声，久久为功、毫不松懈地推动脱贫攻坚工作向纵深发展。

每当想到这些，看到这些，总是有眼泪浸入我的眼帘，我忘不了悦乐镇上奋战一线的扶贫干部，忘不了悦乐镇老百姓对中国共产党朴素深厚的感情。

（作者时任民革昭通市委主委、昭通市政协副主席）

唱响“脱贫攻坚大决战”主旋律

——昭通市宣传舆论在决战决胜脱贫攻坚中的经验及启示

杨秀国

脱贫攻坚大决战号角吹响以来，全市把脱贫攻坚宣传舆论工作作为宣传系统的一项重要政治任务来抓，把脱贫攻坚宣传舆论工作纳入意识形态的重要考核内容，层层传导压力，层层落实目标责任。全市多次对脱贫攻坚宣传舆论工作作出专题部署，全市每年的宣传思想工作会议都对脱贫攻坚宣传舆论工作进行重要的安排，每年的宣传思想工作要点、精神文明建设工作要点、文化产业发展要点都紧紧围绕脱贫攻坚工作进行安排和落实。全市通过理论宣传、新闻宣传、社会宣传、文艺宣传、精神文明宣传等形式，深入开展“自强、诚信、感恩”教育，充分发动群众、动员群众投入脱贫攻坚大决战之中，把脱贫攻坚政策宣传到了每家每户，把全市人民群众的思想认识统一到了党中央、国务院、省委、省政府、市委、市政府的决策部署上来，不断激发了群众的内生动力，转变了群众的思想观念，鼓舞了全市人民群众坚决打赢脱贫攻坚大决战的干劲和斗志，汇聚了全市人民群众万众一心、众志成城坚决打赢脱贫攻坚大决战的磅礴力量，推动了脱贫攻坚大决战的深入开展。

一、背景情况

全市在脱贫攻坚大决战宣传舆论工作中，坚持以习近平新时代中国特色社会主义思想为指导，认真贯彻落实习近平总书记关于扶贫工作的重要论述和考察云南的重要讲话精神，认真贯彻落实习近平总书记2020年3月6日在决战决胜脱贫攻坚座谈会上提出的要求，脱贫攻坚不仅要做得好，而且要讲得好，要重点宣传党中央关于脱贫攻坚的决策部署，宣传各地区各部门统筹推进疫情防控和脱贫攻坚工作的新举措好办法，宣传基层扶贫干部的典型事迹和贫困地区人民群众艰苦奋斗的感人故事。

全市深入贯彻落实党中央、国务院、省委、省政府、市委、市政府对脱贫攻坚的重大战略部署，紧紧围绕“两不愁、三保障”的目标和贫困退出“571”标准，立足全市“以人民为中心，以群众工作为主线，抓住精准、统筹、务实三个关键，实现思想、工作、情感三个认同”的“133”脱贫攻坚工作思路，扣好“对象精准、措施精准、退出精准、巩固提升”四粒扣子，做好“易地扶贫搬迁、产业培育、劳动力转移就业、基础设施改善‘四篇文章’，打好‘两不愁、三保障’突出问题歼灭战、易地扶贫搬迁‘搬得出、稳得住’攻坚战、产业培育高质量发展突击战、农村人居环境整治提升人海战、强化党建引领推动作风转变持久战”五大战役的目标，深入挖掘宣传全市脱贫攻坚大决战的伟大历程、伟大成就、伟大经验，大力宣传全市在闯关夺隘、攻城拔寨中淬炼形成的敢打善拼、坚韧求成、再硬的骨头也要嚼碎的脱贫攻坚昭通精神，讲好“在深度贫困地区闯出了一条摆脱绝对贫困迈入全面小康的昭通路径，在抢抓机遇、大干快上中跑出的昭通速度，在实践“133”工作思路、走实群众路线中锤炼了为民务实、实干求真的昭通作风，在创优发展环境、弘扬时代新风中塑立的文明友善、开放包容的昭通形象”的故事，生动展现全市人民群众经过1000多个日日夜夜的攻坚冲刺，以平均每天脱贫1000多人的进度，全市185.07万名贫困人口实现稳定脱贫、1235个贫困村全部出列、10个贫困县全部摘帽的辉煌成就，为决胜全面小康社会、决战脱贫攻坚、滇东北崛起提供了强大的思想保证、精神动力、舆论支持和文化条件。

二、主要做法

全市大力宣传习近平总书记视察昭通以来的5年，是昭通各族干部群众感恩奋进、砥砺前行的5年，是昭通战胜一切艰难险阻、决战脱贫攻坚决胜全面小康的5年。全市创新脱贫攻坚宣传舆论引导的方式，高强度、立体化、全方位、广泛化动员群众投入脱贫攻坚大决战，激发了群众的内生动力，转变了群众等靠要的思想，擂响了乌蒙大地脱贫攻坚大决战的战鼓，吹出了脱贫攻坚大决战响亮的冲锋号。

（一）强化理论武装工作。一是党委理论学习中心组专题学习。全市各级党委（党组）理论学习中心组把脱贫攻坚纳入重要的学习内容开展学习，纳入党员干部理论学习的重要内容。市委书记杨亚林多次组织市委理论学习中心组专题学习、部署脱贫攻坚工作，全市各级党委（党组）积极开展理论学习中心组专题学习、研究脱贫攻坚工作，不断提高了各级党员干部对脱贫攻坚工作的政治意识、大局意识、核心意识、看齐意识。2019年11月14日，市委理论学习中心组听取全市脱贫攻坚先进典型事迹的宣讲，昭通海升集团办公室主任蒋启波讲述了《“一个”苹果富裕一方百姓》的故事，彝良供电局派驻牛街镇水田村第一书记、扶贫工作队队长吴长碧讲述了《不忘初心、绝不退缩》的故事，广东省东莞市石碣中学支教教师陈国志讲述了《谁说忠孝两难全、支教路上谱新篇》的故事，威信县农村商业银行马雯讲述了《李花遍地是永春》的故事，党的十九大代表、大关县上高桥乡大寨村党总支书记、大关县琦鑫黄牛养殖农民专业合作社理事长丁琪讲述了《致富不忘众乡亲》的故事。2015—2020年，全市各级党委（党组）开展理论学习中心组专题学习、研究脱贫攻坚工作2000余次。二是举办领导干部学习贯彻党的十九届四中全会和习近平总书记考察云南重要讲话精神研讨班。2020年8月22—29日，全市举办领导干部学习贯彻党的十九届四中全会和习近平总书记考察云南重要讲话精神研讨班，深入学习习近平新时代中国特色社会主义思想、党的十九届四中全会精神和习近平总书记考察云南重要讲话精神，深刻理解坚持和完善中国特色社会主义制度、推进国家治理体系和治理能力现代化的总体要求、总体目标和重点任务。三是举行精准扶贫论坛。2020年9月27日，中央党校（国家行政学院）第六届精准扶贫论坛在大关县举行，中央党校（国家行政学院）副校（院）长李毅强调，脱贫攻坚是习近平新时代中国特色社会主义思想人民立场、观点、方法的具体实践，抗击新冠肺炎疫情是为了人民的生命与健康，脱贫攻坚是为了人民的幸福与安宁，“一个都不放弃”正是新时代中国共产党人价值追求的生动写照，论坛聚焦“推进全面脱贫与乡村振兴的有效衔接”。四是参加全国易地扶贫搬迁论坛。2020年10月14日，全国易地扶贫搬迁论坛在北京举办，交流易地扶贫搬迁后续扶持的经验做法，探讨巩固搬迁脱贫成果的路径方法。市委书记杨亚林代表昭通市作了题为《易地搬迁斩断穷根，进城入镇一步跨越》的主旨演讲，介绍了昭通作为全国脱贫攻坚任务最重的地级市和云南省脱贫攻坚的主战场，全市各级干部群众始终牢记习近平总书记视察昭通的要求，深刻领会和把握精准扶贫、精准脱贫基本方略，坚持以脱贫攻坚统领经济社会发展全局，坚定不移地把易地扶贫搬迁作为啃下脱贫攻坚“最硬骨头”的铁齿铜牙和决战脱贫攻坚、促进跨越发展最有效、最有力、最根本的举措，全力探索符合昭通实际、打破行政区划、进城入镇进厂上楼的城镇化易地搬迁模式；坚持从服务群众入手，以全过程的高度组织化为支撑，统筹谋划做好后续管理保障工作；以群众工作为主线，以党的建设为引领，用干部的辛苦指数换来了群众的幸福指数。“十三五”期间，全市搬迁8.26万户35.47万人，全国搬迁规模前5位的安置区昭通市就占了3个。五是开展社会科学理论研讨。2019年，市社科联组织开展了脱贫攻坚课题研讨，20个立项课题经过专家组验收，12个课题入选，对入选的12个结项课题和2个阶段性课题汇编成《2019年度昭通市第十届哲学社会科学脱贫攻坚专项课题成果选编》，供全市党员干部学习借鉴。2020年5月14日，市社科联召开脱贫攻坚实践经验专项课题选题征集座谈会，启动脱贫攻坚实践经验专项课题暨第一届哲学社会科学课题工作。2020年7月3日，市社科联组织召开了脱贫攻坚实践经验专项课题暨第一届哲学社会科学课题立项评审理论研讨会，立项脱贫攻坚重点课题2项，一般课题17项。六是开展当代刑事司法暨法治昭通建设研讨活动。2020年10月26—27日，由中国刑法学会、云南省法学会、昭通市委、北京师范大学刑事法律科学研究院、昆明理工大学联合举办的“当代刑事司法暨法治昭通建设研讨会”在昭通举行，来自省内外的教授专家、法学学者、获奖论文作者代表以及省级政法部门、市直部门等150余人，就法治扶贫昭通实践探索、扫黑除恶长效机制建设暨新冠疫情、非法集资犯罪、电信诈骗犯罪4个专题进行了讨论，43篇论文组成了论文集，《亮剑乌蒙》展现了昭通扫黑除恶专项斗争成果。七是开展宣传委员培训。2020年10月29—31日，全市对乡镇（街道）宣传委员开展了为期3天的培训，主要培训了习近平新时代中国特色社会主义思想、党的十九届五中全会精神、网络宣传与舆情应对技巧、意识形态及扫黄打非、新时代文明实践中心建设等工作，还到昭通规划馆、昭通日报社、昭通广播电视台、昭阳区融媒体中心、昭阳区云上乡愁书院、昭阳区文渊社区、龙家祠堂、鲁甸县卯家湾易地扶贫搬迁安置区3个社区进行现场教学，进一步提升了全市宣传委员“脚力、眼力、脑力、笔力”的能力，为全市脱贫攻坚宣传舆论工作的开展注入了强大的活力。

（二）强化新闻舆论引导。一是开设专题专栏。昭通日报社、昭通广播电视台、各县（市、区）融媒体中心，在各媒体平台开设“在习近平新时代中国特色社会主义思想指引下——新时代新作为新篇章”“沿着习近平总书记指引的方向奋勇前进——谱写好中国梦的昭通篇章”“决战决胜脱贫攻坚”“脱贫攻坚进行时”“挪穷窝断穷根”“扶贫村事”等专题专栏，精心策划推出系列报道，派出记者深入乡村、深入群众采访，以生动、鲜活的事例全面展现昭通脱贫攻坚大决战的成效，以生动的实践彰显中国特色社会主义制度的优越性。昭通广播电视台《扶贫故事》广播栏目，从2017年以来就把电台直播车开进田间地块，直播群众的脱贫故事，深受广大群众的好评。昭通广播电视台的广播、电视、昭通发布等每年宣传报道脱贫攻坚新闻4000余条，电台《扶贫故事》直播栏目从2017年开展以来到2020年播出扶贫典型故事200余期，昭通日报社的报纸、新闻网、北纬29度、抖音等每年报道新闻5000余条。二是开展专题采访。积极邀请中央媒体、省级媒体、东莞媒体、中山媒体、深圳媒体到昭通采访宣传，宣传推介昭通脱贫攻坚大决战工作。2019年，全市组织开展了长三角、珠三角劳动力转移就业、东西部协作帮扶、易地扶贫搬迁、交通设施建设、铁路设施建设、能源设施建设、水利设施建设、工业和信息化建设、教育基础设施建设、电力基础设施建设、农村危房改造、城乡医疗基础设施建设等专题采访，全面展现了全市脱贫攻坚大决战的成就。2020年4月19—21日，省委宣传部组织新华社、中新社、《云南日报》、云南广播电视台、云南网到镇雄县开展脱贫攻坚百日总攻蹲点采访，推出了系列的报道。2020年8月13—27日，全市组织协调贵州省遵义日报社、贵州省毕节日报社、四川省泸州日报社、昭通日报社开展“感恩红色·走进赤水——3省4市媒体赤水行”大型主题采访活动，深入赤水河流经的县（市、区）进行采访，充分反映赤水河流域的经济社会发展、生态文明建设、脱贫攻坚战果、红色文化传承等工作。2020年9月11—13日，《人民日报》、人民网、新华社、《中国日报》、《经济日报》、《科技日报》、《工人日报》、《中国青年报》、《中国妇女》杂志社、《中国劳动保障报》等中央媒体赴云南“未摘帽贫困县脱贫攻坚”主题采访团走进镇雄进行了深度采访，推出了许多新闻报道。2015年以来，《人民日报》、中央广播电视台、新华社、新华网、人民网、《光明日报》、《云南日报》、云南广播电视台、《广东日报》、《中山日报》、《东莞日报》、《深圳日报》等宣传报道昭通脱贫攻坚新闻1000多条，树立了昭通的良好形象。《人民日报》2019年刊发了市委书记杨亚林的理论文章《精准扶贫要扶到根子上》，报道了《从创业梦到富民梦——谭德才》《昭阳区靖安镇的小土豆种出了大名堂》等新闻。中央广播电视台2019年报道《云南昭通：搬出大山包苗家迎来新生活》，还对全国最大的跨县易地扶贫搬迁安置区靖安新区群众分房、搬迁入住进行直播报道。人民网2019年报道了《全国最大跨县易地扶贫搬迁安置区分房了——昭通6县（区）40549名深度贫困山区群众将“直过”城镇居民》。中央广播电视台《远方的家》栏目组2019年到巧家县、大关县、绥江县、水富市拍摄专题片，全面展现4县（市）70周年来的巨大变化和昭通市70周年的伟大成就。《瞭望新闻周刊》2019年推出《脱贫攻坚昭通奇迹》的报道，新华社报道了《新城“平地起”搬家“摘穷帽”——云南省鲁甸县卯家湾易地扶贫搬迁见闻》《扶贫搬迁：中国现代的愚公移山》《昭通之变——全国贫困人口最多的地级市跨越记》《王大香安家》，学习强国学习平台推出了《云南昭通搬新家住新楼过上新生活》，《求是》杂志、《中国扶贫》杂志等媒体对昭通脱贫攻坚进行了大篇幅的深度报道，鼓舞了全市人民群众的信心和干劲。《云南日报》在2019年8月连续以《把答卷写在乌蒙大地上》为主题，推出了影响力巨大的4篇深度报道。新华社2020年报道了《扶贫搬迁：中国的现代愚公移山》《看不见的幸福奏响安居的幸福——记大关县搬入靖安安置区盲人吴德雄的幸福生活》等新闻，《人民日报》2020年报道了《云南鲁甸地震六周年：崛起的龙头山》《云南任务最重的未摘帽县状态如何》《全国贫困人口最多的市，平均每天脱贫上千人！市委书记解析背后的酸甜苦辣》《出深山喜》《一所中学鼓舞一座城，城南中学美镇雄》《云南镇雄多渠道拓岗返乡劳动力上岗了》等新闻，人民网2020年报道了《让易地扶贫搬迁由最大难点变成最大亮点》《深圳助力云南昭通打好打赢脱贫攻坚战》等新闻，中央广播电视台2020年报道了《从雾中走出的人》《云南昭通：搬出大山包苗家迎来新生活》《全国人大代表、昭通市长郭大进再次表明昭通打赢脱贫攻坚的决心和勇气》《云南昭通四点半课堂：易地搬迁儿童的文化乐园》《东莞老师带着妈妈去支教》等新闻。三是召开新闻发布会。2019 年 8 月 2 日，全省举办的以“壮丽 70 年，奋斗新时代”为主题的庆祝中华人民共和国成立 70 周年昭通专场新闻发布会在昆明举行，市委书记杨亚林作新闻发布并回答记者提问，向记者介绍了昭通市各族干部群众始终铭记习近平总书记的殷殷嘱托，举全市之力夺取了鲁甸“8・03”地震灾后恢复重建的全面胜利；抢抓机遇补齐基础设施建设短板，长期困扰昭通经济社会发展的“瓶颈”问题得到根本性解决；统筹城乡谋发展，城乡面貌发生了翻天覆地的变化；以党的建设引领新发展，锻造了一支敢于攻坚、无坚不摧的乌蒙铁军，在昭通大地展开了一场干部带头、全民参与、克难奋进、攻城拔寨的脱贫攻坚大会战的巨大成就。2019 年 10 月 9 日，全省“辉煌 70 年——云南省庆祝中华人民共和国成立 70 周年成就展”昭通专场活动在云南文学艺术馆成功举办，向媒体介绍了昭通 70 年的发展变化、5 人讲述了“我和我的祖国”主题故事、3 人讲述了展板内容背后的故事，全面展示了昭通脱贫攻坚的成效。2020 年 6 月 29 日，云南省决战决胜脱贫攻坚系列发布会举办昭通市专场发布会，市委书记杨亚林、市人民政府常务副市长陈真永等领导参加新闻发布会，向中央媒体、省级媒体介绍了昭通脱贫攻坚的巨大成效、辉煌成果。2020 年 9 月 23 日，国务院新闻办公室举行新闻发布会，镇雄县委书记翟玉龙受邀参加新闻发布会，向媒体介绍了镇雄县建档立卡贫困户的住房做到“识别不漏一户、改造不漏一户、核验不漏一户”三个不漏一户的经验，展现了镇雄县脱贫攻坚大决战的成效。四是宣传推介典型。积极邀请《人民日报》、中央广播电视台、新华社、《云南日报》、云南广播电视台等媒体大力宣传脱贫攻坚的先进典型，对昭阳区靖安易地扶贫搬迁安置区、鲁甸县卯家湾易地扶贫搬迁安置区、大关县扶贫殉职干部王秋婷、威信县扶贫殉职干部杨学奎及李永春等先进典型事迹进行了大量的宣传。广泛宣传彝良供电局派驻牛街镇水田村驻村第一书记、扶贫工作队队长吴长碧的事迹，她在2017年12月20日开始租地建大棚，到2018年2月建完，3月正式开始育苗，建棚期间由于各方资金未到位，她就用自己的工资抵押贷款70万元，又到处借款50万元带领群众育辣椒苗和蔬菜卖，2018年辣椒苗收入200余万元，种植辣椒收入100多万元，2019年育辣椒苗9000亩，实现收入250余万元，2020年新冠肺炎疫情期间育苗收入30万元后，将所有大棚全部分给农户自己种植，农户真正受益。她所借贷款在2019年5月就全部还清，还先后协调2000多万元项目资金，帮助水田村修建村组硬化路、实施退耕还林、资助贫困学生、帮助残疾人、支持贫困户、修建村委会食堂及购置办公用具、为学生购置学习用品及师生购买校服等，其中30余万元是她省吃俭用的几年工资和南方电网各级公司给予她的各种奖金。广泛宣传广东省东莞市石碣中学语文和音乐教师陈国志，带着80多岁的母亲，于2018年9月以来到昭阳区二中支教的故事。广泛宣传党的十九大代表、大关县上高桥乡大寨村党总支书记、大关县琦鑫黄牛养殖农民专业合作社理事长丁琪，带领群众养殖黄牛脱贫致富的故事。广泛宣传全市党员干部、驻村扶贫干部、驻村督导员、勤劳致富带头人等许多先进典型，鼓舞了全市群众的干劲，提振了群众的精气神。五是做好东西部协作帮扶的宣传。积极邀请中山、东莞、深圳媒体对帮扶昭通工作进行了采访宣传，深圳新闻网、《深圳特区报》、《东莞日报》、东莞广播电视台、《中山日报》、中山广播电视台等大力宣传帮扶昭通脱贫攻坚工作的成效、经验。2019年，深圳广电集团派出拍摄团队2批2次，深入全市11个县（市、区），对昭通马铃薯、苹果、天麻、大山包风光、万里长江第一港、大峡谷温泉、向家坝水电站、扎西会议会址、罗炳辉将军纪念馆、龙氏家祠等进行了拍摄，拍摄制作了全面展示昭通的历史文化、美丽风光、特色产业的专题片《昭明之地　通达之城》。2019年9月，邀请中山日报社、中山广播电视台对昭通举行的苹果展销会进行了宣传，全面宣传昭通的苹果产业。2020年6月13—20日，广东省东莞广播电视台赴昭阳区、鲁甸县、巧家县、镇雄县、彝良县、威信县进行采访，展现了东莞帮扶昭通的成果。2020 年 6 月 16—23 日，《南方日报》、《中山日报》、中山广播电视台组织采访团到大关县、盐津县、永善县、绥江县等开展对口帮扶采访，展现了中山帮扶昭通的成果。2020 年 9 月 22—25 日，广东省东莞市邀请《人民日报》《光明日报》《经济日报》中央广播电视台等媒体到昭阳区、鲁甸县、威信县、镇雄县开展脱贫攻坚专题采访，全面展现昭通脱贫攻坚成果。几年来，《南方日报》、《中山日报》、中山广播电视台、深圳卫视、东莞广播电视台等报道了《广东东莞：造血式扶贫助力云南昭通》《决战决胜脱贫攻坚　昭通所需　深圳所能　携手书写扶贫协作新篇章》《绽放在乌蒙三间的三角梅》《东莞&昭通：一条数据线牵出大产业》《昭通所需，深圳所能，携手共建崛起之路》《对口帮扶云南省昭通市，去年做了这些》《昭通为什么这样红？红透 620 万人的心》《这里是昭通》《昭通市东西部扶贫协作招商引资办法》《中山援建昭通大关产业园区万亩贡椒筑就贫困群众致富路》《中山 28.5 亿元助力昭通脱贫》《温暖在身边》等进行了深度报道，社会影响极好。六是成功举办马铃薯大会。2018 年 7 月 8—10 日，由中国作物学会马铃薯专业委员会主办，昭通市人民政府、省农业厅、省农业科学院共同承办，主题为“马铃薯产业与脱贫攻坚”的“2018 中国马铃薯大会”在昭通国际会议会展中心举行，来自国内外的 2600 多位马铃薯方面的专家、学者、企业家和行业精英围绕大会主题举行主题报告、现场观摩、专题研讨会、招商推介暨签约仪式等系列活动。2020 年 8 月 18 日，“世界马铃薯高原种薯之都”授牌仪式在昭通市国际会议会展中心以视频会议的形式举行，世界马铃薯大会主席罗曼·库尔斯，世界马铃薯大会理事彼得·范得·扎格分别在比利时、加拿大通过视频连线的方式参加，市委书记杨亚林、农业农村部对外经济合作中心副主任李志平、国际马铃薯中心亚太中心主任卢肖平等在昭通会场参会，大会授予昭通“世界马铃薯高原种薯之都”荣誉称号，这是继甘肃定西、内蒙古乌兰察布之后中国第三个获得世界马铃薯大会授予荣誉称号的地区。七是举办昭通苹果展销会暨全民阅读周活动。2019 年 9 月 23—26 日，全市举办了“晒出高原红才叫昭阳红”

为主题的2019昭通苹果展销会暨“昭阳红”品牌发布会，来自全国各地的100多家采购商，数十家新闻媒体记者、昭通各苹果产业相关企业负责人、600余名果农及社会各界人士齐聚昭阳，推动昭通苹果产业的对外销售，促进果农增收致富。2020年10月12—16日，全市举办了“书香昭通、苹果之城”2020年昭通苹果文化暨全民阅读周活动，从盛大的开幕式到“秋韵昭通、苹果之城”的发布，从千人诵读到电视剧《万物生》、电影《安家》媒体见面会，从“昭阳红”品牌苹果种植基地采风到国内首条最大苹果自动分选线在昭通投产，从昭通书院大讲堂开讲到“苹果之城”主题全民直播，从文化名家讲座到《昭阳文学系列丛书》首发等，都助力昭通苹果产业的销售和发展。八是开展直播活动。2020年1月20日，由省委宣传部、省易地扶贫搬迁指挥部主办，云南广播电视台承办的“百万大搬迁、点亮新家园”大型直播活动在昭阳区靖安安置区开展，通过直播全方位展示了易地扶贫搬迁群众的幸福生活。2020年9月30日，中央广播电视台大型融媒体行动《走村直播看脱贫》走进鲁甸县卯家湾安置区，在中央广播电视台央视财经频道、央广经济之声、中国交通广播、央视财经新媒体进行了直播，全面展现了卯家湾安置区群众的幸福生活。九是开展《金色热线》直播。2020年11月4日，云南广播电视台《金色热线》在全国最大跨县易地扶贫搬迁安置区昭阳区靖安新区开展了《决战决胜2020：昭通答卷》热线直播活动，在云南广播电视台“七彩云端”APP、云南新闻广播M105.8和AM576及蜻蜓M、学习强国、喜马拉雅等平台直播，全面展现了昭通脱贫攻坚的成果及靖安新区群众安居乐业的美好生活。

（三）强化精神文明建设宣传。一是深入开展“自强、诚信、感恩”主题实践活动。2017年9月以来，全市坚持把“自强、诚信、感恩”主题实践活动贯穿于脱贫攻坚始终，引导贫困群众树立“自强不息、诚实守信、脱贫光荣”的思想观念和感恩意识，把对美好生活的向往、对党的感恩之心转化为脱贫攻坚的自觉行动，激发贫困群众的内生动力，促进贫困群众精神脱贫和物质脱贫，最大限度地把贫困群众的脱贫积极性调动起来，教育引导群众投入了脱贫攻坚大决战。绥江县开展了以“一部规划绘蓝图、一场宣讲聚人心、一本细账看变化、一幅标语凝聚正能量、一批典型树榜样、一份《村规民约》定规范、一场演出鼓士气”的七个一主题实践活动，育感恩之心，立脱贫之志，从思想上、行动上凝聚成脱贫攻坚的强大合力，为决战脱贫攻坚、决胜全面小康提供了强大的精神动力。二是引导贫困群众自力更生。全市通过宣讲政策法规、村规民约等方式激发群众的内生动力，引导群众学习榜样，学习先进，反省自己。2019年，全市组建宣讲团1.1万多人次深入到易地搬迁集中安置点、挂钩村组和群众家中宣讲脱贫攻坚政策和先进典型故事，全市宣讲受教育群众74万余人次。大关县2019年组建22人县级宣讲团和441人的宣讲队伍，深入村组开展扶志（智）宣讲1900余场次，实现全县84个村（社区）1750个村民小组宣传工作的全覆盖。鲁甸县卯家湾安置区以“文明大讲堂”为依托，每周开展一次宣讲活动，在服务群众搬迁入住、引导群众适应环境，找到理想工作岗位工作方面发挥了重要作用。彝良县发界安置区按照“6个美丽”标准，结合“爱国卫生运动暨人居环境提升行动”，以楼栋长 + 支部小书记 + 志愿者 + 易迁群众 + 爱心超市小管家，五级参与为管理运营模式，通过爱心超市激励搬迁群众积极向上，拉近了新家园干群关系。目前，全市建立完善村规民约1400余个，2019年全市为未脱贫建档立卡贫困户中的无电视机贫困户，赠送电视机40953台，40953户贫困群众受益。三是引导群众明礼诚信。广泛深入开展文明村镇、文明家庭、新时代十星级文明户创建、公民道德建设、爱国主义教育等活动，引导群众树立明礼诚信、自强不息、艰苦奋斗的精神。现在，全市创建全国文明村镇9个，省级文明村镇67个，市级文明村镇30个，威信县邮政分公司员工施庭荣家庭获得全国文明家庭称号，迟焕松等9户家庭被评为全省文明家庭。2020年，市妇联、市文明办、市扶贫办在全市开展寻找2020年度“最美家庭”活动，授予239个家庭．“最美家庭”荣誉称号，其中93个家庭为“最美脱贫致富家庭”、146个家庭为“最美扶贫干部家庭”。全市充分发挥红白理事会等群众组织的作用，引导群众移风易俗，树立文明新风，讲道德、尊道德、守道德，践行社会主义核心价值观。四是凝聚群众思想共识。全市通过“自强、诚信、感恩”等活动的深入开展，充分发挥光荣榜、曝光台的作用，通过正反典型的鲜明对比，引导贫困群众树立自力更生、感恩奋进的意识，摒弃好逸恶劳、等靠要的落后思想。2020 年，全市 7 个新时代文明实践中心、69 个分中心、89 个实践所、651 个实践站，认真做好群众的宣传引导，增强群众对脱贫工作的思想认同、工作认同和情感认同。全市农村中小学广泛开展主题班会、国旗下的演讲等活动，充分发挥“小手拉大手”的作用，进一步增强“自强、诚信、感恩”的意识。五是开展志愿服务培训。2020 年 10 月 16—17 日，云南省志愿服务工作培训班在全国“志愿之城”昭通市开班，全省各州市志愿服务组织负责人、志愿服务团队优秀志愿者等 80 余人参加培训，深入学习贯彻中宣部、中央文明办关于推进学雷锋志愿服务工作会议精神，总结交流经验做法，培训志愿服务专业知识。我省获得全国疫情防控最美志愿者、最佳志愿服务组织、最佳志愿服务项目、最美志愿服务社区的 4 名代表，交流志愿服务的经验、做法。西南大学、昭通学院、昆明市心理咨询师协会、顺丰公益基金会的专家学者作专题讲座，参训志愿者走进鲁甸县卯家湾易地扶贫搬迁安置区开展“共建幸福新家园、志愿服务暖人心”志愿服务集中示范活动，进一步提升了全市志愿服务者服务脱贫攻坚工作的能力和水平。

（四）强化社会宣传教育。一是巡回宣讲习近平总书记考察云南重要讲话精神。2020 年 7 月 1 日，全市深入学习贯彻习近平总书记考察云南重要讲话精神宣讲推进会暨省委宣讲团报告会在昭通国际会议会展中心举行，省政府副秘书长、省扶贫办主任黄云波作宣讲报告，黄云波从充分认识习近平总书记考察云南重要讲话精神的重大意义，深刻领会习近平总书记考察云南重要讲话精神的基本内涵、精神实质等方面进行了全面系统的宣讲、解读。2020 年 7 月上中旬，全市开展了深入学习宣传贯彻习近平总书记考察云南重要讲话精神巡回宣讲，宣讲团深入 11 个县（市、区）、部分村（社区）、中学、昭通学院、市直部门进行了巡回宣讲，让习近平总书记考察云南重要讲话精神落地生根。全市 12584 个党组织、18.37 万名党员、1239 个驻村扶贫工作队、4555 名驻村扶贫干部、624 名驻村督导员利用群众会议、党员会议、村民小组长会议、村民代表会议等宣讲习近平总书记重要讲话精神、全市先进典型、政策法规等，让习近平总书记考察云南重要讲话精神家喻户晓。二是深入开展《习近平谈治国理政》第三卷宣讲。2020 年 8—9 月，全市组织宣讲团到各县（市、区）、市直部门宣讲《习近平谈治国理政》第三卷，让全市党员干部、群众、企业职工等深刻理解《习近平谈治国理政》第三卷的重大意义和精神实质，深刻理解习近平新时代中国特色社会主义思想，系统掌握贯穿其中的马克思主义立场观点方法，让习近平新时代中国特色社会主义思想在全市党员、干部、群众中开花结果。三是巡回宣讲党的十九届五中全会精神。2020 年 11 月 16 日上午，学习贯彻党的十九届五中全会精神省委宣讲团报告会暨昭通市宣讲动员会在昭通国际会议会展中心千人厅会议室召开，省委宣讲团成员、省委组织部常务副部长李兴华作宣讲报告，市委书记杨亚林主持报告会，市委副书记、市长郭大进，市人大常委会主任张绍雄，市政协主席成联远等市领导在主会场参加报告会，报告会以视频会议形式举行，各县（市、区）设分会场，全市 2000 余人收听收看宣讲报告。李兴华紧扣习近平总书记重要讲话及全会审议通过的《中共中央关于制定国民经济和社会发展第十四个五年规划和二〇三五年远景目标的建议》，从“从历史和全局的高度深刻认识全会的重大意义；深刻认识党和国家事业取得的重大历史性成就；准确把握 2035 年远景目标和‘十四五’时期我国发展的指导方针、主要目标、重点任务；全面准确把握新发展阶段、新发展理念、新发展格局的核心要义；坚持党的全面领导，动员各方面力量为实现‘十四五’规划和 2035 年远景目标而团结奋斗；统一思想认识、深刻领会全会精神，确保我省‘十四五’开好局、起好步”等六个方面，对党的十九届五中全会精神进行了全面宣讲和深入阐释；11 月 15 日下午、16 日下午，李兴华还到昭阳区永丰镇新民社区向基层干部群众、到昭通学院向教师、学生进行了宣讲。市委组建学习贯彻党的十九届五中全会精神宣讲团，从2020年11月中旬开始到各县（市、区）、部分市直部门、学校等开展宣讲活动，让全会精神遍及乌蒙大地。四是开展公益广告宣传。2017年8月7日—9月6日，中央广播电视台“广告精准扶贫”公益项目播放“鲁甸青花椒”，在中央电视台1套、2套、4套、7套、13套5个重要频道免费播出一个月，大力宣传推介鲁甸青花椒。2020年1月1—30日，中央广播电视台“广告精准扶贫”公益项目播放“昭通苹果”，在中央电视台1套、2套、3套、4套等8个核心频道免费播出，大力宣传推介昭通苹果。2020年10月1—30日，中央广播电视台“广告精准扶贫”公益项目播放“云南鲁甸马铃薯”公益广告，在中央电视台1套、2套、3套、4套、5套等14个重要频道分段免费播出，中央人民广播电台也同步播出“云南鲁甸马铃薯”公益广告，大力宣传推介鲁甸马铃薯。2020年10月28—29日，中央电视台CCTV17套农业农村频道《致富经》栏目，播出镇雄县云栗创始人高云的创业致富故事。五是微信群宣传引领。全市建立了从市到县（市、区）、县（市、区）到乡镇、乡镇到村（社区）、村（社区）到村（居）民小组的微信群2.6万余个，其中市到县1个，县到乡镇146个，乡镇到村（社区）1343个，村（社区）到村（居）民小组2.4万余个，全市在微信群积极推送脱贫攻坚政策、重大新闻等，让广大群众通过微信群了解脱贫攻坚政策法规、先进典型等。六是制作张贴宣传标语。全市在易地扶贫搬迁安置点、集镇、村民小组、农村文化广场、交通干线等制作、张贴《感党恩、听党话、跟党走》等宣传标语。全市各行业206块LED大屏、2051块户外电子显示屏滚动播放脱贫攻坚宣传标语，出租车、公交车显示屏循环播放宣传标语，火车站、汽车站、飞机场等公共场所实现宣传标语全覆盖。2015—2020年，全市电子显示屏滚动播放、张贴、制作脱贫攻坚宣传标语200万余条，使精神脱贫真正融入群众的生产生活之中。

（五）强化文学艺术宣传。一是拍摄影视剧。2020年10月14日，电视剧《万物生》、电影《安家》媒体见面会在昭通书院举行。电视剧《万物生》是根据全国知名作家沈洋同名长篇小说改编，是云南省首部聚焦脱贫攻坚的精品力作，通过三观塘村苹果产业从发端、发展、没落到成功转型升级的创业历程，生动展现了昭通脱贫攻坚的鲜活故事和取得的巨大成就，该剧2019年9月23日在昭通苹果庄园开机拍摄，2020年1月9日杀青，2020年年底上映。电影《安家》根据沈洋中篇小说《易地记》改编，是云南省首部反映易地扶贫搬迁的电影，以昭通贫困山区群众通过易地扶贫搬迁实现精准脱贫为素材，讲述易地扶贫搬迁群众从山村搬入城镇生活的困惑，展现了时代变迁，彰显了党的好政策助力脱贫攻坚、斩断了贫困代际传递，歌颂了务实担当的基层干部对贫困群众的无私奉献和为民情怀，该电影2020年8月17日在昭阳区靖安安置区开机拍摄，9月3日杀青，2021年年初与观众见面。二是创作文学作品。全国、全省、全市文学作家深入农村、深入群众创作了许多反映昭通脱贫攻坚大决战的文学作品，展现昭通脱贫攻坚大决战的伟大成就，展现人民群众生产生活翻天覆地的变化，展现人民群众感恩党、感恩祖国的爱国情怀。2015年，全国知名作家沈洋创作了长篇小说《万物生》，展现了一个村庄在挣扎中蜕变的轨迹，张扬了群众百折不挠、敢于创造的拼搏精神，是一部弘扬主旋律、传递正能量的脱贫攻坚优秀作品。2019年，全国知名作家沈洋创作了中篇小说《易地记》，以易地扶贫搬迁为背景，聚焦了昭通大山深处15户群众在易地扶贫搬迁中的真实状态，真实探源、客观记录下了时代的点滴印迹，展现了昭通易地扶贫扶贫搬迁的成果。2020年11月，由中国作家协会创研部、《小说选刊》杂志社编选的《易地记——扶贫攻坚优秀中短篇小说选》正式出版，沈洋中篇小说、讲述中国脱贫攻坚故事的精品力作《易地记》成功入选，《易地记——扶贫攻坚优秀中短篇小说选》共收录全国脱贫攻坚题材优秀中篇小说6篇、短篇小说6篇，深情讲述脱贫攻坚的故事。2017年，昭通作家曾令云创作了脱贫攻坚长篇报告文学《春暖乌蒙》，中国作协副主席吉狄马加评价说："《春暖乌蒙》不仅以翔实的数据和细致的笔触描述了昭通的扶贫工作，更全方位展示了昭通的历史、经济及文化等，呈现了昭通人的生存状态和精神变迁，既有历史的纵深度，也有地方的文化感。”昭通作家吕翼2018年创作了中篇小说《来自安第斯山脉的欲望》，叙写了裤脚坝子的贫困户试图种植玛卡致富最终又身陷两难的故事；2019年创作了中篇小说《竹笋出林》，以彝族群众生活为表现内容，展现了基层干部始终把使命装在心中、把责任扛在肩上，用产业扶贫来支撑思想脱贫的易地扶贫搬迁工作；2019年创作了中篇小说《马腹村的事》，描述了金沙江畔一个彝族村扶贫工作队队长的故事，展现了扶贫干部的艰苦，体现了群众的奋斗故事；还创作了《马腹村的事》《主动失踪》等扶贫题材文学作品。昭通作家赵清俊2019年创作了扶贫短篇小说专集《背起书包上学去》，收录了他任驻村扶贫第一书记、工作队队长期间创作的《鹩哥》《做梦找媳妇》《乳房上的光圈》《二维码》《模拟考核》《请客》《死亡日记》等8篇短篇小说。《背起书包上学去》专集，聚焦精准扶贫、精准施策、控辍保学、骨气与变异、扶贫干部做群众思想、抽查考核、工作与家庭、人生与命运、生与死等，展现了脱贫攻坚取得巨大成就的艰辛历程。昭通作家杨恩智于2018年创作了扶贫题材长篇小说《普家河边》，展现了一幅21世纪初乌蒙山区贫困乡村在贫困阴影笼罩下的生活图景，对深度贫困地区乌蒙山区的扶贫工作给予了深度介绍和抒写，被列入中国作家协会2019年度重点扶持项目，云南省作家协会“新中国成立七十周年献礼丛书”之一。市文联创办的《昭通文学》开设扶贫作品专栏，刊发扶贫文学作品，全面展现昭通脱贫攻坚大决战的辉煌成就。2020年7月16日—7月19日，来自全国的10位著名作家到昭阳区靖安易地扶贫搬迁新区、永丰海升苹果庄园、洒渔镇苹果基地、靖安镇西魁马铃薯种植基地、昭通古城、姜亮夫故居、龙氏家祠、昭通书院、昭通文学艺术家创作中心、世界彝都景区、名樱庄园、省耕国学文化公园、昭璞绿道酒房驿站、大山包国家公园等开展文学采风，全面了解昭通脱贫攻坚、历史文化、城市发展、自然风情和民族风情，《滇池·大美昆滇》杂志刊发了《你可曾走过乌蒙》《半城苹果满城香》《我那手中的红苹果》《秘境高原·大美昭通》《为穷人开疆拓土的蛋》部分作家的文学采风作品。2020

年9月15日，中华文学基金会授予昭通“文学之乡”荣誉称号，昭通是中华文学基金会授予的全国第五个“文学之乡”。2020年11月3日，云南省报告文学学会2020年年会在昭通举行，原省人大常委会副主任、原云南省文联主席梁公卿，原省政协秘书长刘建华，省政协民宗委副主任王毅，武警云南省总队原副政委、省文史馆原馆长、巡视员苏建华，《中国作家》副主编高伟，著名作家、《小说选刊》副主编顾建平，著名作家、《十月》副主编宗永平，著名评论员、中国作协创作研究部研究员牛玉秋，市委副书记、市委宣传部部长朱家伟，市政府副市长田渊等领导出席会议，全市文学创作工作者参加了会议。会后，作家们到昭通规划馆、昭通书院参观，到海升苹果基地等开展了采风活动。三是创作文艺作品。2015年以来，市文化和旅游局创作了《绽放乌蒙》《昭通坝子》《山高党旗红》《扶贫参谋》《只要有我在》《高原的守候》《放牛娃也有梦》《心中的倩影》《李子花开幸福来》《承诺》等一批舞蹈、情景剧、快板、花灯戏、小品、歌舞等文艺作品，威信县创作了《调查队员之歌》、水富市创作了《心病》、盐津县创作了《帽子》等文艺作品，在“文化百千万工程”、“三下乡”活动进行演出，深受群众的喜爱。2020年，大关县委宣传部干部朱德华创作了连环画《追忆王秋婷的扶贫故事》，社会反响极好。四是为群众送精神食粮。2016年10月13日，全市举行了以“决战乌蒙”为主题的脱贫攻坚文艺会演，演出由“美在昭通”“情在昭通”“爱在昭通”3个篇章、18个节目组成，歌伴舞《赤水河边·梦》、组舞《中国梦·苗山心》、舞蹈《山高·党旗红》、快板《脱贫攻坚奔小康》等生动展现全市干部群众在脱贫攻坚工作中砥砺奋进、决战贫困、决胜小康的信心和决心，来自全市各县（市、区）的干部职工、环卫工人、学生代表、贫困群众代表，以及对口帮扶昭通市扶贫工作的东莞市、中山市、广东省第五扶贫协作工作组400多人观看了演出。2019年10月10—12日，全市举行了第四届新节目展播，展播分为美丽昭通、奋进昭通、逐梦昭通三大部分，全市11个县（市、区）和市文化艺术剧院的300多名演职人员以精湛的艺术表演，展示了昭通脱贫攻坚的巨大成果。2019 年 12 月 23—24 日，中国文联、中国文艺志愿者协会、省委宣传部、省文联联合主办的 2020 年元旦、春节“我们的中国梦”文化进万家“送欢乐·下基层”慰问演出活动在大关县、彝良县举行，为群众送去了欢乐和节日的祝福，为两县脱贫摘帽的最后冲刺阶段加油鼓劲。2020 年 9 月 19—21 日，中宣部、文化和旅游部、中央广播电视总台以文化文艺小分队的形式，委托中国煤矿文工团到镇雄县开展 2020 年“我们的中国梦”文化进万家——心连心慰问演出活动 6 场，为群众送去了舞蹈《谁不说俺家乡好》、独唱《阳光路上》、魔术《飞翔的桌子》、川剧《变脸》、合唱《不忘初心》等文艺节目。2020 年 11 月 14 日，由中国文联、中国文联文艺志愿者服务中心、省委宣传部、省文联主办，市委宣传部、市文联承办的 2020 年“我们的中国梦·文艺助脱贫”慰问演出走进镇雄县，为镇雄县人民群众送上了一场文艺盛宴，还举行了音乐、舞蹈、美术、书法、文学辅导培训，助力脱贫攻坚工作的开展。2015—2020 年 10 月，昭通市开展“送文化百千万工程”百场演出进百乡 895 场、千场演出进千村 7880 场、万场演出进万组 80997 场，观看群众 4451.39 万人次。四是拍摄微电影专题片。2019 年，中央纪委国家监委、云南省纪委监委对大关县扶贫殉职干部王秋婷的事迹，拍摄成微电影《送不出的蜂蜜》，播出后引起了社会各界的热烈反响。新华社 2020 年 10 月创作了微电影《那时心愿》，生动形象展现了大关县大山深处的 16 岁少年郭明毅走出大山的变化，展现了东西协作帮扶的巨大成果，展现了昭通脱贫攻坚的成就。市委宣传部、昭通日报社创作了鲁甸地震灾后恢复重建微电影《选择》，市委组织部、昭阳区委组织部、永善县委组织部创作拍摄了以党建促脱贫为题材的脱贫攻坚“自强、诚信、感恩”微电影《温暖》，威信县创作拍摄了《我要去东莞》、大关县创作了《会动的房子》、永善县创作了《奔跑吧，妹子》《布艺上的青花瓷》、绥江县创作《夏末飞雨》《老屋》、镇雄县创作了《外婆从未离去》、彝良县创作了《天麻之父》《山路弯弯》、昭通公路局创作了《在路上》等脱贫攻坚微电影，播出后宣传效果较好。深圳广电集团 2020 年 8 月拍摄制作了《昭

明之地　通达之城》专题片，在深圳各媒体平台展播，全面展示昭通的历史文化、美丽风光、特色产业等，助推昭通脱贫攻坚工作的深入开展。昭通广播电视台拍摄了全面展现昭通脱贫攻坚大决战成果的《决战乌蒙》《昭通答卷》《希望之路》等多部专题片，大力宣传昭通脱贫攻坚的经验、做法、成效。全市 11 个县（市、区）拍摄专题片 200 余部，全面展现各县（市、区）脱贫攻坚大决战的特色、亮点、群众生产生活旧貌展新颜的变化。五是建设“云上乡愁书院”。昭通新华书店有限公司以全市新华书店网店为支撑，以“云上乡愁书院”为延伸，整合社会优质资源，进一步挖掘农村特色文化、民族文化，在全市条件成熟的民族团结示范村、历史文化名村、旅游特色名村建设“云上乡愁书院”，近距离、零距离服务农村群众，丰富农村群众精神文化生活，让群众有书读、有地方读书，闻得到书香、记得住乡愁，更好地传承中华文脉，助力脱贫攻坚工作的开展。2019 年，全市投资 700 万元建设“云上乡愁书院”6 个，建设校园书店 2 个，2020 年，全市投资 745 万元建设“云上乡愁书院”8 个，建设校园书店 2 个。

（六）强化爱国卫生运动宣传。为全面加强爱国卫生运动的宣传教育引导，巩固新冠肺炎疫情防控工作成果，市委宣传部、市人民政府新闻办、专项行动办领导小组于 2020 年 8 月 27 日制定了《昭通市推进“爱国卫生专项行动”宣传工作方案》，对宣传工作列出任务清单，责任到人、时间到月，严格实行台账化管理，及时宣传报道全市推进“爱国卫生专项行动”的总体目标、重要工作部署和推进情况，持续掀起爱国卫生运动的热潮。昭通日报社、昭通广播电视台、各县（市、区）融媒体中心统一开设专栏，开设曝光台，开展专题访谈，集中时段、集中版面、集中网页，在报纸、广播、电视、网站、微信等媒体对全市爱国卫生运动进行全方位的宣传报道，广播、电视反复播放爱国卫生运动的倡议书、通告等内容。2020 年 9 月 1 日，全市召开爱国卫生运动专项行动新闻发布会，向社会各界通报全市集中开展为期一年半的“清垃圾、扫厕所、勤洗手、净餐馆、常消毒、管集市、自觉养成、树党旗”8 个爱国卫生专项行动，全面消除城乡裸露垃圾，消除城镇旱厕，完善公众洗手配套设施，改善餐饮服务环境卫生，大力推进公共场所常态化清洁消毒，彻底改变农贸市场“脏、乱、差”现状，引导全社会形成健康文明新风尚。全市组织媒体对县（市、区）爱国卫生运动开展情况进行暗访，开展“我拍昭通”短视频征集活动，全市11个全国文明单位结对帮扶9个万人以上的易地扶贫搬迁安置点，助推全市脱贫攻坚工作的深入开展。各县（市、区）在交通干道、出租车、公交车、飞机场、车站、码头、广场、公园、酒店、商铺、学校、景区景点、营业网点LED屏等滚动播出爱国卫生运动宣传标语，营造良好的氛围。昭阳区、鲁甸县依托新时代文明实践中心开设“文明大讲堂”，对搬迁安置群众在改变群众陈规陋习和生活方式上，开展了专题素质提升培训，让他们尽快适应进城后的新生活。威信县“白衣天使”宣讲团走进校园，走上讲台，采用PPT、小视频、现场示范、现场互动等多种方式，为学生生动讲解了社交距离、勤于洗手、分餐公筷、革除陋习、科学健身、控烟限酒“六条新风尚”，教育引导学生在学习和生活中保持良好卫生习惯，注重体育锻炼，营造“人人关注卫生、人人爱护卫生、人人维护卫生”的良好氛围。

（七）强化重大宣传推介活动。一是参加“百日总攻・抖来助力”活动。2020年5月29日，由省委宣传部、省驻京办、省扶贫办、省商务厅依托抖音平台举办的“让种的人小康、让吃的人健康”——“百日总攻・抖来助力”大型直播宣传推介活动在北京举行，中国工程院院士、“时代楷模”朱有勇，市委副书记、市长郭大进，金牌主播、云南卫视首席主播张齐，镇雄县人民政府副县长邹道葵，网红“乡村胡子哥”，纷纷走进抖音直播间推广昭通“噜咪啦薯片”“巧家小碗红糖”“镇雄云栗”等昭通特色产品，3天直播513万名网友观看，销售产品29.5万件1510万元，其中昭通销售10.1万件361.2万元。二是昭通日报社开展助农直播活动。2020年7月9日，昭通日报社携手昭通供销社“农特产品助力脱贫攻坚”在鲁甸县龙树小凉山蓝莓基地举行，通过直播、展播，线上线下成交126856元。2020年7月15日，昭通日报社携手昭通邮政，直播绥江半边红李子，活动两个小时共售出李子405件，通过直播、展播，截至活动当晚12点，累计销售李子2000余件。2020年9月24日，昭通日报社携手昭通供销社开展“带货威信猕猴桃”直播活动，通过抖音、微信销售猕猴桃93单，为群众销售猕猴桃11067元。三是参加“东莞扶贫·农特优品公益展播计划”直播活动。2020年6月25日，绥江县人民政府县长马康凤走进深圳卫视“深爱圳帮扶——圳帮扶·益起来”助农专场活动直播间开展助农直播带货活动，介绍绥江风土人情、美食美景、半边红李子等农特产品，直播观看人数达28万人，点赞12.2万次。四是举行第三届“赢在昭通”创新创业大赛。2020年9月23—27日，云南省人力资源和社会保障厅、昭通市人民政府举办了第三届“赢在昭通”创新创业大赛，大赛以“万众创业　精准扶贫”为主题，依据线下行业热点及昭通市产业发展重点，设置了健康生活、互联网+、文旅产业、东西扶贫、绿色食品五大赛道，400多个参赛项目评选出了30个参加决赛，年产12000吨塑料再生颗粒项目获得赛道第一名。五是举行农特产品展销推介活动。2020年9月4—7日，省扶贫办、广东省扶贫办、市人民政府在广州市荔湾区广东东西部扶贫协作产品交易市场举办了2020年昭通市农特产品展销推介活动，24家企业135个品类产品参展，通过这次展销推介活动，助力昭通脱贫攻坚战的开展。六是参加重庆国际文化旅游产业博览会。2020年10月15日，2020重庆国际文化旅游产业博览会举行，昭通市组织26家文旅企业参展，通过文化旅游资源展示、文化旅游产品介绍、文旅线路推介、播放文化旅游宣传片等方式，全面介绍昭通的区位优势、旅游资源、悠久的文化和丰饶的物产，让重庆市民感受到了“秋韵昭通·苹果之城”的独特魅力。七是参加上海国际旅交会。2020年11月16日，由文化和旅游部、中国民用航空局、上海市人民政府共同主办的2020中国国际旅游交易会在上海新国际博览中心开幕，昭阳区组织昭通市航空旅游集团有限公司、云南滇秋实业有限责任公司及钰柏春食品（云南）有限公司等企业携带昭通苹果、天麻、唱云系列苹果烈酒等农特产品赴沪参加旅交会，大力宣传推介昭通优势农特产业、旅游业等，秋韵昭通、苹果之乡亮相上海国际旅交会，受到客商的青睐。

（八）强化挂钩帮扶工作。一是提高政治站位。市委宣传部领导班子每年多次研究挂钩帮扶工作，市委宣传部常务副部长朱大庆，市委宣传部副部长、市文产办主任郑萍，市委宣传部副部长、市文明办主任潘为民等领导，适时到鲁甸县龙头山镇光明、西屏2个村走访群众，与驻村干部交心谈心，为驻村干部解决后顾之忧。市委宣传部挂钩帮扶光明、西屏2个村，光明村建档立卡贫困户273户892人，西屏村建档立卡贫困户332户1231人，部机关44名干部挂钩帮扶2个村贫困户，13个科室、3个党支部把业务工作、党支部活动前移至扶贫点开展，积极为2个村争取资金改善基础设施、发展产业和集体经济，2个村全部脱贫摘帽。二是做好西屏村挂钩帮扶。积极协调资金实施文化旅游、交通、水利、林业、红十字会等项目10余个、资金1800余万元，建设"百县万村"综合文化活动中心1个，建设文化活动广场1个、文化活动室1栋、卫生室1所、水窖400余口、晒场100余个、垃圾池31个、污水沟1条、公厕2个，建设学校食堂、图书室、教学楼各1栋，实施龙井至西屏等管饮项目2个，安装水管30公里，完成西屏村大树子至老屋基、谢家良子至大丫口2条公路的硬化及300余亩耕地治理；安装变压器13台，解决了15个村民小组生产生活用电问题；新建通信基站2个，宽带网络覆盖村委会、学校、卫生室和部分个村民小组。积极协调资金30万元，重点扶持"贵永种养殖专业合作社"，大力发展土豆种植和黄牛养殖；流转土地326亩，2019年种植马铃薯100亩，带动125户群众增收致富，其中68贫困户每户增收1100元。先后邀请专家到西屏村开展核桃、花椒实用丰产栽培技术培训，发放嫁接及剪枝工具1088套，免费发放复合肥750包，全村种植花椒3140亩，种植核桃2130亩。2020年，胡华玉被评为全市脱贫攻坚先进个人记功奖励。三是做好光明村挂钩帮扶。协调资金60余万元进行花椒提质增效，协调交通、水利、林业等项目资金1000余万元，实施扶贫项目20余个。先后邀请专家开展花椒实用丰产栽培技术培训，发放剪枝工具600余套，免费发放花椒苗2.5万株、花椒肥2000

包，申请“鲁麻香”花椒品牌商标，全村种植花椒13000亩，户均花椒超过6亩，光明村成了名副其实的全市花椒第一大村。采取“党支部+合作社+林农+贫困户”的模式，大力发展“椒林鸡”养殖，建立养鸡示范基地6个，年出栏土鸡1万羽以上。为加快集体经济发展，投入资金10万元作为村集体股份，34户贫困户入股2.55万元，协调红十字会生计滚动发展资金15万元扶持，投入光明村黄鑫种养专业合作社发展黄牛养殖，养殖黄牛28头，实现了村集体经济长期以来零的突破。2018年、2019年开展了“我们的好榜样”评选活动，评选脱贫先锋、操家能手、带头致富人、教育示范户、文明和谐家庭等50名（户），光明村2016年成功申报为县级文明村，2017年申报为市级文明村。2016年、2017年，对光明村建档立卡贫困户中考取二本以上的大学生每生资助5000元，假期到村参加社会实践活动。组织建档立卡贫困户40人学驾驶技能，市委宣传部补助3.24万元，协调驾校、红十字会减免学费24.7万元。2020年协调资金100万元，建立新时代文明实践站，为群众建立活动场所。2019年光明村驻村扶贫工作队被鲁甸县人民政府评为“2018年鲁甸县十佳先进扶贫工作队”，吴守兵被评为“2018年鲁甸县二十佳先进扶贫工作队长”，2019年10月吴守兵被云南省扶贫工作领导小组评为“优秀驻村扶贫工作队员”。四是关心关爱干部。为6名驻村干部、7名督导员及督战员购买人生意外伤害保险，每村安排了工作经费，按时解决驻村扶贫干部及督导员的补助经费。市委提拔常务副部长朱大庆为二级巡视员，提拔副部长杨云松为正处级领导，提拔王焉霏、张正洪、张荣炯为副处级领导，交流副处级领导陈盛、罗旭工作岗位，晋升一级主任科员3名，2015年1月提拔科级干部6人，2016年12月提拔科级干部8人，2019年5月提拔科级干部10人。2016年，市委、市政府授予市委宣传部挂钩帮扶和社会扶贫先进集体荣誉称号。

三、经验启示

（一）强化组织领导推动高位落实。市委、市政府高度重视脱贫攻坚大决战宣传舆论工作，市委常委会、市委全会、市政府常务会议、宣传思想工作会议等多次对宣传舆论工作作出安排部署，市委书记杨亚林，市委副书记、市长郭大进，市委副书记、市委宣传部部长朱家伟等领导对宣传舆论工作提出了具体的要求。市委宣传部统筹抓好脱贫攻坚大决战宣传舆论工作，结合实际制定了《昭通市脱贫攻坚“挂包帮”“转走访”宣传工作方案》《昭通市脱贫攻坚新闻宣传和舆论监督工作方案》《昭通市开展村村清户户清及“百村示范万村整治”行动宣传工作方案》《昭通市打赢打好精准脱贫攻坚战宣传工作方案》《昭通市开展决战决胜脱贫攻坚大型主题宣传活动实施方案》《昭通市决战决胜脱贫攻坚宣传工作方案》《昭通市全面建成小康社会宣传报道方案》《昭通市推进“爱国卫生专项行动”宣传工作方案》《昭通市对国务院扶贫办调研督导反馈“少数贫困人口内生动力不足”问题的整改方案》等指导性文件，指导全市脱贫攻坚宣传舆论工作的扎实开展，确保宣传舆论工作目标明确、思路清晰、措施有力、效果显著。市扶贫办、市文明办、市文产办、市文化和旅游局、市广播电视局、云南日报社昭通分社、昭通日报社、昭通广播电视台、市社科联、市文联、全市11个县（市、区）委宣传部及融媒体中心等提高政治站位，明确分管领导，落实专门人员，制定细化方案认真抓好落实，推动了全市脱贫攻坚大决战宣传舆论工作的高位开展。全市通过新闻宣传、社会宣传、文艺宣传、理论宣传、精神文明的宣传，充分发动了群众，组织了群众，调动了广大群众的积极性和主动性，动员群众全力以赴投入脱贫攻坚大决战，激发了群众的内生动力，转变了群众“等靠要”的思想，推动了移风易俗、乡风文明、爱国卫生运动、美丽乡村的发展，汇聚了全市人民群众为决战决胜脱贫攻坚大决战的磅礴力量，为全市坚决打赢脱贫攻坚大决战注入了强大的力量。

（二）“自强、诚信、感恩”主题实践活动凝聚人民群众的思想共识。全市坚持扶贫与扶志相结合，把“自强、诚信、感恩”主题实践活动作为践行市委“133”工作思路和“双统领”“双保障”“双推进”工作要求的重要载体，把主题实践活动贯穿脱贫攻坚的始终，最大限度地激发贫困群众“我要脱贫”的精神动力，在村委会设置光荣榜、曝光台，宣传好人好事、脱贫致富等先进事迹，公开曝光好吃懒做、争当贫困户等不良行为，引导贫困群众学习的榜样，切实营造脱贫致富光荣、好吃懒做可耻的良好舆论氛围，构建积极、健康、向上的社会风气。全市在贫困户中选树一批脱贫先锋，在挂钩帮扶干部中选树一批帮扶先锋，在带领群众脱贫致富中选树一批领头先锋，先后选树了荣获“云岭楷模”“全国脱贫攻坚奋进奖获得者”谭德才、带领乡亲共同致富的党的十九大代表丁琪、荣获“全省脱贫攻坚光荣脱贫户”称号的建档立卡贫困户肖明强等，以及为脱贫攻坚大决战献出宝贵生命的王秋婷、李永春、王文贵等干部的先进典型事迹，用感人故事和感人事迹激励全市人民群众打赢脱贫攻大决战的信心和决心。

（三）统筹做好新冠肺炎疫情防控与脱贫攻坚大决战的宣传。全市在抓好新冠肺炎疫情防控宣传工作的同时，认真抓好脱贫攻坚大决战的宣传，做到新冠肺炎疫情防控宣传与脱贫攻坚大决战宣传两不误两促进。积极向省委宣传部推荐2名同志为云岭楷模候选人，推荐7名同志为云南最美人物候选人。全市新闻工作者放弃春节假期，云南日报社昭通分社、昭通日报社、昭通广播电视台、11个县（市、区）融媒体中心692名新闻工作者无怨无悔，听从指挥，全部迅速投入疫情防控宣传工作之中，及时宣传报道各级党委政府的安排部署，全面普及新冠肺炎疫情防控知识。云南日报社昭通分社、昭通日报社、昭通广播电视台策划了劳动力转移就业、企业复工复产等方面的主题，推出了一批深度报道，产生了较好的宣传效果。各县（市、区）融媒体中心大力宣传疫情防控知识，加大春耕备耕生产、企业复工复产、劳动力转移就业、脱贫攻坚等工作的宣传。昭通广播电视台邀请市疾控中心、市第一人民医院、市中医院等专家开展疫情防控专题访谈16

期，群众反响极好。中央广播电视台报道了《昭通组织1000余人到浙江省宁波务工》《昭通市11条高速公路全部复工》《昭通卯家湾复工复产》《昭通重保证新校舍按时竣工》等新闻。人民日报客户端、人民网、新华网等报道了市委、市政府2020年2月10日派出一支由42名党员干部、公安干警、爱心司机、医务人员、媒体记者组成的爱心运送队伍，为武汉送去蔬菜、马铃薯、苹果等物资267.5吨，价值300万元的援助物资；深度报道了云南昭通果农周邦治两天两夜奔驰1480公里，把自己的10吨苹果送到了武汉等一些新闻媒体，树立了昭通的良好形象。

（四）创新宣传方式实现脱贫攻坚政策家喻户晓。市委宣传部、市扶贫办、昭通日报社、昭通广播电视台、市文化和旅游局、市广播电视局、市搬迁安置局、市社科联、市文联等部门立足实际，结合职能职责创新宣传方式抓好宣传舆论工作。全市在新闻宣传上牢牢把握正确的舆论导向，在报纸、广播、电视、网站、微信、抖音、快手等推出了一系列脱贫攻坚时政新闻、产业发展、基础设施、劳动力转移、先进典型等报道，统一了群众的思想认识，鼓舞了干部群众的干劲。全市在社会宣传上有声有色，到处可见脱贫攻坚大决战的宣传标语，宣传手册、宣传折页等进入每家每户，应急广播宣传回荡乡村。全市在文艺宣传上力度空前，载歌载舞的文艺演出为群众送去精神食粮，理论研讨深入开展，文学艺术创作根植人民群众，精神文明建设提升群众精气神。全市脱贫攻坚大决战的宣传贴近群众、贴近实际、贴近生活，形式多样的宣传覆盖到了家家户户，脱贫攻坚政策家喻户晓。

（五）关注网络舆情及时解决群众诉求。市委网信办、各县（市、区）委网信办上下联动，专人负责网络舆情的监测处置，对群众反映的诉求，涉及群众诉求的市直相关部门及县（市、区）及时调查核实，及时回应群众的诉求，避免了网络舆情蔓延和谣言的发生。各级各部门高度重视群众反映问题的解决，面对面与群众沟通商量，积极解决群众的所思、所盼。昭通广播电视台《政风行风热线》畅通群众诉求渠道，对群众在《政风行风热线》中的诉求问题，由上线的县（市、区）人民政府、市直部门办理，并向诉求群众进行反馈，能现场解答的问题现场解答，现场不能解答的在 15 个工作日内办理结束，较复杂的问题在 30 个工作日内办理结束，在规定时限内不能办理结束的问题，向诉求群众解释说明，并承诺办理时限。上线的县（市、区）人民政府、市直部门办理群众诉求的情况在昭通广播电视台每周三和每周五 11：00 至 12：00 的《百姓热线》栏目、昭通广播电视台微信公众号“水滴论坛”中进行回复。2019 年，昭通广播电视台《政风行风热线》播出 49 期，群众反映脱贫攻坚等问题 262 个，办结率为 95%，部分未解决的问题属于历史遗留问题。为进一步听民声、察民情，解民忧、帮民困，镇雄县融媒体中心于 2020 年 9 月在“微镇雄”手机 APP 开设了“县委书记留言板”，为群众提供了反映脱贫攻坚等问题和合理诉求的平台，县委宣传部成立工作专班，抽调专门人员作为留言板管理员，负责群众在留言板诉求的转发、回复、处理，督促相关部门落实群众的诉求，受到群众的好评。2019 年 12 月，永善县公安局对溪洛渡镇贺某某辱骂扶贫干部的行为，给予了行政拘留 4 日的处罚。2019 年 10 月，彝良县公安局对两河镇王某某辱骂干部行为，给予了行政拘留 5 日的处罚。

（作者时任中共昭通市委宣传部宣教科科长）

“督”“战”并举　攻克最后的贫困堡垒

——昭通市委派驻镇雄县以古镇麦车村督战小分队工作纪实

郑方春

麦车村是镇雄县最高峰嘎么山下的小村庄，与贵州省赫章县接壤，距县城56公里，离以古镇政府驻地9公里。全村辖18个村民小组，总人口1713户7612人，建档立卡贫困户502户2124人，2019年末已脱贫295户1283人，未脱贫207户841人，贫困发生率11.3%。

市委派驻镇雄县以古镇麦车村督战小分队驻村后，在全村脱贫攻坚取得一定成绩的基础上，认真落实县脱贫攻坚“六个查缺补漏专项行动和一个保障”工作方案要求，坚持“督”与“战”并举，紧扣“两不愁、三保障”目标，通过“督”发现问题，运用“战”解决问题，达到以“督”促“战”的效果，脱贫指标全面达标，群众满意度全面提升，麦车村实现高质量脱贫出列。

坚持“督”“战”并举。驻村督战，“督”只是发现问题的手段，“战”才能达到解决问题的目的，只有“督”“战”并举，才能更好实现以督促战。一是“督”发现问题。督战小分队驻村后，为找准决战方向，聚焦户脱贫“一收入四保障”5条标准，开展覆盖全部建档立卡贫困户、边缘户的普查工作，做到了“户户敲门、人人见面”。普查后，每月开展覆盖全部村民组的随机抽查，查验建档立卡贫困户基本情况、收入情况、享受政策情况、人居环境提升等信息，凡发现信息错漏的村民组，立即变抽查为普查，核实整个村民组建档立卡户情况。驻村以来，共查找出信息不精准、三块牌子缺失、政策知晓率低等共性问题20余个，个性问题2000余条，为麦车村全面脱贫出列找准了症结。二是“战”解决问题。针对信息不精准问题，督促逐月开展包保干部走访、包组干部遍访行动，进一步核查问题，推动整改。针对政策知晓率不高问题，结合“三讲三评”工作开展，参考新闻发布会形式，召开麦车村脱贫攻坚政策解答会，面对面解答群众提出的低保政策、脱贫标准、务工证明开具等问题，解开了群众心中的疑惑。针对三块牌缺失问题（明白卡、饮水安全、住房安全认定），督促包保干部走访时补一遍，包组干部遍访时再补一遍，每月月底驻村及镇村干部再集中力量补一遍，确保不缺不漏。

紧扣“一收入、四保障”全力攻坚。持续增加贫困群众的收入是脱贫攻坚的关键，只有实现了收入持续增长，才能够保证稳定脱贫。一是加强逐户研判。2020年3月驻村以后，督战小分队带领驻村工作队、挂村工作队、村三委聚焦户脱贫5条标准，特别是收入不达标问题，每月对全村502户建档立卡贫困户、35户边缘户进行逐户研判，做到不漏一户、不漏一人。通过多轮情况研判、收入测算、情况核实，为按期达到户脱贫、村出列打下了坚实基础。二是紧扣“收入达标”全力攻坚。督战小分队结合麦车群众收入来源主要为务工的实际，督促加大劳动力组织化转移输出力度，全村1101个卡户劳动力外转输出622人。对在家实在不能输出的劳动力，积极申请公益（护林员）公服（保洁员）岗位，动员参加村组公路建设、参与合作社劳动；驻村督战以来，麦车新增公益公服岗位72个，新增本地务工劳动力230人，全面消除了零就业家庭。加大社会保障力度，督促对无劳动力或劳动力少人口多的家庭应保尽保；驻村督战以来，全村新申请城乡低保79人，孤儿生活待遇9人。经过不断督促和攻坚，全村502户（其中监测户35户）建档立卡户、35户边缘户收入如期实现人均超过4000元目标，全村家庭人均收入最低达4300余元，最高达20000余元。三是紧扣“四保障”全力攻坚。“四保障”是脱贫攻坚的重点和难点，麦车村在“四保障”方面存在不少的薄弱环节。面对部分易地扶贫搬迁户未搬迁问题，督战小分队牵头，驻村工作队、村三委等参与，到未搬迁群众家中动迁达5轮以上、150余户次，全村实现了应搬尽搬。针对全村12名学生辍学问题，督战小分队与县驻村工作、镇挂村工作队、学校教师一道，登门劝学达100余人次，成功返8人，按“四步法”提起诉讼4人。加强居民医疗保险动态管理，每月梳理贫困户人口信息，及时将新落户16人、嫁入21人、离婚返回4人的信息录入国办系统，新增缴纳医疗保险41人，实现所有贫困人口全部纳入医保。

大幅度提高村脱贫出列质量。基础设施怎么样，村容村貌好不好，事关贫困群众脱贫质量，体现的是脱贫攻坚的底色。督战小分队驻村后，一方面梳理村出列“一率两有四通”缺漏；另一方面，积极争取社会扶贫资金支持，全力补齐短板。一是牵头组织社会扶贫活动。2020年7月4日，在督战小分队牵头、县开投公司组织下，麦车村社会脱贫大会成功召开，6家企业、11位乡贤能人慷慨解囊、纾困解难，共捐赠196万元用于麦车村脱贫攻坚补短板工作。这些补短板资金，用于群众聚居区域安装太阳能路灯、补助群众开展毛坯房抿糊、基础设施查缺补漏等方面，进一步解决了麦车村感观贫困严重、基础设施落后、美化亮化不足等短板问题，极大地提升麦车群众生产生活条件，进一步提高了村脱贫出列质量。二是补齐“一率两有四通”短板。在督战小分队带领下，整合驻村工作队、挂村工作队等力量，彻底解决了村委活动室设施不完备、活动开展不正常等问题，截至2020年6月30日，麦车村出列“一率两有四通”全部达标。贫困发生率逐步降至零，有村卫生室120平方米，有公共活动场所1000平方米，全村已通380伏动力电，广播电视覆盖率达100%，网络宽带覆盖到行政村、学校和卫生室，镇到村已通柏油硬化路，村组公路全部硬化，串户路硬化率达80%以上。

“督”“战”并举，全力攻坚。在督战小分队带领下，县驻村工作队、镇挂村工作队、村“三委”等力量向麦车村最后的贫困堡垒发起了总攻。

较真碰硬“督”、攻坚克难“战”，按时高质打赢了脱贫攻坚收官决战，没有一个麦车群众在小康路上掉队，督战小分队及驻村、挂村、村“三委”干部向麦车群众交上了一份合格的脱贫攻坚答卷。

（作者时任中共昭通市委宣传部理论科科长）

昭通11县区委书记立下军令状 不摘“贫困帽”交出“乌纱帽”

蔡侯友　谢　毅　沈　迅

日前，在昭通市召开的扶贫开发和“挂包帮”“转走访”工作暨农村危房改造、抗震安居工程建设会议上，别开生面的议程让400多名与会人员产生极大震撼——全市11县（区）委书记依次走上主席台发言席，向市委、市政府和全市600万名干部群众庄严承诺：不摘除“贫困帽”就交出“乌纱帽”。

昭通市是云南省和国家确定的乌蒙山片区区域发展与扶贫攻坚的主战场，是全省扶贫攻坚“硬骨头”。全市贫困面广、贫困程度深、基础设施差、产业发展慢、经济实力弱。从全省排名看，2012年，全市经济总量排名全省第7位，占全省近12%的人口创造的生产总值仅占全省的5.4%，人均生产总值、人均地方公共财政预算收入、农民人均纯收入等主要指标均排名全省倒数。从横向比较，昭通与相邻的昆明、曲靖、宜宾、毕节等地区的发展差距进一步拉大。截至2014年年底，全市还有133.67万贫困人口，居全省第一，占全市总人口的23%，贫困发生率为25.71%，比全国、全省分别高16.99个和10.22个百分点。

昭通市要在今后6年时间内全面完成130多万人口脱贫任务，平均每年要脱贫23万人以上，加之近年来减贫效益逐年递减，越往后脱贫难度越大，“脱贫摘帽”任务十分艰巨。如何啃下扶贫攻坚这块“硬骨头”，打赢这场“攻坚战”？市委、市政府经过反复调研，要求全市11个县（区）各级领导干部必须围绕到2020年“全面建成小康社会”目标，树立精准思维，着力把握好对象要精准、脱贫要精准、措施要精准、投入要精准“四个关键”。突出抓好农村危房改造和抗震安居工程建设、农村基础教育、劳动者素质提升、基础设施建设改善、特色优势产业发展、基本公共服务保障、生态环境治理“七个重点”，主动承担起这一历史使命和责任担当，立下军令状、拿出硬措施，倒排时间表，确保全市贫困人口如期全部脱贫。

“昭通11县（区）委书记在会上的公开承诺绝不是儿戏，可以说是一诺千金。”镇雄县委书记翟玉龙说，这样的承诺在昭通还是第一次，充分体现了地方党委第一责任人的责任、担当。镇雄现有40多万贫困人口，在昭通乃至全省都是贫困人口大县，脱贫任务十分艰巨。既然今天在会上公开承诺了，回去后就得按照承诺绘制的小康镇雄“路线图”“时间表”，按照“挂包帮”“转走访”要求，逐项抓好落实，绝不拖全国全省全市的后腿。

（作者均为《云南日报》记者）

昭通：擂响脱贫攻坚战鼓

蔡侯友　沈迅　万立开

号角起　战鼓擂

仅 2015 年，云南省昭通全市就投入专项扶贫资金 6 亿元，启动实施了 7 个整乡推进项目和 63 个行政村、55 个自然村整村推进项目，全市 21.72 万贫困人口摆脱贫困。

2016 年，昭通全市将实现 21 个贫困乡镇、260 个贫困村“摘帽”，确保 28 万贫困人口顺利脱贫。

“十三五”期间，昭通全市将力争每年减贫 28 万人以上，顺利实现现有 111.95 万人建档立卡贫困人口如期脱贫。

“不摘贫困帽，交出乌纱帽！”11 县区委书记向全市 596 万名各族干部群众作出承诺。

正视现实　寻找差距

2015 年，昭通全市有 133.67 万建档立卡的贫困人口，占全市总人口的 23%，贫困人口居全国地级市第一、云南省第一；贫困发生率为 25.71%，比全国、全省分别高16.99个和10.22个百分点。贫困面广、贫困程度深、基础设施差、产业发展慢、经济实力弱，是云南省和国家确定的乌蒙山片区区域发展与扶贫攻坚的主战场。

昭通干部群众清醒地认识到，昭通呈现出历史悠久与发展滞后、区位优越与交通不便、资源富集与产业弱小、文化厚重与教育落后、山川秀美与生态敏感脆弱“五个并存”的特点。存在着贫困面大、贫困程度深，脱贫攻坚任务十分艰巨；综合交通、农田水利等基础设施薄弱，瓶颈制约极为突出；产业规模小，层次低，结构不合理，缺乏竞争优势；城镇化水平低，配套设施滞后，产城融合不强；教育发展滞后，人均受教育年限低；生态敏感脆弱，自然灾害易发频发等“六大短板”。现有贫困人口主要集中在自然条件差、基础设施薄弱的深山区、边远山区、干旱缺水地区、资源匮乏地区、少数民族聚居区，山高坡陡、气候恶劣、生态脆弱，有近30万人还生活在丧失基本生存条件地区。从纵向看，昭通人均GDP处于全省后列，远低于全省人均水平；从横向比较，昭通与相邻的昆明、曲靖、宜宾、毕节等周边地区的发展差距正在进一步拉大。

抢抓机遇 砥砺前行

“历史机遇不容错过，再重的担子也要挑起来，再难的路也要走过去。”2016年《昭通市政府工作报告》提出：昭通有着区位条件独特、资源禀赋良好、人文历史厚重、人力资源丰富“四大优势”；有着党中央、国务院和省委、省政府对昭通发展高度关注、大力支持；有着“一带一路”、长江经济带等国家重大战略以及新一轮西部大开发、乌蒙山片区区域发展与扶贫攻坚规划加快实施；随着综合交通条件的不断改善，昭通的区位优势和资源优势必将转化为经济优势等“三大机遇”。

“只有抢抓机遇，主动服务和融入国家和省的战略，才能实现跨越发展富民强市目标。”脱贫攻坚战打响以来，昭通市坚持以脱贫攻坚统揽经济社会发展全局，全面实施脱贫攻坚、交通先行、产业培育、新型城镇化、教育兴昭、生态文明“六大战略”，推动形成“一圈一区一带一廊一门户”发展空间布局，把昭通建设成为滇川黔区域综合交通枢纽、云南融入长江经济带和成渝经济区的重要门户、中国面向南亚和东南亚开放的重要经济走廊、中国西部新型载能产业和高原特色生物产业基地、长江上游重要生态屏障、中国西南新兴旅游目的地，吹响了全市脱贫攻坚、全面建成小康社会的冲锋号。

签“军令状” 拔“穷根子”

“点对点、面对面为各县区脱贫攻坚工作把脉支招，指出共性问题 8 类、个性问题 11 个、工作建议 11 条，并当场提出了整改时限、整改要求、整改措施。”

“通过听情况介绍、看特色亮点、问经验做法、查问题不足、评工作实效的‘听看问查评’方式，总结出全市脱贫攻坚工作推进中可学可推的经验 11 条，达到了相互学习、相互借鉴、取长补短的效果。”

“昭通现有的 596 万人口中，建档立卡贫困人口 111.95 万人，居云南省第一、全国地级市前列。昭通不脱贫，全省难以脱贫，与全国全省同步全面建成小康社会就会成为一句空话。自去年 9 月脱贫攻坚战打响以来，全市 11 个县区仍然不同程度存在对脱贫攻坚重要性、紧迫性认识不够、贫困对象识别不够精准、一二三产融合不够紧密、部分集中安置点规划不够科学、基础设施不够配套、工作队队员作用发挥不够充分等问题。”

按下“快进键”，跑出“加速度”。围绕“两不愁、三保障”，结合昭通市制定的一看房、二看粮、三看家中有没有读书郎、四看劳动力素质强不强、五看村容村貌怎么样“五看法”脱贫标准，昭通全市各级各部门包保单位和干部签下“军令状”，挂出“作战图”，围绕“脱贫、摘帽、出列、增收”四大目标纷纷动真情，出实招，拔掉穷根子，全力确保到2020年全市近120万贫困人口顺利脱贫。

（作者均为《云南日报》记者）

第四编　四粒扣子

概　述

脱贫攻坚，贵在精准。为全力斩断贫困穷根，昭通坚持精准思维，围绕“帮扶谁”“怎么扶”“怎么退”“退出后怎么办”四个重点，精准把控每一环节，面对“贫困难题”，纵向扣好“四粒扣子”。

围绕“帮扶谁”，扣好精准识别的“第一粒扣子”。为确保精准识别无死角无遗漏，做好精准识别工作，昭通全市把精准识别作为“五级书记”抓扶贫的首要任务来抓，通过信息化管理、查误补漏扶贫对象、调整贫困县脱贫摘帽时序、建立扶贫大数据项目平台等多举措，全面完成“五查五看”“三评四定”和动态调整，以“零差错”“零容忍”的责任和担当，对全市150多万农户、472万农村人口摸底调查全覆盖，坚决做到无死角、无遗漏。

围绕“怎么扶”，扣好精准施策“第二粒扣子”。2018年，昭通以开展“村村清、户户清”行动为抓手，科学制定村级施工图、乡级路线图和县级项目库，近3年累计投入财政扶贫资金470.36亿元，实施库内项目11284个，以到人到户的精准帮扶确保户脱贫、村出列，以高质量的“村村清、户户清”确保县摘帽.

围绕“怎么退”，扣好精准退出“第三粒扣子”。按照贫困退出机制，严格程序、严格考核，全市9个县区、1131个村社区、35.82万户169.08万人都做到了精准退出，并确保脱贫成效，经得住历史和人民的检验。

围绕“退出后怎么办”，扣好巩固提升“第四粒扣子”。严格落实“四个不摘”和脱贫成果巩固20条要求，对已退出的169.08万人继续保持政策稳定性和工作连续性，巩固强化脱贫成果，坚决防止出现返贫。

本栏目围绕“四粒扣子”这一主题，以期凸显本轮脱贫工作的“精准”要义。

扣好“四粒扣子　做好“四篇文章”

——昭通市财政局挂钩帮扶工作纪实

郝流勇

脱贫攻坚战打响以来，昭通市财政局认真贯彻中央、省、市关于脱贫攻坚的系列决策部署，按照市委、市政府的统一安排，落实精准扶贫、精准脱贫的要求，坚决把脱贫攻坚责任扛在肩上，把挂钩帮扶责任落实在行动上，认真扣好“四粒扣子”，扎实做好“四篇文章”，确保挂钩帮扶点如期实现户脱贫、村出列目标，谱写了财政挂钩扶贫崭新篇章，为全市打赢脱贫攻坚战作出了应有的贡献。

一、认真扣好“四粒扣子”

根据市委统一安排，昭通市财政局2015年10月开始挂钩帮扶鲁甸县江底镇水塘村、大水井村、箐脚村，2017年增加包保火德红镇银厂村，2019年3月主要领导加挂新街镇转山包村。挂钩帮扶以来，昭通市财政局精准把控每一个环节和细节，纵向扣好脱贫攻坚“四粒扣子”，坚决打赢挂钩帮扶点脱贫攻坚战。一是瞄准靶心，扣好精准识别“第一粒扣子”。通过派驻驻村工作队队员和组织全局干部职工，扎实开展“挂包帮”、“转走访”活动、全面完成“五查五看”“三评四定”和动态调整，历时4个月精准识别3个挂钩村建档立卡1099户3775人。二是强化帮扶，扣好精准施策“第二粒扣子”。因地制宜、因户施策制定贫困村脱贫攻坚施工图和贫困户脱贫摘帽计划书，以到人到户的精准帮扶确保户脱贫、村出列。以高质量的“村村清、户户清”，为实现县摘帽打下坚实基础。三是盯紧目标，扣好精准退出“第三粒扣子”。落实贫困退出机制，严格退出程序，顺利通过国家、省、市考核检查验收，确保挂钩帮扶在2019年实现精准退出，确保脱贫成效经得住历史和人民的检验。四是保持成果，扣好巩固提升“第四粒扣子”。严格落实“四个不摘”和脱贫成果巩固20条要求，继续保持政策稳定性和工作连续性，走访识别边缘户和监测户166户617人，落实帮扶措施145条，使边缘易致贫户和脱贫不稳定户返贫风险全部消除，持续巩固和强化脱贫成果，坚决防止返贫和新致贫。

二、突出做好“四篇文章”

开展挂钩帮扶以来，昭通市财政局紧紧围绕“两不愁、三保障”目标，与挂钩扶贫村肩并肩、手拉手，突出做好资金保障、基础设施建设、产业培育和劳动力转移就业“四篇文章”，挂钩帮扶点生产生活条件极大改善，产业培育发展持续推进，贫困群众增收致富渠道不断拓宽，基本民生有效保障，社会事业持续发展。一是突出做好资金保障文章，确保投入到位。充分利用各种资源优势，全力争取各级项目资金投入和社会力量资助投入保障挂钩扶贫点脱贫攻坚。累计争取和投入帮扶资金1900多万元，实施基础设施、产业发展、民生保障和社会事业等项目117个，为挂钩扶贫点如期打赢脱贫攻坚战提供强有力资金支持保障。二是突出做好基础设施建设文章，改善生产生活条件。坚持把改善挂钩扶贫点基础设施面貌作为重要的工作内容，分步骤、按批次逐步实施建档立卡贫困户农村危房改造和地震恢复重建工程，及时兑现补助资金，确保建档立卡贫困户全部住上安全住房；协调引进资金56万元，在转山包村实施网优零星工程，建设新街镇转山包村大海子移动基站；帮扶转山包村23万元，设立转山包村爱心超市，新建大海子、王家海子两个自然村公共厕所；先后为大水井村、水塘村、箐脚村硬化组内道路110公里，帮助大水井村、箐脚村建设水窖100口，为大水井村建设幼儿园1所、争取村级文化场所建设3个、建设便民服务工作站3个、中心小学少年宫建设1个；帮助箐脚村申请建设堰塘建设项目1个、人畜饮水项目1个、一事一议财政奖补项目2个、发起“心系大山、圆梦童心”募捐活动，调动社会力量筹集捐赠资金16.1万元；争取大水井村修建老年活动场所1个、儿童活动场所1个。截至2019年年底，挂钩扶贫贫困村实现村村通公路、户户通电网、移动通信4G网络全覆盖，均设立了村级卫生室和1所以上小学，大水井村还设立了镇卫生院分院、幼儿园和敬老院，水井村、水塘村、箐脚村均设立了村文化图书室和村民活动场所，大部分村组实现了道路硬化，所有村民解决了安全饮水问题，村委会实现了电信光纤网络连接，农村居民的出行、上学、就医、通信、务工等生产生活条件得到极大改善，为实现脱贫攻坚任务增添了强劲的发展动力。三是突出做好产业培育文章，增强内生动力。由于挂钩村多处于二半山区以上，地理和区位没有明显发展优势，主要以发展第一产业为主，第二、三产业十分滞后。其中第一产业主要以传统种养殖业为主，以烤烟、核桃、花椒等经济作物发展为辅，种植业主要栽种玉米、马铃薯等粮食作物，养殖业主要养殖猪、鸡、牛、羊等畜禽。由于种养殖技术传统落后，产业的品种比较单一，平均产量产值总体不高，没有形成规模化、集约化发展的效应，致使农民群众增收十分困难，经济总体收入水平相对较低。昭通市财政局与挂钩贫困村深入分析研究制约产业发展的各种因素，努力引进先进实用技术，强化产业发展先进技术推广，着力破解产业发展的各种难题。积极向外争取产业发展项目资金，全面开展产业发展规划、建设前期工作、推进试点示范等基础性工作。2015 年以来，共为挂钩村争取扶持养殖业、种植业、经济林果发展资金 540 万元，重点培育花椒、核桃、蜂蜜、牡丹等产业和畜禽养殖大户，在产业培育的道路上走出一条示范路。为了实现产业发展的专业化、组织化、规模化，按照全市发展壮大集体经济的要求，依照“党支部 + 专业合作社 + 建档立卡户”的模式，各个挂钩村均成立了 1 个以上的专业合作社。投资 15 万元带动建设银厂村源林养殖专业合作社，将 405 户建档立卡贫困户全部纳入，养殖蜜蜂 112 箱已开始产出，并初步形成了以核桃、花椒为支撑的主导产业；水塘村已实现农民种植、合作社加工销售的产业发展模式；大水井村的聚仁种养合作社主要以养殖大户为示范带动，逐步实现受益范围的扩大和覆盖；箐脚村的合作社现已通过补助方式开展乌骨鸡、仔猪养殖试点。按照全市产业培育发展的规划和要求，各个挂钩村的产业培育发展迅速，在不断探索发展中逐步找到适合本村的产业发展路子，带领全村贫困群众实现脱贫增收致富的目标。四是突出做好劳动力转移就业文章，拓宽增收渠道。深入分析贫困村和贫困户致贫的原因，不断拓宽贫困群众增收渠道和途径，逐村逐户制定增收措施和办法，想尽千方百计增加贫困群众的收入。累计开展电工、电焊工、厨师、理发师、养殖等技术人员培训 1000 余人次，通过开展各种技能培训班培训，带动部分群众实现就业。与中山、东莞用工企业建立用工机制和交通补贴等制度，稳定有序将具有一定技能的劳动力转移出去，通过务工直接增加贫困群众的收入。有效对接产供销各环节，以机关单位或结对干部为主体，主动为贫困群众生产的农产品和畜禽寻找市场和出路，通过对接特定需求群体和网络销售客户，把绿色生态的农产品销售出去，或直接以销定产把产品价格和数量确定下来，定期供应给需求的人群，努力实现产供销的无缝对接，打通销售渠道解决农产品销售难题，逐步增加贫困群众收入的来源。认真落实大众创业、万众创新的优惠政策措施，鼓励在外掌握一定技术、积累一定资金的有志青年回乡创业，吸纳贫困群众就业增加收入；积极支持本土致富能人发展种养殖业，通过流转规模化经营土地等方式，发展特色产业种植和养殖，示范带动贫困群众参与发展，增加农民的种养殖收入。通过逐步拓宽群众增收的渠道，增强了如期实现脱贫的信心，为贫困群众的早日脱贫起到了直接推动作用。2019 年年底，水塘村、大水井村、箐脚村贫困群众年人均收入分别达到 10488 元、10003 元、9749 元，分别比 2015 年增长 4.1 倍、2.8 倍、3.7 倍。

三、谱写财政挂钩扶贫新篇章

脱贫攻坚战是党中央作出的重大决策部署，如期打赢脱贫攻坚战是我们党对全国人民作出的庄严承诺。鲁甸县是深度贫困县，也是地质灾害多发地区。2014 年 8 月 3 日发生的 6.5 级地震，给鲁甸灾区人民群众生命财产安全带来巨大的损失。2015 年 1 月 19 日，习近平总书记在新年首次离京考察来到昭通鲁甸，明确指示“灾后恢复重建和扶贫开发一起抓”“恢复重建完成之时，就是灾区脱贫之日”。面对异常艰巨的灾后恢复重建和脱贫攻坚任务，昭通市财政局认真贯彻落实市委“133”工作思路，以脱贫攻坚统揽财政工作全局，敢于担当，迎难而上，坚决扛起挂钩帮扶责任。2015 年以来，市财政局主要领导亲自抓，先后 18 次主持召开局党组会、专题会研究部署挂钩扶贫点工作；亲自到挂钩扶贫点走访贫困群众、检查指导工作 75 次，平均每个月超过 1 次。市财政局副处级以上干部到村开展工作 417 人次，一般职工到村开展工作 4186 人次。在财政发展改革任务十分繁重、人手十分有限的情况下，先后派驻驻村工作扶贫队员 34 人，占全局干部职工总数的 36%。其中，2018 年选派 1 名干部到镇雄县尖山乡仁厚村驻村开展工作，进一步加强镇雄县脱贫攻坚工作力量。市财政局包保干部职工经常白天到扶贫点开展走访工作，晚上回单位继续加班工作到深夜。“5+2”“白加黑”是常态，很多干部职工放弃周末照顾老人和陪伴孩子的时间，有的即使生病了也仍坚持在脱贫一线，全心全意帮助贫困群众脱贫。

事非经过不知难，成如容易却艰辛。回顾脱贫攻坚波澜壮阔的5年，是市财政局全体干部职工牢记嘱托、感恩奋进的5年，也是带领挂钩扶贫点干部群众战胜一切艰难险阻、决战脱贫攻坚、决胜全面小康的5年。市财政局全体干部职工始终在脱贫攻坚一线，用实际行动践行共产党人的初心使命，谱写了财政挂钩扶贫的崭新篇章！

（作者时任昭通市政协副主席、市财政局局长）

践行初心使命　决战脱贫攻坚

——陆维智同志决战决胜脱贫攻坚工作实录

铁盛乾

决战脱贫攻坚、决胜全面小康，是党的初心使命的具体体现，也是党的第一个百年奋斗目标。到2020年全面建成小康社会，是我们党向人民、向历史作出的庄严承诺。2015年以来，习近平总书记对决战决胜脱贫攻坚发表了系列重要讲话，中央、省委、市委就精准扶贫和精准脱贫作出了系列决策部署，昭通市委原常委、市纪委原书记、市监委原主任陆维智同志牢记初心使命，自觉树牢“四个意识”、坚定“四个自信”、做到“两个维护”，深入学习贯彻习近平总书记关于脱贫攻坚的系列重要讲话和指示批示精神，紧紧围绕中央和省市有关部署要求，认真落实脱贫攻坚“挂包帮”“转走访”和市委“133”脱贫攻坚工作思路，督导挂钩联系永善县扎实扣好精准识别、精准施策、精准退出、巩固提升“四粒扣子”，强化扶贫领域监督执纪问责，全力服务、保障、护航昭通打赢精准脱贫攻坚战。

强化组织领导，严把精准识别关。精准识别是精准脱贫的前提和基础，也是必须扣好脱贫攻坚的“第一粒扣子”。早在2014年10月15日，陆维智同志就到市纪委挂钩扶贫的永善县茂林镇松林村和永安村官家屋基苗寨，实地了解贫困状况，督导扶贫开发工作。自挂钩帮扶工作开展以来，他亲自担任市纪委机关扶贫工作领导小组组长，明确1名班子成员负责挂钩帮扶的协调、指导、督促和服务，选派10名干部开展驻村工作。他每年都要在市纪委常委会上专题研究挂钩扶贫工作，及时跟进落实中央和省市的决策部署，研究部署精准扶贫、精准脱贫和问题整改工作，组织召开永善县脱贫攻坚“挂包帮”“转走访”联席会议5次、调度会议3次、挂钩部门座谈会议3次、整改工作会议1次。他经常采取不打招呼、不发通知、不要陪同、不定线路、直插基层、直抵一线的“四不两直”方式，全覆盖遍访永善县深度贫困村，督导落实“五看”工作法，紧扣“两不愁、三保障”标准，对照贫困村“九有一降”、贫困户“四有一超一受益”脱贫出列标准，严把精准识别关，通过多轮动态调整，挂钩永善县共识别建档立卡贫困人口41234户180195人。他随机到永善县茂林镇永安、松林、新林3个村调研近百次，专门派出10名干部驻村开展精准识别摸底调查，个人结对帮扶12户，督导单位处级干部结对帮扶8户、一般干部职工结对帮扶不低于5户，每月走访结对户不少于1次。

因地因时制宜，科学精准施策。新形势下的脱贫攻坚必须精准施策，切实让各项扶贫措施扶到点上、扶到根上、落到地上，扣好脱贫攻坚“第二粒扣子”。永善县地处滇东北中山山原西北边缘，高原面较破碎；最高海拔3199.5米，最低海拔340米；属中亚热带湿润气候区，气候垂直变化显著；年均气温16.4℃，年均降水量666毫米。市纪委挂钩的茂林镇永安、松林、新林3个村自然气候差、资源短缺，脱贫难度大、扶贫任务重。陆维智同志在反复调研的基础上，因地因时制宜，科学精准施策，加大协调争取力度，切实解决基础设施建设和产业发展滞后的短板。一是做好交通建设文章，打破瓶颈制约。多年来，交通问题一直是制约当地经济社会发展的瓶颈，严重影响当地群众生产生活，甚至给群众生命财产造成威胁。尤其是永善县茂林镇新林轱辘河沿线6个村民小组300多户多年未通公路，群众赶集最远要蹚河涉水20多次到村委会搭车，往返一次需要4个多小时，还发生过村民被洪水冲走事故。2015年10月23日，陆维智同志徒步3个多小时，沿河行走10余公里，24次横跨河道，实地走访永善县茂林镇新林村马路自然村石丫口、马路、团结、毛坡营、半边街、姚家湾、河边7个村民小组，调研了解群众出行情况，召集镇村干部共商村组公路建设事宜，协调相关部门解决修路资金400余万元，仅用3个月就建成长8.9公里、宽4.5米的公路，圆了老百姓几代人的通车梦，也拉开了大干交通建设的热潮。2015年以来，陆维智为茂林镇协调解决道路交通、集中安置、危房改造等各类项目资金1.6亿余元，帮助挂钩帮扶的3个村投资4700余万元新建、硬化、改造公路81公里，形成村村通油路、组组通硬化路、户户通连接路的交通网络，一举打破交通制约，为脱贫攻坚和当地经济社会发展奠定坚实基础。二是做好产业带动文章，改变落后面貌。面对水土流失严重、局部丧失生存条件的贫困村组，如何在2019年全面达到“两不愁、三保障”这个脱贫的核心指标？陆维智同志经过多次研究，统筹山水林田湖草，督导当地党委政府积极编报项目，争取到岩溶地区石漠化综合治理中央预算内投资950万元，治理岩溶38.5平方公里，人工造林167公顷、封山育林育草1000公顷，建设水利沟渠和田间生产道路6公里，为群众发展产业创造了条件。由于大多数群众缺资金、缺技术，没人带动、不敢干、不想干的情况比较突出，“靠在墙根晒太阳，守着旧房过日子”一度成为一种贫困群众的生活态度。为打破群众思想上的顾虑，2015年9月23日，陆维智同志在永善县扶贫攻坚“挂包帮”“转走访”第一次联席会议上强调，抓扶贫攻坚关键要扶好贫困群众的“志”和“智”，安排机关扶贫工作队在逐村逐户做好思想动员的同时，按照户均不低于2000元的标准，协调产业发展项目资金2340万元，发展农民专业合作社10个，带动群众大力发展蔬菜、中药材、泥鳅等特色种植养殖，建成中药材基地1200亩。依托当地有利自然条件，引资6000多万元建成房车露营旅游项目基地，成为永善县茂林镇有史以来引资额度最大、落地时间最快、生态效益最好的项目，填补了昭通空白，促进了当地旅游业发展和群众增收。在扶贫政策的带动和帮扶干部的推动下，750户群众实施了农村危房改造及安居工程，359户群众搬迁到5个易迁安置点开始新的生活，新建8个文化活动场所丰富群众精神文化生活，新建1个卫生室解决群众就近就医难题，极大改善群众生产生活条件和生活质量。三是做好文化扶贫文章，阻断贫困代际传递。治贫先治愚，扶贫先扶智。为不让一个义务教育阶段学生辍学，不让一名贫困学子因贫失学，陆维智同志在广东中山挂职期间，积极争取中山市火炬开发区捐资150万元修建新林村小学教学楼，帮助多所学校完善软硬件设施设备，动员全体干部职工捐资助学。2015年以来，市纪委市监委机关干部职工向茂林镇15名大学生捐资7.2万元，整合社会力量筹集资金12万余元帮扶60余名贫困大学生。

强化监督检查，确保精准退出。打赢精准脱贫攻战是最大的政治任务，必须以铁的纪律和硬的作风作为“双保障”，切实扣好脱贫攻坚精准退出“第三粒扣子”。纪检监察机关作为政治机关，必须始终把加强扶贫领域监督执纪问责作为一项重要政治任务，以贯彻执行扶贫领域监督执纪问责“五项机制”为抓手，形成市级督导、县级领导、乡镇主导、一级抓一级、上下联动的全链条工作机制，着力为打赢精准脱贫攻坚战提供政治纪律保障，确保顺利通过国家专项评估和普查验收。早在2014年11月26日，陆维智同志在省扶贫办与昭通市纪委监察局深入推进廉洁扶贫行动合作协议签字仪式上，就要求全市各级纪检监察机关把深入推进廉洁扶贫行动作为加强农村基层党风廉政建设的一项重要抓手，全面落实廉洁扶贫监督责任，着力加强对扶贫开发政策落实、项目实施、资金使用到位等情况的监督检查，坚决纠正打折扣、搞变通、执行不到位的现象。伴随脱贫攻坚“集结号”，陆维智紧跟中央和省市推进精准脱贫的步伐和节奏，接二连三作出一系列部署要求。2015年7月6日，组织召开全市乡镇纪委书记座谈会议，深入推进乡镇纪委“三转”，强化监督责任落实，扎实抓好农村基层党风廉政建设和反腐败工作。2015年7月21日，组织召开昭通市集中整治发生在群众身边的“四风”和腐败问题动员部署会议，启动市县乡三级联动集中整治发生在群众身边的“四风”和腐败问题，推进正风反腐“零容忍”的举措覆盖到基层，并于同年11月再次召开推进会议。2016年10月28日，组织召开全市反映扶贫领域违纪问题信访举报督办查办工作部署会议。2018年4月

27日，组织召开昭通市扶贫领域暨扫黑除恶监督执纪问责工作座谈会，总结部署扶贫领域腐败和作风问题专项治理以及扫黑除恶专项斗争监督执纪问责工作。2019年3月8日、2020年5月28日，他两次召开全市扶贫领域监督执纪问责工作推进会议，总结部署全市扶贫领域监督执纪问责工作。在推进脱贫攻坚专项监督、精准监督这几年，陆维智同志始终聚焦扶贫领域腐败和作风突出问题，坚持问题导向、目标导向、结果导向，跟进落实上级部署要求，不断强化监督执纪问责，坚决纠正漏评、错退等扶贫领域的形式主义和官僚主义，坚决查处基层“微腐败”，切实为打赢精准脱贫攻坚战提供铁的纪律和硬的作风“双保障”。2016年以来，全市查处扶贫领域问题数835个，处理1776人，其中，党纪政务处分868人，问责391人，问责单位及党组织52个，移送司法机关56人。

落实“四个不摘”，强化巩固提升。抓好脱贫成效的巩固提升，是脱贫攻坚必须扣好的“第四粒扣子”。陆维智在挂钩永善县顺利通过国家脱贫攻坚专项评估后，持续督导永善县研究制定脱贫攻坚后续帮扶巩固提升方案，聚焦户脱贫巩固提升，深入开展农村危房改造、产业扶贫、就业扶贫、教育扶贫、健康扶贫、生态扶贫、易地扶贫搬迁、社会保障、贫困群众内生动力“九项巩固提升行动”；聚焦村出列县摘帽巩固提升，大力实施基础设施建设、产业配套设施、人居环境改善、村级集体经济、基层党建“五大提升工程”；按照摘帽不摘责任、摘帽不摘政策、摘帽不摘帮扶、摘帽不摘监管“四个不摘”的原则，督导驻村扶贫队持续抓实出列村、脱贫户巩固提升工作，健全完善稳定长效脱贫机制和防返贫机制，做好与乡村振兴的有效衔接，确保如期全面建成小康社会。同时，派出明察暗访组对尚未脱贫出列的镇雄县开展暗访督战。陆维智带头落实市委四届六次全会部署要求，常态开展随机暗访，督导全市各级各有关部门打好各类问题“清零战”，倒逼推动各项指标全面达标；打好易地搬迁“巩固战”，确保易迁群众搬得出、稳得住、能发展；打好劳动力稳定就业“攻坚战”，切实提高就业质量和层次；打好高原特色产业发展“突破战”，全面强化脱贫攻坚产业支撑；打好农村人居环境整治提升“人海战”，确保脱贫脱出新面貌新气象；强化挂钩帮扶和群众感恩教育，进一步凝聚起脱贫攻坚强大合力。

（作者系昭通市纪委市监委工作人员）

精准扣好脱贫攻坚“四粒扣子”侧记

苏世攀

昭通地处云、贵、川三省接合部的乌蒙山腹地，是集革命老区、地震灾区、散居民族地区、生态敏感脆弱地区为一体的深度贫困地区，全市11县市区中有国家级贫困县10个，其中深度贫困县7个，2014年以来全市滚动识别建档立卡贫困人口185.07万人，是全国贫困人口最多、贫困程度最深、脱贫任务最重、攻坚压力最大的地级市。面对艰巨繁重的脱贫攻坚历史重任，我们全面贯彻习近平总书记“扶贫开发成败系于精准，要找准穷根、明确靶向，量身定做、对症下药，真正扶到点上、扶到根上”的重要指示精神，紧扣精准要义，坚持精准思维，围绕“扶持谁”“怎么扶”“怎么退”“退出后怎么办”四个重点，全力扣好精准识别、精准施策、精准退出、巩固提升“四粒扣子”，统筹推动精准扶贫精准脱贫基本方略在昭通大地落地见效，确保扶贫工作务实、脱贫过程扎实、脱贫结果真实。

一、抓实建档立卡，摸清贫困底数，精准扣好“第一粒扣子”

扶贫对象精准是精准扶贫精准脱贫的根本前提和工作基础，对象不准、底数不清，直接关系脱贫攻坚成效。围绕解决好“扶持谁”的问题，我们深入开展扶贫对象建档立卡和精准识别摸底调查及动态管理，确保扶到点上。一是开展扶贫对象建档立卡。2014—2016年，我市先后组织开展了扶贫对象建档立卡、建档立卡“回头看”和动态管理，按照“五看工作法”和“五查五看、三评四定”的标准和程序，不断精准全市建档立卡贫困对象，基本摸清全市贫困人口分布、致贫原因、脱贫需求等信息，建立扶贫对象信息库。二是推进精准识别摸底。2017年，针对基础信息不够准确、贫困对象不够精准、群众满意度不够高等问题，以全国建档立卡贫困人口动态管理为契机，按照“从头再来但不是推倒重来、全面调查但各有侧重、稳中求进动态管理”要求，坚持以县区为主体，以村民小组为基本单元，以农户为基本对象，由驻村扶贫工作队负主责，组织2.36万名干部，深入全市146个乡镇1251个行政村25856个村民小组，用近4个月的时间，对全市129.73万户529.03万农村人口进行全面摸底排查，精准锁定未脱贫对象27.5万户113.37万人，系统全面建立全市农村户籍、住房、教育、卫生、低保等各方面信息，为实施精准扶贫政策措施打下坚实基础。三是做好扶贫对象动态管理。健全完善贫困对象动态管理机制，坚持实事求是、有进有出、动态管理的原则，强化农户信息监测，抓实综合分析研判，认真执行“一评一审一公示”“三评四定”程序，扎实做好信息采集、数据比对、信息录入等工作，严格过程把控、审核把关，确保应纳尽纳、应退尽退、应扶尽扶。

二、严格对标对表，精准帮扶措施，精准扣好“第二粒”扣子

严格对标对表脱贫退出摘帽标准，坚持因村因户因人施策，以“村村清、户户清”行动为抓手，以做好易地扶贫搬迁、产业培育、基础改善、劳动力转移就业“四篇文章”为重点，强化到村到户到人精准帮扶举措落

实。一是组织开展项目库建设。聚焦建档立卡贫困人口脱贫和贫困县摘帽需求，深入分析贫困户致贫原因、帮扶需求和地方资源禀赋、基础条件、资金保障等，因地制宜、因村因户因人制定到村到户的精准帮扶方案，按照村申报、乡审核、县审定和公示公告程序，全力抓好村级施工图、乡级路线图、县级脱贫攻坚项目库建设，全力保证资金使用精准安全高效。二是深入开展“村村清、户户清”行动。坚持以县为主体，以行政村为基本单元，以农户为基本对象，整合市县乡村干部和驻村工作队队员力量下沉到村到户，开展全覆盖、地毯式、无遗漏排查分析，按照“缺什么补什么”的原则，制定完善村级施工图、乡级路线图和县级项目库，规划项目 12 大类 1895 项、总投资 862.9 亿元，推动帮扶措施项目化、清单化、责任化，做到项目到村、措施到户、责任到人，以高质量的村村清、户户清确保脱贫攻坚工作有序推进。三是全面开展项目库动态管理。建立健全项目库动态管理工作机制，充分运用“村村清、户户清”成果，定期对项目库进行再梳理、再核查、再完善，全面查缺补漏，为项目安排精准、资金使用精准、措施到户精准提供重要保障。

三、严格标准程序，强化考核评估，精准扣好“第三粒扣子”

围绕解决“怎么退”问题，树立脱贫实效导向，聚焦“两个确保”攻坚目标，对照“两不愁、三保障”和贫困退出标准，严格按照户脱贫、村出列、县摘帽退出机制，以脱贫实效为依据，以群众认可为标准，严格程序、严格考核、严格验收，做到程序公开、数据准确、档案完整、结果公正，切实提高脱贫质量，确保脱真贫、真脱贫，确保脱贫成效经得住历史和人民的检验。截至 2019 年末，全市建档立卡贫困人口从 185.07 万人下降至 15.99 万人，贫困村由 1235 个减至 104 个，10 个贫困县区摘帽 9 个，贫困发生率从 34.8% 下降至 3.4%。通过动态监测和抽查核查，目前全市剩余的 15.99 万未脱贫人口已全部实现“两不愁、三保障”，104 个未出列贫困村及镇雄县均达到出列和摘帽标准，昭通可望如期实现脱贫。同时，把脱贫攻坚普查作为是全面评价和检验脱贫攻坚成效的重要依据，按照国家和省脱贫攻坚普查工作安排，坚持普查登记流程和方法，健全完善普查工作推进机制，强化普查时间管理、任务管理、过程管理、质量管理，扎实做好普查登记入户调查访问、数据比对核实、疑似问题核改、数据审核验收等工作，高质量完成第一批 9 个县区、980 个村、30.145 万户、127.85 万人脱贫攻坚普查登记任务，普查登记工作顺利接受国家事后质量抽查。通过普查汇总数据分析，30.145 万建档立卡户已达到“两不愁、三保障”标准，贫困群众生产生活条件明显改善，实现了高质量脱贫。

四、强化巩固提升，防止致贫返贫，精准扣好“第四粒扣子”

围绕解决“退出后怎么办”问题，严格按照摘帽不摘责任、摘帽不摘政策、摘帽不摘帮扶、摘帽不摘监管“四个不摘”和脱贫成果巩固 20 条要求，坚持贫困退出后工作力度、政策支持、资金投入、帮扶力量“四个不减”，保持脱贫攻坚政策总体稳定，多措并举巩固脱贫成果。一是持续开展“两不愁、三保障”动态管理。聚焦建档立卡户“两不愁、三保障”和安全饮水保障，紧盯建档立卡贫困人口，扎实开展“回头看”“回头帮”，逐村逐户逐人“过筛子”，强化摸底排查，综合分析研判，强化易地扶贫搬迁后续扶持、产业扶贫、就业扶贫和扶贫小额信贷等帮扶，深入查缺补漏，精准分类施策，动态解决发现问题，确保稳定达到脱贫标准。二是全力做好防止返贫监测和精准帮扶。聚焦脱贫不稳定户、边缘易致贫户和因疫情灾情收入骤减或支出骤增户等重点群体，建立防止返贫监测和帮扶工作长效机制，实行网格化管理，强化防贫返贫监测预警和分析评估，因人因户精准落实预防、帮扶措施，全力消除致贫返贫风险，坚决防止返贫致贫。三是全面整治农村人居环境。坚持以开展爱国卫生“八大专项行动”为抓手，全面落实农村人居环境提升“九项制度”，持续推进农村“厕所革命”、农村垃圾治理、自然村整治“三个全覆盖”，健全农村人居环境整治长效机制，全力提升农村人居环境。四是切实增强群众认同感。围绕“人的改变”这一核心，全力践行“133”工作思路，扎实开展“践初心、摘穷帽，奔小康、感党恩”教育，重心下沉、关口前移，切实走实群众路线、做实群众工作、增进群众感情，真正实现思想、工作和情感“三个认同”。

（作者时任市政府副秘书长、市扶贫办主任）

对象精准识别琐忆

王华国

从扶贫开发的大水漫灌到脱贫攻坚的精准滴灌，是扶贫工作在方式方法上的根本转变。精准扶贫是要确保扶到点上，扶到根上，让贫困群众真正得到实惠。而要扶到根上，扶到点上，弄清在现行标准下，谁是贫困对象，解决“扶持谁”的精准识别即建档立卡工作是最为基础、最为关键的首要任务。

2014 年 4 月，全省扶贫开发工作会议和全省扶贫办主任会议相继召开，部署了精准扶贫建档立卡工作。随即，昭通市按照省的各项要求，紧锣密鼓地开始了相关工作。这一项工作，是为了首次真正摸清全国贫困对象基本情况，为即将开展的精准扶贫打基础。当时，从扶贫部门业务工作和建立数据信息平台的角度，层层部署，也层层结合各地实际，开展了最初的建档立卡工作。

建档立卡有一个自上而下的规模控制要求。从国家的总体考虑出发，是较为科学的办法。如果以自下而上的申报为准，各地为争取利益，争贫困人口规模，不知要报出多少贫困人口数据，昭通市 2014 年年初各县区初步上报的贫困人口数据就接近 300 万人。

按照国家和省关于规模控制的要求，昭通市开展了 10 个贫困县、85 个贫困乡、825 个贫困村、158.2 万贫困人口，以及特困村寨、无房户等的精准识别工作，数据时点为2013年12月31日。贫困县、贫困乡、贫困村、贫困人口的规模，由省扶贫办和省调查总队测算到县，各县在此基数上开展建档立卡，以此为基数进行动态管理。贫困乡、特困村寨和无房户识别是云南省根据自身情况增加的内容，后来这些分类因不适应国家的总体要求进行了调整，不再用于实际工作。

贫困县的确定。昭通市除水富市外的10个国家扶贫开发重点县区继续被确定为贫困县，同时作为乌蒙山特殊困难地区片区县给予倾斜扶持。贫困县填报县级相关经济社会发展情况信息。

贫困乡和贫困村由各县根据情况自行确定。由于乡村两级缺乏必要的识别统计资料，各县根据有关统计资料结合长期以来乡村经济社会发展的总体情况予以分析确定，带有一定的主观性。贫困村的确定还有一项要求，就是曾经实施过整村推进的村不再确定为贫困村。贫困乡和贫困村均填报相关经济社会发展情况信息。

贫困户的识别是精准识别中最为重要也最为复杂的工作。从扶贫工作的对象不具体、大而化之，到把贫困人口识别确定到一家一户的精准识别，是严谨而繁重的工作。昭通市158.2万贫困人口的规模控制，是由省测算到县的，而由县到乡、由乡到村、由村到村民组的规模控制，则缺乏科学性，基本上是分析式的主观判断，造成“分配”不合理的现象在所难免。虽然贫困户识别按要求必须“三评四定”，但一些地方在实际工作中随意性很大，并没有严格执行到位，造成了建档立卡工作的很多问题，留下了不少后遗症。

从2014年下半年开始到2015年上半年的贫困户建档立卡的阶段性工作，只能说是精准识别的前奏，是对贫困户的初选，为精准识别开了路。但由于思想认识上的差距、业务指导上的混乱、工作力量上的欠缺，以及信息平台重复建设等诸多问题困扰，虽然其间从省到市召开推进会、业务会、专题会、座谈会不断强化认识，加强领导，开展了“回头看”和动态管理，各地“对象不准”仍是共识。

2015年8月底和10月初，省、市相继召开扶贫攻坚“挂包帮”“转走访”动员大会和联席会议，明确了“领导联县、部门挂村、干部包户”不脱贫不脱贫钩的新的扶贫工作总要求。随后，市县抽人组建了驻村扶贫工作队，大规模地“遍访”贫困村、贫困户由此拉开了大幕，贫困户的精准识别进入了一个思想认识不断提高、制度设计不断完善、业务要求不断统一、动态管理不断理顺、措施办法不断成熟的新阶段。

贫困人口精准识别和动态管理，一直贯穿于精准扶贫的始终。该进则进，该项退则退，一直滚动进行。截至2019年末，昭通市共精准识别贫困县10个，贫困村1235个，贫困人口185.07万人。

现在，全市脱贫攻坚到了“临门一脚”的收官阶段，“百年奋斗”目标将会如期实现。回顾精准扶贫工作中对象精准识别的点点滴滴，以我个人的扶贫工作经历和理解，精准识别建档立卡也是工作的难点和痛点，既有客观方面的原因，也有主观方面的原因，主要是以下几方面。

第一，传统惯性思维。从国家“八七扶贫攻坚计划”以来，直到精准扶贫实施前的20年中，贫困县是相对固定的，而贫困人口基本只有一个到县的数据，是一个泛指的概念，并没有统计到一家一户，例如具体到一个村，哪家是贫困户，有多少贫困人口，减贫了多少人口，并没有明确的对象。当精准扶贫需要把贫困户识别到一家一户时，一些地方由于惯性思维的影响，既没把精准的意义理解透，也没把精准的要求当回事，而是按照规模控制凭印象简单地造一堆名单上报了事。

第二，优亲厚友。建档立卡初期，这一现象较为突出，有轿车的，城里有房的，家里有公职人员的，在当地无论如何算不上贫困户的，都当上了贫困户，而一些真正的贫困户确被排除在外，“形成该进的没进，不该进的进了”的不正常现象，一度时期成为广大群众议论和关注最多的问题。

第三，对象概念界定不清。精准扶贫工作中，有一个扶贫和民政“两线”合一的问题，即扶贫开发对象与民政工作对象合二为一的问题。对扶贫部门来讲，扶贫对象的概念是有劳动能力且有劳动意愿的贫困户，对民政部门来讲，有农村低保人口和老、弱、病、残、五保供养等民政兜底对象，各有各的不同。在初期的精准识别中，民政兜底人口是否应纳入贫困人口，没有统一要求。记得2016年年初，在省扶贫办的一次会议上，我提出民政兜底人口是否纳入贫困人口建档立卡，有关领导的回答是，你们觉得规模够就算、规模不够就不算。所以在当时，昭通没有把五保户等民政兜底对象纳入贫困人口建档立卡。后来，随着“五个一批”脱贫对象的具体化，民政兜底对象全部纳入了精准扶贫对象。

第四，贫困村的困惑。建档立卡初期，昭通市贫困村规模控制为825个。按照省扶贫办的要求，凡是实施过整村推进项目的行政村，都不能进入贫困村目录。而在当时，整村推进项目也就是一个村100万元资金，根本解决不少多少实际问题，实施项目的村，相对来说也是当地条件最差的村。这样，在一些地方就形成了贫困村比非贫困村条件还好的情况。后来，根据贫困村出列标准，逐步增加了贫困村入列，昭通市共识别了1235个贫困村。

第五，乡村贫困人口规模控制的主观性。贫困人口到县的规模控制，由国家统计调查队根据抽样调查的情况测算，从一个县的宏观规模来说是较为科学的。而到乡到村的规模控制，没有相应数据作参考，只能用分析加估计、凭印象的办法控制到乡村，这样就在一定程度上形成了乡与乡之间、村与村之间规模控制与实际贫困人口不相匹配的情况。

第六，业务工作较为烦琐混乱。在整个精准扶贫工作中，特别是在建档立卡初期，业务工作上的烦琐与混乱，恐怕是扶贫工作者尤其是乡村两级共同的感触。例如在数据信息平台建设上，有国家、省、市三个平台，各自要求不同，需要基层上报三套表，无形中增加了工作量，也增加了差错率。

（作者时任昭通市政协经济和农业农村委员会主任）

西屏村的变迁

胡华玉

市委宣传部挂钩帮扶鲁甸县龙头山镇西屏村以来，紧扣“两不愁、三保障”的目标，认真落实中央、省、市、县、镇坚决打赢脱贫攻坚战的决策部署，组织群众、宣传群众、发动群众、凝聚群众，形成攻坚合力，全力推进脱贫攻坚各项工作，确保户脱贫、村出列全面达标，全村发生了翻天覆地的变化。

一、基本情况

西屏村位于昭通市西南方向，村委会距市政府所在地 87 公里，距鲁甸县城 59 公里，距龙头山镇 30 公里。东邻龙头山镇龙井村，南与巧家县老店镇隔牛栏江相望，西与龙头山镇银屏村相连，北与龙头山镇翠屏村接壤。全村国土面积 11.5 平方公里，有耕地 3210 亩、林地 14040 亩。最高海拔 2630 米，最低海拔 1100 米；年最高气温 32℃，最低气温 -10℃，年平均气温 11℃，日照时间 1028 小时，年平均降雨量 700 毫米，无霜期 270 天。全村辖大丫口、艾家坪等 15 个村民小组，居住着汉、彝、苗、布依 4 个民族，常住人口 710 户 2824 人。全村经济来源主要依靠玉米、洋芋等种植业，花椒、核桃等经济林果，猪、牛等养殖业，以及劳动力转移就业收入。2019 年全村生产总值预计达到 2990 万元，同比增 8.2%；农村常住居民人均可支配收入预计达 9860 元，同比增长 8.6%；通过 2019 年建档立卡户经济核算，国办系统显示建档立卡人口年人均纯收入达 9152 元。全村有 1 所小学，在校学生共 227 人，有教师 13 人；有 1 个村级卫生室，有村医 3 名，光纤宽带已经接入村公所、卫生室、学校，广播电视已经实现全覆盖，全村通动力电，镇到村公路通柏油路，村委会到 12 个村民小组通硬化路，且危险地段有必要的防护设施，2017 年村达标出列。

2014 年，全村有建档立卡贫困户 332 户 1231 人，贫困发生率 43.59%。通过近年来精准识别、精准帮扶、精准退出，截至 2019 年年底，有建档立卡 340 户 1384 人，其中：已脱贫 340 户 1384 人，未脱贫 0 户 0 人，贫困发生率为零。经过对脱贫人口“回头看”，对照“产业带贫机制、就业持续稳定、饮水安全达标、住房安全稳固、义务教育和基本医疗保障达标、内生动力有效激发”等方面，全村已脱贫户均能实现稳定持续脱贫。

二、主要做法及成效

（一）建强战斗堡垒，提升脱贫攻坚基层战斗力组织力

1. 加强理论学习和政策宣讲。紧扣群众路线教育、“两学一做”“不忘初心，牢记使命”主题教育等活动的开展，把检视问题、整改落实贯穿始终，2014 年以来累计开展党的理论学习和扶贫政策、文明新风宣讲 139 场次，参加党员群众 1 万余人。通过理论学习和政策宣讲，教育引导广大党员干部争做习近平新时代中国特色社会主义思想的坚定信仰者和忠实实践者，让村组干部理论学习有收获、思想政治受洗礼、干事创业敢担当、为

民服务解难题、清正廉洁做表率，进一步激发了全村干部群众决战脱贫攻坚、决胜全面小康的斗志热情。

2. 做实做细网格化管理。突出政治功能和组织力，建立村“两委”班子、驻村工作队、镇挂村工作组分片区负责村民小组、党员干部联系农户的机制，实行网格化管理村级各类事务。现有5名村干部、5名镇挂村干部、3名驻村工作队队员、市委宣传部21名包保干部每月实现走访群众全覆盖，做到了知民情、懂民需、解民难，确保每一户贫困群众的身后都站着一名坚定的党员干部。

3. 推进支部规范化达标建设。抓实“三会一课”“主题党日”活动，统筹开展脱贫攻坚政策宣传、人居环境整治、庭院建设等工作，最大限度吸纳普通群众参与党组织活动，在活动中将群众团结在党组织周围，组建党员志愿服务队1支50余人，开展志愿服务60余次，有效确保党的组织无处不在，作用无处不发挥。以培育和践行社会主义核心价值观为宗旨，广泛开展“三讲三评”“自强、诚信、感恩”主题实践活动，高举批评与自我批评这个利器，以自我革命的精神查找和整改存在的各种问题，不断提升村党总支和党支部始终保持先进性与战斗力，引导群众树立良好的思想意识和生活习惯，让文明新风浸染西屏村大地的每一个角落，让“明礼诚信”成为全村人民共同的生活主题，形成了万众一心决战脱贫攻坚、同心同向推动全村跨越发展的强大合力。

4. 严格程序强化村务党务管理。为推动政策项目落地见效和群众满意，充分用好用活低保、公益性岗位、爱心超市等惠民政策，统筹使用好各类帮扶资金、项目，围绕困难群众所需、所盼，采取“四议两公开”“一事一议”等方式，严格程序、标准，加强村务、党务管理，公开透明把政策、资金、项目落实落地见效，确保户脱贫5条标准达标、村出列7条标准达标。

5. 发展壮大村级集体经济。采取“党支部+合作社+农户”的模式，成立农村专业合作社3个，搭建合作社与农户之间带贫机制。2017年以来，市委宣传部协调资金30万元，重点扶持“贵永种养殖专业合作社”，大力发展土豆种植和黄牛养殖，目前共建畜圈3栋420余平方米，养牛8头、猪20头；流转土地326亩，2019年种植马铃薯100亩，2019年实现村集体经济收益2.1万元，带动125户群众增收致富，其中卡户68户，每户年均增收1100元。

（二）精准扣好脱贫攻坚“四粒扣子”，切实解决帮扶谁、谁来扶、怎么扶、如何退问题

1. 精准扣好帮扶谁“第一粒扣子”。针对对象不准、底数不清问题，西屏村于2017年5—8月，以全国建档立卡贫困人口动态管理为契机，组建精准识别工作队，深入全村对所有农户进行全面摸底排查，精准锁定建档立卡贫困户343户1372人，全面摸清了全村户籍、住房、教育、卫生、低保、劳动力转移等各方面的信息。同时，始终坚持“应纳尽纳、应退尽退、应扶尽扶”动态管理原则，每月进行一次动态贫情分析，每半年对全村农户进行一次遍访，每年对卡户进行两次信息比对，建立贫困对象动态信息，确保贫困对象精准，解决帮扶谁的问题。

2. 精准扣好谁来扶“第二粒扣子”。按照中央统筹，省负总责，市、县抓落实和“五级书记抓扶贫”的工作要求，明确了村组干部、驻村扶贫工作队、挂村工作组、包保干部，以及挂包单位的帮扶职责。紧紧围绕鲁甸县脱贫攻坚10个全覆盖专项行动，从制定村级施工图到开展“九清”（对象清、住房清、项目清、措施清、就业清、产业清、义务教育清、饮水达标清、政策清）工作、贫困人口“回头看”“奋战60天，摘掉贫困帽”的“八包”（包收入达标、包搬迁入住、包辍学生劝返、包医疗达标、包饮水达标、包档案规范、包卫生整洁、包满意度提升）等工作，有组织、有保障、有措施、有纪律，层层承担责任、人人抓扶贫工作，确保户脱贫、村出列、县摘帽，实现“户户达标、人人过关”。

3. 精准扣好怎么扶“第三粒扣子”。按照“缺什么补什么”的原则，抓实“村村清、户户清”行动，整合各方力量盯到村、抵到户，开展全覆盖、

地毯式、无遗漏排查分析，在找准缺项和短板的基础上，科学制定了村级施工图，对存在问题进行逐一整改、销号清零，以高质量的村村清、户户清巩固提升脱贫成效。针对贫困对象的贫困原因和当前存在的困难，协调相关责任部门，对有劳动力缺技术的群众就协调人力资源等部门开展技能培训、组织引导外出务工；对有发展生产意愿的农户就协调农业农村局、林草局、畜牧局等部门扶持开展农特产业发展、开展农业实用技术培训；对缺资金的农户就帮助协调农村信用社进行贷款扶持；对患大病、遇天灾的家庭就发动“微公益”、动员全社会爱心人士关心帮助；对需要改善基础设施建设的就协调农林水电交等部门加大项目支持力度，真正做到帮扶精准。

4. 精准扣好如何退“第四粒扣子”。对照“两不愁、三保障”和贫困退出标准，经过综合研判贫情分析、入户调查采集信息，全面调查扶贫对象生产生活情况后，以行政村为单元召开村“两委”会议进行商议、以村民小组为单元召开党员村民会议进行公开评议，以行政村委单元召开党员代表和群众代表大会进行村级评议并公示 5 天，乡镇对村级上报的评议公示结果召开会议进行审查并公示 5 天，县扶贫开发领导小组对乡镇上报的脱贫户名单及退出程序、贫困村退出申请进行审查并公告，做到程序公开、数据准确、档案完整、结果公正、群众满意，确保脱贫成效经得起上级考核验收。同时，按照习近平总书记“四个不摘”要求，继续保持政策的稳定性和连续性，积极发展壮大村级集体经济，引导群众大力发展种养业及劳务输出，确保群众持续增收，着力巩固提升脱贫攻坚成果，坚决防止出现返贫现象。

（三）紧扣“两不愁、三保障”目标，突出抓好“五篇文章”，补短板、强弱项、惠民生

1. 抓好民房建设，实现户户安居。西屏村是 2014 年 8 月 3 日鲁甸 6.5 级地震的重灾区，地震共造成全村 4 人死亡，100 余人受伤、60% 土墙房屋倒塌。地震发生后，在各级党委政府和社会各界的关心帮助下，西屏村切

实将群众民房恢复重建作为首要任务，根据农户家庭情况，按照户均补助4万元或5万元的标准，采取分散安置方式，对全村690户损毁民房进行了重建，对地震造成地质灾害隐患影响的9户民房进行了搬迁重建，对轻微受损的32户民房进行了修复加固，于2016年年底所有住房已全部修建完毕并搬迁入住，实现了户户安居全覆盖。2019年，又实施农危改项目2户4人，解决因外出失联原因未享受恢复重建户住房安全问题。

2. 立足实际，抓好“四大产业”。立足西屏地理环境等实际情况，以农民专业合作社发展为统领，运用“老产业 + 新理念、新机制、新技术 = 新产业”发展思路破题破局，大力发展花椒、核桃种植和黄牛、生猪养殖“四大产业”。为壮大花椒、核桃产业规模和品质，先后邀请专家到西屏村开展核桃、花椒实用丰产栽培技术培训3期，现场就核桃嫁接及花椒剪枝进行了示范讲解，1088人次参加培训，同时发放嫁接及剪枝工具1088套，争取县林业局对核桃、花椒进行提质增效，免费发放复合肥750包，有效提升了广大贫困户发展产业脱贫的能力。目前，全村花椒种植达3140亩，核桃种植达2130亩，预计产值达790万元；养殖猪780头、黄牛460头，预计总产值达200万元。2019年新增200亩试点雪椒种植项目，目前已立项。

3. 加强劳动力转移就业，变人口包袱为经济优势。通过培训磨利就业的“刀”，2016年以来共培训电工105名、培训驾驶技能57人、培训乡村养老护理员65名。为充分激活劳动力资源，西屏村积极加强与沿海地区公司企业对接就业岗位，大力宣传、引导和组织剩余劳动力外出务工。2019年，全村有劳动力1580人，共引导和组织981人外出务工，全年预计务工收入达2000万元以上，其中建档立卡劳动力转移就业455人。

4. 补齐短板，改善基础设施建设。西屏村2个组织活动场所已投入使用，并按照功能需求购置了篮球架、桌椅、老年活动器材及红白喜事办理设备设施，初步具备了“开展党支部活动和集中办理红白喜事”两个功能。实施文体、交通、水利、林业、红会等部门项目10余个、项目资金1800余万元，完成“百县万村”综合文化活动中心建设1个，新建文化活动广场

1个、文化活动室1栋、卫生室1所、水窖400余口、晒场100余个、垃圾池31个、污水沟1条、公厕2个及学校食堂、图书室、教学楼各1栋，实施龙井至西屏等管饮项目2条，安装水管30公里，完成西屏村大树子至老屋基、谢家良子至大丫口两条公路的硬化及300余亩耕地治理。对电力设施进行了改善，新建变压器13台，解决15个村民小组生产生活用电问题。新建通信基站2个，全村通信信号良好；宽带网络覆盖村委会、学校、卫生室和部分村民小组。

5. 兜牢民生底线，确保小康路上不落一人。目前，全村农村基本养老保险参保人数1030人，贫困户应保人员实现100%参保，领取养老金235人；医疗保险参保人数2393人，卡户实现100%参保。按照应保尽保、不漏一人的原则，全村享受城市低保8人、农村低保426人、特困供养16人、孤儿补助6人、残疾人两项补贴62人、高龄补助27人。

（四）强化精神脱贫，不断增强群众内生动力

1. 教育培训提素质。为提升群众致富能力和文明素质，2016年以来，西屏村邀请有关专家先后举办了“人居环境改善提升、农村实用法律知识、花椒种植技术、务工技能、小车驾驶技能、卫生防疫知识”等培训10期，865人次受益，其中贫困人口550人；组织村组干部群众、致富能人、驻村干部到大关县考察学习了琦鑫黄牛养殖农民专业合作社的建设与管理经验，有效增强了群众脱贫致富的信心和决心。

2. 文明创建促文明。为丰富群众精神文化生活，西屏村组建幸福文艺演出队1支，广泛开展各种节庆活动，特别是2018年和2019年春节期间开展的文艺演出系列活动，对脱贫攻坚、扫黑除恶等政策进行了大力宣传，深得全村群众好评。为转变群众“等靠要”思想，共组织开展“自强、诚信、感恩”主题实践活动36场次，开展“三讲三评”43场次，覆盖所有建档立卡群众，加强惠民政策宣传，教育引导群众用勤劳创造幸福生活。西屏村于2015年成功申报为省级文明村。

3. 典型选树重引领。为发挥榜样的引领作用，组织开展了2018年“我们的好榜样”评选活动，共选树脱贫先锋、操家能手、带头致富人、教育示范户、文明和谐家庭等25名（户）。评选活动深得群众认可，是西屏村开展精神脱贫，激发群众内生动力的有效尝试。

4. 人居环境树形象。为加强村内管理，美化村庄环境，争取公益性岗位组建了1支39人的保洁员队伍，制定了《西屏村集镇管理规定》《西屏村公益性岗位管理制度》，实行村内沟长负责制，加强公共区域环境卫生的清除。结合爱心超市积分兑换，村组干部带头，组织党员、村妇女服务队、保洁员、护林员及愿意参与村内公共事务的群众逐社、逐户反复开展环境卫生集中整治提升活动，引导群众树立“家园整洁、人人有责”的良好意识，群众参与积极性很高，家庭卫生得到较大改善。同时，打造人居环境整治提升示范点2个；发放水泥217吨，160户群众受益；建设卫生厕所170个。

5. 机制建设管长远。制定了西屏村“村规民约”及“红十条及黑名单”等制度，成立了红白理事会，全面对村风文明、家风家训、红白喜事、人居环境等进行了规范。

（作者时任市委宣传部派驻鲁甸县龙头山镇西屏村第一书记、驻村扶贫工作队队长）

“光明”群众的幸福生活

李仁安

市委宣传部挂钩帮扶鲁甸县龙头镇光明村以来，积极协调争取资金和项目，加大挂钩帮扶和投入力度，全村基础设施得到了极大改善，产业发展势头良好，群众收入持续增加，人居环境显著提升，精神面貌焕然一新，越来越文明、越来越和谐，全村群众已脱贫致富奔小康。

一、基本情况

鲁甸县龙头山镇光明村位于鲁甸县西南方向、昭巧二级公路左岸，地处牛栏江干热河谷地带，东邻火德红乡，南邻巧家县苞谷垴乡，西邻八宝、龙泉，北邻沙坝，是集地震灾区、民族散杂居、生态脆弱、人多地少为一体的山地农业贫困村。村委会距昭通市 59.2 公里，距鲁甸县 31.8 公里，距龙头山镇 15 公里。全村辖 21 个村民小组，面积 21.2 平方公里，居住着汉、彝、布依等 3 个民族 2121 户 7443 人，其中，建档立卡贫困户 273 户 892 人。有耕地 7628 亩、林地 12000 亩、荒山等其他农业用地 12000 余亩，人均占有耕地仅 1.02 亩、林地仅 1.6 亩。最低海拔 1500 米，最高海拔 2100 米，年平均气温15℃，年降水量800—1100毫米，主要适宜种植花椒、核桃等经济林果。光明村既是鲁甸8.03地震恢复重建的主战场也是开展脱贫攻坚的主战场。光明村历经鲁甸6.5级地震的洗礼，生态环境也越发更加敏感脆弱。

“人民对美好生活的向往，就是我们的奋斗目标。”2015年1月19日，习近平总书记到昭通视察调研时强调：“要以更加明确的目标、更加有力的举措、更加有效的行动抓好脱贫攻坚，确保扶到点上、根上，让贫困群众真正得到实惠”，并在龙头山镇视察灾后重建时指出“小小花椒树，致富大产业”，要求当地党委政府紧紧抓住灾后重建的千载难逢大好机遇，大力发展花椒产业，使花椒产业成为老百姓致富奔小康的大产业。

5年多来，光明村始终铭记总书记“三个更加”的殷殷嘱托和“小小花椒树，致富大产业”的思想指引，感恩党和政府的亲切关怀，积极应对灾后重建和脱贫攻坚的双重挑战，牢记“恢复重建完成之日就是脱贫之时”的庄严承诺，认真落实上级党委政府的决策部署，切实践行市委“133”工作思路，按照“双统领”“双保障”“双推进”的要求，紧扣“两不愁、三保障”突出问题，围绕鲁甸县“春夏秋冬”四季攻势任务要求，咬定目标，真抓实干，通过上级党委政府的关心支持、挂钩部门的倾心倾力帮扶和全村群众的自强奋进，不断补齐短板，取得了恢复重建和脱贫攻坚“双重胜利”。全村2014年精准识别的279户900人建档立卡户于2014年脱贫33户138人；2015年脱贫10户40人；2017年脱贫232户707人；2018年脱贫4户15人。

光明村于2017年年底率先实现了整村脱贫出列，2019年摘帽，全面进入了巩固提升阶段。

目前，围绕脱贫退出“571”考核标准，光明村通过2019年动态调整后的273户892人建档立卡户人均纯收入、住房安全、义务教育、医疗保障、饮水安全都已全部达标，贫困发生率低于3%，村到镇及县城均通硬化路，危险路段都有必要的安全防护设施，全村21个村民小组都通动力电，广播电视已实现全覆盖，村委会、学校和卫生室均通网络宽带，卫生室有必要的医疗设施，全村有1个村级组织活动场所和2个村民小组活动场所，已达到贫困退出标准。

二、主要做法及成效

（一）把村级党组织打造成脱贫攻坚的“火车头”，不断坚定群众脱贫致富的信心和决心

一个党员就是一面旗帜，一个党支部就是一个战斗堡垒。村级党组织与群众血肉联系，是群众看与学的榜样，是否具有政治领导力、思想引领力、群众组织力和社会号召力，事关全村发展、事关乡风文明、事关社会稳定。只有激发村级党组织的无尽动力，才能让这面旗帜立得稳、树得高，才能解决群众“等靠要”思想和党员干部消极观望的心态，脱贫攻坚才能万众一心、势如破竹。2014年以来，光明村“两委”、驻村工作队、大学生村干部和市委宣传部领导始终教育引导广大党员干部争做习近平新时代中国特色社会主义思想的坚定信仰者和忠实实践者，切实以“新时代文明实践站”为主阵地，以村级组织活动场所、村会议室、农家院坝等为辅助，紧扣“三会一课”活动的开展，建立“自学＋轮流上党课”制度，开展全面系统的党的理论学习和时事政策、文明新风宣讲，累计上党课38余场，参加党员群众6000余人，通过“讲”和“习”的有机结合，进一步激发了全村干部群众决战脱贫攻坚、决胜全面小康的斗志热情，形成了万众一心促攻坚、同心同向促跨越的强大合力。认真落实市委推行的“干部联系支部、支委联系党员、党员联系群众”基层党建网格化管理机制，把全村7名村干部、3名驻村队员、1名大学生村干部分片联系5个党支部，5名总支委员和5个支部书记分片联系120名党员，120名党员分片联系273户贫困群众，做到工作推进有党员带头、化解矛盾有党员组织，确保脱贫攻坚中党

的组织无处不在、党员作用无处不发挥。以开展“三会一课”“三讲三评”为契机，高举批评与自我批评这个利器，以自我革命的精神查找和整改精神懈怠、学习不够、形式主义、官僚作风、廉洁自律等方面存在的问题，确保村党总支和党支部始终保持先进性与战斗力，不断提升了党员干部干事创业的激情。以组织开展“自强、诚信、感恩”主题实践活动为抓手，大力培育和践行社会主义核心价值观，让文明新风浸染光明大地的每一个角落，让明礼诚信成为全村人民共同的生活主题，群众思想意识和生活习惯得到了较大改善。通过持续不断的努力，把光明村党总支及党支部打造成了脱贫攻坚的“火车头”，把120名共产党员培养成为群众学为人、学做事的风向标和主心骨。

（二）精准扣好脱贫攻坚“四粒扣子”，切实解决帮扶谁、谁来扶、怎么扶、如何退问题

“找准穷根、明确靶向，量身定制、对症下药”，事关脱贫攻坚成效和成败。一是针对对象不准、底数不清问题，光明村以村“两委”为主体、村民小组为基本单元、农户为基本对象，由驻村工作队负主责，扣好帮扶谁“第一粒扣子”。2017年5—9月，光明村以全国建档立卡贫困人口动态管理为契机，挂钩单位市委宣传部增派4名业务骨干，会同龙头山镇16名包村干部及3名驻村队员组成贫困对象精准识别工作队，深入全村所有农户进行全面摸底排查和深入细致的工作，精准锁定建档立卡贫困户279户900人，全面开展低保清理整治工作，目前全村享受低保408户470人，其中卡户享受低保190.230人，全面建立了全村户籍、住房、教育、卫生、低保等各方面的信息。同时，始终坚持“应纳尽纳、应退尽退、应扶尽扶”动态管理原则，每月进行一次动态贫情分析，每半年对全村农户进行一次遍访，每年对卡户进行两次信息比对，建立贫困对象动态信息，确保贫困对象精准，解决帮扶谁的问题。二是针对贫困对象的贫困原因和当前存在的困难，分类分流并协调相关责任部门，扣好谁来扶“第二粒扣子”。紧紧围

绕谁来扶问题，对有劳动力缺技术的群众就协调人力资源等部门开展技能培训、组织引导外出务工，对有发展生产意愿的农户就协调农业农村局、林草局、畜牧局等部门扶持开展农特产业发展，开展农业实用技术培训，对缺资金的农户就帮助协调农村信用社进行贷款扶持，对患大病、遇天灾的家庭就发动“微公益”动员全社会爱心人士关心帮助，对需要改善基础设施建设的就协调农林水电交等部门加大项目支持力度，真正做到帮扶精准。三是以“村村清、户户清”行动为抓手，扣好怎么扶“第三粒扣子”。2018 年，光明村按照“缺什么补什么”的原则，整合各方力量盯到村、抵到户，开展全覆盖、地毯式、无遗漏排查分析，在找准缺项和短板的基础上，科学制定了村级施工图，巩固提升脱贫成效。2018—2020 年计划实施项目 12 大类 29 项、预计总投资 1778.5 万元，其中脱贫保障类刚性需求资金为 480.7 万元，其中教育扶贫工程 219.467 万元，健康扶贫工程 59.04 万元，兜底保障 202.26 万元，巩固提升类项目资金 1297.8 万元，对存在问题进行逐一整改、销号清零，以高质量的村村清、户户清确保整村出列。四是坚持“三评四定”，扣好如何退“第四粒扣子”。对照“两不愁、三保障”和贫困退出标准，严格按程序锁定脱贫对象，做到程序公开、数据准确、档案完整、结果公正、群众满意，确保脱贫成效经得起上级考核验收。同时，按照习近平总书记“四个不摘”要求，继续保持政策的稳定性和连续性，积极发展壮大村级集体经济，引导群众大力发展种养业及劳务输出，确保群众持续增收，着力巩固提升脱贫攻坚成果，坚决防止出现返贫现象。

（三）紧扣“两不愁、三保障”目标，突出抓好“五篇文章”补短板强弱项保民生

“灾后百废待兴、产业小散弱、劳动力就业不充分、基础设施建设滞后”，是光明村存在的主要问题。为切实补短板强弱项，光明村始终坚守家家户户实现“两不愁、三保障”这个目标底线，紧紧抓住地震灾后恢复重建和脱贫攻坚的“两大发展机遇”，突出抓好“民房重建、产业培育、劳动

力转移就业、基础设施改善、社会保障‘五篇文章’”，从更高层面实现脱贫，为乡村振兴奠定基础。一是抓好民房重建，实现户户安居。光明村是2014年8月3日鲁甸6.5级地震的重灾区，地震共造成全村65人死亡，200余人受伤、80%土墙房屋倒塌。地震发生后，在各级党委政府和社会各界的关心帮助下，光明村切实将群众民房恢复重建作为首要任务，按照户均补助资金4万元或5万元的标准，采取集中安置和分散安置等方式，按砖混结构和轻钢结构相结合的办法，对全村2121户民房进行了重建，2017年6月，2121户群众住房已全部修建完毕并搬迁入住，实现了户户安居全覆盖。二是立足实际，壮大产业。立足土壤、气候等不同情况，光明村确定了“以农村合作社发展为统领，山下花椒山上核桃，林下搞养殖”的产业发展思路，大力发展花椒、核桃、椒林土鸡、黄牛生猪养殖“四大产业”。“小小花椒树，致富大产业”，为壮大花椒产业并形成品牌，驻村工作队先后邀请专家到光明村开展花椒实用丰产栽培技术培训3期，发放剪枝工具600余套，免费发放花椒苗2.5万株、花椒肥2000包，同时注册了“鲁麻香”品牌商标，目前全村花椒种植面积达到了13000亩，其中挂果11000余亩，户均花椒超过6亩，2018年实现总产值4950万元，光明村成了名副其实的全市花椒第一大村。核桃种植面积达0.7万亩，其中挂果0.5万亩，2018年实现总产值300万元。为拓展林下产业链，光明村又采取了“党支部＋合作社＋林农＋贫困户”的模式，大力发展“椒林鸡”养殖，目前已建立养鸡示范基地6个，年出栏土鸡1万羽以上。为加快集体经济发展，市委宣传部直接投入10万元作为村集体股份，34户卡户入股2.55万元，协调红会生计滚动发展资金15万元扶持，投入光明村黄鑫种养专业合作社发展黄牛养殖，养殖黄牛28头，目前已纳入省级示范点即将进行扶持，实现了村集体经济长期以来零的突破，截至2019年12月实现毛收入24万元。为拓展农特产品的销售渠道，于2016年在光明村成立了电子商务服务站，帮助群众把花椒、核桃、土鸡蛋等农特产品卖向全国各地，目前运营良好，线上线下销售额每年可达70余万元，有效提升了农特产品的附加值。三是强化宣传动员与就业对接，转人口包袱为经济优势。为充分激活劳动力资源，光明村抓住东西部扶贫协作这一平台，积极加强与东部公司企业对接就业岗位，协调有关部门开展技能培训，大力宣传、引导和鼓励剩余劳动力外出务工，目前全村共有2049人在外务工，月平均工资按2500元计算，平均每人每年务工7个月，其中贫困户285人，实现务工收入3580万元。四是补齐短板，改善基础设施建设。2014年以来，投资1980万元，实施沿河至光明的管饮工程，解决了下半山16个村民小组的饮水问题；投资258万元，实施2011至2013高效节水工程修复工程，解决了马鞍山等上半山3个村民小组的饮水问题；投资1168万元，新建水窖351件，管饮工程8条，解决了其余所有村民小组的饮水问题。2014年以来，修建了通村四级柏油路19公里，连接昭巧二级路至光明村21个村组至火德红村，通村小组硬化道路10公里，危险路段有必要的安全防护措施。投入50多万元，建设太阳能路灯276盏；新建党员组织活动场所2个、红会博爱养殖基地1个、小学1所、幼儿园1所、卫生室1所、村民小组垃圾池60个。2013年，对光明村电力设施进行了改善，修建变压器28个，解决21个村民小组生产生活用电问题。建有通信基站6个，全村通信信号良好；宽带网络覆盖村委会、学校、卫生室和21个村民小组。五是兜牢民生底线，确保小康路上不落一人。目前，全村农村基本养老保险参保人数2527人，领取养老保险638人，其中贫困户513人；医疗保险参保人数1880户6185人，其中卡户273户892人全覆盖；享受最低生活保障400户465人，其中城市低保10户10人，农村低保390户455人；特困供养17户17人；临时救助27户27人，救助金额2.64万元。

（四）强化精神脱贫，不断增强群众内生动力

精神贫困比物质贫困更可怕，脱贫不仅要脱去物质上的贫困，更要脱去精神上的贫困。光明村始终坚持扶贫与扶志、扶智、扶制相结合，突出抓好“教育培训、文明创建、典型选树、机制建设”4个工作，着力解决老百姓

“等靠要”等思想脱贫问题，不断增强群众内生动力。一是教育培训提素质。为提升群众致富能力和文明素质，2016年以来，光明村邀请有关专家先后举办了“人居环境改善提升、农村实用法律知识、花椒种植技术、务工技能、小车驾驶技能、卫生防疫知识”等培训10期，1036余人次受益，其中贫困人口650人；组织村组干部、致富能人、贫困群众、驻村干部到大关县考察学习了琦鑫黄牛养殖农民专业合作社的建设与管理经验，有效增强了群众脱贫致富的信心和决心。二是文明创建促文明。为丰富群众精神文化生活，光明村组建了业余文艺演出队伍3支，广泛开展各种节庆活动，特别是2018年和2019年春节期间开展的文艺演出系列活动，结合脱贫攻坚、扫黑除恶等政策进行了大力宣传，观看群众15000人次，深得全村群众好评。为转变群众“等靠要”思想，共组织开展“自强、诚信、感恩”主题实践活动28场次，开展“三讲三评”30场次，覆盖所有建档立卡群众，加强惠民政策宣传，教育引导群众用勤劳创造幸福生活。光明村于2016年成功申报为县级文明村，2017年申报为市级文明村。三是典型选树重引领。为发挥榜样的引领作用，组织开展了2018年、2019年“我们的好榜样”评选活动，共选树脱贫先锋、操家能手、带头致富人、教育示范户、文明和谐家庭等50名（户），社会反响强烈。四是机制建设管长远。制定了“村规民约”“房前屋后‘三包’责任制”及“光荣榜”“曝光台”等制度，成立了红白理事会，全面对乡风文明、家风家训、红白喜事、人居环境等进行了规范。通过精神脱贫系列活动的大力开展，教育引导广大贫困群众积极发扬自力更生、感恩奋进、不等不靠的奋斗精神，实现了“要我脱贫”向“我要脱贫”的转变，矛盾纠纷、打架斗殴、赌博等现象大幅度减少，“争当贫困户”近两年来再也没有发生过。

（五）围绕群众满意度提升，攻难点强弱项补短板

习近平总书记强调，脱贫攻坚任务能否完成，关键在人，关键在干部队伍作风。这就要求奋战在脱贫攻坚战中的广大党员干部知行合一、真抓

实干，尽锐出战、迎难而上，以主动担当有作为的魄力不甩包袱不歇脚，打赢打好脱贫攻坚战。

为进一步提升群众满意度，光明村着力攻难点、强弱项、补短板。一是压实“八包八保”责任，强化干部遍访力度。围绕2019年整县脱贫摘帽目标任务，按照“人人过关、户户过关、村村过关”的原则，市委宣传部与市、县、镇挂钩光明村的34名挂包干部和村“两委”的7名干部严格聚焦“两不愁、三保障”目标，对照户脱贫、村出列、县摘帽“571”标准，加大遍访力度，全面完成“八包八保”及遍访工作，补齐贫困退出问题短板。二是加大环境整治力度，切实消除“感官贫困”。按照党员干部带头、群众志愿参与投工投劳的方式，光明村明确村组道路沿线、户间道、农户院坝环境卫生整治由村民小组长负责；建档立卡贫困户室内室外、个人整洁由包保干部负责；村内公共区域、主干道、森林环境卫生由56名公益性岗位及护林员划片包干、分段负责；明确了王家大沟、申家大沟、张家大沟、吴家大沟4条大沟由途经的各村民小组长按属地管理原则进行管护；围绕房前屋后“三包”责任制的落实，在新街子及大堡山安置点张贴“三包”责任卡300张，投放垃圾桶16个，规划停车位60个；投入水泥1150吨，对599户农户的院坝及51条串户路进行了硬化；投入8万元，对200个厕所进行了改扩建；拆除老旧危房60户90间。三是努力激发脱贫内生动力，强化“爱心超市”积分兑现。为进一步提升群众满意度，激发脱贫内生动力，提振贫困户脱贫攻坚的精气神，光明村从人居环境、家庭美德、遵纪守法、配合工作、主动脱贫等方面，对64名贫困户实施了积分兑现，以引导贫困户形成良好的行为习惯，破除陈规陋习，推进移风易俗。

（作者时任市委宣传部派驻鲁甸县光明村第一书记、驻村扶贫工作队队长）

民政“五篇文章” 织牢兜底保障网

陈 杰

昭通是全国贫困人口最多的地级市，也是云南省脱贫攻坚的主战场和最难啃下的“硬骨头”。全市 11 个县市区中，国家级贫困县 10 个，其中深度贫困县 7 个；在全市 624.89 万人口中，有建档立卡贫困对象 185.7 万人。近年来，全市民政部门认真学习习近平总书记对民政工作的重要指示，坚决贯彻落实党中央、国务院和省委、省政府及市委、市政府的决策部署，坚持以脱贫攻坚统领民政工作全局，主动将昭通民政工作放置于全国、全省民政工作格局中去思考，融入市委、市政府工作大局中去发展，认真贯彻落实市委“133”工作思路，全力抓好市委、市政府印发的《关于认真学习习近平总书记重要指示精神充分发挥民政职能服务脱贫攻坚工作的通知》（昭办通〔2019〕52 号）等一系列政策文件精神的贯彻落实，突出做好兜底保障、服务易迁、养老服务和儿童福利、社区治理和区划地名、殡葬改革“五篇文章”，编密织牢脱贫攻坚兜底保障网，助力全市决战脱贫攻坚决胜全面小康。

一、紧扣“两不愁”，着力在救助对象精准和保障到位上下功夫

“兜底保障”是脱贫攻坚的最后一道防线，是“两不愁、三保障”的主要指标。截至2020年10月底，在全市1856610人的建档立卡对象中有民政对象418526人，民政对象与建档立卡贫困户的重合率为22.54%；按照“无业可扶、无力脱贫”的认定标准，全市锁定兜底保障对象21293户34864人。救助对象的精准一直都是我们的奋斗目标。我们认真学习领会《云南省人民政府办公室关于进一步完善农村最低生活保障制度的意见》（云政办发〔2019〕42号）精神，坚持家庭户籍、家庭收入和家庭财产是认定最低生活保障对象的3个基本条件，在深入调研和对“穿洞事件”解剖麻雀的基础上，创造性地提出了“一规范（规范申请审核审批程序）、两到位（乡镇人民政府的审核主体责任和县级民政部门审批主体责任落实到位）、三覆盖（到户遍访全覆盖、低保政策宣传全覆盖、漏保排查全覆盖）”的贯彻落实意见，将家庭年人均收入低于户籍所在地县（市、区）最低生活保障标准且家庭财产状况符合县级以上政府规定的农村居民家庭（主要是指因病残、年老体弱等原因丧失劳动能力而造成生活困难的农村居民家庭），按程序确定为农村最低生活保障对象。同时，我们还印发了《关于进一步规范完善最低生活保障行政文书使用工作的通知》，进一步规范审核审批程序；印发了143万份农村低保政策宣传画报，畅通投诉举报渠道，在严防“漏保”的基础上，努力实现“应保尽保”。2019—2020年，全市累计动态调整城乡低保对象33万余人，新增14万余人。在实现救助对象精准的同时，我们还建立了与当地经济社会发展水平相适应的低保标准动态调整机制，农村低保标准从2016年的2716元/人/年增至2020年的4500元/人/年，月人均补助水平从167元增至287元；城市低保标准从457元/人/月增至640元/人/月，月平均补助水平从329元增至412元。近5年累计支出社

会救助资金 125.5 亿元，其中，2016 年 19.2 亿元、2017 年 21.3 亿元、2018 年 21 亿元、2019 年 28 亿元，2020 年将达到 36 亿元。

二、紧扣“搬得来、稳得住”，创造性地服务好易地扶贫搬迁工作

“大山大水大峡谷、一方水土养不活一方人”是昭通最大的市情。昭通精准锁定 8.44 万户 36.24 万人的易地扶贫搬迁对象，规划建设了 23 个大型易地扶贫搬迁集中安置区（万人以上安置区 9 个）。民政服务易地扶贫搬迁是一篇大文章，我们认真贯彻落实市委“兵马未动、粮草先行”的指示精神，经亚林书记亲自审定下发了《昭通市民政局关于保障易迁困难群众基本生活工作方案》，在多次深入靖安、卯家湾、兆家坝等大型易地扶贫搬迁集中安置区调研的基础上，创造性地提出“搬迁对象从农村搬迁进入城镇的，应按迁入地低保保障标准对符合条件的对象予以最低生活保障”，打破传统的城市低保认定模式，在户籍未改变的情况下，以迁入地是否属于城镇，对符合条件的困难群众提前落实城市低保；并明确过渡期内户籍未迁入安置区的由迁出县区负责落实，过渡期内户籍迁入安置区的由迁入县区负责落实，确保他们搬得出、稳得住，基本生活有保障。全市自 2019 年 10 月起，保障易迁困难群众基本生活资金每月新增支出 1132 万元，每月支出达到 2687 万元。同时，我们还积极发挥临时救助补短板作用，加大对深度贫困县区脱贫攻坚期困难群众的帮扶力度，近 5 年累计支出临时救助资金 8.05 亿元，临时救助 70 余万人次，特别是 2019 年支出临时救助资金 2.5 亿元用于解决 26.9 万名易迁困难对象在搬迁过程中出现的“救急难”问题。

三、紧扣兜住薄弱环节，坚决托住特困老人和事实无人抚养儿童福利底线

习近平总书记指出，对没有劳动能力的特殊贫困人口要强化社会保障兜底，实现应保尽保。昭通市抓住特困人员救助供养标准大幅度提升和推进省政府 10 件惠民实事暨养老服务项目建设契机，坚持高位推动，以“提高入住率、提升服务力、释放劳动力、促进就业率”为抓手，扎实推进生活不能自理特困人员集中供养工作，举力新增完善 32 个敬老院的相关设施，新增床位 4300 余张，养老床位从 5 月底的 19 所 4407 张增加至目前的 52 所 8711 张，迅速为特困人员集中入住创造条件。市民政局建立挂联制度并坚持每月召开调度会，依托全市民政系统干部职工，分别挂片到县到乡到村，责任上肩，任务到人，包片负责挂片范围内的特困人员特别是失能半失能特困人员集中供养，且原则上每人至少要动员 1 名失能半失能特困人员入院集中供养。自 2019 年 5 月 29 日推动特困人员集中供养工作以来，全市已有 4097 名特困供养人员进入敬老院集中供养，彻底改善了他们的生活，改变了他们的命运。今年年初，我们根据国家及省级有关事实无人抚养儿童文件精神，针对了解政策的人不了解实情，了解实情的不掌握政策的具体问题，下定决心，牢固树立纳漏就是辜负党的政策，就要受到良心谴责的认识，誓将符合条件的事实无人抚养儿童一个不漏地纳入保障范围。按照“掌握政策、比对数据、到村排查、入户核实、不漏一户、不错一人”的方法步骤，以村为单位开展网格化排查，新增事实无人抚养儿童 3602 人。当前，我们正积极谋划分类甄别、分类施策，积极创造条件为有集中供养需求的孤儿及事实无人抚养儿童提供集中养育服务，着力通过纳入保障以此努力改变这些娃娃的处境，进而改变他们的命运。

四、紧扣基层政权建设，有序推进行政区划调整

全市 1379 个村（社区）全部实现集中统一办公，切实落实了村民对村级事务的参与、表达、决策和监督权利。扎实开展“百村示范、千村整治”行动，自 2019 年起，市委、市政府每年安排资金 100 万元，评选表彰 100 个村规民约（居民公约）示范村（社区），全面倡导移风易俗，推进乡村振兴。积极指导昭阳、鲁甸、巧家、彝良、永善等 5 县区行政区划调整工作。聚焦易地扶贫整村搬迁、整村民小组搬迁或人口发生重大变化的村（社区）、村（居）民小组，以及跨县易地搬迁安置、水电移民搬迁安置和自发搬迁人口变化较大等重点区域，本着就近便利、方便管理、促进发展的原则，深入开展村（社区）、村（居）民小组调整优化工作。

五、紧扣“减负就是增收”，积极稳妥推进殡葬改革

绿水青山就是金山银山。我们按照亚林书记“厘清思路、突出重点、分步实施、逐年突破”的批示精神，重点从“强化殡葬设施建设、稳步推进遗体火化、分类规范安葬行为、开展殡葬综合整治、持续开展宣传引导、健全殡葬执法机制”等 6 个方面，研究制定了《关于进一步推进殡葬改革的三年行动方案》，积极稳妥推进全市殡葬改革工作。按照杜绝增量、减少存量的原则，以“三沿六区”为重点，采取绿化遮蔽一批、搬迁一批、改造一批、取缔一批的措施，对大墓、豪华墓进行整治；强化殡葬环境治理不松懈，以节约土地资源、保护生态环境、规范殡葬市场为目标，对非法治丧场所、棺木制销作坊、非法打碑造墓点等一律实行取缔，从源头上杜绝“活人墓”。加强殡葬公共服务设施建设，2020 年年底实现 11 县市区殡仪馆全覆盖。

民政工作是“菩萨”事业，做好昭通民政工作要在习近平总书记的重要指示中去把握“大局”，在国家的重大发展历史机遇中去把握“变局”，在适应当地经济社会发展水平中去把握“全局”，在坚持以人民为中心中去把握“格局”，怀着大爱之心，沾满民政情怀，将开放、创新、协调、共享、绿色“五大发展理念”一一贯穿到“五篇文章”中，匹配实情，面向未来。

（作者时任市民政局党组书记、局长）

发挥电力优势　扣好“四粒扣子”

叶煜明

昭通市委、市政府提出的扣好脱贫攻坚精准识别、精准施策、精准退出、巩固提升“四粒扣子”，给全市脱贫攻坚工作指明了方向，昭通供电局积极发挥行业优势，认真落实脱贫攻坚领导小组成员单位职责。“十八大”启动扶贫工作以来，昭通供电局累计投入电力行业扶贫资金 69.93 亿元，保障了 556.22 万人口用电需求，实现全市 1235 个贫困村通动力电，完成配套 649 个易地安置点电力配套项目，解决 58.68 万贫困人口用电问题，为“低保五保户”减免电费 4922.97 万元，惠及人口 42.07 万户；投入 5539 万元按期完成光伏扶贫电站配套项目，让村民直接获益 1176.46 万元。挂包 15 个贫困村 3860 户 16208 人，指定挂包干部 434 人，派驻 43 名驻村干部，累计投入定点扶贫资金 592.75 万元，帮扶 14 个贫困村 3647 户 15401 人实现脱贫；累计服务建档立卡贫困户 4427 户 18522 人。

不积跬步，无以至千里；不积小流，无以成江海。持续的用情、用心、用力，让昭通供电局在脱贫攻坚中，交出一份让党委政府满意、人民群众认可的政治答卷。

送“饭碗”，保就业，另辟蹊径助脱贫

“感谢昭通供电局对我们贫困人员的关心，让我们有活干，有钱赚，我一定尽职尽责当好群众护线员。”在昭通供电局群众护线工作启动会议上，鲁甸县砚池山村村民孔德云的激动之情，溢于言表。当日，昭通供电局1067个群众护线员正式上岗，他们将负责低压线路设备的巡视。

昭通供电局积极响应党中央千方百计保障就业的指示精神，认真落实“六稳”“六保”要求，创造性地提出选聘群众护线员的举措，为8个县1059个行政村，每村至少提供了1个公益性岗位。

“就业是最大的民生保障，可以助力脱贫，巩固脱贫成效，防止再度返贫。”昭通供电局党委认为，这是南方电网昭通供电局主动承担社会责任、为当地党委政府分忧解难的具体体现。

本次选聘群众护线员，优先考虑当地建档立卡贫困户。不仅能让村民在家门口就业，还能为每人每年增收9000元左右，工作业绩好的能突破万元，全年预计支付费用968.8万元。按照贫困户脱贫收入要达4000元的标准，群众护线员的年收入足够2人脱贫。

作为全国深度贫困地区，为了拔穷根，昭通供电局认为建立完善机制、保障队伍战斗力尤其重要。早在脱贫攻坚工作开展之初，昭通供电局按季度研究部署扶贫工作，编制出《昭通供电局定点扶贫工作管理业务操作手册》《昭通供电局精准扶贫帮扶手册》《昭通供电局驻村工作队队员绩效考核方案（试行）》等6本手册，建立了驻村队员奖惩机制，开通了“心灵驿站”保障服务工作，让驻村工作队队员全身心投入脱贫攻坚工作中。

彝良县牛街镇水田村，这个一直无产业支撑的贫困村，因昭通彝良供电局挂钩帮扶发生了根本性的变化。在昭通彝良供电局派驻村第一书记兼工作队队长吴长碧的带领下，建成了蔬菜大棚200个，不仅让村民有了收入，同时也摘掉了水田村“空壳村”的帽子。截至2019年年底，水田村蔬

菜大棚种植产业为村集体经济创造收益 250 万余元，建档立卡贫困户人均增收 4000 元左右。

让群众“用好电”，兑现“房成电通”

盐津县柿子镇水坪村村民李关从记忆犹新，“逢年过节孩子们都会回来，人一多，只要电饭煲里多放点米，就煮不熟饭”。但这一状况在 2019 年得到改变，“家里电器一起用都可以，用了电费电力公司还会返回来，日子安逸完了。”

张忠标是盐津县落雁乡保隆村支部书记，他十分清楚电力给全村带来什么，“电网改造后，村里的蔬菜加工厂用上了三相电，电费降了，减轻了村民的用电成本，建档立卡贫困户还享受免费用电。”

因为农村电网改造工程，2016 年以来，昭通农村居民生活用电由改造前平均每度电 1.2 元，下降到改造后的每度电 0.36 元，平均每年减轻农民电费负担约 1.2 亿元。2019 年，昭通供电局执行免费电资金 1464.87 万元，惠及建档立卡贫困户 73.36 万户。按照“571”脱贫出列标准，昭通供电局先后投资 2730 万元，实现 1235 个贫困村的自然村通动力电，保障了村民生产生活用电。

电力是贫困村退出的 7 条指标之一。对昭通供电局而言，实现贫困村“户户亮灯”并不困难，易地扶贫搬迁安置点“房成电通”才是保障电力供应的最大难题。

距离昭通中心城市 20 公里的靖安新区，是全国最大易地扶贫搬迁安置点，承接昭阳、大关、永善、彝良、盐津、镇雄等 6 县（区）9256 户 40549 名山区群众的搬迁安置。2019 年年底，靖安新区搬迁工作正式启动，随着该片区电力配套设施的投入使用，昭通供电局“房成电通”的承诺完美落地。

“房成电通”4个字说起来容易，但具体实施并非易事

靖安新区易地扶贫搬迁安置点用电配套设施建设最大的困难就是工期不匹配，要保障基础建设与电力配套工程同步建成，留给昭通供电局的有效施工工期远低于正常施工周期。

只有干出来的精彩，没有等出来的辉煌。电力施工现场，总是有昭通供电局员工的身影，他们整合集中优质施工力量，高质推进项目落地；他们畅通各级沟通渠道，高效协调解决了电气设备物资调拨、电子化移交等多类复杂问题；他们加强施工过程管理，实现了项目“零缺陷”投运，“零事故”建成。

2019年12月开始，靖安新区易地搬迁群众陆续入住，栋栋高楼的灯光点亮，一片荒芜的山地变成灯火通明的新城，万家灯火里，是昭通供电局的集体智慧和一往情深。

为了“房成电通”的庄重诺言，昭通供电局累计投资5.84亿元，完成配套649个易地安置点电力配套项目，确保98880户易地搬迁户生活生产用电，为脱贫攻坚工作提供了坚实的电力供应保障。

“一枝一叶总关情”，践行为民情怀

这是昭通供电局驻村工作队队员驻村工作的两个片段——

2018年11月，水田村委会门前，3篇保证书分别张贴在了村委会门口的几处显眼位置，“我是水田村冷竹组贫困户柯曾阳，我没有听吴书记的教诲，违反了赌博这一条，现在很后悔，我以后好好做人，好好劳动，做一个懂得感恩的人，请大家监督……”

“十赌九烂，十赌九输”，村民辛辛苦苦挣点钱不容易，为什么不用在

正道上？吴长碧多次爬坡上坎去他家里做工作，反复与他进行思想交流，劝他戒掉恶习，好好过日子。

如今，柯曾阳深刻意识到自己的错误，摒弃“等、靠、要”惰性思想，在外努力务工，通过双手改变着家庭的贫困面貌。“我不好好努力就对不起自己和家人，更对不起吴书记！”

2019 年 5 月 31 日，永善县墨翰乡柏林村中心小学“六一”儿童节活动现场，孩子们异口同声地欢呼道：“周叔叔来啦！周叔叔来啦！”周廷勇是云南电网昭通永善供电局职工，2016 年 3 月，被派驻到永善县墨翰乡柏林村担任第一书记、扶贫工作队队长。孩子们不懂扶贫工作，但他们记得周廷勇为他们免费接电、理发，给他们送图书、送文具等一桩桩“小事”。

几年的驻村工作，周廷勇找到了村民们记住“小事”的原因：他们需要得到帮助，他们再小的事都是大事。我们只有把这些“小事”当成大事来做，才能真正为他们解决实际困难，才能真正把脱贫攻坚任务落到实处。

周廷勇驻村期间，开展技能 80 余场次，完成劳动力转移就业 480 余人，就近解决公益性就业岗位 31 个；组织村民种植中药材 6000 余亩，350 户群众参与或入股专业合作社，建档立卡贫困户实现了产业扶持的全覆盖。

昭通供电局多次强调：“驻村工作队员是我们昭通供电局定点扶贫的第一线力量，我们的队员就是要做到用真情、扶真贫。”

目前，昭通供电局坚持“尽锐出战”选聘的 43 名驻村队员扎根一线、倾心扶贫，挂钩的 15 个贫困村逐步过上好日子。在昭通电网巩固建设方面，开展了两批次项目储备工作，项目储备资金达 7.07 亿元，其中未脱贫摘帽的镇雄县项目储备资金达 1.03 亿元，重点用于强化镇雄县贫困地区电网网架结构，持续提升配网供电能力。

昭通供电局将在脱贫攻坚领域又一次发力，再次将企业“为客户创造价值”的服务理念演绎为“为社会创造财富”的价值标准，打赢脱贫攻坚战，助力当地脱贫摘帽。

（作者时任昭通供电局党委书记）

尽锐出击，再硬的骨头也得嚼碎

胡　河

坡头村地处乌蒙山腹地、红色革命圣地“鸡鸣三省”，山高坡陡谷深，集深山区、石山区及泥石流滑坡于一体，是镇雄县深度贫困村，下辖 13 个村民小组，总人口 9928 人。昭通警校 2004 年改制后，停招中专班学员，主要承担在职民警培训；现有民警职工 43 人，经费来源渠道单一，完全靠开展培训，由于受疫情影响，近 3 年每年培训经费收入在 100 万元左右。2018 年 4 月昭通警校挂钩扶贫以来，认真贯彻落实习近平总书记关于脱贫攻坚的重要论述和市委“133”工作思路及“双统领”“双保障”“双推进”工作要求，坚持把脱贫攻坚作为最大的政治任务、最严格的硬性要求和最强烈的责任担当，作为头等大事和第一民生工程来抓紧抓好，在人少事多经费紧张保障学校正常运转的情况下，抽组 3 名队员长期驻村，2 名督导员下沉一线，先后投入经费 110 万余元，推进挂钩点公路亮化、产业扶持等项目建设，积极资助贫困大学生，常态化开展院坝会和法制宣传，适时开展“自强诚信感恩”教育，把党的声音传递到千家万户。目前，挂钩点坡头村完全达到了户脱贫村出列条件，贫困发生率由 31.94% 下降到零，圆满完成省际第三方检查考核。

党建引领脱贫攻坚

火车跑得快，全靠车头带。2018年坡头村党委被评为软弱涣散党组织。在脱贫攻坚的关键时刻，坡头村原党委书记、副书记辞职，挂钩单位和镇党委敏锐地感觉到，必须对坡头村党委进行加强，第一时间指导坡头村党委进行了增补改选，健全了各级组织。充分发挥警校党建优势，与坡头村党委开展共建，指导坡头村党委建立“第一议题”制度，第一时间抓好习近平总书记系列重要讲话、批示、论述特别是考察云南重要讲话精神传达学习、研究贯彻意见；严格落实村党委理论学习、“三会一课”等制度，适时关注学习强国、云岭先锋、红色扎西等最新党政资讯。坚持以党组织达标创建为牵引，高位推动，书记带头、上下联运、党员行动，适时开展“三亮三比”（亮身份比担当作为、亮职责比工作实绩、亮服务比敬业精神）暨“我是共产党员”主题实践活动，交流探讨党建工作经验，推动落实党要管党、全面从严治党向基层延伸。探索建立“网格工作模式”，以村委会所辖30个村民小组为基础，综合地理布局、工作量大小等因素，按照“定格、定员、定责”的原则，将村“两委”、扶贫工作队队员整合为3个网格工作小组。依靠结对挂包民警职工和全村112名党员及30位村民小组长形成网格骨架，确保全村建档立卡贫困户有人结对挂包，实现了每一户卡户后面有一个共产党员，以党的建设有力推进了脱贫攻坚。目前，坡头村党委拳头硬、指头也硬；说得好，做得也好；有想法，也有办法。会战期间，指导坡头村制定出台《决战脱贫攻坚村民组长考核办法》，专门拿出4万元奖励认真履职、发挥作用好村民小组长，充分调动大家的积极性和主动性；统一安排开伙，每月5000元经费由学校保障。村党委坚持早上安排部署工作，晚上汇报开展工作情况，针对存在问题，及时研判、把脉会诊、对症下药，始终以强大的凝聚力、向心力、战斗力确保脱贫出列工作紧张有序进行。2020年坡头村党委完成达标创建。学校党总支坚持周（月）例会研究通报脱贫攻坚工作，民警职工遍访32次1376人；扶贫工作队和督导员克服了许多家庭和生活上的困难，队员唐鑫一度推迟婚期，始终以党员的标准、觉悟和担当冲锋陷阵在矛盾和问题焦点的最前沿，攻克了一个又一个山头和堡垒，解决了一个又一个难题和顽症，演绎了一曲曲感天动地的脱贫攻坚赞歌。通过脱贫结对挂钩帮建，拉近了群众距离，感知了群众疾苦，学校广大民警职工朝气蓬勃，奋发有为，昂扬向上。

精准锁定贫困对象

2018年以来，按照“两评议（村委会评议、村民代表大会评议）两公示（村小组公示、村委会公示）一比对（行业部门信息比对）一公告（县公告）”，工作队配合镇、村两级干部开展多轮次的贫困对象精准识别，严格对照建档立卡贫困户人均纯收入调查表，逐户摸清家底，填写表册，定位户址，拍摄照片，落实手印，完善相关档案资料；对提交贫困申请书，但不符合建档立卡条件的农户采集完善佐证资料。深入开展贫困人口精准识别摸底调查工作和贫困对象动态管理工作。截至2020年10月，累计剔除10户29人，新识别纳入贫困对象5户26人，自然减少1户1人。目前，有建档立卡贫困户899户3977人。全面开展“漏评对象清零”专项行动和贫困对象动态管理各项工作，并围绕贫困村出列、贫困户脱贫标准，对标对表科学编制项目库，形成问题清单、措施清单、责任清单、实效清单、保障清单“五张清单”，扣准了精准扶贫第一粒“扣子”。

聚焦短板精准施策

坚持目标导向，全力攻克制约户脱贫村出列短板弱项。一是产业扶贫上：在详细调研分析的基础上，结合资源禀赋扶持发展，通过“党支部＋专业合作社＋农户”模式，大力发展致富增收产业。种植工业辣椒300亩，覆盖6个村民小组卡户384户1658人；种植马铃薯800亩，覆盖建档立卡户82户166人；建设年出栏4800头生猪代养点一个，覆盖建档立卡户899户3977人，农户增收效果明显。二是教育扶贫上：全面落实控辍保学和建档立卡贫困学生资助政策，全村无适龄辍学生，899户贫困户中224户509人享受教育扶贫；学校资助贫困大学生20人4.1万元，通过院坝会议倡导广大群众尊师重教，斩断贫困代接传递。三是基础设施上：投入8万余元，维修了原村委会办公楼，改造了驻村工作队办公室，新建了1个党支部活动室，打造了村委会廉洁文化走廊。协调新建了村委会办公楼和2个村级文化活动场所；投入50万余元，亮化集镇及村组公路20公里，修建公厕2个。下一步，拟推动投资5亿元，新建“鸡鸣三省”红色景区文旅休闲建设项目，带动村民脱贫致富。

精准制定退出办法

坚持定量、定性、定型三结合，严把脱贫程序关、标准关、质量关，使脱贫成效真正获得群众认可，经得起实践和历史检验。一是群众认可。算好脱贫对象的收入账、支出账、可持续账，达到脱贫条件的，严格对照“五条标准”，脱没脱贫让群众来评，防止“数字脱贫”“算账脱贫”，让贫困户进得清清楚楚、退得明明白白。二是逐户销号。以脱贫实效为依据，以群众认可为标准，逐户核查评估，逐级签字认可，防止群众“被脱贫”，基本实现“零错退”。三是跟踪扶持。在抓好脱贫任务的基础上，同步抓好防止返贫任务，脱贫攻坚期内帮扶力量不撤、政策不变、力度不减，持续巩固脱贫成效。建立返贫预警机制，加强脱贫人口跟踪监测和扶贫对象动态管理，对疑似返贫人口和新增贫困人口，严格按照程序及时予以确认，做到应进则进、应扶则扶。

因地制宜巩固提升

坚持以人民为中心，把群众作为脱贫攻坚的主导者、参与者、受益者，认真走好群众路线，全面把握精准、统筹、务实“三个关键”，努力实现群众在思想、工作、情感上“三个认同”。一是深度开展主题实践。紧紧聚焦增强群众内生动力这一核心，积极采取多种形式，积极组织开展“自强诚信感恩”活动，激发贫困群众自力更生的斗志和动力。在青年村民小组，活动形式多样，群众热情高涨，加深了扶贫政策了解，提升了满意度，增强了脱贫内生动力；在碉脚村民小组，彝族同胞载歌载舞，以特殊的民族情怀感党恩战贫困；在上街村民小组，以“脱贫攻坚话发展”为主题，结合扫黑除恶、禁毒和法制宣传组织召开院坝会，群众与帮扶干部一起感知幸福根源，共同为脱贫攻坚、扫黑除恶和禁毒出谋划策，添砖加瓦，不拖后腿。二是用好用活活动载体。深入开展驻村工作队队员讲帮扶措施、评帮扶成效；村组干部讲履职情况、评工作成效；建档立卡贫困户讲脱贫情况、评内生动力活动。截至目前，共开展活动 100 余场。全校民警职工深入挂包贫困户开展同吃、同劳动、同学习，促进困难问题解决、促进脱贫内生动力增强、促进人居环境改善、促进扶贫政策知晓率、促进群众满意度提升“三同五促”活动，引导群众讲究卫生、诚实守信、发家致富、向善向好。三是热心化解矛盾纠纷。针对人民群众反映强烈的精准识别、政策落实、干部作风、形式主义等扶贫领域问题，逐一梳理问题清单、制定化解方案、明确包保责任、形成长效机制，确保扶贫领域矛盾纠纷排查化解取得实效，不断增强人民群众获得感、幸福感、安全感。对不能解决的第一时间向上级汇报，做到事不过夜。四是整治提升人居环境。按主公路500米1人、每个村民小组4人、集镇12人的标准配备保洁人员，定人定责定位，大力开展村庄、公路沿线、房前屋后卫生环境整治，村容村貌得到极大改善。硬起手腕，采取拉网式，对建档立卡户家庭卫生认真检查评比，对未达到室内物品摆放整齐、地面干净的进行思想教育，限期整改；对个别卫生搞得好的家庭，进行口头表扬，并整合捐资15万元，采购“三室九有四无”所需物资，通过“文明实践超市”积分兑换发放奖励。

脱贫只是第一步，好日子还在后头。下一步，昭通警校将一如既往地在市委、市政府的坚强领导下，按照“四不脱”要求，克服一切困难，使出浑身解数，穷尽一切力量，加强挂钩点坡头村的帮扶力度，努力实现产业兴旺、生态宜居、乡风文明、治理有效、生活富裕的乡村振兴战略目标。

（作者时任昭通警校副校长）

我经历的精准识别摸底调查

裴道勇

2017 年 3 月，我被选派到盐津县庙坝镇楠木村驻村，时值全市上下正如火如荼地开展精准识别摸底调查，我有幸全程参与了楠木村的摸底调查工作。

一、培训试点——在吴家坝的讨论

2017 年 5 月 19 日，庙坝镇党委政府在庙坝镇聚龙小学礼堂召开了“庙坝镇精准识别摸底调查动员会”，就贫困户和贫困人口再次精准识别摸底调查工作进行了培训和安排部署。根据派出所提供的户籍信息，楠木村共有人口 1550 多户，分配了 16 个调查人员，每个人负责约 100 户。为了统一标准，我们决定先把所有调查队员集中，先试点调查。我们先来到了老支书杨怀安家，老支书热情地招呼我们，我拿出表册，和老支书唠起了家常。“你家去年种了几亩苞谷？”“你家喂了几头猪？”等等，老支书都一一作答。但由于对表册不是很熟悉，所以全部填完时，已经过了一个小时。我们赶紧再认真查看表册和填表说明，互相交流认识。接下来到了一户贫困户家，我们认真查看了他家的住房和生产生活条件，并结合镇上提供的参考资料，认真了解了他家的基本情况和收入等信息。他家的房子正在修建中，是政府危房改造项目的贫困户，我们鼓励他修好后外出务工或发展养殖，争取早日脱贫。同时有困难及时联系村干部和政府。经过一天的试点摸底调查，每个调查队成员都对调查的流程、要求和填表数据有了更深的认识。

二、入户调查——走在泥泞的小路上

楠木村辖圈田、石笋、木营等44个村民小组，主要居住有汉、苗两种民族，有农村常住人口1369户5290人，是典型的集老少边穷为一体的贫困村，地处高二半山区，区域发展边缘化，自然条件恶劣，贫困发生率高，由于山高坡陡，楠木村整体路况很差，运输能力极为低下，多数村民仍然走山路出行，靠肩挑、背等运送物品，村民的生产生活极为不便。

我负责3个村民组的入户调查，早上7点，我就开始进村入户。走在泥巴路上，仿佛又回到了我的老家巧家县老店镇，作为一名农村人，对于农村的泥土路印象深刻。路两旁晾了刚收割的油菜，地里的玉米才有30厘米高。来到第一家农户家中，他是建档立卡贫困户，房子还是老式的板房，已经破烂不堪，家中只有一个老年人在，儿子在外打工，只有过年才回来。我仔细询问了他家去年生产生活收入、支出等，并和他宣传了国家的扶贫政策。接着第二家是非建档立卡贫困户，家里修了砖房，去年苞谷收了1万多公斤，还卖了10多头猪，两个儿女在浙江打工，一年有三四万元的收入，像他这种在店子口社已经是很富裕的了。我鼓励他做带头致富人，带领全社的人一起脱贫致富。接下来，又进入了一户非建档立卡贫困户家，但他家的情况不容乐观。房子是2000年修的石头水泥的，楼顶已经有裂痕，家中只有两个老年人带两个小孩，小孩的父亲逝世，母亲改嫁，两个老年人生产生活所得只能勉强维持温饱。从调查结果看他家确实应该纳入贫困户，这应该是漏评的。之后，我还走访到一户全户外出的贫困户。平均一天下来，调查了不到10户。

为了准确地填写反映农户真实的信息，每到一户农户家里面，我首先都是和农户亲切地打招呼，嘘寒问暖，拉近和农户之间的距离，坐下来向农户说明我们这次入户调查的目的和意义，翻看从农户手中递来的户口簿、林权产业证、土地承包证、残疾证等一系列有关农户的有效证件，详细询问农户家中实际居住和生活在一起的有多少人，孩子就学情况，孩子婚姻状况，有没有过世的老人，有没有小孩子未上户口，外出打工的有多少人，外出多长时间，在哪里打工，具体做些什么工作，种了多少亩的苞谷、洋芋、烤烟，开支了多少，出栏了多少头猪、牛，开支了多少，等等。通过仔细的询问后，我才认真地填写表册，对模糊的信息重点标注再进行核实。由于很多农户行踪不定，白天的时候，我和片干部骑着摩托车挨家挨户找人，有的地方摩托去不了就只有走路，村民有的在地里干活，有的在街上赶集，还有的常年外出找不到人，每天调查结束都是一身泥巴和汗水，经过10多天入户调查，终于把负责的3个村民组调查完毕。

三．系统录入——我们都是夜猫子

调查结束，就要开始系统录入了。我们调查队员有16人，但是有一半是老同志，对电脑不熟悉，为此我们重新做了分工，6名熟悉业务的调查队员专门负责录入，其他同志负责对调查表册逐户核对确保真实准确。一开始的几天，由于同时录入的人太多，服务器负载过大，系统经常突然无法登录，一个人登录进去了大家都要高兴地围过来看看。后来想着晚上录入的人应该要少点，于是每天晚上9点过，我们负责系统录入的几个人都不约而同地来到镇上的文化站，抱着一户一户走访核实的表册，开始系统录入。由于文化站的电脑都是以前的老电脑，运行起来并不流畅，大家不敢大意，每次都小心翼翼地打开网页，不敢运行其他软件，生怕一不小心就死机了。伴随着一个个电脑键盘的敲击和保存成功的提示，时间不知不觉到了凌晨 2 点，一只只“夜猫子”录入完成后走在庙坝镇大街上，街上空空荡荡的，大家默契得都没有说话，融入这夜色中，也融入庙坝这个待了两个多月的第二故乡。

四、总结运用——一双双举起的手

精准识别摸底的最终目的是为了更好地指导贫困户动态管理。2017 年 7 月，驻村扶贫工作队和摸底调查员在村“三委”的配合下，开展“三评四定”工作。从一个个村民组开始，我带着前期调查的表册，和村民小组群众一户一户通报、一家一家商量。经过前期的摸底调查工作和动态管理会议，楠木村正常退出 200 户 911 人，剔除户 3 户 14 人，新识别 30 户 128 人，返贫户 4 户 20 人。初步确定的保留和新进的贫困户有 318 户 1347 人。经过村民小组讨论，最终举手表决，群众纷纷举起手表示赞成，一双双举起的手既是对我们前期工作的肯定，也鞭策我们在下一步工作中更要精准施策。

精准识别摸底调查是脱贫攻坚的基础，通过 3 个月的摸底调查和动态管理，家底清了、目标明了、责任实了，为下一阶段脱贫攻坚工作打下了坚实基础。

（作者时任昭通市卫生健康委员会派驻盐津县庙坝镇楠木村工作队队员）

寒坡岭蜕变

王华国

寒坡岭，你一听这个名字，一定会觉得是一个荒山野岭吧。其实，它是昭阳区小龙洞乡小米村的一个村民小组，一个以彝族为主、汉族回族共计 50 多户人家 200 来人口的不大不小的村子。这个村子坐落在昭通坝子边沿海拔 2200 米左右的一个山腰缓坡上。说它边远吧，它离昭阳中心城区近 20 公里，离小龙洞乡集镇也仅有 5 公里左右路程；说它不远吧，可是过去人们进城到镇又显得遥远和不便。

确实，寒坡岭正如其名。由于地处高寒，土地贫瘠，物产不丰，生产生活条件落后，寒坡岭的整个状况在小龙洞乡也一直处于第三世界。或许正因为如此，当年，国务院扶贫办主任范小健来过这里调研，中科院连片特困地区贫困状况调研组也来过这里调研。这是寒坡岭的幸运，给寒坡岭的改变带来了机遇。于是，对寒坡岭的帮扶纳入了市、区两级重点支持的议题。

2014 年春末，帮扶寒坡岭的有关任务落实到市扶贫办头上。作为需要解决特殊问题的地方，首要的是要多少钱，钱从何而来。市扶贫办接受任务后，我即准备到寒坡岭做一次深入的调研了解，以便摸清底数，在规划和资金筹措方面能够给小龙洞乡提供帮助。我特别邀请了省扶贫办易地处的蒙彬副处长到寒坡岭调研，希望能够获得有关资金方面的支持，真正为寒坡岭解难纾困。

我们一行从昭阳区出发，出得城来，由于乡村、村组公路那一段又窄又烂，越野车摇摇晃晃，东弯西拐，上上下下足足行进了一个多小时，终于来到了传说中的寒坡岭。

我们首先在它对面的山坡上观察整个村子的状况。从时序上来说，已是农历三月了，可是放眼望去，坡上坡下仍然不见多少绿色，只有村子里零星的百年老核桃树撑着巨大的伞，展示着勃勃生机。远远望去，整个村子显得疏落有致，平静祥和，倒也看不出什么特别的地方。此时不合时宜的是斜风冷雨，使人感到阵阵寒意。

我们在乡党委马书记等的陪同下，翻墙越坎，走家串户，有路没路地在村里察看了一圈。村中的状况既在我们的想象中——“糟”，又在我们的想象外——“太糟”。五六十户人家，几乎是清一色的土坯房，东一幢西一幢，横一幢竖一幢，杂乱无章，有不少属于危房。户间道上不时有牛屎马尿，混杂着雨水污泥，不堪下脚。大多数人家的门口都堆放着一些乱七八糟的东西，室内室外，脏乱差十分突出。整个村子给人一种衣衫不整、蓬头垢面的感觉。

最使我难忘的是马关敏这户人家的生活状况。当我们不经意地走进他家，看看他们的生活状况时，真是超乎了我们的想象。这家年轻人都出去打工了，只有马关敏和老伴在家带孙子照看家务。一排三间低矮的土坯房子，推开右边的房门，一股熏人的气味扑面而来，大胆走进去一看，靠门边是一个用木板搭的简易床，里面黑洞洞的是拴牛的地方，苞谷草垫牛粪，苍蝇乱飞，令人窒息。中间一间既是火房餐厅，也是一家人起居的地方，满是灰尘的地上，各种厨具、农具摆了一地，靠窗边烧着一个昭通常有的大铁火炉，上面放着一碗煮好的带皮老筋豆，清汤寡水，几个碗已添好苞谷饭，正准备吃饭的样子，不少苍蝇围绕饭碗飞飞停停。左边一间是卧室，显得杂乱不堪。老马老夫妻俩很热情，一直招呼我们吃饭、喝水。

看到这些，随行的村民小组长陈永祥有些惭愧地解释说，寒坡岭这个地方，离昭通城说远不远说近不近，路又不好，进一趟城买东卖西都不容易。这里自然条件差，一年四季温度都低，冬天更是冰天雪地。农民收入主要靠外出打工，也种一些苞谷、洋芋，喂一些猪，就是自己消耗，变不成钱。我们这里长期生活习惯就是这个样子，都差不多，好的也好不到哪里去。目前最紧要的是解决通路和饮水问题。省扶贫办的蒙彬副处长感慨地说，走了很多地方，这种情况确实少见，想不到离城 20 公里的地方是这个样子。我很默然，心里沉甸甸的。

我们在村子边的那棵老核桃树下商量下一步工作。马书记介绍说，国务院扶贫办范晓健主任和中科院调研组来寒坡岭调研后，区里就召开专门会议研究寒坡岭问题。目前乡里已经成立了专门的工作队伍，并开展了前期的调研和初步规划工作。就当前来说，寒坡岭急需解决的是村庄面貌和水、路等基础设施短板问题。结合马书记带来的初步规划图以及粗略的预算方案，我们就几大项问题一一地展开了讨论。乡里提出了需要做的工程包括：进村道路的加宽和硬化、村里的人畜饮水问题、房屋拆迁及改造、改厨改厕改厩、院坝硬化及村内道路建设、村民活动场所建设等六大项涉及基础设施和环境改善的项目，概算总投资近 800 万元。在我们研究讨论的过程中，一些群众也主动围过来加入我们的讨论，大家七嘴八舌，可以看出他们对于改变村子面貌和自身的状况是急迫的，也都表示，既然党委政府这样的关心我们，我们要支持、要努力，要争口气。

寒坡岭建设的相关工作随后陆续启动。几大项的规划先后几次进行了优化完善，力求花最少的钱办更多的事。其中最大的困难是村内道路的循环沟通和村民活动场所的建设，涉及一些房屋需要拆迁另行选址修建，群众工作不好做。在资金筹措方面，扶贫部门安排了 2015 年 200 人 120 万元的易地扶贫搬迁资金用于房屋的搬迁改造，整合了以烟草部门捐赠资金为主的其他部门资金近 600 万元，用于其他相关项目的建设。

大概一年后，我又到寒坡岭实地了解项目建设的进展情况。其时，进村道路的加宽硬化基本完成，饮水工程建设正在进行中，房屋的拆迁重建和改造完成 70% 左右，村内道路硬化、广场、村民活动场所、环境整治等项目尚未启动。整个工程的建设速度显得有些迟缓，建设现场一片混乱。马书记说，这既有气候因素的影响，也有房屋拆迁缓慢和资金到位较迟的影响。

后来，由于精准扶贫工作的繁忙和本人工作的变动，寒坡岭淡出了我的视野。

2020年夏日的一天，我忽然心生一念，又想起了记忆中的寒坡岭。心动不如行动，我和几个同事从城里驱车，向着目的地出发。一路上，我在想着寒坡岭的样子。自然，对于它的记忆，脑海里也就停留在过往的乱糟糟的印象上。

驱车不到半个小时，我们就到达了目的地。

在村边下车，就见矗立在广场边、上书“寒坡岭”三个红色大字的标志碑颇有气势。走进青石铺设的干净宽大的广场，顿时让人感到赏心悦目、今非昔比。

村民小组长还是陈永祥，我们在他的引导下在村里逛了一圈。经过重新规划、拆迁重建或就地改造，村内房屋更加错落有致，白墙青瓦，规范有序。村内道路沟通硬化到了家家户户，大多数人家小车可以开到家门口。村内环境卫生总体有序干净，一些人家院内绿化还搞得有模有样。当年曾经超过我们想象的马关敏家，新修的四间房子处在广场的正前方，一开门就是宽大的广场，让人赏心悦目。老房子改造成了畜厩和生产用房，彻底告别了人畜混居的过去。新居功能齐备，室内虽欠整洁，但已经是天上人间了。还是老夫妻俩在家，还是那么热情，招呼我们坐，给我们倒开水，一个劲地说着感谢的话。说到当年把牛拴在屋内的情形，大家都哈哈大笑。

在广场边的村民活动室里，陈永祥如数家珍地给我们介绍这几年寒坡岭的变化。寒坡岭的建设2016年年初就全部干完了。路加宽硬化了，进出畅通无阻，时间也缩短了；房屋搬迁、改造、重建，改厨改厕改厩，村内环境变干净整洁了；广场和村民活动场所的建设，让整个村子的形象更光鲜了；从甘龙洞到菩萨树的提水工程彻底解决了吃水难的问题，方便又安全；

通过乡里派人来教农户操家理屋，大家的生活习惯也有了很大的改变。精准扶贫开始后，寒坡岭识别出建档立卡户 28 户。在扶持方面，养牛的每头补助 6000 元，种洋芋的免费发了洋芋种。一些农户还加入合作社（公司）获得一定的分红收益。安排了 2 个公益岗位负责公共卫生，该享受低保的也全部纳入了低保，医保和大病医疗保险也全部落实了。去年，村里建了一个扶贫车间，给工业园区的立时公司生产数据线，但现在由于疫情的影响停工了，很可惜。28 户建档立卡户到去年年底全部都脱贫了，其中只有 1 户 4 人残疾户是政府全兜底。村里 100 万元以上资产的有五六家，有七八家人还在昭通买了房子。说实话，现在确实吃穿不愁。我问陈永祥，现在村里还有些什么困难需要解决吗？他满脸堆笑，一时还想不起来有什么困难。

我听得出，陈永祥的心里是有底气的，言谈中有一种自信和满足。村子的变化，他既是见证者、参与建设者，也是直接受益者。

离开寒坡岭，我看见广场边那棵老核桃树浓树罩荫、果实累累。

（作者时任昭通市政协经济和农业农村委员会主任）

难忘的眼神

——我的挂钩帮扶侧记

吴顺义

奎香苗族彝族乡属于边远贫困高寒乡镇，最高海拔2478米，平均海拔2039米，我挂钩帮扶的坪地村距离平行乡政府约5公里左右的地方，是相对其他村而言较好的一个村社，这里有悠久的红色文化历史，1936年3月6—7日，贺龙、任弼时、萧克、关向应、王震率领的中国工农红军二、六军团从贵州进入奎香乡，利用乌蒙山层峦叠嶂、错综复杂的地形，以寸田、坪地、奎阳为临时根据地，酝酿和指挥了长征途中著名的“乌蒙回旋战”。来到这里，能够深切地感受到少数民族乡亲特有的纯朴和豪迈，也能切身感受到他们对生活的桎梏和无奈。

这个地方高寒冷凉，传统的种植和养殖是生活的主要来源，务工收入是经济收入中最基础的基础，由于季节性缺水非常严重，靠天吃饭是难以解决的现实问题。

她是我帮扶的贫困户中比较特殊的一家之主，初见她时，嘴噘得老高，眼睛有搭没搭地斜瞅着我，不停地在低矮、潮湿、杂乱的黑屋子里这里抓一把、那里抓一把，问着什么也有答没答的。

她叫谭 × 凤，户主叫陈某伍，有4个子女，共6口人。第一次到她家因发现家里共同生活的人口太多，便同她一一再核实，才知另外一户贫困户也是同她一起生活，那是她的公公、婆婆和两个十一二岁侄女儿，因兄弟死亡后弟媳妇远走他乡，丢下了两个未成年的孩子，两个80岁左右的爷爷奶奶只能带着，于是便组成了一户由政府兜底保障的贫困户，因老的小的生活不能自理，便同她生活在了一起。一个10口之家便这样形成了，两户贫困户居住的房子虽相对独立，但都是共用一个小院。

每次走访到她家的时候，心都会莫名的紧张，害怕看她那不屑的哀怨的疑惑的眼神，好像是说：又来了，什么也整不成，反复地问这问那，有作用吗？耽误我时间，太烦了！

每次到她家的时候，她都会慌慌忙忙地连逃带骂地抓起一个大背篓就往外走，不想理我们。特别是叫她跟我及给她的房子照相的时候，她的眼神更是复杂难懂，表现得极为反感和不情愿。

每次到她家，随眼都能看见到处污里渣拉和杂乱无章的生活空间。

一次次的走访，一次次的询问，一次次的照相，一次次的相见，一次次的落实相关政策，再一次次的拉家常，终于，大家都习以为常了，都表现得不那么紧张和抵触了，甚至可以说上话了。我还发现她噘起的嘴也不是那么高了，眼神也看上去柔和了许多，我的心也不那么紧了。

在不断地拉家常的过程中，获得的一些信息让我揪心和感到窒息。37岁的谭某凤在19岁的时候就通过媒婆拉红线从一个条件还算可以的远乡嫁到这里，其间为户主陈某伍生了4个娃，大的17岁，小的9岁，本想能相夫教子过上好日子，哪知帅气的丈夫是个精神间歇性不受控制的人，控制不了的时候不但不能干活还脾气偏大，动不动就打人，周围邻居都不敢惹和远离他们，加之兄弟死亡后精神更是有些不受控制，脾气变得更大，打人骂人更是三天两头和家常便饭了。

她是家里的顶梁柱，里里外外都是主力，17岁的大儿子看不过他爹在家里“横行”，便自己不读书了带着老爹外出打工，这样两个家庭的重担便落在了她一个人身上，两个家庭的苞谷、洋芋一个人栽种，猪、牛一个人养，2个老人和5个孩子的生活一个人管，她说：现在的人很势利，你帮不了他，他是不会帮你的，不要说外人，陈某伍的亲哥哥就在家门口住着，他们都不愿意帮的，连老人都不想管一小点，政府要把他家到我家门口这一条路硬化过去他家都不同意，欺负人得很。她说这些的时候，倔强的她眼神依然流露着不屑，但我却仿佛看见了一些晶莹的在眼眶里打转的东西。

当我问及她对脱贫致富有什么打算的时候，她几乎想都不想就告诉我说：能有什么打算，我现在最重要的就是把老人、孩子管好，老人成佛孩子成人，我的事就完了，现在不让他们饿着、冷着就是最大的事情，其他的不想了。淳朴而简单的回答让我的心痛痛的，哪个女人没有美好的梦想，然而在残酷的现实面前，一切又都那么苍白无力，生活的重担就这样压在了这个弱小的女人身上。

通过反复的走访了解，几乎了解到了她说的情况的真实以及她家评到贫困户的真正原因，也获得了一些宝贵的信息，知道了她是一个勤劳、自立、孝顺而又有爱心和责任心的女人，唯一的缺点就是没有收拾，家里家外脏乱差非常严重，劝说都不起作用，自己不但不整理，别人帮她整理了还要骂人。

在后来的日子里，我依然有事无事都往她家里跑，有时候她没有在，我便同她的公婆聊天吹牛，以便更进一步了解她的生活情况。

我发现，只要你坐在她家 3 个小时左右，你便能看见她不停大背小背地往家里背，猪草、牛草、苞谷、洋芋、木叶……应有尽有，在饭点上还能看见她忙着做饭、煮猪食的样子，喂完猪吃完饭碗都不洗又出门了，在学校放假的日子里，还能看见那些稍微大一些的孩子跟着她做着同样的事情，总之，几乎没有看见过她闲着的时候。

随着决战决胜脱贫攻坚“百日总攻”的到来，“五大战役”在滇东北大地的旮旮角角打响，人居环境提升人海战成了重要工作和必啃的硬骨头，她家的情况便成了坪地村最难啃的硬骨头，因为她同样过着日复一日、年复一年起早贪黑的日子，依然就是“我行我素”地重复着她养家糊口的梦想和追求，简单得就像一个不会思考和没有七情六欲的机器人。

当千家万户都在热火朝天开展环境卫生整治的时候，她依然无动于衷，当工作组去帮助她整理房前屋后和操家理屋的时候，她不但不帮忙反而用不屑而疑惑的眼神瞅着大家，好像是在说：我看你们天天来给我干哦！

在一个阳春三月的日子，工作队队长小徐几乎带着哭腔给我打来电话，说的就是她的事情，问题也几乎就是她家环境卫生问题，说是已经帮她家整理好几次了，但几天后去看又是“江山依旧”，他们是无法处理了……

我带着问题也带着不好的心情来到她的家里，果然是跟曾经没有多大差别，家还是原来的样子，人还是那个人，唯一变化的是少了一个男老人。她看见我后，好像知道我是为什么来一样，居然流露出害羞而紧张的眼神，生怕我会骂她一样。

看了这些情况，我没有在她家停留更多的时间，我转身便去找了这个片区的党支部书记、小组长以及我挂钩的一个相对能干的贫困户，寻求他们为她的环境卫生问题想想办法。

他们对我说，她不收拾是村里出了名的，但更多的是她太苦了，一家那么多人口要吃要喝，每天起早贪黑都要到地里干农活，回家还要做饭，还要喂猪喂牛，哪有时间去收拾整理。她挺不容易的，什么都是一个人在干，前几天她父亲过世，都是她一个人料理后事，她丈夫及亲哥哥都懒得管和管不了，乡亲们实在看不下去了，都跑来帮忙呢。

他们对我说，她家牛圈设计不合理，牛粪、猪粪汤汤老往院子流，几天就堆很多，非常难处理。

他们对我说，她家院坝没有硬化，到处坑坑洼洼的，打扫很难，雨天更糟。

他们还对我说，她的两个侄女和大一点的娃娃是可以帮助操家理屋的了，但一方面没有人教没有人管，另一方面都被她追着帮她干农活了，也不可能来操家理屋。

听了他们说的，我这心也是拨凉拨凉的，男主外女主内的格局被打破，一个家没有了坚实的男人来依靠，这日子过得艰难可想而知了！怎么办呢？我问他们，你们愿意帮她吗？他们都异口同声说愿意啊，接着我便把我的想法跟他们说了一通：改牛圈，把牛粪猪粪汤汤引到地里挖坑储存使用；打院坝，把坑坑洼洼的地方打平；鼓励孩子们自己整理房子，打扫卫生等。他们听了我说的都说可以，但问题是钱从哪里来，我说钱的问题就不需要你们管了，我想办法就是了，只要你们能帮我认领任务并完成任务就行。于是，大家都纷纷认领了自己能做的事情，并开始同她进行艰难的沟通交流，电话中，偶尔还能听见她的大吼，但不管怎样，她最终也算是同意了。

第二天早上，我天一亮就跑到她家里，居然她又出门了，突然之间我有些担心，倔强的她会坦然地接受大家的帮助吗？怎么没有动静呢？我着急地给片区支部书记陈 × 明、小组长陈 × 兵、巧匠贫困户陈 × 军打电话，了解事情落实情况，好在虚惊一场，他们都说已经落实，并叫我下午三、四点去看结果。

我忐忑不安地等到下午 1 点左右，便又跑到她家去了，没有想到的是一副热火朝天的局面让我惊讶，除了他们三个，还增加了四五个帮手，她也在帮着干这干那，看见我来了，她非常不好意思地第一次微笑着主动和我打招呼，第一次眼睛里没有了不屑的眼神，第一次嘴角向上扬着，还不停地羞涩地说着谢谢了、谢谢了的话。

她手里的板锄不停地挥舞着，看得我脑壳都有些晕了，突然间我发现她干活的样子还真的很美，动作姿势也不输给男人。

乡亲们看见我来了，不停地对我笑着，说着许多恭维的好话，也说着让她要好好地感恩和好好地把卫生搞好的话，她都一一回应着，笑着，不停地挥舞着板锄。

她还羞涩地叫来了她的两个侄女和她家大一点的娃，叫她们带我去家里坐，我知道她是想让我去检查一下家里的卫生，我毫不犹豫地跟随孩子们往家里走，让我想不到的是曾经不堪入目、无法下脚的每一间屋，居然收拾得出奇的整齐和干净，孩子们兴致勃勃地牵着我的手让我看她们自己住的房间、奶奶住的房间、妈妈住的房间和家里的每一个旮旮角角，都是那么出乎意料的干净整齐，我突然之间有些被触动，眼睛很不争气地湿润了，问：是你们自己整理打扫的还是你们的妈妈整理的？一声声稚嫩的声音争先恐后地告诉我：我们自己打扫的，奶奶的、妈妈的房间也是我们打扫的。再问：那你们为什么以前都不搞卫生，弄得那么脏乱差呢？孩子们都不好意思笑着说：我们每天都要干很多很多的活，没有时间整理屋子。又问：你们今后能经常保持家里都这样吗？能！我不由自主地把他们都抱在了一起，泪水不争气地掉了下来，哪个孩子不想有个快乐、亮丽的童年，孩子们有得选择吗？

在帮着她修缮家园的乡亲中，有人还被冲击电钻打伤面部而拒绝看医生，因为怕再花多余的钱；有人把自己家里的砖贡献了出来；有人贡献了沙子；至于我，也就出了点水泥钱，出了点鼓励孩子们好好学习、帮助妈妈管理家务和照顾奶奶的奖金。看着大家和和美美、友好互助的样子，看着她脸上美丽的笑容和温柔、害羞的眼神，我的心里也乐滋滋的。

后来，因为脱贫任务，我又到过她家几次，每次看见的都是她笑眯眯的眼神和亲切可爱的笑脸。有一次，我居然第一次看见了她帅气的在家帮忙做事的老公和已经成年的帅气的长子，居然看见了乡亲们在帮她家锄粪，居然看见了她忙里忙外在为乡亲们做饭，同时，也看见了家里家外也不是那么不堪了，锅里还翻滚着香气扑鼻的暴腌五花肉。

有一次，她硬要留我吃饭，家里来了一个对脱贫政策不满意的老乡，在我向这位老乡讲了许许多多的政策后，我反问这个老乡：老乡，如果是您，在您和谭 × 凤之间选择贫困帮扶，您选谁？老乡想都不想就回答，当然是她。我没有说什么，只是笑了笑说，群众的眼睛是雪亮的，您的眼睛更雪亮。当谭 × 凤向我反映她环境卫生没有评着优的时候，这个老乡立即抢着说：你这个肯定是评不了优的，不信你就到我家去看看，也请这个同志一起去看，你跟我比较比较，你还得好好努力哟！我很惊讶这个老乡的快人快语，我生怕倔强的她会生气，哪知她依然温柔而害羞地笑着说：我都弄成这样了还不行吗？我哪有时间弄啊！

哎！好像没有我什么事了，我走了，下次再见！

在这个流淌着红色记忆的地方，给我留下了诸多令人回忆和想要珍惜的东西，特别是这个叫谭 × 凤的女人，给我留下了深刻的记忆，我难忘她倔强而要强的精神，更难忘她美丽而又温柔的眼神。

（作者时任昭通市政协港澳台侨委副主任）

昭通市脱贫攻坚大事记

李孝东

2015年以来，以习近平同志为核心的党中央团结带领全党全国各族人民，把脱贫攻坚摆在治国理政突出位置，充分发挥党的领导和我国社会主义制度的政治优势，采取许多具有原创性、独特性的重大举措，组织实施人类历史上规模最大、力度最强的脱贫攻坚战。经过持续奋斗，我市如期完成了新时代脱贫攻坚目标任务，贫困县全部摘帽，消除了绝对贫困和区域性整体贫困，百万贫困人口实现脱贫。

昭通作为我国脱贫攻坚的主战场之一，历届市委、市政府全面贯彻落实党中央各项决策部署，把打赢脱贫攻坚战作为最大的政治责任、第一民生工程和难得的发展机遇，集中攻坚，取得与全国同步实现农村贫困人口全部脱贫，10个贫困区县全部摘帽的可喜成就。

本栏目为《昭通市脱贫攻坚大事记》（2015年1月—2020年12月），以编年体形式反映从2015年昭通市脱贫攻坚大决战拉开序幕至2020年年底昭通市全面完成脱贫摘帽时止的大事记录，包括党和国家领导人到昭通考察调研，中央和国家机关正部级以上、各省各自治区各直辖市级、军队正军级以上领导到昭通考察调研，在昭通境内召开的涉及扶贫、脱贫种类重要会议，脱贫攻坚中的重点工程、重要项目、重大成果和特事、亮事、新事等，以期真实记录和全面反映昭通脱贫攻坚的重大决策、历程和成就。

一、2015年脱贫攻坚大事记

【习近平总书记到鲁甸地震灾区考察】2015年1月19日，中共中央总书记、国家主席、中央军委主席习近平在云南省委书记李纪恒、代省长陈豪陪同下，来到鲁甸地震灾区，深入企业、工地、乡村考察，就灾后恢复重建和经济社会发展情况进行调研。在震中龙头山镇，踏上废墟查看灾情。在受损严重变形的龙头山镇镇政府大门废墟前，习近平听取当地干部关于灾区恢复重建的情况介绍。习近平强调，灾区恢复重建一定要搞好规划，生活恢复和生产恢复一起抓，灾后恢复重建和扶贫开发一起抓，重建家园步伐要加快。要把住房质量放在首位，提高抗震水平，建设抗震民居，确保灾区群众住有所居、住有所安。当前最紧要的工作，是安排好群众生活，确保受灾群众安全温暖过冬。

在甘家寨受灾群众易地过渡安置点，习近平察看了临时党支部、警务室、消防室，接连走进5个帐篷看望群众，嘘寒问暖，详细了解群众生活保障情况。总书记走进邹体富老两口和孙子住的帐篷，对吃饭、补助、收入等问得十分仔细。儿童活动室里，孩子们玩游戏、唱儿歌，脸上荡漾着笑容。习近平走到孩子们中间，牵着孩子们的手，驻足观看他们的蜡笔画，祝他们健康成长。住在这里的受灾群众听说总书记来了，纷纷跑出帐篷，簇拥到总书记身边，习近平热情同他们握手。他对大家表示，党中央始终关心着大家。天灾无情人有情。老天爷把大家的家园毁了，党和政府一定要帮助大家建设一个更加美好的家园！我们13亿多人民就是一个大家庭，全国各族人民就是一个大家庭，一方有难、八方支援。只要大家一条心，有党和政府支持，有全国人民支援，再大的坎都能迈过去。大家要增强对美好生活的信心，不怕灾害，不怕困难，用自己勤劳的双手，把新家园建设得更好！ 19日下午，在地震灾区板房学校，习近平听取昭通市扶贫开发工作汇报后指出，扶贫开发是我们第一个百年奋斗目标的重点工作，是最艰巨的任务。现在距离实现全面建成小康社会只有五六年时间了，时不我待，扶贫开发要增强紧迫感，真抓实干，不能光喊口号，决不能让困难地区和困难群众掉队。要以更加明确的目标、更加有力的举措、更加有效的行动，深入实施精准扶贫、精准脱贫，项目安排和资金使用都要提高精准度，扶到点上、根上，让贫困群众真正得到实惠。

【市委书记刘建华率队调研扶贫开发工作】2015年3月6—9日，市委书记刘建华率市委常委、副市长成联远，市委常委、市委秘书长龙进，市委常委、市纪委书记陆维智，副市长余伟，市政协副主席赵洪乖、晏祥莉及市直相关部门负责人到巧家县，就地震灾后恢复重建、扶贫开发、美丽乡村建设、产业建设等工作开展调研后，在小河镇与巧家县各级领导干部座谈时强调，要加快农业产业化发展步伐；打好扶贫攻坚战役；加强干部队伍建设，奋力实现跨越发展、全面小康目标，谱写好中国梦的昭通篇章。

【全市扶贫攻坚工作推进视频会议召开】2015年4月29日，全市扶贫攻坚工作推进视频会议召开，市委书记刘建华出席会议并作重要讲话。会议深入学习贯彻习近平总书记系列重要讲话和扶贫开发相关会议精神。昭阳区小龙洞乡、镇雄县以古镇作交流发言。会后，与会人员现场参观昭阳区小龙洞乡偏坡村。

【省委副书记钟勉到昭调研扶贫开发工作】2015年5月5—6日，省委副书记钟勉到鲁甸、昭阳2县区调研经济社会发展、灾后恢复重建、扶贫开发和党建工作。钟勉强调，要认真学习贯彻习近平总书记考察云南重要讲话精神，按照省委九届九次、十次全会精神和省委、省政府部署要求，科学推进恢复重建，打好新一轮扶贫开发攻坚战，奋力推动跨越式发展，为与全国全省同步全面建成小康社会奠定坚实基础。

【全市扶贫攻坚工作推进视频会议召开】2015年8.29日，全市召开扶贫开发暨“挂包帮”“转走访”和农村危房改造、抗震安居工程建设会，市委书记范华平出席会议并作重要讲话。会议深入学习贯彻习近平总书记系列重要讲话特别是考察云南时的重要讲话、在贵州召开的部分省区市党委主要负责同志座谈会上的重要讲话精神，与11县区县区长签订2015年农村危房改造和抗震安居工程目标责任书。11县区负责人就如期脱贫摘帽作出郑重承诺。与会人员还观看扶贫开发、农村危房改造和抗震安居工程建设专题片。

【陈豪省长到昭调研扶贫开发工作】2015年10月18—19日，陈豪在昭通市镇雄、彝良、威信革命老区调研扶贫攻坚工作，并在镇雄县开展“挂包帮、转走访”。陈豪强调，要下更大决心、作更大努力，在全力做好灾后恢复重建工作的同时，以区域发展带动扶贫开发，以扶贫开发促进区域发展，确保镇彝威革命老区与全国、全省同步实现全面建成小康社会目标。副省长刘慧晏，市委书记范华平等陪同调研。

2015年12月4—5日，省长陈豪在昭通先后就水富港建设、经营和扩能改造规划情况，向家坝水电站生产运营情况，云天化股份有限公司生产经营情况，中和现代农业产业园建设，滇和酒业有限公司，云南明磊实业有限公司生产经营情况等进行调研。调研期间，陈豪到鲁甸县龙头山镇沙坝回龙湾集中安置点、灰街子一号保障房、甘家寨集中安置点、龙泉中学建设现场进行检查指导。5日下午，陈豪出席乌蒙山云南片区暨镇彝威革命老区扶贫攻坚工作座谈会，副省长和段琪、丁绍祥，省政府秘书长李邑飞，市委书记范华平，市长郭大进，市委副书记纳云德，市人大常委会主任张绍雄，市政协主席熊启怀，市委常委、常务副市长成联远，副市长李彪及省政府调研组，乌蒙山云南片区挂县省级领导，省级有关部门，曲靖市、楚雄州负责人分别参加调研和座谈会。

二、2016年脱贫攻坚大事记

【市委召开扶贫开发工作会】2016年1月6日，市委召开扶贫开发工作会，全面贯彻中央和省委决策部署，分析昭通脱贫攻坚面临的形势和机遇，提出了到2019年全市133.67万贫困人口全部脱贫，基本消除绝对贫困，贫困县全部摘帽的目标，并就如何做好脱贫攻坚工作提出要求。范华平出席会议并讲话。郭大进主持会议。省扶贫办党组成员、副主任王仕平到会指导。

【镇彝威精准扶贫脱贫三年行动计划获批】2016年1月30日，省政府批复实施《昭通市镇彝威革命老区精准扶贫精准脱贫三年行动计划（2016—2018年）》，总投资98.82亿元，其中民生改善投资46.13亿元、基础设施投资18.64亿元、产业发展5.24亿元、技能扶贫及能力素质提升4.46亿元、公共服务业21.48亿元、环境保护2.87亿元。在资金筹措中，争取国家支持和省级部门补助39.02亿元、省级财政专项扶贫资金15.02亿元、省政府专项安排扶贫资金6亿元（每年预算2亿元，安排3年用于解决老区特殊困难）、市县部门补助4.09亿元、业主投入及专项贷款22.04亿元、群众自筹12.65亿元。年内，争取到位镇彝威革命老区项目资金48.45亿元，占年度计划134.65%；完成投资42.04亿元，占年度到位资金86.77%。

【中共中央政治局常委、中央书记处书记刘云山先后到鲁甸等地调研扶贫工作】2016年3月30日至4月2日，中共中央政治局常委、中央书记处书记刘云山先后到云南昭通等地调研，强调要深入贯彻习近平总书记关于扶贫开发的重要指示精神和党中央决策部署，切实加强党建工作和组织工作，发挥党的政治优势和组织优势，为打赢脱贫攻坚战提供有力保证。

刘云山就党建工作和组织工作服务脱贫攻坚进行调研，在昭通市鲁甸县，刘云山走进乡村、企业、社区、学校和卫生院，详细了解地震灾后重建和群众生产生活情况。刘云山说，我们党的所有工作都是为了老百姓，群众越是有困难，党组织和党员干部越要当好群众的主心骨。要把地震灾后重建和脱贫攻坚结合起来，把责任扛在肩上，冲在前面、当好先锋，更好发挥带动引领作用。

【扶贫开发领导小组召开第一次全体会议】2016年4月5日，市扶贫开发领导小组召开第一次全体会议，贯彻省扶贫开发领导小组第一次全体会议精神，总结全市2015年脱贫攻坚工作，部署2016年脱贫攻坚工作任务。

市委书记范华平出席会议并讲话。市委副书记王忠主持会议。市委常委、常务副市长成联远代表市委、市政府与各县区签订2016年脱贫攻坚责任书。会议通报2015年全市扶贫开发工作情况，对《昭通市建档立卡贫困人口“两不愁、三保障”量化标准（讨论稿）》《昭通市扶贫开发领导小组2016年工作要点》《昭通市扶贫开发责任、权利、任务、资金“四到县”管理办法（试行）》《昭通市脱贫摘帽出列实施方案（讨论稿）》等文件起草作说明。

【省委书记李纪恒到昭调研脱贫攻坚】2016年4月13—16日，李纪恒到威信、镇雄、彝良革命老区，就脱贫攻坚进行专题调研。强调要采取超常规举措，拿出过硬措施，推动资源要素向老区优先集聚，民生政策向老区优先覆盖，重大项目向老区优先布局，使老区面貌明显改善、人民生活水平显著提升。在镇雄主持召开会议，听取昭通市及镇彝威革命老区关于扶贫攻坚工作情况的汇报，并专题研究镇彝威革命老区脱贫攻坚的相关工作。张祖林、李邑飞及昭通市的范华平、郭大进、王忠、熊启怀、成联远、江先奎、陆维智、陈真永、尹朝禹、沈文海、赵卫、杨桂红、龙进、余伟、苏建宏等领导分别参加有关活动。

【市委、市政府开展脱贫攻坚现场观摩点评】2016年5月上旬和10月上旬，全市前后组织4次脱贫攻坚现场观摩点评活动，分别由市委书记范华平、市长郭大进率队，各县区党政主要领导、市直有关部门负责人参与，对11县区易地扶贫搬迁、重点工程建设、产业发展等进行巡回观摩和点评活动，现场推动工作、现场推广经验、现场传导压力、现场压实责任。各县区也结合实际多次开展观摩点评活动，为脱贫攻坚工作起到良好助推作用。

【全省产业扶贫暨易地扶贫搬迁滇东片区推进会】2016年8月25日，全省产业扶贫暨易地扶贫搬迁滇东片区推进会在昭通召开。省委副书记钟勉出席会议并讲话，副省长张祖林主持会议。会议强调，易地扶贫搬迁要始终聚焦贫困群众脱贫，切实做到搬迁对象精准、项目实施精准、后续发展精准，真搬实搬、搬迁脱贫。要把产业扶贫和易地扶贫搬迁有机结合起来，在规划搬迁时同步做好产业帮扶、劳务培训和输出、社会保障兜底等配套工作，确保贫困群众通过搬迁实现脱贫。

【胡春华走访看望昭通贫困户】2016年9月3—4日，中共中央政治局委员、广东省委书记胡春华到云南对接东西部扶贫协作工作，并在昭通召开广东与云南扶贫协作工作联席会议，就对口关系、协作机制、人员派驻、资金支持、帮扶项目、牵头单位、合作领域等进行全面对接。其间，胡春华到昭阳区靖安镇长寨村调研脱贫攻坚工作，入户看望慰问困难群众，实地了解昭通发展特色农业带动脱贫等情况，提出广东有关地市和部门要加强与对口州市的沟通协作，切实把扶贫协作任务落实好。省委书记、省长陈豪，省委副书记钟勉出席会议，并陪同调研。

【扶贫开发领导小组召开第二次全体会议】2016年9月5日，市扶贫开发领导小组召开第二次全体会议，学习贯彻全国、全省脱贫攻坚系列会议精神及云南与广东扶贫协作联席会议精神，总结上半年扶贫工作，安排部署下半年任务。范华平，市长、市扶贫开发领导小组组长郭大进出席会议并讲话。王忠主持会议。市人大常委会主任张绍雄，市政协主席成联远，周福昌、陈真永、尹朝禹、李彪等市领导出席会议。威信县、市教育局、市住建局负责人分别作交流发言。

【市委、市政府开展第二次脱贫攻坚现场观摩点评活动】2016年10月8日，全市开展第二次脱贫攻坚现场观摩点评活动，范华平率组以巧家县为首站，开展脱贫攻坚现场观摩点评。范华平和郭大进分别率队，交叉到全市11县区开展脱贫攻坚现场观摩点评活动。张绍雄、周福昌、江先奎、陆维智、余伟、赵卫、禄松、石邦云、杨桂红、赵洪乖、晏祥莉等市领导参加第一组活动。王忠、成联远、魏新、申琼、沈文海、马晓红、陶天蓉、龙进、李彪、苏建宏、张永前、肖本敏等市领导参加第二组活动。

【脱贫攻坚先进集体及个人表彰】2016年12月26日，全市召开“挂包帮”“转走访”工作联席会暨社会扶贫推进会，总结2016年全市“挂包帮”定点扶贫和社会扶贫工作，交流经验、表彰先进，安排部署下一步工作。市委书记范华平在讲话时强调，必须以坚定的政治担当和钉钉子精神，敢于担当、狠抓落实，全力推进精准扶贫精准脱贫各项工作，确保脱贫攻坚任务如期完成。市委副书记王忠主持会议，市人大常委会主任张绍雄，市政协主席成联远等市领导出席会议。会议对昭阳区纪委、鲁甸县扶贫办等 14 家脱贫攻坚先进集体，东华大学、中国建材集团等 51 家挂钩帮扶和社会扶贫先进集体，及来自中央、省、市、县的 142 名先进个人进行表彰，会上向 62 家先进集体及先进个人代表颁发奖牌和荣誉证书。东华大学、中国建材集团、云南出版集团、昭通市委宣传部、昭阳区交通局等 10 家挂钩帮扶单位在会上作交流发言。

三、2017 年脱贫攻坚大事记

【中共中央政治局常委、国务院总理李克强到鲁甸地震灾区视察恢复重建及扶贫工作】1 月 23—25 日，新春佳节前夕，中共中央政治局常委、国务院总理李克强，在云南省委书记陈豪、省长阮成发陪同下，在昭通等地考察。

党中央、国务院高度重视鲁甸地震灾区恢复重建工作，李克强来到当年的震中龙头山镇，看到曾经的废墟上盖起排排新房，遭到严重损毁的道路等设施面貌一新，他对两年多来重建工作取得的成绩予以充分肯定。李克强说，我代表习近平总书记向大家表示慰问。在村民家中，李克强关切询问他们现在家里生活怎么样，年货是否准备好了，他叮嘱当地干部要为群众就业拓宽渠道。李克强走进受灾群众办的客栈，对他们自力更生发展旅游业表示赞许。他对乡亲们说，大家辛苦一年了，家人团聚好好过年，来年把国家、把新家园建设得更好。听到村民反映，他们外出务工被欠薪，李克强当即要求当地政府帮助追讨，有关部门要在全国范围内对欠薪问题开展进一步专项督查。对欠薪这一顽症要拿出治本之策，坚决维护农民工合法权益。

李克强还辗转来到地处乌蒙山深处的余家大冲，沿着坡陡弯急的山路，一连走进几户村民家中向他们拜年，并与村民围坐在场坝上，共话加快脱贫的办法。他说，党和政府一定会帮助困难群众改善生产生活条件，有关部门要支持地方因地制宜、创新机制，多渠道筹集易地扶贫搬迁资金，加快脱贫攻坚进度，城市棚户区改造力度也要加大，大家一起努力，日子一定会一年比一年好。

【确立“133”脱贫攻坚工作思路】市委立足昭通市情和工作实际，在认真总结经验、深入调查研究的基础上，制定了“133”脱贫攻坚工作思路，即：坚持以人民为中心、以群众工作为主线，抓住精准、统筹、务实“三个关键”，实现思想、工作、情感“三个认同”。坚持“双统领”（以脱贫攻坚统领经济社会发展全局、以党的建设统领和推动各项工作落实）、强化“双保障”（铁的纪律和硬的作风）、实现“双推进”（党的建设和脱贫攻坚），以更加扎实有效的工作，推进各项政策和措施精准落实落地见效。

【召开全市精准识别摸底调查动员暨业务培训会议】2017 年 5 月 16 日下午，市委、市政府召开全市精准识别摸底调查动员暨业务培训会议，市委书记杨亚林出席会议并作动员讲话，市委副书记王忠主持会议。

会议强调，要以县区为主体，深入开展摸底调查工作，县区党政主要领导负总责，要亲自安排部署，入户调查。以村民小组为工作单元，由工作队组织开展调查和“一评一审一公示”工作。以农户为基本对象，逐一入户走访调查，全面采集农户信息，摸清农户家庭成员信息、收入、住房、就学、医疗和社会保障等情况。以市县乡干部、驻村扶贫工作队、第三方为入户摸底调查主要力量，从市、县挂包单位抽调力量，配合第三方服务，与驻村工作队队员、乡镇干部一起开展摸底调查工作。动员会结束后，昭通市扶贫、公安、住建、教育、卫计、民政等部门分别就摸底调查各项工作对参会人员进行了培训。

【开展贫困对象精准识别摸底调查】2017 年 5 月，根据省委、省政府统一部署，我市全面贯彻落实“133”脱贫攻坚工作思路，按照“从头再来但不是推倒重来、全面调查但各有侧重、稳中求进动态管理”要求，坚持以县区为主体，以村民小组为基本单元，以农户为基本对象，以市县乡干部、驻村扶贫工作队、第三方为入户摸底调查主要力量等方式，组建贫困对象动态管理工作队3437支2.36万人，深入146个乡镇1251个行政村，走访核查农户129.73万户529.06万人，做好政策宣传和贫困农户信息采集工作，全面核查精准农村户籍、住房、教育、卫生、低保等信息，走实了群众路线、密切了党群干群关系、锻炼了干部、增强了服务群众的本领和意识。通过动态管理，全市剔除错评21976户77355人，新纳入漏评人口42403户174166人，2014—2016年脱贫返贫户11027户48054人，录入国务院扶贫办系统贫困对象275038户1133719人，精准扣好“第一粒纽子”。

【召开全市完成扶贫目标任务“百日行动”视频会议.2017年10月11日，市委、市政府召开视频会议，全面安排部署昭通市完成全年扶贫目标任务百日行动各项工作。市委书记杨亚林出席会议并讲话，市委副书记、市长郭大进主持会议。会议要求，全市各级各部门要切实把思想和行动统一到省委、省政府和市委、市政府的决策部署上来，要围绕贫困村出列考核标准，对标对表补齐短板，全面完成贫困村出列任务。要坚持实事求是，不急躁不冒进，立足实际精准锁定全年脱贫出列目标任务。会议强调，全市各级各部门要强化担当意识，压实各方责任，创新工作方式，奋力完成扶贫目标任务。要压实责任，合力推进脱贫攻坚目标任务圆满完成；强化引导，做细工作，努力提高群众满意度。要把“百日行动”作为当前的重要任务、紧急任务来抓，全面动员、迅速行动，精心谋划，以“绣花”的功夫扎实推进扶贫工作的落实；精准施策、靶向攻坚，对照任务清单抓攻坚，对照问题整改抓攻坚，对照时间进度抓攻坚，对照精准脱贫对象抓攻坚。

【召开易地扶贫搬迁对象摸底调查精准识别动员暨培训视频会议】2017年12月8日，昭通市召开全市深入开展易地扶贫搬迁对象摸底调查精准识别动员暨培训视频会议。市委书记杨亚林出席会议并讲话，市委副书记王忠主持会议。

会议强调，全市各县区要按照应搬尽搬的原则，准确理解把握集中居住在30户左右、贫困发生率在50%以上、基础设施和公共服务尚未达到脱贫出列条件的自然村实施整村搬迁的要求，综合判断、分析定位，本着对群众负责的态度，尽快组织力量开展易地扶贫搬迁对象摸底调查精准识别，明晰对象。要本着既面对现实又着眼未来的原则，讲清政策、算清账目、权衡利弊，深入、扎实、认真、细致、耐心地开展好宣传引导发动工作，做好意愿调查，在12月15日前把易地搬迁对象、户数、人数摸清并上报。

会议要求，要按照县城安置75%以上，中心集镇安置25%的比例要求，全市一盘棋，打破县区行政界线，打破乡镇和行政村的行政界线，本着集约、集中的原则，以县为主体，统筹谋划，布局谋篇。要坚持整体搬迁、集中安置的原则，以县人民政府为主体，统筹规划、建设、管理、配套，采取进县城集中安置、进县城融合安置、保障房安置、中心集镇安置的模式进行。要坚持搬得出、稳得住、持续能致富、群众较满意的原则；坚持充分尊重群众和充分发动群众相结合的原则。

【全市开展易地扶贫搬迁对象精准识别】2017年10月，聚焦“一方水土养不活一方人”区域，按照“能搬则搬、应搬尽搬、整村搬迁”的要求，以贫困程度和客观条件为综合判断标准，扎实开展摸底调查精准识别，广泛深入地宣传引导，充分征求群众意愿，真正让需要帮助的老百姓得到实惠，实现既“挪穷窝”、更“断穷根”。通过识别，全市已在国务院扶贫办建档立卡信息系统中标识“应搬尽搬”对象103226户427653人，其中建档立卡户71437户304160人（包括核定规模119517人，原核定规模内自然增加678人，新增搬迁人口43448户183965人），同步搬迁户31789户123493人。

四、2018 年脱贫攻坚大事记

【昭通市扶贫开发领导小组召开 2018 年第一次全体会议】2018 年 3 月 1 日，市扶贫开发领导小组召开 2018 年第一次全体会议，市委书记杨亚林主持会议，市领导王忠、罗朝峰、江先奎、余伟、陈真永、尹朝禹、申琼、沈文海、邓浩全等出席会议。会议听取了各县区关于 2018 年脱贫攻坚工作现状、存在问题、工作计划和具体措施的情况汇报，各挂钩联系领导就易地搬迁、群众就业、责任落实、产业培育等内容提问，各县区当场作出答复。

杨亚林强调，各级各部门要准确领会习近平总书记讲话的精神实质，注重方法，创新机制抓落实。要处理好脱贫攻坚与乡村振兴、进度与质量、精准施策与统筹推进、严格要求与正向激励、自力更生与争取支持等五个方面的关系；要严格按照“133”工作思路，落实“三个全覆盖”，抓住精准的同时，做好统筹，研究机制、方法和具体措施，在产业发展、劳动力转移等方面进一步提升组织化程度，创建新机制，加强“党支部+合作社”运作，有机整合力量，有效控制风险，增强措施落实的操作性和针对性；要强化培训、教育和指导，激发内生动力，不等不靠、积极主动工作、千方百计解决问题，又要努力争取、合力攻坚。

杨亚林要求，要求真务实转作风，以实际成效检验工作成败。要聚焦“两不愁、三保障”，严格对标对表，摸清家底、了解情况、厘清思路、聚焦重点、继续深化，重在务实、重在实效；要坚持问题导向抓整改、坚持目标导向补短板、坚持强化党的领导，严格实行责任化落实，做实做细各项工作。

【杨亚林主持召开全市脱贫攻坚推进会议】2018 年 3 月 24 日，市委书记杨亚林主持召开全市脱贫攻坚推进会议，市领导郭大进、王忠、张绍雄等出席会议。

杨亚林强调，要深刻领会高质量发展的要求，努力探索一条有昭通特色的高质量发展之路。第一，要坚定不移地立足昭通实际，因地制宜，扬长避短，选准高质量发展的方向，下定决心，朝着主攻方向去努力；第二，要坚定不移地用新理念、新机制、新技术来武装、提升和改造传统产业；第三，要尊重群众意愿，立足当地实际，坚定不移地探索出有昭通特色的发展机制和模式。

杨亚林要求，各级各部门是我市整顿作风的重点，将从四个方面着力，一是对全市县处级干部进行全面轮训，集中学习十九大精神，抓学习提高，促作风转变。二是强化领导挂钩和第一书记配备制度。三是强化村干部培训和基层党组织整顿，调整充实基层一线党组织力量。四是建立村干部奖惩激励机制，把村组干部收入待遇与集体经济的增长直接挂钩。

昭阳区、威信县、镇雄县以及云南中骏生物科技有限公司就良种良法推广应用、高度组织化和集约化模式、提高农村劳动力转移等作交流发言。

【陈豪到昭通调研】2018年4月12—14日，省委书记陈豪到彝良县、镇雄县调研脱贫攻坚工作。

【卢展工到昭通调研】2018年5月10—11日，全国政协副主席卢展工率全国政协社会和法制委员会专题调研组，就“解决深度贫困地区脱贫问题”到昭阳、大关等地调研，听取昭通市关于扶贫攻坚情况介绍。

【胡春华到昭通调研脱贫攻坚】2018年6月14—15日，中共中央政治局委员、国务院扶贫开发领导小组组长胡春华到昭通调研脱贫攻坚工作。强调要学习贯彻习近平总书记关于脱贫攻坚的重要指示精神，落实党中央、国务院关于打赢脱贫攻坚战3年行动的决策部署，聚焦深度贫困地区和特殊贫困群体，坚持目标标准，贯彻精准方略，推进脱贫攻坚各项政策举措，确保不漏一村不落一人，坚决打赢深度贫困地区脱贫攻坚战。云南省昭通市地处乌蒙山集中连片贫困地区腹地，贫困面广，贫困发生率高，是“贫中之贫、坚中之坚”的深度贫困地区。胡春华先后来到彝良县洛泽河镇、大关县悦乐镇、鲁甸县龙树镇，深入扶贫产业基地、搬迁安置点、扶贫协作项目点、乡村小学、村卫生室等，实地调研产业扶贫、易地扶贫搬迁、劳务扶贫、东西部扶贫协作、教育扶贫、健康扶贫等工作进展，进村入户详细询问贫困群众生产生活情况，与基层干部、驻村工作队、第一书记等深入交流。

胡春华强调，深度贫困地区脱贫攻坚是硬仗中的硬仗，必须整合扶贫资源，集中力量攻坚。要聚焦解决贫困人口“两不愁、三保障”，扎实有力推进各项帮扶工作，既不降低标准，也不吊高胃口。要聚焦基础设施和公共服务短板，加大政策倾斜力度，着力改善深度贫困地区发展条件。要聚焦提高脱贫质量，促进特色产业扶贫持续稳定发展，提高劳务扶贫组织化程度和劳务协作力度，加强易地扶贫搬迁产业配套和就业安置，提高东西部扶贫协作工作水平。要聚焦扶贫扶志，激发贫困群众内生动力，广泛调动贫困群众勤劳脱贫致富、建设美好家园的积极性、主动性、创造性。要聚焦扶贫领域作风建设，促进真抓实干、埋头苦干，确保如期实现深度贫困地区脱贫攻坚目标任务。

【昭通市委、市政府召开脱贫攻坚“村村清、户户清”行动暨全面实施“百村示范　万村整治”行动视频会议 ..2018 年 7 月 3 日，市委、市政府召开全面开展脱贫攻坚“村村清、户户清”行动暨全面实施“百村示范万村整治”行动视频会议，市委副书记、市长郭大进主持会议，杨亚林、郭大进、王忠、张绍雄、成联远、罗朝峰、江先奎、陆维智、余伟、陈真永、尹朝禹、申琼、赵长胜等市领导在主会场出席会议。

杨亚林强调，全市上下要立足昭通实际，再聚焦、再精准、再落实，扣好“精准施策”这粒扣子，同步推进乡村振兴、人居环境整治、基础改善、产业培育、民生保障各项工作，务求实效推进乡村振兴。要立足实际、聚焦一线、重心下沉、整体推动，全面开展“村村清、户户清”行动及“百村示范万村整治”行动。

杨亚林要求，要以县为主体、行政村为基本单元、农户为基本对象，制定好村施工图、乡线路图、县项目库；要聚焦一线，盯准问题，以户户清保证村村清，以村村落实倒逼乡、县、市三级工作到位；要根据《三年行动指导意见》，准确把控标准，找准定位、明确方向、定好措施；要走实群众路线，把自下而上的精准和自上而下的统筹结合起来，做到不漏一村、不落一户。

【昭通 13 人 5 集体获 2018 年脱贫攻坚殊荣】2018 年 10 月 17 日，云南省扶贫开发领导小组发布《关于表彰全省 2018 年脱贫攻坚奖获奖者的决定》，昭通 13 人 5 集体在列。昭通市获表彰的扶贫先进集体是：中国共产党昭通市纪律检查委员会、昭通市监察委员会、昭通市交通运输局、盐津县牛寨乡。扶贫明星企业：云南莱人家食品有限公司、镇雄滇龙生态科技有限公司。

五、2019 年脱贫攻坚大事记

【昭通市扶贫开发领导小组召开 2019 年第一次全体会议】2019 年 1 月 10 日，市委书记杨亚林主持召开昭通市扶贫开发领导小组 2019 年第一次会议，对威信、绥江两县申请贫困县退出工作进行市级审查，并部署下一步工作。

会议指出，威信、绥江两县是昭通首批退出的贫困县，意义重大。市级核查组在两个县汇报自检自查情况报告的基础上，提出了意见，一致认为两县具备申请退出的条件。

会议强调，2019 年全市将有 7 个县 40 万以上的人口脱贫摘帽，完成将近 25 万人的易地搬迁。全市上下要统一、坚定思想，明确要求，立足长远，巩固提升，切实强化产业支撑和基础完善工作，补齐产业培育和基础完善这块短板。

会议还审议通过了《昭通市扶贫开发领导小组关于威信县 2018 年贫困县退出审核情况的报告》《昭通市扶贫开发领导小组关于绥江县 2018 年贫

困县退出审核情况的报告》《昭通市威信县、绥江县2018年贫困退出公示（审议稿）》《昭通市扶贫开发领导小组关于对威信县、绥江县开展贫困退出专项评估检查的请示》。

【昭通市召开2019年脱贫摘帽督导员下派动员会暨业务专题培训会】2019年4月16日，昭通市召开2019年脱贫摘帽督导员下派动员会暨业务专题培训会，为进驻今年计划出列的624个贫困村开展驻村督导的624名督导员加压鼓劲，进一步明确督导任务，合力攻坚冲刺，坚决打赢脱贫攻坚战。

会议强调，督导员要找准定位，强化督导职责，紧盯易地扶贫搬迁、产业培育、劳动力转移就业、危房改造等重点任务，补短板、强弱项；要立足脱贫攻坚和乡村振兴，着眼全局、长远谋划，及时发现问题，协同配合解难题，坚决打赢脱贫攻坚歼灭战；要强化组织保障，严明工作纪律，同时坚持严管和厚爱并重，提拔干部重点向脱贫攻坚一线倾斜，体现鲜明的用人导向。要树立一步登顶意识，高标准谋划推动产业发展，严格网格化管理，提升组织化程度，盘活好迁出地的宅基地、林地、耕地资源，努力为当地发展和群众增收闯出一条发展之路，确保村村有亮点、组组有看点、户户有支撑。要严格落实拆旧建新要求，结合“百村示范，万村整治”行动，迅速掀起人居环境整治热潮，展现新村、新貌、新气象。

【昭通市扶贫开发领导小组召开2019年第二次全体会议】2019年4月18日，市扶贫开发领导小组召开2019年第二次会议，深入学习贯彻习近平总书记3月7日在参加十三届全国人大二次会议甘肃代表团审议、4月10日给贡总书记山县独龙江乡群众回信、4月15—17日总书记在重庆考察主持召开解决“两不愁、三保障”突出问题座谈会上发表的重要讲话精神和指示精神，认真落实中央脱贫攻坚专项巡视整改、省扶贫开发领导小组第十一次全体会议精神，研究部署2019年脱贫攻坚重点任务的推进落实。

会议要求，要以强烈的政治责任感，抓好中央脱贫攻坚专项巡视反馈问题的整改落实，以此推动工作全面落实。全市各级党委（党组）要坚持目标标准，聚焦问题短板，对照反思，明确努力方向，找准着力点，切实采取过硬措施，抓好问题整改，以整改为契机推动工作落实，确保不折不扣贯彻落实党中央脱贫攻坚决策部署。要聚焦“两不愁、三保障”，整合各类资源、资金，重点聚焦到产业培育、就业支撑巩固、增强发展后劲上，全力抓好项目库落实。要明确责任，下沉一线抓落实，保质保量抓推进，坚决打好打赢脱贫攻坚硬仗。

会议上，各县（市区）、市级相关行业部门就落实2019年脱贫攻坚重点任务作了表态发言，签订和递交了责任书。

【云南省人民政府批准昭通市威信县、绥江县退出贫困县】2019年4月30日，云南省人民政府印发《关于批准东川区等33个县（市、区）退出贫困县的通知》（云政发〔2019〕15号），正式批准昭通市威信县、绥江县退出贫困县序列。

【昭通市扶贫开发领导小组召开2019年第三次会议暨易地扶贫搬迁工作指挥部调度会议】2019年5月16日，市委书记杨亚林主持召开昭通市扶贫开发领导小组会议暨易地扶贫搬迁工作指挥部调度会议，对全市易地扶贫搬迁工作推进中存在问题进行分析、把控和通报，围绕政策清、就业清、产业清等重点工作进行安排部署。

会议指出，全市还存在政策宣传落实不到位、基本情况摸底和掌控不精准、劳动就业意愿确定不精准等一系列问题，全市上下要全体总动员，以市县区为主体，整合乡村干部、工作队队员、督导队队员、挂钩帮扶干部等方面力量，用一个月时间逐户逐人排查落实，至少做到政策清、家底清、就业意愿确认、产业配套清、严格一户一档的档案资料建立和归档。要聚焦“两不愁、三保障”等基本要求和摘帽退出标准，在易地搬迁、产业培育等方面认真梳理，重心下沉、全面动员、全力以赴冲刺攻坚。要严明纪律，严格要求，确保有效落实。

【2019年东莞·昭通扶贫协作联席会议召开】7月4—5日，东莞市委书记、市人大常委会主任梁维东率市党政代表团赴云南省昭通市考察对接

扶贫协作工作，受到昭通市委书记杨亚林，市委副书记、市长郭大进的热情欢迎。联席会议上，东莞金控集团等六家企业共同出资 3000 万元，援建昭通市鲁甸县一所小学，同时还举行了大宗农产品采购签约、“万企帮万村”和教育帮扶资金捐赠仪式。

【昭通市开展脱贫攻坚普查工作】7 月 20 日—8 月 31 日，昭通市坚持把脱贫攻坚普查作为 2020 年脱贫攻坚工作的根本指南和重大政治任务，成立市委、市政府主要领导任双组长的市脱贫攻坚普查领导小组，切实加强统筹调度、严格过程把控、强化质量管理，举全市之力开展脱贫攻坚普查工作，高质量完成了第一批 9 个县区、980 个村、30.145 万户、127.85 万人脱贫攻坚普查登记任务。

【中国共产党昭通市第四届委员会第五次全体（扩大）会议研究部署脱贫攻坚工作】中国共产党昭通市第四届委员会第五次全体（扩大）会议，于 2019 年 8 月 26—27 日在昭阳举行。出席全会的有市委委员 47 人、市委候补委员 12 人。市纪委委员和市监委委员、有关方面负责同志，部分担任过副厅级及其以上领导职务的老同志代表、市第四次党代会基层代表，全市各乡镇（街道办事处）党委主要负责同志和 2019 年度计划脱贫出列贫困村驻村工作队队长列席了会议。

全会由市委常委会主持。全会高举习近平新时代中国特色社会主义思想伟大旗帜，全面贯彻落实党中央系列重要会议和省委十届七次全会精神，认真总结今年上半年及近几年来的工作，分析研判了当前形势，作出了打好打赢“两不愁、三保障”突出问题歼灭战、易地扶贫搬迁“搬得出、稳得住”攻坚战、产业培育高质量发展突击战、农村人居环境整治提升人海战、强化党建引领推动作风转变持久战“五大战役”的重大决策部署，安排了下半年重点任务。市委书记杨亚林代表市委常委会向全会作报告并作总结讲话，市委副书记、市长郭大进就 2019 年上半年全市经济社会发展情况及做好下半年全市经济社会发展工作作报告。

【昭通市扶贫开发领导小组召开 2019 年第四次全体会议】2019 年 10

月 16 日，市委书记杨亚林主持召开扶贫开发领导小组 2019 年第四次全体会议，学习贯彻习近平总书记关于扶贫工作的重要论述，全面落实省扶贫开发领导小组第十三次全体（扩大）会议精神、市委四届五次全会精神，贯彻近期省委、省政府领导以及中央主题教育第四巡回督导组对昭通工作的相关要求，进一步聚焦脱贫攻坚、聚焦“两不愁、三保障”突出问题，动员全市力量抓好最后冲刺。

会议强调，全市上下要进一步增强“四个意识”，高标准、严要求，不成功便成仁，不找理由、不谈条件，确保高质量完成脱贫任务；坚持“干”字当头，说到做到，苦干实干，全身心投入到具体工作中去，静下心来、沉下身子，认真梳理排查工作中存在的问题和不足，攻坚克难，用扎实的努力来支撑高质量脱贫；要提高“弹钢琴”的水平，保质保量完成脱贫攻坚任务的同时，统筹推进稳增长、保稳定、抓改革、促和谐、保安全等各项工作，真正做到抓实、抓细、抓具体。

【昭通市扶贫开发领导小组召开 2019 年第五次全体会议】2019 年 11 月 25 日，市委书记杨亚林主持召开扶贫开发领导小组 2019 年度第五次会议，贯彻落实省扶贫开发领导小组第十四次全体会议精神，动员全市各级干部群众紧盯最后时间，紧扣目标要求，进一步统一思想认识，聚焦短板弱项，全面攻坚冲刺，以扎实的作风、工作的实效，确保高质量完成今年的脱贫摘帽各项任务。

会议强调，各级各部门要始终坚持以人民为中心、以群众工作为主线的“133”工作思路，在不断解决硬指标问题的同时，切实抓好宣传、教育、引导等软实力的提升，努力增强群众的认同感、满意度。要整合力量，明确责任，以严明的纪律、扎实的作风支撑高质量的脱贫。

【昭通市扶贫开发领导小组召开 2019 年第六次全体会议】2019 年 12 月 21 日，市委书记杨亚林主持召开昭通市扶贫开发领导小组 2019 年第六次会议，对昭阳、鲁甸、巧家、彝良、盐津、大关、永善等 7 个县（区）脱贫攻坚工作情况逐个进行综合研判，动员全市上下在最后迎检的关键时刻，坚定信心，振奋精神，再精准、再聚焦、再发力，做好最后冲刺，确保考核验收顺利通过，交出高质量答卷。

会议要求，各县（区）要再精准、再发力，做实群众工作，强化“三个认同”，抓住搬迁契机，整合各方力量促进搬迁融合，通过宣传、教育、引导、组织群众，做好环境整治、操家理务等工作，彻底转变群众思想观念、生活习惯、生产方式和精神面貌，营造全社会关注、全方位支持的良好氛围，确保让贫困群众搬得踏实、温暖，搬出新风貌和新气象，展示出昭通人民良好的素质。

六、2020 年脱贫攻坚大事记

【昭通市扶贫开发领导小组召开 2020 年第一次全体会议】2020 年 1 月 22 日，市扶贫开发领导小组召开 2020 年第一次全体会议，深入学习贯彻中央、省脱贫攻坚有关会议精神，全面总结 2019 年脱贫攻坚取得的成绩和面临的形势，安排部署 2020 年脱贫攻坚工作。会议强调，一要坚持把脱贫攻坚作为 2020 年工作主题主线，一鼓作气全面完成各项工作任务。二要坚持以监测户和边缘户为重点，抓好巩固，把握好重点，组织好人力、物力和财力，确保监测户和边缘户不返贫、不致贫。三要严明责任、严肃纪律，交出高质量的脱贫攻坚答卷。

【昭通发起决战决胜脱贫攻坚“百日总攻”】2020 年 4 月 9 日，市委、市政府以视频的形式召开全市决战决胜脱贫攻坚“百日总攻”行动暨普查工作会议，深入贯彻习近平总书记 3 月 6 日在决战决胜脱贫攻坚座谈会上的重要讲话精神，认真落实党中央、国务院系列决策部署及省委、省政府近期系列会议精神，吹响“百日总攻”号角，全面安排部署昭通脱贫攻坚普查工作，集中力量抓重点、攻难点、补短板、强巩固。会议强调，要以背水一战、毕其功于一役的决心和干劲，坚决攻克贫困最后的“堡垒”、啃下脱贫攻坚最硬的“骨头”，坚决夺取收官之战全面胜利，努力交出一份脱贫攻坚高质量答卷。

市委书记杨亚林作动员讲话；市委副书记、市长郭大进主持会议。杨亚林指出，当前，脱贫攻坚到了最后收官阶段、最后普查总攻交卷阶段，从现在起到 7 月 20 日，这 100 天既是百日总攻，也是脱贫普查，更是收官之战，要“三者互为一体”相辅相成协同推进。郭大进要求，要以赶考的态度和决战的姿态，确保收官全胜；坚持任务导向、标准导向、问题导向开展百日总攻；严格要求，坚持真查实查，做好普查试点结果运用，高质量完成脱贫攻坚普查工作；增强忧患意识，以强烈的底线思维做好风险防范工作。会议还就脱贫攻坚普查试点工作开展业务培训。

【中共中央政治局常委、全国政协主席汪洋到昭通市镇雄县、昭阳区调研脱贫攻坚工作】2020 年 4 月 23—26 日，中共中央政治局常委、全国政协主席汪洋到昭通市镇雄县、昭阳区等地，了解贫困户外出务工、扶贫产业基地和扶贫车间复工复产情况，调研易地扶贫搬迁安置进展，走访慰问贫困户，并主持召开座谈会听取脱贫有关工作的情况汇报。他强调，要深入贯彻落实习近平总书记在决战决胜脱贫攻坚座谈会上的工作要求，聚焦疫情给贫困群众外出就业及产业发展带来的新困难，瞄准易地扶贫搬迁后续扶持的新问题，充分发挥制度优势，多措并举、精准施策，巩固脱贫成果，确保高质量完成脱贫攻坚目标任务。

汪洋充分肯定昭通脱贫攻坚取得的成绩。他指出，务工就业是实现脱贫的重要方式，克服疫情对贫困群众务工就业的影响是当前的突出问题。要抓住全国复工复产进度加快的有利时机，有序组织贫困劳动力外出务工就业。要发挥制度优势，加强输出地与输入地劳务对接，把抓好稳岗转岗服务作为东西部扶贫协作的硬任务，压实属地责任，最大限度防止和减少外出务工人员返乡回流，确保贫困群众工资性收入基本稳定。当前，疫情对贫困地区产业发展的最大影响是销售难。要大力开展消费扶贫行动，强化产销对接，充分发挥定点扶贫机制对解决部分农产品积压滞销的作用，促进扶贫产业在疫情挑战下的可持续发展。

汪洋强调，易地扶贫搬迁安置任务基本完成后，工作重点要放在后续帮扶上。要加强技能培训，通过因地制宜建设扶贫车间、发展设施农业、开发公益性岗位等措施，进一步拓宽搬迁户就业渠道，真正实现搬迁一户、脱贫一户。要衔接好搬迁群众农民和新市民“两种身份”，按照促进基本公共服务均等化的要求，切实完善相关配套设施，保障搬迁群众就近就医、适龄子女就近入学。要发挥基层党组织战斗堡垒作用，通过有力有效的工作，引导搬迁群众转变思想观念，更新生活习惯和生产方式，逐步适应新环境、融入新生活。

【云南省人民政府批准昭通市7县市区贫困县摘帽】2020年5月17日，云南省人民政府印发《关于批准昭阳区等31个县市区退出贫困县的通知》（云政发〔2020〕14号），正式批准昭通市昭阳区、鲁甸县、巧家县、彝良县、盐津县、大关县、永善县7县区退出贫困县序列。通知要求昭阳区等31个县（市、区）退出贫困县后，要严格落实摘帽不摘责任、摘帽不摘政策、摘帽不摘帮扶、摘帽不摘监管“四个不摘”要求，继续强化脱贫攻坚责任落实、政策落实和工作落实，保持持续攻坚态势，一手抓剩余贫困人口减贫，一手抓已脱贫人口巩固提升，有效防止返贫和产生新的贫困人口。

【云南省决战决胜脱贫攻坚系列新闻发布会昭通市专场召开】2020年6月29日上午，云南省人民政府新闻办公室定于在海埂会堂召开云南省决战决胜脱贫攻坚系列新闻发布会昭通市专场，本次发布会为云南脱贫攻坚系列发布第二阶段的第三场发布，应邀参加新闻发布会的有新华社等中央驻滇、香港驻滇、云南省、昆明市和昭通市的记者。市委书记、市扶贫开发领导小组组长杨亚林全面介绍昭通脱贫攻坚的工作进程并回答记者提问。中共昭通市委常委、昭通市人民政府常务副市长陈真永，昭通市发展和改革委员会党组书记、主任施华松，以及中共鲁甸县委常委、鲁甸县龙头山镇党委书记李善云、镇雄县中屯镇齐心村党总支书记成龙、昭阳区靖安镇松衫村九组组长罗石富等，也针对记者提问作了相应回答，向全国新闻界介绍了昭通决战决胜脱贫攻坚成绩。

【昭通市扶贫开发领导小组召开2020年第三次全体会议】2020年7月17日，市委书记、市扶贫开发领导小组组长杨亚林主持召开昭通市扶贫开发领导小组2020年第三次全体会议，学习贯彻习近平总书记在决战决胜脱贫攻坚座谈会上的重要讲话精神，全面总结上半年工作和“百日总攻”行动，安排部署脱贫攻坚普查工作，确保高质量完成脱贫攻坚普查任务。

会议强调，各级各部门要对标对表脱贫攻坚标准和普查要求，聚焦关键重点，分析把控形势，找准短板弱项，不断实现完善、强化和提升；要保持清醒头脑和足够耐心，把对上负责与对下负责相结合，同步做实人居环境整治、产业培育、劳动力转移就业等工作，推动实现全面补短、全面达标、全面清零。要把脱贫攻坚普查工作作为树牢“四个意识”，践行“两个维护”的集中体现，客观、真实、准确地反映实际情况，做到账实相符、账账相符、群众认可；要紧盯“人的改变”这个关键，加强组织领导和统筹协调，强化过程把控，确保普查工作有力有序稳步推进。

【高质量完成脱贫攻坚普查任务】2020年7月20日至8月31日，全市上下认真贯彻中央、省、市关于脱贫攻坚普查工作的各项决策部署，切实扛起政治责任，加强统筹协调，强化工作保障，有力有序推进脱贫攻坚普查各项任务，全面完成了普查人员选调、业务培训、清查摸底、综合试点、普查登记等工作。9月5日至8日，第一批脱贫攻坚普查登记工作顺利接受国家事后质量抽查，高质量完成了第一批9个县区、980个村、30.145万户、127.85万人脱贫攻坚普查登记任务。

【昭通市扶贫开发领导小组召开镇雄县脱贫攻坚冲刺动员大会暨2020年第四次全体会议】2020年10月9日，镇雄县脱贫攻坚冲刺动员大会暨市扶贫开发领导小组2020年第四次全体会议在镇雄召开，市委书记杨亚林率相关市领导、市直部门负责人到场，为镇雄脱贫攻坚最后的总攻冲刺加油鼓劲，动员全市力量支持镇雄。杨亚林强调，镇雄是全市脱贫攻坚最后一个堡垒，也是全市脱贫攻坚的最后一个收官冲刺，全市上下必须在抓好脱贫攻坚巩固的同时，协同攻坚，支持镇雄做好最后的总攻冲刺，确保镇雄如期脱贫摘帽交出高质量答卷，实现全市脱贫攻坚圆满收官。市委副书记、市委宣传部部长朱家伟通报全市农村人居环境提升和爱国卫生专项行动工作存在的问题和短板。市人大常委会主任张绍雄，市政协主席成联远等市领导出席。

【云南省镇雄等9个县（市）正式退出贫困县，全省88个贫困县全部摘帽】2020年11月13日，云南省人民政府发布《关于批准镇雄等9个县市退出贫困县的通知》：根据《中共中央、国务院关于打赢脱贫攻坚战三年行动的指导意见》（中发〔2018〕16号）、《中共中央办公厅、国务院办公厅印发〈关于建立贫困退出机制的意见〉的通知》（厅字〔2016〕16号）和《云南省扶贫开发领导小组关于印发云南省2020年贫困县退出专项评估检查实施方案的通知》（云开组〔2020〕19号）有关规定，经过县级申请、州市审核、省级核查和第三方实地评估检查、公示等程序，镇雄县、会泽县、屏边县、广南县、澜沧县、宁蒗县、泸水市、福贡县、兰坪县9个县、市已达到贫困县退出标准，符合贫困县退出条件，现批准退出贫困县。

《通知》要求：镇雄等9个县、市退出贫困县后，要严格落实摘帽不摘责任、摘帽不摘政策、摘帽不摘帮扶、摘帽不摘监管的要求，继续强化脱贫攻坚责任落实、政策落实和工作落实，保持持续攻坚态势，持续推进扶贫产业发展壮大，抓好贫困劳动力稳岗就业，强化易地扶贫搬迁后续扶持，进一步健全和落实防止返贫监测帮扶机制，着力巩固拓展脱贫成果，有效防止返贫致贫。要高度重视并全面整改评估检查发现的问题，举一反三，立行立改，确保脱贫攻坚成效经得起历史和人民检验。

【阮成发在昭通市调研检查脱贫攻坚巩固工作】2020年11月30日至12月1日，省委书记阮成发在昭通市调研检查脱贫攻坚巩固工作时强调，要深入学习贯彻党的十九届五中全会精神和习近平总书记关于扶贫工作的重要论述，抓牢抓实脱贫攻坚成果巩固工作，毫不松懈打好脱贫攻坚收官之战，确保交出一份高质量的脱贫答卷。

阮成发强调，千方百计巩固拓展脱贫攻坚成果，这是当前和今后一个时期非常重要的任务，要放在压倒性位置来抓。一要做好产业扶贫大文章，立足昭通作为农业大市的实际，发挥好自身比较优势，围绕打造“绿色食品牌”，扎实推进“一县一业”“一村一品”，不断延伸特色农业产业链，因地制宜发展乡村旅游，推动一二三产业融合发展。二要牢牢抓住劳动力转移就业这个关键，既要继续做好组织劳动力向外输出工作，促进外出务工人员稳定就业、稳定脱贫，又要有针对性地开展职业技能培训，不断提升素质能力。三要全方位做好搬迁安置区后续帮扶，全面落实各项工作措施，研究明确后续支持政策，加快安置区周边产业发展，增强吸纳群众就地就近就业能力，做实做细就业帮扶工作，确保搬迁群众住得下、能融入、可致富。四要建立简便、高效、精准的防返贫机制，认真吸取试点县经验，建立困难群众救助工作机制，确保脱贫群众不返贫、边缘人口不致贫。

（作者时任昭通市扶贫办网络信息宣传中心副主任）

《昭通市脱贫攻坚大决战实录》后记

经过半年的筹划，历时一年的编撰，《昭通市脱贫攻坚大决战实录》〔全套书共19卷，其中市级8卷、县（市、区）11卷〕终于在党的百年华诞之际与广大读者见面了。这既是政协昭通市第四届委员会文史工作的成果展示，又是对我市脱贫攻坚工作客观真实的记录，更是用真实的故事展示历史资料的大胆尝试。

反贫困是世界性难题，也是现代国家面临的迫切任务。党的十八大以来，以习近平同志为核心的党中央把扶贫开发摆到治国理政的重要位置，提升到事关全面建成小康社会、实现第一个百年奋斗目标的新高度，纳入“五位一体”总体布局和“四个全面”战略布局进行决策部署，加大扶贫投入，创新扶贫方式，出台系列重大政策措施，扶贫开发取得巨大成就。

昭通作为全国、全省脱贫攻坚的主战场，是最难啃的“硬骨头”。2015年习近平总书记首次离京考察就到昭通，对昭通脱贫攻坚工作提出了“三个更加”的重要指示要求。昭通全市上下牢记习近平总书记的殷切嘱托，坚持把脱贫攻坚作为全市工作的主题主线，坚持“双统领”“双保障”“双推进”，践行“133”工作思路，汇聚中央和省定点单位、东西部扶贫协作、社会扶贫和各族干部群众磅礴力量，在昭通脱贫攻坚主战场上打响了一场史无前例的脱贫攻坚大决战，长期困扰昭通发展的主要“瓶颈”得以突破，实现根本性跨越，全市 185.07 万贫困人口全部脱贫、1235 个贫困村全部出列、10 个贫困县（区）全部摘帽，昭通大地发生了翻天覆地的变化，困扰昭通千百年的绝对贫困得到历史性解决。

为充分发挥政协文史资料“存史、资政、团结、育人”功能，客观、真实地记录昭通市在脱贫攻坚中各项建设和群众生活发生的变化，记述各级干部群众在脱贫攻坚工作中可歌可泣的感人故事，市政协党组拟组织相关部门、专家对 2015—2020 年我市开展脱贫攻坚的重大事件、典型故事进行搜集整理，编撰《昭通市脱贫攻坚大决战实录》丛书。

在市政协成联远主席亲自关心和指导下，编委会拟订了编撰工作的初步方案和《昭通市脱贫攻坚大决战实录》的整体框架，并于 2019 年 8 月 7 日向市委报送了关于编撰《昭通市脱贫攻坚大决战实录》的请示，市委杨亚林书记批示“此项工作很有意义，同意组织编写，请联远主席牵头负责”。按照市委的批示，市政协党组迅速行动，成联远主席亲自安排、统一部署，及时组织专家拟出了《昭通市脱贫攻坚大决战实录》编撰任务分解方案，经反复讨论、多次修改后，于 2020 年 3 月 30 日上报市委，市委杨亚林书记批示“同意所报方案，客观精准务实地做好工作”。

2020 年 4 月 14 日，市政协组织召开了《昭通市脱贫攻坚大决战实录》专题会议，市委副书记朱家伟出席会议并作动员讲话，编撰工作在全市正式启动，会议统一了认识、明确了要求。为进一步细化任务、落实责任，编委会于 2020 年 4 月 23 日印发了《昭通市脱贫攻坚大决战实录》编撰任务分解方案的通知，加强对市级单位和县区市编撰工作的指导。随后，市政协副主席陶仁带领专家对 11 个县（市、区）的编撰工作进行了调研、培训、指导、督促，推动各县（市、区）编撰工作有效开展。针对全市编撰工作存在的问题，编委会经反复研究，统一思想，召开了由 40 多个市级部门参加的征求意见协商座谈会，在此基础上，进一步完善了编撰任务细化量化分解方案，印发到各县市区加强指导，并于 2020 年 7 月 16 日召开了《昭通市脱贫攻坚大决战实录》编撰工作推进暨培训会议，推进编撰进度，提升编撰水平。

为把《昭通市脱贫攻坚大决战实录》打造成“建党一百周年特别献礼工程”“昭通脱贫攻坚工作特别纪念”，市政协抢抓时间，及时出台系列配套文件，明确了市政协机关各委室联系各单位、部门及市政协委员，专门负责催稿工作，2020年10月底稿件收集基本结束。为使编辑审稿工作有序推进，落到实处，市政协从昭通学院和市委党史研究室聘请专家对编辑工作进行审稿（其中，昭通学院教授唐靖负责市级篇章《综合卷》和《巧家卷》，市政协原经农委主任王华国负责市级篇章《产业就业扶贫卷》和《鲁甸卷》，昭通学院教授傅奠基负责市级篇章《基础设施建设卷》和《盐津卷》《大关卷》，昭通学院教授陈玥负责市级篇章《易地搬迁扶贫卷》和《永善卷》，昭通学院教授王琼负责《民生扶贫卷》和《镇雄卷》，昭通学院教授任继敏负责市级篇章《挂钩帮扶及社会扶贫卷》和《水富卷》，昭通学院教授周玲负责市级篇章《扶贫协作卷》和《彝良卷》《威信卷》，市委党史研究室副主任翟昭明负责市级篇章《组织保障卷》和《昭阳卷》《绥江卷》）。2020年11月18日，市政协陶仁副主席主持召开《昭通市脱贫攻坚大决战实录》统稿工作会，统一了丛书形式和内容、结构和逻辑框架。

在市政协党组的坚强领导下，在各位编撰专家、市直各单位、市政协机关各委室、各县市区政协以及编撰办公室成员的大力支持和共同努力下，经夏历冬，数易其稿，2021年3月初，《昭通市脱贫攻坚大决战实录》样书基本成型。2021年3月17日，市政协副主席陶仁主持召开《昭通市脱贫攻坚大决战实录》样稿讨论会，进一步推动《昭通市脱贫攻坚大决战实录》编辑出版工作。

首先，本丛书的编撰出版得益于各级领导的正确领导，特别是市委杨亚林书记、市政府郭大进市长、市委朱家伟副书记的指导和支持。其次，本丛书的编撰出版得益于市政协党组的坚强领导，特别是成联远主席亲自指挥，亲自督战，亲自修订纲要，并亲自撰写总序和文章。第三，本丛书的编撰出版得益于全市200余家单位和部门的积极参与，全市领导干部，基层工作人员，脱贫攻坚督导员、驻村工作队员，政协委员，他们不仅是脱贫攻坚一线指战员，同时还撰写亲身经历脱贫攻坚工作的真实故事。据统计，全市共有 1700 余人参与《昭通市脱贫攻坚大决战实录》撰稿工作中，收到初稿 2526 篇。应该说，本丛书的编撰工作是我市脱贫攻坚工作的有机组成部分，同样也凝聚着全市干部群众的智慧和心血，是集体智慧的结晶。最后，特别要提的是昭通学院对本丛书编撰工作的支持和帮助。昭通学院党委大力支持《昭通市脱贫攻坚大决战实录》的编撰工作，在师资紧缺的情况下，委派出周玲、傅奠基、唐靖、陈玥、任继敏、王琼等六位教授参与编撰工作中，为编撰工作注入了智慧和力量。

在编撰《昭通市脱贫攻坚大决战实录》时，编撰专家精心筛选、整理、提炼，力求将那些散落于基层的珍珠捡拾起来，洗尽铅华，还原本真，形成真实的历史故事。这套书注重文史资料"亲历、亲见、亲闻"原则，以第一人称行文，部分新闻通讯、消息类稿件，在公开媒体上发表过，体现新闻的真实性，也作为资料收录，补充《昭通市脱贫攻坚大决战实录》内容。编者旨在通过真实、感人的故事让脱贫攻坚工作在时代的聚光灯下接受检阅，给过往和经历者以心灵的依稀穿越，获取一种灵魂的战栗和反思。同时，给不曾经历，甚至不曾听闻过的后人以另一种历史的演绎，告诉他们当年自己的祖先那段荡气回肠、可歌可泣的脱贫史。

虽说《昭通市脱贫攻坚大决战实录》丛书已呈现在读者面前，但由于编撰时间紧迫、人手不够、水平有限，不免存在内容欠全面、认知不到位、归类难把握等问题和瑕疵，恳请各位方家在阅读过程中批评指正，不吝赐教，我们定当虚心接受意见建议，进一步加以修改完善，以遗后人，真正达到"存史、资政、团结、育人"之目的。

编委会办公室